གཙང་སྟོད་རྒྱལ་པོའི་རྣམ་ཐར་དང་

རྒྱལ་རབས་བཞུགས་སོ། །

བོད་ལྗོངས་བོད་ཡིག་དཔེ་རྙིང་དཔེ་སྐྲུན་ཁང་།

图书在版编目(CIP)数据

藏巴汗传:藏文/竹巴克旺・桑杰多吉著.--拉萨:西藏藏文古籍出版社，2013.6

ISBN978-7-80589-194-1

Ⅰ.①藏… Ⅱ.①竹… Ⅲ.①法制史-西藏-近代-藏语 Ⅳ.①D929.5

中国版本图书馆 CIP 数据核字(2011)第 269154 号

藏 巴 汗 传

作　　者	桑杰多吉等
责任编辑	雄努洛桑
终　　审	康珠・索朗顿珠
出版发行	西藏藏文古籍出版社
印　　刷	四川嘉创印务有限责任公司
开　　本	850×1168　1/32
印　　张	8.75
印　　数	2,001-4,000
版　　次	2013 年 6 月第 1 版
印　　次	2024 年 1 月第 2 次印刷
书　　号	ISBN　978-7-80589-194-1 民文(藏)
定　　价	21.00 元

དཔེ་སྐྲུན་གསལ་བཤད།

གངས་ཅན་རིག་མཛོད་དེབ་ཕྲེང་༨༠༦པ་གཙང་སྟོད་རྒྱལ་པོའི་རྟོགས་བརྗོད་འབྲུག་པ་མཁས་དབང་སངས་རྒྱས་རྡོ་རྗེས་མཛད་པའི་《སྟོབས་ཀྱིས་འཁོར་ལོས་སྒྱུར་བ་ཆེན་པོ་ཀརྨ་བསྟན་སྐྱོང་དབང་པོའི་རྟོགས་བརྗོད་ཕྱོགས་ལས་རྣམ་པར་རྒྱལ་བའི་གཏམ་གཞོམ་མེད་རྣ་དའི་ཟ་དབྱངས་》ཞེས་སྔན་ངག་ཚིགས་བཅད་ཀྱི་ལམ་ནས་འབྲི་བར་མཛད་པ་དང་། ཡང་《གཙང་སྟོད་རྒྱལ་པོའི་རྟོགས་བརྗོད་ཕོ་བྲང་དང་མངའ་ཁུལ་གྱི་ཆེ་བ། བཀའ་ཁྲིམས་ཀྱི་ལུགས་དང་བཀའ་ཆེམས། སྲིད་བླང་དོན་གོ་བའི་ཞལ་ལྕེ་བཅས་ཚངས་པའི་དྲང་ཐིག》ཅེས་པ་གཙང་པ་སྡེ་སྲིད་ཀརྨ་བསྟན་སྐྱོང་དབང་པོ་(༡༨༠༨ – ༡༨༥༢)ཡི་དུས་སུ་གཏན་ལ་ཕབ་པའི་ཁྲིམས་ཡིག་ཞལ་ལྕེ་བཅུ་དྲུག་ལ་ཁ་སྐོང་དང་། དགའ་ལྡན་ཕོ་བྲང་གི་ཁྲིམས་ཡིག་ཞལ་ལྕེ་བཅུ་གསུམ། 《འབྲས་ལྗོངས་བསྟན་སྲུང་རྣམ་རྒྱལ་གྱིས་སྡེ་སྲིད་སངས་རྒྱས་རྒྱ་མཚོར་ཁྲིམས་ཡིག་སྐོར་རྟོགས་སེལ་ཞུས་པའི་དྲིས་ལན།》དང་།《ཆོས་འབྱུང་ཐོས་པའི་རྒྱ་མཚོ་དད་པའི་ངང་མོ་རྣམ་པར་རྩེ་བ།》འམ་《དགེ་

ཡི་ཆོས་འབྱུང་》ཞེས་པ་དགེ་ཡེ་བ་ཚུལ་ཁྲིམས་སེང་གེ་རབ་བྱུང་བདུན་པའི་ས་སྤྲེལ་ (སྤྱི་ལོ་ ༡༤༢༨) ལོར་འཁྲུངས་ཤིང་ མཛད་རྣམ་དང་འདས་ལོ་སོགས་མི་གསལ་བས་རབ་བྱུང་བརྒྱད་པའི་ཤིང་རྟ་ (སྤྱི་ལོ་ ༡༤༧༤) ལོར་མཛད་པ་མཆོད་བརྗོད་དང་བརྩམ་པར་དམ་བཅའ་བ་ཆད་སྐྱོན་ཅན་དཔེ་དཀོན་བྲིས་མ་ཅུང་རྙིང་གྲས་བཅས་ཕྱོགས་གཅིག་ཏུ་བསྡེབས་ནས་བཀོད་པ་ཡིན།

《 དགེ་ཡེ་ཆོས་འབྱུང་ 》ཞེས་པའི་རྩོམ་པ་པོ་ཤཱཀྱའི་བཙུན་པ་ཚུལ་ཁྲིམས་སེང་གེའམ་མཚན་གཞན་དགེ་ཡེ་བ་ཚུལ་ཁྲིམས་སེང་གེ་ནི་རབ་བྱུང་བདུན་པའི་ས་ཕོ་སྤྲེལ་ (སྤྱི་ལོ་ ༡༤༢༨) ལོར་སྐུ་འཁྲུངས་ཞེས་གསལ་བ་ལས་ཁོང་གི་མཛད་ཕྲིན་རྒྱས་པ་དང་འདས་པའི་ལོ་ཚིག་གསལ་བའི་ཡིག་ཆ་ད་བར་ང་ཚོའི་ལག་ཏུ་མ་སོན་པས་ཞིབ་ཕྲའི་གནས་ཚུལ་ཞུ་སྤྱོབས་བྲལ་ཡང་ཆོས་འབྱུང་འདི་བརྩམས་པའི་ལོ་དུས་ནི་འདི་གའི་མཇུག་བྱང་དུ་“ ཤིང་ཕོ་རྟའི་ལོ། དབྱར་ར་བ་སྟོན་གྱི་ཟླ་བ་དཀར་པོའི་ཕྱོགས་རྒྱལ་བ་གསུམ་པ་ལ། དཔལ་དགེ་ཡེའི་ཆོས་སྡེར་སྦྱར་བ་འདིས་ཀྱང་བསྟན་པ་དང་སེམས་ཅན་ལ་ཕན་པ་རྒྱ་ཆེན་པོ་འབྱུང་བར་གྱུར་ཅིག ། ”ཅེས་འཁོད་པ་ལ་དཔགས་ན། ཕོད་རབ་བྱུང་བརྒྱད་པའི་ཤིང་ཕོ་རྟ་ (སྤྱི་ལོ་ ༡༤༧༤) ལོར་ཡིན་པར་ངེས། །

དེ་དག་དཔེ་སྒྲིག་བྱེད་པའི་བརྒྱུད་རིམ་ནང་། མ་ཡིག་གི་བརྗོད་དོན་ལ་སྣོན་འཕྲི་སྤུ་ཙམ་མི་ཆོག་པའི་དཔེ་སྐྲུན་རྩ་དོན་རྒྱུན་འཁྱོངས་ཐོག སྐུང་ཡིག་ཕྲལ་བ་དང་། མ་ཡིག་ནང་འབྲི་ནོར་ཡིན་ངེས་ཚིག་ཕྲད་སོགས་ལ་ཐད་ཀར་དག་བཅོས། མ་དཔེ་མི་འདྲ་བར་ཞིབ་བསྡུར་བྱས་རུང་ད་དུང་ཁ་གསལ་མེད་པར་འབྲི་ནོར་ཡིན་མིན་སྣ་རྟོགས་གཙང་མར་མ་ཆོད་པའི་རིགས་རྣམས་མ་ཡིག་ཚིག་འབྲུ་རང་འཇགས་བཀོད་པའི་འོག་ཏུ་རྟགས་〈 〉འདིའི་ནང་དཔྱད་གཞིའི་ཡིག་འབྲུ་བཀོད་པ། ཡིག་ནོར་ཡིན་ངེས་པའི་བཅོས་རྟགས་ལ་[ ]འདི་འདྲ་བ་རྒྱལ་སྤྱིའི་འགྲོས་ལྟར་བཀོད་ཡོད། མ་དཔེ་ཕན་ཚུན་བསྡུར་ཞིབ་དང་འབྲེལ་གཞུང་ཚིག་ཆད་ལུས་ཁ་གསབ་བྱས་པར་རྟགས་[ ]འདི་བཀྲབ་པ། གཞུང་ཚིག་དུམ་ཙམ་ཆད་པ་ཁ་གསབ་བྱ་ཐབས་མེད་རིགས་ལ་རྟགས་□□□□འདི་བཀྲབ་པ་བཅས་ནན་ཞིབ་གང་ཆེ་ཞུས་ཁྲུལ་བྱས་ཀྱང་། ངེད་ཚོའི་གང་ཅིའི་ཤེས་ཚད་ཧ་ཅང་དམན་པའི་རྐྱེན་གྱིས་ད་དུང་ཡང་ནོར་འཁྲུལ་འགལ་འཛོལ་ཡོང་ངེས་ལ་རྒྱ་ཆེའི་མཁྱེན་ལྡན་རྣམ་པས་ལེགས་བཅོས་བཀའ་སློབ་ལྷུག་སྩོལ་ཡོང་བ་ཞུ་རྒྱུ་དང་། དུས་མཚུངས་བོད་ལྗོངས་སྤྱི་ཚོགས་ཚན་རིག་ཁང་“བོད་ལྗོངས་ཞིབ་འཇུག་རྩོམ་སྒྲིག་པུའུ་”ཡི་མཁས་དབང་ཚེ་དཔལ་ལགས་

ཀྱིས་མ་དཔེ་ཁག་ཅིག་མཁོ་འདོན་གནང་བྱུང་བར་གུས་པས་སྙིང་དཔུས་ནས་ཐུགས་རྗེ་ཆེ་ཞེས་ཞུ་དགོས་ཡོད། །

ཁམས་སྤྲུལ་བསོད་ནམས་དོན་གྲུབ།
གཞོན་ནུ་ནོར་བཟང་།
སྤྱི་ལོ་༢༠༡༣ ལོའི་ཟླ་༨པར།

དཀར་ཆག

སྟོབས་ཀྱི་འཁོར་ལོས་སྒྱུར་བ་ཆེན་པོ་ཀརྨ་བསྟན་སྐྱོང་དབང་པོའི་རྟོགས་བརྗོད་ཕྱོགས་ལས་རྣམ་པར་རྒྱལ་བའི་གཏམ་གཞོམ་མེད་ནཱ་དའི་རྔ་དབྱངས་བཞུགས་སོ། ………………… (1)

གཙང་སྟོད་རྒྱལ་པོའི་རྟོགས་བརྗོད། དེའི་ཕོ་བྲང་དང་མངའ་ཁྲུལ་གྱི་ཆེ་བ། བཀའ་ཁྲིམས་ཀྱི་ལུགས་དང་བཀའ་ཆེམས། སྤང་བླང་དོན་གྱི་གོ་བའི་ཞལ་ལྕེ་བཅས་ཚངས་པའི་དྲང་ཐིག་བཞུགས་སོ། ………………………………… (21)

ས་བཅད་དང་པོ། གཙང་སྟོད་རྒྱལ་པོའི་གདུང་རབས་ཀྱི་ལོ་རྒྱུས། ………………………………………… (21)

ས་བཅད་གཉིས་པ། དེའི་ཕོ་བྲང་དང་མངའ་ཁྲུལ་གྱི་ཆེ་བ། …… (32)

ས་བཅད་གསུམ་པ། དེའི་བཀའ་ཁྲིམས་ཀྱི་ལུགས་དང་བཀའ་ཆེམས། ………………………………………… (34)

ས་བཅད་བཞི་པ། ཁྲིམས་ཡིག་ཞལ་ལྕེ་བཅུ་དྲུག

དང་པོ། དཔའ་བོ་སྟག་གི་ཞལ་ལྕེ། …………………… (41)

གཉིས་པ། སྨར་མ་ཞའི་ཞལ་ལྕེ། …………………… (50)

གསུམ་པ། རྒྱལ་པོ་མི་ལོང་གདོང་གི་ཞལ་ལྕེའམ་སྐྱེ་བོ་ལས་འཛིན་གྱི་ཞལ་ལྕེ། ………………………… (51)

བཞི་པ། ཞུ་བཞེས་བདེན་རྫུན་གྱི་ཞལ་ལྕེ། ……………… (52)

ལྔ་པ། བཟུང་བཀྱིགས་ཁྲིམས་རའི་ཞལ་ལྕེ། …………… (53)

དྲུག་པ། ནག་ཆེན་ཁྲག་སྦྱོར་གྱི་ཞལ་ལྕེ། ……………… (54)

བདུན་པ། དྲན་འཛིན་ཆད་ལས་ཀྱི་ཞལ་ལྕེ། …………… (54)

བརྒྱད་པ། ཇོར་འདྲ་ཟ་ཁང་གི་ཞལ་ལྕེ། ……………… (57)

དགུ་པ། བསད་པ་སྟོང་གི་ཞལ་ལྕེ།…………………… (62)

བཅུ་པ། རྨས་པ་ཁྲག་གི་ཞལ་ལྕེ། ………………… (72)

བཅུ་གཅིག་པ། བསྙོན་ཏམ་མཐའ་དག་གི་ཞལ་ལྕེ། ……… (75)

བཅུ་གཉིས། བརྐུས་པ་འཇལ་གྱི་ཞལ་ལྕེ། ……………… (82)

བཅུ་གསུམ་པ། ཉེ་འབྲེལ་འབྲལ་སྡུམ་གྱི་ཞལ་ལྕེ། ………… (83)

བཅུ་བཞི་པ། བྱི་བྱུས་བྱི་རིན་གྱི་ཞལ་ལྕེ། ……………… (85)

བཅོ་ལྔ་པ། ནམ་ཕར་ཚུར་གྱི་ཞལ་ལྕེ། ………………… (86)

བཅུ་དྲུག་པ། ཀླ་ཀློ་མཐའ་ཁོབ་ཀྱི་ཞལ་ལྕེ།……………… (88)

ས་བཅད་ལྔ་པ། མཇུག་བསྡུའི་གཏམ།…………………… (92)

བོད་ཀྱི་སྔ་རབས་ཁྲིམས་སྲོལ་དར་ཚུལ་མདོར་བསྡུས་དང་ཁྲིམས་ཡིག་ཞལ་ལྕེ་བཅུ་དྲུག་གི་ཁ་སྐོང་འདྲ་བ་ཁྲིམས་ཡིག

………………………………………………… (94)

བོད་ཀྱི་སྔ་རབས་ཁྲིམས་སྲོལ་དར་ཚུལ་གྱི་ལོ་རྒྱུས་མདོར་བསྡུས། … (94)

དགའ་ལྡན་ཕོ་བྲང་གི་ཁྲིམས་ཡིག་ཞལ་ལྕེ་བཅུ་གསུམ།

………………………………………………… (112)

དང་པོ། རྒྱལ་པོ་མི་ལོང་གདོང་གི་ཞལ་ལྕེ། …………… (125)

གཉིས་པ། ཞུ་བཞེས་བདེན་རྫུན་གྱི་ཞལ་ལྕེ། …………… (126)
གསུམ་པ། བཟུང་བཀྱིག་ཁྲིམས་རའི་ཞལ་ལྕེ། ………… (127)
བཞི་པ། ནག་ཆེན་ཁྲག་སྦྱོར་གྱི་ཞལ་ལྕེ། ………………… (128)
ལྔ་པ། དྲན་འཛིན་ཚད་ལས་ཀྱི་ཞལ་ལྕེ། ………………… (129)
དྲུག་པ། ཧོར་འདྲ་ཟ་རྐང་གི་ཞལ་ལྕེ། ………………… (131)
བདུན་པ། བསད་པ་སྟོང་གི་ཞལ་ལྕེ།………………… (136)
བརྒྱད་པ། རྨས་པ་ཁྲག་གི་ཞལ་ལྕེ། ……………………… (140)
དགུ་པ། བརྐོན་ཏམ་མནའ་དག་གི་ཞལ་ལྕེ། ……………… (143)
བཅུ་པ། རྐུས་འཇལ་གྱི་ཞལ་ལྕེ། ……………………… (150)
བཅུ་གཅིག་པ། ཉེ་འབྲེལ་འབྲལ་འདུམས་ཀྱི་ཞལ་ལྕེ། …… (150)
བཅུ་གཉིས་པ། ཕྱི་བྱུས་ཕྱི་རིན་གྱི་ཞལ་ལྕེ། …………… (152)
བཅུ་གསུམ་པ། ནམ་ཕར་ཚུར་གྱི་ཞལ་ལྕེ། …………… (153)
མཇུག་བསྡུའི་གཏམ། ……………………………… (155)
འབྲས་ལྗོངས་བསྟན་སྲུང་རྣམ་རྒྱལ་གྱིས་སྲེ་སྲིད་སངས་རྒྱས་རྒྱ་མཚོར་ཁྲིམས་སྐོར་དོགས་སེལ་ཞུས་པའི་དྲི་བ་དྲིས་ལན།
……………………………………… (157)
དགེ་ཡེ་བའི་ཆོས་འབྱུང་རིན་པོ་ཆེ་བཞུགས། ……… (172)
དང་པོ། བཀའ་བསྡུ་རིམ་པར་མཛད་ཚུལ་དང་ནང་བསྟན་རིག་གནས་དང་བཅས་པ་རྒྱ་གར་དུ་ཇི་ལྟར་དར་ཚུལ།……… (172)
གཉིས་པ། ཁ་བ་ཅན་དུ་དམ་པའི་ཆོས་ཇི་ལྟར་དར་ཚུལ། … (177)
གསུམ་པ། འདུལ་བ་ཇི་ལྟར་བརྒྱུད་པའི་སྐབས།………… (182)

བཞི་པ། ཇོ་བོ་རྗེ་ནས་བརྒྱུད་པའི་བཀའ་གདམས་པ་ཇི་ལྟར་དར་ཚུལ།
…………………………………… (187)
ལྔ་པ། ས་སྐྱ་པ་ནས་བརྒྱུད་པ་རྣམས་བཤད་པའི་སྐབས། … (215)
དྲུག་པ། ས་སྐྱ་པ་དང་ཉེ་ཆེ་བར་བླམ་པ་ཏ་ཆེན་ཤཱཀྱ་ཤྲཱི་ལས་རྒྱུད་ལུགས།
…………………………………… (224)
བདུན་པ། དྭགས་པོ་བཀའ་བརྒྱུད་ཀྱི་ཁུངས་དང་བྱོན་ཚུལ།
…………………………………… (226)
བརྒྱད་པ། དཔལ་དུས་ཀྱི་འཁོར་ལོ་བྱོན་ཚུལ། ………… (241)
དགུ་པ། དགེ་ལྡན་པ་དང་ཞི་བྱེད་པ་སོགས་ཇི་ལྟར་བྱུང་ཚུལ།
…………………………………… (249)
བཅུ་པ། ཤངས་པ་བཀའ་བརྒྱུད་ཀྱི་ཁུངས་དང་བྱོན་ཚུལ། … (254)
བཅུ་གཅིག་པ། མཇུག་བསྡུ་བ། …………………… (256)

སྟོབས་ཀྱི་འཁོར་ལོས་སྒྱུར་བ་ཆེན་པོ་ཀརྨ་བསྟན་སྐྱོང་དབང་པོའི་རྟོགས་བརྗོད་ཕྱོགས་ལས་རྣམ་པར་རྒྱལ་བའི་གཏམ་གཞོམ་མེད་ནྣ་དའི་ཧ་དབྱངས་བཞུགས་སོ།

སྟོབས་ཀྱི་འཁོར་ལོས་བསྒྱུར་བ་ཆེན་པོ་ཀརྨ་བསྟན་སྐྱོང་དབང་པོའི་རྟོགས་བརྗོད་ཕྱོགས་ལས་རྣམ་པར་རྒྱལ་བའི་གཏམ་གཞོམ་མེད་ནྣ་དའི་ཧ་དབྱངས་བཞུགས་སོ། །སྟོབས་བཅུའི་སྟོབས་ཀྱིས་བདུད་སྡེ་ཚར་བཅད་ནས། །མི་འཇིགས་རྣམ་བཞིའི་ཁྲམས་བརྩེས་རྗེས་འཛིན་པས། །སྲིད་ཞིའི་དཔུང་འབྱིན་ཆེན་པོ་ཉི་མའི་གཉེན། །འཇིག་རྟེན་གསུམ་གྱི་སྣ་ན་བརྗིད་དེར་འདུད། །མཁྱེན་པ་རབ་ཀྱི་མངོན་མཐོ་འཇམ་པའི་དཔལ། །ཐོགས་མེད་སྐྱོབས་པའི་དབང་པོ་མི་གཡོ་མགོན། །ངག་གི་འདོད་པའི་དཔྱིད་འཛོ་དབྱངས་ལྡན་མ། །རྣམ་གསུམ་ཡོངས་འདུའི་ལྗོན་པས་དགེ་ལེགས་སྐྱོལ། །གྲོལ་རིགས་མཛོད་འདུས་འོད་ཀྱི་ཐ་རླབས་ཅན། །སྡེ་བཞིའི་འབྲས་བུའི་ཆ་ཤས་ཡོངས་གང་ཞུ། །བསྔགས་འོས་བསྔགས་པར་རབ་བྱེད་རི་དྭགས་ཀྱིས། །རྣམ་བཀྲ་སྙན་ངག་ཆེན་པོའི་སྣང་བ་ཤར། །ལྷ་ཀླུ་མི་དང་མི་མིན་

མིའམ་ཅི། །ཀུན་ལས་བསོད་ནམས་སྟོབས་ཀྱིས་ཕུལ་བྱུང་བ། །རྒྱལ་
སྲིད་རིན་ཆེན་ཀུན་གྱིས་མདུན་བལྟས་ནས། ། ས་ཆེན་སྲུང་བའི་
རྟོགས་པ་འདིར་བརྗོད་དོ། །ཛམྦུ་ཧྲི་ཤའི་མིང་གིས་སྦྲ་མཐོ་བ། །
དབུས་འགྱུར་མི་བསྐྱོད་རྡོ་རྗེའི་གདན་ལས་འདིར། །ནོར་སྦྱིན་དབང་
པོའི་ཕྱོགས་སུ་དཔག་བྱའི་ཚད། །གྲངས་མང་གྲངས་ཀྱིས་གཞལ་བའི་
ཚུ་རོལ་ན། །སྟོན་པ་ཞི་བར་གཞོལ་ནས་བཅུ་ཕྲག་བཅུའི། །ལོ་འདས་
པ་ན་འཁོར་བ་དྲུག་གི་མཚོ། །སྐབས་དེར་དགེ་ལེགས་སྣ་ལའི་ཚལ་
འབྱུང་ཞེས། །གཉིས་མེད་གསུང་བས་ལུང་བསྟན་བོད་ཀྱི་ཡུལ། །
དགེ་བཅུའི་དཔལ་ཀུན་འཛིན་མ་མི་ལྷོད་པས། །ས་ཡི་ལྷ་མོ་བསྟན་མ་
མཛེས་སྡུག་ཕུལ། །ལང་ཚོ་དར་ལ་བབ་པའི་མཛའ་བོར་ནི། །འོས་པ་
དབུས་གཙང་དག་པའི་ཞིང་འདི་བོས། །ལྷ་ཡི་དཔལ་འབྱོར་དང་
བཅས་ལྷ་ཡུལ་གྱི། །སྣང་ཆ་མ་རྣམས་ས་ལ་སྣང་བ་ལྟའི། །ལྗོངས་
དང་གྲོང་ཁྱེར་གྲོང་བརྡལ་ཡུལ་འཁོར་སོགས། །བཀོད་ལེགས་བྱེད་
པོའི་འཕྲུལ་གྱིས་བཀོད་པ་བཞིན། །དེ་ལས་ཉེ་འོག་གཙང་གི་རྒྱལ་
ཁབ་ཅེས། །གྲགས་པའི་རུ་མཚོན་གནམ་དུ་འཕྱར་བའི་རྩེས། །རིག་
པས་མཚོད་སྦྱིན་བརྒྱ་པའི་སེམས་ཀྱང་འདྲིར། །ཤར་རམ་མཐོ་རིས་ས་
གཞིར་འཕོས་མ་ཐག །རྟ་མཆོག་ཁ་ལས་བཻ་ཌཱུར་བྱེ་མའི་རྒྱུན། །
འདྲེན་བཞིན་འབབ་པ་པཀྵུའི་ཀླུང་ཆེན་ངོགས། །ཕྱོཏ་བཅུའི་ཆུ་ཕྲན་
ཀུན་དང་ལྷན་ཅིག་ཏུ། །ཕུན་ཚོཏ་འདོད་དགུ་ཐམས་ཅད་འདུ་བའི་

མདུད། །བཀྲ་ཤིས་རྟགས་དང་ལེགས་པའི་མཚན་བཟང་པོས། །
ཕྱོགས་ཀྱི་འཁོར་ལོ་ཁྱབ་པའི་ལྟེ་བ་ལ། །གཞོམ་གཞིག་དང་བྲལ་པདྨ་
ནཱ་གའི་བྲག །ཉིན་བྱེད་འདུ་བས་ཤུགས་ལྟར་དམར་འོད་འཆེར། །
རྡོ་རྗེ་ལྟར་བརྟན་རིན་ཆེན་ལྷུན་པོའི་སྟེང་། །རྣམ་པར་རྒྱལ་བྱེད་ནོར་
བུའི་ཁང་བཟང་མདོག །ཟླ་བ་འབུམ་ཕྲག་གིས་ཀྱང་མི་བསྒྲུན་
པའི། །དཀར་བས་མཚན་ཡང་ཉིན་མོའི་བརྟུལ་ཞུགས་འཛིན། །སྣ་
མང་ནོར་བུའི་ཕ་གུ་མཐོར་བརྩེགས་པའི། །རྩེ་མོར་གེ་ཀྵ་ཏ་ཡི་མདའ་
ཡབ་ལ། །བརྟེན་པའི་གསེར་གྱི་རྒྱལ་མཚན་མཐོ་རིས་སུ། །བསྙེག་
འདྲའི་ཟེར་གྱིས་ཕྱོགས་བཅུའི་མུན་པ་འཐྲོག །ཛམྦུ་ནཱ་དའི་ཁམས་
ལས་གྲུབ་པ་ཡི། །ཕྱིན་ཡངས་ནམ་མཁའི་རྗེས་འགྲོ་རྒྱ་ཕིབས་ཀྱིས། །
རྣམ་པ་ཀུན་ཏུ་ཉི་མའི་དཀྱིལ་འཁོར་ལ། །ཕམ་པ་སྟེར་བའི་མཆོད་
སྦྲིན་ཕྲུག་རྒྱུ་བཅིངས། །བྱུ་རུའི་ཀ་བ་བྱེ་བས་བཏེགས་པའི་ཐོག །
འཕར་མ་བརྩེགས་པའི་ནང་དུ་སྲིད་གསུམ་གྱི། །བདེ་ལེགས་དངོས་པོ་
ཐམས་ཅད་ཤོང་བའི་འཕྲུལ། །འདི་སྟེ་འཇིག་རྟེན་བྱེད་པོའི་དྲན་བྱེ་
ཉིད། །རབ་ཏུ་དྭངས་གསལ་སྒོ་དང་སྒེའུ་ཚུང་། །སྐར་ཁུང་དྲ་བ་
ཅན་དང་ནོར་བུའི་སྐས། །སྣ་མང་ཏིང་ངེ་འཛིན་གྱི་འཕྲུལ་བཞིན་
དུ། །ཤེས་པར་ལྡན་པའི་འདྲེན་བྱེད་དབང་དུ་སྟང་། །ལྷ་ཀླུ་མི་ཡི་
རིན་ཆེན་སྣ་ཚོགས་ཁམས། །སྣ་ཚོགས་ལས་པའི་སྒྱུ་འཕྲུལ་འདུ་བྱེད་
ཀྱིས། །སྤྲས་བཅས་རྒྱལ་ཀུན་སྣང་བརྙན་སྣ་ཚོགས་པར། །སྤྲུལ་པའི་

རྟེན་བཟང་བསོད་ནམས་མགྲོན་དུ་གཉེར། །གཏེར་བདག་བརྒྱད་ལྡན་དབང་ཕྱུག་དབྱིག་གི་མཛོད། །འོད་ཡངས་ཚ་བེར་ཞུམ་པ་སྦྱིན་བཟོད་པའི། །ནོར་ཅན་དཔལ་གྱི་བང་མཛོད་ཆེན་པོ་འདིས། །མཐོ་རིས་འབྱོར་པའང་བུས་པའི་རྩེད་འཛོར་བཏང་། །བཀྲ་ཤིས་དཔལ་གྱི་ཆབ་སྒོ་ཡངས་པའི་ངོགས། །ཁྲིམས་ཀྱི་ཟ་སྤྲ་འབྲུག་སྟོང་དུས་གཅིག་ཏུ། །ལྡིར་འདྲ་ཐོས་པའི་མོད་ལ་སྐྱེ་བོ་རྣམས། །འཇིགས་ཏེ་སྙིང་རྩ་འདར་བའི་དཀའ་ཐུབ་བསྟེན། །བསམ་དོན་གྲུབ་པའི་རྩེ་མཐོ་ལྡན་པོ་དང་། །སྟོག་ལྕཏ་གསེར་གྱི་རི་བདུན་དུ་འཁྲུལ་ནས། །སྲིད་པའི་རྒྱུ་སྐར་ཐམས་ཅད་ཟླ་ཤེལ་གྱི། །ཁང་པའི་ཟོལ་གྱིས་ཁོར་ཡུག་བསྐོར་བ་རྣམས། །དཀར་ནག་རྒྱ་ཧོར་བལ་བོད་སོགས་ཡུལ་གྲུའི། །སྣ་ཚོགས་ཟོང་གི་འདུ་འགོད་ལ་ཆས་རྣམས། །ཚང་གིས་སྤྱུས་པའི་གོམ་སྟབས་འཁྱོར་ན་ཡང་། །ཁྲིམས་ཀྱི་འཁར་བ་ལ་རྟེན་སེམས་མི་ཁྲོ། །ཐྲག་དམར་ངོས་ལ་བརྟེན་པའི་ཆོས་ཀྱི་སྒོ། །སྤྱོད་ལམ་ཞི་བས་དགྲ་བཅོམ་ལྟར་དུལ་ཡང་། །རེས་འགའ་རབ་གཏུམ་རྡོ་རྗེ་ཁྲོ་བོའི་སྐར། །བཞེངས་ཚེ་དྲག་པོའི་ང་རོ་དབྱངས་སུ་འཚེར། །བཀྲ་ཤིས་དཔལ་གྱི་རྒྱུ་སྐར་ཕྲེང་བ་རྣམས། །ལྷུན་པོའི་ངོགས་སུ་སྤྱངས་འདྲ་གློག་པའི་གྲྭ། །སྔོ་ལྗང་ནགས་ཀླུང་མཛེས་པར་ཀོ་ཀི་ལའི། །སྲུང་རྩེའི་དབྱངས་བཞིན་ལུང་རིགས་གད་རྒྱངས་མཐོ། །གྲུབ་རིགས་འཛིན་པའི་བཀའ་ཡི་ཕྱུག་བརྙན་པ། །མཐུ་ཆེན་ཧྲུ་འཕྲུལ་སྟོབས་ཀྱིས་རྒྱལ་སྲིད་ལ། །

གནོད་པ་བསྲུང་བའི་མེལ་ཚེ་པེ་ཏ་ར། །ཡུམ་སྔོན་སྤྲུལ་སྟེའི་དབུས་ན་གར་གྱིས་རོལ། །སྣ་ཚོགས་ལྷ་ཡིས་བཀོད་པའི་སྐྱེད་མོས་ཚལ། །མྱུ་ངན་མེད་པའི་ཕང་འཕྱུང་ཕྲེང་བ་ཅན། །ཨ་སྲུའི་འཁྲི་ཤིང་འབྲས་བུས་དུད་པ་ལ། །འདབ་ལྡན་འཁོར་ཞིང་ལྡིང་བའི་གར་བརྒྱུས་རྩེན། །རྙོག་བྲལ་དངུལ་གྱི་མེ་ལོང་ཕྱིས་འདྲ་བའི། །ཁྲུས་ཀྱི་རྫིང་བུ་ཤེལ་གྱི་ཕང་རྟེན་ཅན། །པདྨ་འབར་བའི་ཚལ་དུ་སྨྲ་ལེན་པ། །སྤྲང་རྩི་འཕྱུང་བ་རྣམས་ཀྱི་བརྟུལ་ཞུགས་སོ། །ཕྱོགས་མཚམས་མཁའ་ལྟར་རྒྱ་ཆེའི་ཡུལ་སོ་སོར། །གཅིག་པུ་དུ་མར་འཆར་བ་ཆུ་ཟླ་བཞིན། །ཕོ་བྲང་དམ་པའི་སྣང་ཆ་འཕོས་འདྲ་བའི། །ཉེ་བའི་ཕོ་བྲང་རྒྱུ་སྐར་ཕྲེང་བ་ཤར། །བཀའ་ཁྲིམས་ཕུར་མ་བརྒྱ་པའི་གདུགས་དཀར་པོ། །གཡས་སུ་བསྐོར་བའི་གྲིབ་མས་ས་ཆེན་པོ། །ཁྱབ་ལ་མཚར་ཅི་ཚངས་པའི་འཇིག་རྟེན་ཀྱང་། །སྨུར་དུ་གནོན་པའི་ངང་ཚུལ་ལ་སྟོས་ཤིག།

༈ བསོད་ནམས་གསེར་འགྱུར་བཟང་པོའི་རྩེས། །སྟོད་དུས་ངན་པའི་ཚོགས་ཁམས་ཀྱང་། །གསེར་འོད་འབར་བའི་རྫོགས་ལྡན་དུ། །བསྒྱུར་འདི་ཨེ་མ་སྐལ་པ་བཟང་། །མེད་བཞིན་སྣང་བ་སྲིད་པའི་ཚུལ། །ངོ་མཚར་རི་མོ་རྣམ་བཀྲ་ཡང་། །དམ་པའི་གཟིགས་ངོར་མཉམ་པ་ཉིད། །བདེ་བ་ཆེན་པོར་འཛམ་གླུས་སོ། །ཞེས་བྱ་བ་ནི་ཕྱོགས་ལ་རྣམ་པར་རྒྱལ་བའི་གཏམ་གཞོལ་མེད་ནཱ་དའི་ཟ་དབྱངས་ལ་ཐོག་མར་དགེ་བའི་རབ་ཏུ་བྱེད་པའོ།། །།

རྒྱལ་རྣམས་ཐུགས་རྗེའི་སྤྲིན་རས་དྲི་མེད་ཀྱིས། །གཟིགས་པ་ལྗུང་བའི་སྣོད་དུ་གདུལ་དཀའི་ཞིང་། །འོས་པར་དགོངས་ནས་སྙིགས་དུས་སྨོས་མཆོག་རྣམས། །སྟོབས་ཀྱི་རྒྱལ་པོའི་རྣམ་པར་འཕྲུལ་ཞེས་ཐོས། །དེ་ཡང་ཤཱཀྱའི་བསྟན་པ་གསལ་ནུས་པའི། །སྟོབས་ལྡན་ས་ཡི་བདག་པོ་སྣ་ཚོགས་གཟུགས། །བྱང་ཕྱོགས་གངས་ཅན་ཤེལ་གྱི་མེ་ལོང་དུ། །འཆར་ཞེས་ཐུབ་པས་བསྟན་བྲལ་ལུང་དུ་བསྟན། །ལྷ་ལྡན་དབུས་ཞེས་དགའ་བའི་སྐྱིད་མོས་ཚལ། །མཛེས་སྐྱིད་པདྨའི་གཙོ་བོ་མི་ཡི་ལྷས། །ཕན་བདེ་དཔལ་གྱི་འབྱུང་གནས་ཐུབ་བསྟན་མཚོ། །ལྷག་བསམ་ཀེ་ཏ་ཀས་བསྲུངས་གསར་པ་བསྐྲུན། །དེ་རྒྱས་བྱེད་པའི་རྒྱལ་པོ་འཛམ་དཔལ་དབྱངས། །མི་ཡི་སྲིད་འཛིན་ཁྲི་སྲོང་ལྡེའུ་བཙན་གྱིས། །སྐྱོན་པར་གྲགས་པའི་གདུགས་དཀར་སྲིད་རྩེར་ཡངས། །ལྡིང་བའི་གྲིབ་མ་སྐྱུམ་པོས་ས་གཞི་ཁྱབ། །སྐྱར་གྱི་མངའ་བདག་དབང་ཕྱུག་ཁྲི་རལ་པ། །འཐུག་པོར་བཀྲིས་པའི་ནགས་སུ་སྙེ་ཏ་བའི། །བདེ་སྐྱིད་ལྷ་ཡི་ཆུ་བོ་འཁོར་བའི་མཐའ། །དབྱངས་ཀྱི་ཡན་ལག་རྒྱ་མཚོའི་སྒྲ་ལྡུར་ཟབ། །དེ་སོགས་ཆ་ཤས་རེས་ཀྱང་སྲིད་པའི་ཁམས། །དཀར་པོར་བཀྲིས་པའི་རི་ཁྲ་གསལ་འདེབས་ན། །མཁྱེན་བརྩེ་ནུས་སྟོབས་ལེགས་བྱས་དབང་ཕྱུག་གི །རབ་འབྱམས་སྣང་བ་མཁྱེན་པ་སུ་ཡིས□། །སྔོན་བྱུང་སངས་རྒྱས་སྨོན་ལམ་བསམ་མི་ཁྱབ། །ཁྱད་འཕགས་རྒྱལ་པོའི་བསྟན་པ་ལྔ་བརྒྱ་པར། །གཞོལ་ཚེ་ཡེ་ཤེས་སྟོབས་

ཞེས་ས་སྐྱོང་བས། །རྫོགས་ལྡན་གསར་པ་སྤྲིན་པའི་དགེ་མཚན་བཞིན། །རྒྱལ་བསྟན་གསེར་གྱི་མཆོད་སྡོང་བླ་ན་མེད། །སྙིགས་མ་ལྷ་བདོས་དྲི་མར་བྱས་འདི་སླར། །སྟོབས་འགྱུར་རྣམ་དཔྱོད་གསལ་བའི་ཆུ་གཙང་གིས། །བྱི་དོར་མཛད་ལ་བསམ་བཞིན་བྱོན་ཏམ་ཅི། །དཔལ་ལྡན་གཉཏ་ཀྱི་གདུང་རབས་དྲི་བྲལ་ཁམས། །ཆོ་འབྲང་མཆོག་གི་དཔལ་དུ་སྨིན་པ་དེ། །གངས་ཅན་སྐྱེ་བོའི་བསོད་ནམས་གཟུགས་ཅན་བཞིན། །ལེགས་པའི་སྐྱེ་མཆེད་གསལ་ཞིང་རྫོགས་པ་འབྲུངས། །མཚན་དཔེའི་དཔལ་གྱི་རྗེས་འགྲོ་སྐུའི་ལྷུན་པོ། །གཟི་བྱིན་འོད་དུ་འབར་བས་ཟིལ་ནོན་པའི། །ཉི་ཟླ་སྣང་བས་པ་ཏ་ཅན་ཟུང་ཡང་། །སྐྱེང་ཏེ་ལྷ་ཡི་རྫིང་དུ་གབ་པ་རྣམས། །དཔའ་བོའི་རིགས་འབྲུངས་དཔའ་བོའི་ཁོ་ལག་རྫོགས། །སྒྱུ་རྩལ་ཀུན་ལ་མཁས་པའི་སྲིད་མེད་བུའི། །འགྲན་ཟླར་འོས་ཏེ་རྒྱལ་པོ་རྒྱལ་རིགས་ཀྱི། །སྤྱི་བོར་མངོན་དབང་བསྐུར་བའི་དགེ་མཚན་ཐོབ། །མིག་སྨན་གོས་སུ་གྱོན་པའི་བྲ་མེན་མས། །ངུར་པ་ཐུང་དུ་མི་གནས་དུས་སྤྲུལ་པ། །འོད་ཕྲེང་སྤྲོ་བའི་རིན་ཆེན་སྙན་རྒྱན་གྱི། །ཉིན་མོའི་སྣང་བ་མཆོག་ལས་མཆོག་ཏུ་བསྒྱུར། །ཏ་རུང་བེར་དང་ལེ་བཀན་ལ་ཐོད་ཀྱི། །མཚམས་སྦྱིན་འཕྲུག་པོས་འཕྱུད་ལ་རྗེས་ཆགས་པས། །དབྱིག་གི་དོ་ཤལ་རིང་པོ་བརྒྱ་བྱིན་གྱི། །གཞུ་འདྲས་ཕྱེད་སྐུའི་རི་བོ་མཆོག་ལ་འཁྲིལ། །འཛེཏ་བྲལ་སེང་གེས་བརྟེགས་པའི་ཁྲི་འཕང་ལ། །རིན་ཆེན་ཞུ་གུ་བཀྲམ་

པའི་སྤྱན་བཟང་པོ། །རྣམ་པར་གནོན་པའི་སྟང་སྟབས་བསྒྱིངས་པ་
འདིས། །ཚངས་པའི་རྒྱལ་པོ་དྲེགས་རྣམས་ཅིག་ཆར་བཅིལ། །འཛམ་
མགོན་ཕྱོགས་ལ་གནས་པས་བློ་གྲོས་རྒྱས། །དབྱངས་ཅན་མགུལ་པར་
ཆགས་པས་སྨྲ་དབང་ཕྱུག །རྒྱ་ཆེན་རིག་གནས་མཁྱེན་པའི་མཐུ་གྲུབ་
པ། །འདི་སྟེ་དགེ་བའི་དབང་པོ་སླར་ཕྱིན་ཏམ། །ཕུན་ཚོགས་དཔལ་
གྱི་འབྱོར་པ་རྒྱ་ཆེ་བར། །གྲགས་པའི་མུ་ཁྱུད་ས་ལ་འཕོས་པ་ལྟའི། །
སྐབས་གསུམ་དཔལ་ལ་མི་ཡི་ལོངས་སྤྱོད་པའི། །ངོ་མཚར་འཕྲེང་བ་
ས་གཞིའི་རྒྱན་དུ་ངོམ། །རིན་ཆེན་ཅོད་པན་འོད་འཕྲོ་གདུཏ་སྐར་
གཡོ། །ལྷུན་སྟུག་ཁྲིར་འཁོད་ནོར་བུའི་ཛ་ཡབ་གཡོ། །མཐིང་འོད་
རལ་གྲིའི་ཕྱག་མཚན་འཛིན་པ་ཁྱེད། །རྒྱལ་སྲིད་ཀུན་གྱི་སྣ་ན་བརྗོད་
ཅིང་འགྱིངས། །རྒྱལ་སྲིད་རིན་ཆེན་ཀུན་དང་ཉེ་བའི་ཞུན། །རྫས་ཀྱི་
རིན་ཆེན་ནོར་བདུན་བསོད་ནམས་ལས། །ལྷུན་གྱིས་གྲུབ་པའི་མཐུ་
འདིས་ས་ཀུན་ལ། །དབང་བསྒྱུར་ཆོས་ཀྱི་རྒྱལ་པོར་བསྟཏ་པར་
འོས། །གཙང་དྭངས་ཟླ་ཤེལ་གསར་པའི་ཨཱ་དར་ཤ །པི་ཤྭའི་པིར་
གྱིས་བྲིས་པའི་སྒྱུ་འཕྲུལ་གཟུགས། །མཐོང་བའི་མིག་ལ་བདུད་རྩི་ཆར་
འབེབ་ལྟའི། །བཙུན་མོ་རིན་ཆེན་བདེ་སོགས་ལྷ་མོ་བཞིན། །བསོད་
ནམས་མཐུ་ལ་འགྲན་པ་ཚན་པོ་ཆེའི། །སྟོབས་ལྡན་གྱད་ཀྱི་མྱུ་གུས་
ལྟའི་བཞིན་མཚར། །ཕྲོགས་པའི་ཐུབ་ཆོད་མཚུངས་ཟླ་མེད་སྟོན་
མཁན། །རྒྱལ་སྲས་ཡིད་ཀྱི་ཟླ་ཆོས་ཡིད་དུ་འོང་། །ལྷ་ཡི་བླ་མའི་བློ་

དང་ཁྱབ་འཇུག་གི །དཔའ་རྟུལ་ཟུང་དུ་ལྡན་པའི་ཐབས་མཁས་ཀྱི། །བྱ་བ་དྲུག་ལ་འདྲིས་པའི་རྒྱལ་པོའི་སྲིད། །ཀླ་ནས་ཀླར་འདེགས་ནུས་པའི་བློན་པོ་ཆེ། །རང་རང་རིགས་དང་མཐུན་པའི་ལེའུ་ཁས། །གཙུག་ཏོར་བརྒྱན་པའི་རྒྱལ་ཕྲན་སའི་ཐིག་ལེ། །སྣ་མང་ལྷ་ཡི་འབྱོར་པས་དཔྱིད་འཛོ་བ། །ཇི་སྙེད་ཉེ་བའི་དབང་པོའི་བརྟུལ་ཞུགས་འཛིན། །བཞིན་མཛེས་པདྨའི་འདབ་བརྒྱ་གྲོལ་བའི་མདངས། །རྣ་རྒྱན་ནོར་བུའི་འོད་དང་འདྲེས་པ་དེས། །སྣ་ཚོགས་གོས་ཀྱི་གཞའ་རིས་ལ་འཁྲུ་བའི། །དྲུང་འཁོར་ལྷ་ཡི་སྤུན་ཟླ་གྲངས་སུ་མང་། །ཤེས་པ་རབ་ལྡན་བློ་ཡི་མཛའ་ན་མོ། །རིག་གནས་སྨྲ་བའི་དབང་མོས་རྗེས་བཟུང་བའི། །སྣ་མང་ལུགས་ཀྱི་རྗེས་འགྲོ་ཐོགས་མེད་དུ། །འདོན་འདྲི་འཛིན་མཁས་མདུན་ན་འདོན་ལ་སྤྲོ། །ཡན་ལག་བཞི་ལྡན་སྨན་པ་རྒྱལ་པོ་ལ། །འོས་ཤིང་ཉེར་མཁོ་གཞན་ཕན་ངང་ཚུལ་གྱིས། །ནད་སེལ་སྨན་གྱི་ཚོ་ག་དར་དྲག་པ། །ཀླ་ཡི་སྨན་པ་ཆེན་པོ་སྐྱེ་དགུའི་གཉེན། །གཟའ་སྐར་སྦྱོར་བྱེད་ཆོས་ཀྱི་རི་མོ་མཁན། །བཟང་ངན་ལྟས་ཀྱིས་མེལ་ཚེ་འཛིག་རྟེན་ལ། །ཀླང་དོར་ལུང་དུ་སྟོན་མཁས་ཀླའི་རྩིས་པ། །སྲིད་གྲུབ་བློས་པའི་གར་མཁན་མཆོག་ཏུ་གྲུབ། །གསོལ་གཟིམ་མཆོད་གསུམ་དཔའ་སྙིག་འཛིགས་རུང་ཉམས། །མཛལ་ཡིག་མཛོད་གསུམ་རྐོད་གཤེ་ཇམ་བག་ངོམ། །ཐབ་འདྲེན་གདན་གསུམ་སྙིང་རྗེ་ཞི་ངོ་མཚར། །མཛོ་ཏ་དྲེའུ་ཁྲི་ལས་ཚན་བཅུ་དང་གསུམ། །

སྐྱེས་བུ་དུ་མས་ཐུ་བོ་བཀྲབས་པའི་ཞིང་། །དཔའ་རྟུལ་སྙིང་སྟོབས་ཆེན་པོ་སྲིད་མེད་བུའི། །ཁེངས་པ་ཆུང་ངུར་བྱེད་རྣམས་འཕོང་རྐྱེན་པས། །རྒྱལ་པོའི་ཉོ་ཤས་འཚོ་བ་གྲངས་མཐའ་ཡས། །ཡུལ་གྲུའི་མནའ་བོ་ཁྲིམ་གྱི་ཉུ་ས་དང་། །བཟོ་རིས་བཅོ་བརྒྱད་རྣམ་བཀྲའི་རི་མོ་འབུམ། །དཔྱོད་ལྡན་ཡིད་ཀྱི་ངོས་ལ་ལེགས་བྲིས་པའི། །སྟོན་མེད་ཡ་མཚན་མཚར་དུ་དངར་ལ་ལྟོས། །འཆི་མེད་དབང་པོའི་གཞོན་པ་མཁའི་སླང་ཆེན། །བདུད་རྩིས་ཁུར་ལྷེས་ནོན་ལས་རྟུལ་ཐིགས་ཆར། །དུས་སུ་བབས་པས་ནོར་འཛིན་དཔལ་མོའི་ལུས། །ཕུན་ཚོགས་འབྲུ་བཅུད་རྒྱན་གྱིས་ལེགས་པར་སྤྲུད། །སྣ་མང་རིན་ཆེན་གོས་རྒྱན་བཟའ་བཏུང་སོགས། །སྲིད་འདིར་ངེས་པར་སྲིད་པའི་དཔལ་ཐམས་ཅད། །སྟོབས་ཀྱི་རྒྱལ་པོའི་མཐུ་ལས་འདུས་པ་འདིར། །མ་ཐོས་པར་འདུས་རང་དབང་ལོངས་སུ་སྤྱོད། །རབ་སྨིན་སྨྱོས་བྱེད་རྣམ་པ་བརྒྱད་ཀྱི་ཆང་། །རབ་མང་འཐུང་བའི་དཔའ་བོ་བརྟུལ་ཞུགས་ཅན། །རབ་འབར་མཚོན་ཆ་བསྣོལ་རྣམས་སྒྱུ་རྩལ་གྱིས། །རབ་ཏུ་སླེམས་པའི་རྩེད་འཛོ་ཉམས་སུ་བསྒྱུར། །རལ་གྲིའི་ཐབས་དང་ལྷུགས་ཀྱིས་བསྒྱུར་བའི་ཐབས། །གནས་ལྔའི་གནས་ལ་བྱུང་བའི་སྐྱེས་སྲུན་རྣམས། །ཡང་ཚེ་གསར་པས་བག་མའི་དགའ་སྟོན་ལ། །པད་མཚོར་ངང་པ་འདུ་བ་བཞིན་དུ་སྦྲོ། །མཐོ་རིས་གྲོང་ཁྱེར་ས་ལ་འཕོས་པའི་ཤུལ། །བསྐྱེགས་ནས་ལྷ་ཡི་བུ་མོ་ལུས་ཕྲ་མ། །ཡང་ཚོས་ཁེངས་རྣམས་

མི་ཡི་འཛིག་རྟེན་འདིར། །ཡིད་སྤྲུབ་ཆོ་ག་རྫོགས་པའི་སྟོད་དུ་
འོངས། །ཡོངས་རྫོགས་བཞིན་གྱི་དཀྱིལ་འཁོར་གསལ་མཐོང་བས། །
ཐུབ་པ་རྣམས་ཀྱང་བསམ་གཏན་ལས་སློང་ན། །མདའ་ལྷའི་དབང་
ཕྱུར་སྐྱེ་བོས་ལྟ་ཅི་ཞེས། །ཆ་ཙམ་སྦྲིབ་ཕྱིར་སྨུ་ཏིག་འཁོར་ཡོས་
མཛེས། །དཔལ་གྱི་འབྲས་བུ་སྨིན་འདྲའི་ནུ་རྒྱས་ཟུང་། །རང་བཞིན་
ཉིད་ཀྱིས་གཞན་ཡིད་འཛིན་བཟོད་ན། །རིན་ཆེན་དོ་ཤལ་ཐོས་ཀྱི་
ལང་ཚོའི་དཔལ། །སྦྲིབས་འདི་ཅི་ཞེས་གཉིས་སློས་གཏམ་དུ་སླིང་། །
མཐིང་འོད་ཨུཏྤལ་འདབ་འདྲའི་ཟུར་མིག་མདའ། །སྨིན་ལེགས་གཞུ་
ལས་དྲངས་འདི་མ་བསྣུན་པ། །དེ་ནི་ལུས་མེད་ལུས་ཀྱི་རྣམ་འཕྲུལ་
གྱིས། །འདོད་པའི་མུན་འཐུག་ནགས་སུ་འཕེན་པར་ཟད། །དྲན་
པའི་སྐེ་མས་བསྐྱུར་བའི་གར་གྱི་རོལ། །མཚམས་སྦྱར་དགའ་བའི་
དགའ་སྟོན་ལ་གཞོལ་མཐར། །ལེགས་བྱས་ལྟོ་བར་སྨིན་པའི་མངལ་
མཆོ་ལས། །ཟླ་ཚེས་བཞིན་དུ་ཁྱིའུ་བཙས་ཤིང་འཕེལ། །ཉེར་འཚེ་
གདུང་བ་ཀུན་ལ་རྣམ་གྲོལ་ཞེས། །གཏམ་སྙན་ཕྱོགས་ཀྱི་མགྲིན་ལ་
འཆད་པ་བཞིན། །ག་མ་ཀས་བཅིངས་གླུ་མི་འགྱུར་མང་པོས། །རྣ་བ་
བདུད་རྩིས་འགེངས་འདི་སྐལ་པ་བཟང་། །བདེ་སྐྱིད་དགའ་སྤྲོ་ལེན་
པའི་དཔལ། །དཔལ་ལྡན་ས་དབང་མཆོག་གི་འཕྲུལ། །འཕྲུལ་དགའི་
ལྷ་བཞིན་འབད་མེད་དུ། །དུ་མའི་ཕུན་ཚོགས་འདི་ངོ་མཚར། །སྟེ་
བཞི་འབྲས་བུར་སྨིན་པའི་སྟེས། །རབ་ཏུ་ཡོངས་འདུ་ཤིང་གི་རབ། །

དཔལ་གྱི་འབྱུང་ཁུངས་དམ་པའི་དཔལ། །མཐོ་རིས་གཉིས་ལས་འདིར་མཐོའོ། །ཞེས་ཕྱོགས་ལས་རྣམ་པར་རྒྱལ་བའི་གཏམ་གཉོམ་མེད་ནྲ་དའི་ཧ་དབྱངས་ལས་བར་དུ་དགེ་བའི་རབ་ཏུ་བྱེད་པའོ།། །།

༄༅ དྲེགས་ལྡན་རྒྱལ་པོ་ཀུན་གྱི་སྤྱི་བོ་ལ། །བཀར་བཏགས་ཕྱུག་རྒྱུའི་ནོར་བུ་ངལ་འཚོ་ཞིང་། །སྟོབས་ཀྱི་དཔུང་པས་ཀུན་གསལ་མཐའ་གནོན་པའི། །འཁོར་ལོ་ཅན་འདི་ཕྱོགས་དང་གླིང་ལས་རྒྱལ། །རྒྱལ་ཁྲིམས་གསེར་གྱི་གཉའ་ཤིང་རབ་ལྕིད་པ། །ཆོས་ཁྲིམས་དར་གྱི་མདུད་པས་སྲིལ་བ་ཡིས། །བག་ཡོད་རྩེན་རྣམས་དགེ་བཅུའི་ཐེམ་སྐས་ལ། །འཛེགས་དེས་ལྷ་ཡི་འདུན་ས་དོག་པོར་བྱས། །ཡོན་ཏན་ཀུན་གྱི་མངོན་མཐོ་དཀོན་མཆོག་གསུམ། །སྤྱི་སྣང་རི་མོར་བྱེད་པའི་སྲི་ཞུས་མཆོད། །རྒྱལ་བསྟན་དཀར་པོར་མཛད་ཕྱོད་ཆོས་ཀྱི་རྒྱལ། །མྱ་ངན་མེད་པའི་གདུང་འཚོབ་ཉིད་དུ་ངེས། །ཐུབ་པ་སེང་གེའི་རྣམ་འཕྲུལ་ཀཱ་ཤྱ་པ། །འཇམ་མགོན་མི་ཡི་སྲིད་འཛིན་ས་སྐྱ་པ། །ཀུན་མཁྱེན་ཀུན་དགའ་སྙིང་པོ་【ཨཱ་ར་ནྲ་ཐ།】ཇོ་ནང་པ། །རྣམ་གསུམ་གཙུག་ཉེ་ནོར་བུའི་གྲོགས་སུ་བསྟེན། །རང་རང་བསྟན་པའི་ཁུར་ཆེན་འདེགས་རློམ་པས། །ཆོས་སྲིད་གཉིས་སུ་བཟུང་བ་བསྟན་འཛིན་གྱི། །གླང་པོ་ཐལ་ལའང་དགའ་བའི་རྒྱན་བཏགས་ནས། །ལྷགས་ཀྱུའི་བསྣུབ་པས་དུལ་བའི་ར་བར་བཅུག །སྟོམ་བརྩོན་ཐྙུག་པའི་སྡེ་ཚན་ལེགས་བཤད་ཀྱི། །ཟ་ཆླབས་མཁའ་ལ་འཁྲུད་པའི་མཚོ་

ཆེན་བཅུད། །སྨོན་བྱུང་གདེངས་ཀའི་རྩེར་མཛེས་བསམ་འཕེལ་གྱི། །ནོར་བུ་བཀུར་བསྟིའི་རྒྱལ་མཚན་ཏོག་ཏུ་མཆོད། །གཞན་ཡང་དུར་སྒྲིག་མདངས་ཀྱིས་གནམ་དང་ས། །ལི་ཁྲིའི་ཁམས་སུ་བསྒྱུར་བ་རབ་བྱུང་སྟེ། །རྒྱལ་ཁབ་ཆེན་པོའི་ཁྱམས་སུ་འདུ་འགོད་ནི། །གང་ཤུའི་ནགས་ལྗོངས་རླུང་གིས་བསྐྱོད་འདྲའི་གཟུགས། །རིན་ཆེན་དྭངས་མའི་རྩིག་ངོས་མེ་ལོང་ཆར། །འཕོས་པར་གཏན་པ་མེད་པའི་མཆོད་སྦྱིན་གྱིས། །ཅི་འདོད་བདུད་རྩིས་སྤྲིན་ནས་དགེ་སྤེལ་བའི། །རྣམ་འཕྲུལ་འདི་ཀོ་སུས་སྤྲུར་ཡོངས་མི་ཤེས། །འཕྲུལ་གྱི་སྣང་བ་རབ་འབྱམས་གཞལ་མེད་ཁང་། །ཤཱཀྱ་མུ་ནེའི་འོད་ཀྱིས་གསལ་བའི་མཁའ། །མཐའ་བྲལ་ཕྱོགས་ཀྱི་འཁོར་ལོའི་རྟེན་ཐམས་ཅད། །ཀུན་བཟང་མཆོད་སྤྲིན་རྒྱ་མཚོའི་དཔལ་དུ་མཛད། །སྲས་བཅས་རྒྱལ་བའི་སྐུ་བརྙན་བགྲང་བར་དཀའ། །ལེགས་གསུང་འགྱུར་རོ་འཚལ་གྱི་གླེགས་བམ་མངས། །ཟབ་རྒྱས་ཐུགས་རྟེན་ཇི་སྙེད་རིན་ཆེན་ལས། །རིས་མེད་སྐྱེ་དགུའི་བསོད་ནམས་ཞིང་དུ་སྤེལ། །དགེ་སྦྱོང་གྲྭ་ཟླ་བཀྲེན་པའི་ཟུག་ངུ་ཅན། །སློང་བའི་ལག་པ་རྐྱང་ལ་ཀུན་སྦྱིན་པའི། །དཔག་བསམ་ཤིང་ཆེན་འདི་ལྷའི་མཐུ་ཆེན་དག །ལྷ་ཡི་འཇིག་རྟེན་དག་ན་ཡང་ཡོད་མ་ཡིན། །སྙིང་སྟོབས་ཉེར་མཚོན་རླབས་ཆེན་གཏོང་བའི་གཏམ། །དྲང་པོར་བརླས་ཀྱང་ཙུད་ཀྱི་སྨྲ་བོ་ཆེས། །ཆོས་དབྱིངས་རྒྱས་པར་གང་བའི་ལྷག་མ་ཡང་། །ཕྱོགས་ཀྱི་མཛེས་མའི་རྣ

བར་ཅི་སྟེ་ཤོང་། །རྒྱ་མཚོ་བཞི་ཡི་འོག་པག་གིས་བཅིངས་པའི། །ས་
ཆེན་འདི་ན་ཚྭོད་ཀྱི་ངང་ཚུལ་ལ། །བསྟོད་ཚིག་རྒྱ་ཆེར་གྲགས་པ་
མགྲིན་པའི་ཇ། །གྱེན་དུ་འདེགས་ལ་དཔྱོད་ལྡན་ཏབ་གཤར་
བགྱིད། །ཡུ་གུར་ཞང་ཞུང་ལྷོང་དང་བོད་ཆེན་གྱི། །རྒྱལ་སློན་དྲེགས་
པས་སྨྲོས་པའི་སྣང་ཆེན་ཁྲུས། །ཚྭོད་ཞབས་འདེགས་པའི་ཡ་མཚན་ལྣ་
ལི་ཀ །སྙིང་ཁར་འཛིན་པ་བུས་པའི་བློ་གྲོས་ཏེ། །རྒྱ་གར་ཀསྨི་ར་མོན་
ནི་པལ། །རྒྱ་ཧོར་སོག་ཡུལ་ནགས་སུ་རབ་བསྒྱིངས་པ། །སྟོབས་
འབྱོར་རལ་པས་ལྡེད་པའི་སེང་གེས་ཀྱང་། །རིན་ཆེན་ཁྲི་འཕང་
འདེགས་པར་གདོན་མི་ཟ། །སོར་མོའི་ཕྲེང་བའི་མིང་ཙམ་འཛིན་པ་
ཡང་། །སོག་འདྲེན་ཕལ་གྱིས་བསྒྲུང་ན་འདི་ལྟ་བུའི། །མཚན་གྱི་ཙོད་
པན་སྒྲི་བོར་བཅིངས་རྣམས་ལ། །གནོད་པར་བྱེད་པའི་ཡིད་ཙན་
དམིགས་སུ་མེད། །འོན་ཏེ་ཆུ་སྲིན་རྒྱལ་མཚན་ཙན་རྒྱུགས་པའི། །ང་
ར་འཁྲུན་བུར་འབྱིན་པ་ཟླ་སློའི་དཔུང་། །དུས་ངན་ལག་པ་བརྒྱ་པས་
དྲངས་པ་ཀུན། །འཇོམས་བྱེད་དྲག་པོ་ཁྲོས་པའི་འཁོར་ལོས་འཇིག །
ཡན་ལག་བཞི་པའི་དཔུང་གི་ཁྲུ་མཆོག་ཏུ། །དཔའ་བོའི་དབང་པོ་
དཔའ་རྩལ་མཆོན་ཆ་ཙན། །རྡོ་རྗེའི་ཡ་ལད་ཟེར་གྱིས་ཕྱིར་རྒོལ་ལ། །
འཇིགས་པའི་བསྐལ་པ་སྟོན་པའི་མུན་པ་སྦྲོ། །རླུང་ཤུགས་ཤིང་རྟར་
གནས་པའི་ཞུབ་ཙན་གྱི། །སྐྱེས་བུ་མཆོན་ཆའི་འཕྲུལ་འཁོར་བསྒྱུར་
མཁས་རྣམས། །ཁྲོས་པའི་བཞིན་ལས་སྨིན་འཁྱོག་ཏུ་རིས་ཀྱིས། །

དགྲ་བོ་ཁྲི་ལ་འདེགས་པའི་རེ་ཁྲ་འདྲི། །ཁྱབ་འཇུག་གཡུལ་ངོར་ཞུགས་འདྲའི་དཔའ་བོ་རྣམས། །དགའ་བྱེད་དར་ལ་བབ་འདྲའི་འཕོང་སྐྱེན་པས། །གནམ་ལྕགས་དྲག་པོར་འབབ་འདྲས་ཕས་རྒོལ་སྡེ། །བཤིག་པའི་སྒྲ་ཆེན་འབྲུག་འདྲས་སྟོང་གསུམ་ཁྱབ། །འཇིགས་འཇིགས་གཤིན་རྗེ་ཁྲོས་པའི་ཆ་བྱད་ཅན། །ཛམ་ཛམ་སྤྲིན་བུ་བཞིན་དུ་སྙིང་རྗེས་དབུལ། །ཏ་ཏར་རྒོད་པའི་ཙོ་སྒྲས་དགྲ་བོའི་སྙིང་། །ཡང་ཡང་ཤུབས་ནས་འཐོན་ཏེ་ཤོག་མར་ཐྲོས། །སྤྲིན་སྒྲར་ཕམ་པ་སྙེར་བའི་དུནྡུ་བྷི། །སྙིང་རྩ་འདར་བ་བསྐྱུན་པའི་པ་ཏ་ཧ། །གསོད་པའི་ལས་ལ་བསྐུལ་བའི་དུང་སྐད་སོགས། ། དུས་མཐའི་མེ་ཐུང་འབར་བའི་སྒྲ་ལྟར་གྲགས། །ཨམ་གསྟོགས་དྲག་བརྡམས་གཏུམ་པོ་གཟུ་ལུམ་ཅན། །རལ་གྲི་འབར་བ་འཕྱར་ལ་འཛིགས་པ་རྣམས། །ཐྲོས་མཐར་མཁྲིན་པ་གཏུབས་ཀྱང་མིག་འབྲས་ཟུང་། །འདར་བ་བཞིན་དུའང་དཔའ་བོའི་གདོང་ལ་བལྟ། །མི་སྲུན་དམག་སྡེས་བསྒྲོད་པའི་རྐང་རྟུལ་ཀུན། །འཁྲིགས་པའི་སྤྲིང་ནས་མཚོན་ཆའི་སྤྲིག་ཞགས་ཀྱིས། །གནམ་ས་གཅིག་ཏུ་འཆིང་བའི་ཆོ་འཕྲུལ་འདི། །མི་འམ་མི་མིན་སྟོབས་ལྡན་སུ་ཡིས་སྤྲུལ། །མཐའ་ཡབ་མུན་པའི་ནགས་ཚལ་འཐིབས་པོ་རུ། །དྲེགས་ལྡན་སྤང་པོ་དཔའ་སྒྲ་མ་སྒྲོགས་ཤིག །དབུས་འགྱུར་གི་ལ་ཤ་ཡི་རིར་བསྒྲིངས་པ། །གདོང་ལྔའི་དབང་པོ་བསྙེམས་པའི་དབྱངས་འདི་ཉོན། །བརྒྱ་བྱིན་རྡོ་རྗེ་གདེངས་མཐོང་ལྷ་

མིན་མོའི། །མངལ་ལྷུང་ངོ་མཚར་ཆེ་མོད་དེ་བས་ཀྱང་། །ཆོས་ཀྱི་རྒྱལ་པོའི་མཚན་བཟང་ཐོས་པའི་མོད། །བདུད་སྡེའི་དཔུང་པ་ཞིག་པའི་སྒྲ་འདི་སྙན། །གཡུལ་ལས་རྣམ་པར་རྒྱལ་བའི་རྒྱལ་མཚན་མཆོག །སྲིད་རྩེར་བསྒྲེངས་པའི་དགའ་སྟོན་ཆེན་པོ་ལ། །དགྱེས་དགུར་རོལ་པ་རྫོགས་ལྡན་ལང་ཚོ་མ། །འདོད་བདེ་དོན་དུ་གཉེར་བས་ངོམས་སམ་ཅི། །ཞི་རྒྱས་དབང་དྲག་ཕྲིན་ལས་ལ་སོགས་པའི། །འོད་སྣང་དཀྱིལ་འཁོར་རྒྱས་པའི་ལྷུད་མོ་ལ། །རྗེས་ཆགས་སྲིད་པའི་མིག་པོ་ཆེ་དེ་ཡང་། །སྨྲིན་མེ་སྟོང་ཕྲག་སྤར་ནས་ཤར་བར་ངེས། །བྱམས་བརྩེའི་གཞན་དབང་གྱུར་པའི་བཀའ་འབངས་ལ། །གཉེན་གཤིན་སྲུང་བཙན་སྨམ་པོ་སླར་ཅྱིན་ནམ། །མཐའ་དམག་ལྡན་འི་བདག་པོའི་ཁ་གནོན་ཕྱིར། །པདྨ་ཀ་རའམ་སུ་ཞེས་སོམ་ཉིར་སྤྱོད། །སྙིགས་མ་རྣམ་ལྔའི་གདོན་གྱིས་ཆེར་གཙེས་པས། །བཟོད་དཀའི་གདུང་བ་བརྒྱ་ཕྲག་འབབ་འདི་ལ། །སྐྱབ་པའི་མཐུ་ལྡན་གཞན་མེད་ཁྱེད་ཀྱི་ཞབས། །རྗེ་རྗེའི་གདན་ལ་ཡུན་རིང་བརྟན་པར་སྨོན། །རྐོད་ཚང་པ་ཞེས་ས་གསུམ་ན་རྒྱན་གྱིས། །གྲུབ་པ་མཆོག་གི་ས་ལ་སྟེགས་བྱས་ནས། །སྟེང་ནས་སྟེང་དུ་འགྲོ་བ་མཁའ་སྤྱོད་ཀྱི། །ལམ་བཟང་འགོག་མེད་བསྒྲུབ་པའི་སྟེ་ཆེན་པོ། །རྣམ་པར་གཡེང་བ་མི་བསྐྱོད་ས་ལྷ་ཧྲིའི། །རྣལ་འབྱོར་སྟོབས་སུ་འབར་བའི་ཉེར་འཚོའི་གཡོག །གང་ལ་ཅི་འོས་སྤྱིན་པའི་ཕྱུག་རིང་པོར། །བསྐྱངས་ལ་སླེང་ནས་མགུ་བའི་ཁོང་འཇུམ་

དསྲུལ། །སྲོག་ཆགས་ཕྲ་མོའི་འགྲོས་ལྟར་སྟོབས་ཆུང་ངུས། །བསྟན་འགྲོའི་དོན་ཆེན་སྒྲུབ་ལ་རང་བྲེལ་སྐབས། །སྟོབས་ཀྱི་རྒྱལ་པོའི་བཀའ་དྲིན་བདུད་རྩིའི་ཚུལ། །སྲོས་ཀྱི་སླང་པོའི་ལང་ཚོ་ཡུད་ཀྱིས་སླེན། །དྲིན་བཟོར་བཀུར་བའི་རྒྱ་ཆེས་མཆོད་སྦྲོ་ཡངས། །སྨིན་པའི་འབྲས་བུ་ཕྲ་བས་རྗེ་མ་ཐོབ། །དབུལ་པོའི་ཁྲིམ་ལས་འདོད་པ་ཀུན་འཇོ་བའི། །གཏེར་གྱི་བུམ་པ་བཟང་པོ་ག་ལ་ཞིག །དམ་པ་རྣམས་ནི་ལེགས་བཤད་གཏམ་གསར་པར། །དགེས་མོད་ཟང་ཟིང་ནོར་ལ་དེ་ལྟ་མིན། །སྐམ་ནས་རང་བློས་གཞལ་བའི་ཚིགས་བཅད་ཕྲེང་། །དགའ་བའི་སྲིད་བུར་བཀྲུས་ལ་སུ་ཞིག་གཤུང་། །རྒྱུ་གསུམ་མ་ཚང་ཕྱིར་ན་སྐྱོན་ངག་རྒྱན། །ལེགས་པའི་གཅིག་ཤོས་ཉིད་ནའང་རྟེན་འབྲེལ་སྨོ། །བཟང་པོ་འབྱེད་པའི་ལྡེ་མིག་རྟབས་ཚུལ་གྱིས། །ཐོག་མཐའ་བར་དུ་དགེ་བའི་གཏམ་གཞིར་གླེང་། ༔འདི་ལས་ལེགས་བྱས་གང་ཐོབ་པས། །ཀུན་གསལ་མཐའ་ཡང་ཆེར་འགོངས་དེས། །ཆོས་ཀྱི་རྒྱལ་སྲིད་ཆེན་པོ་ལ། །ལོངས་སུ་སྤྱོད་པའི་ཕྱིར་བསྔོ་འོ། །ཞེས་བྱ་བ་ནི་ཕྱོགས་ལས་རྣམ་པར་རྒྱལ་བའི་གཏམ་གཞོམ་མེད་ནཱ་དའི་ཇ་དབྱངས་ལས་ཐ་མར་དགེ་བའི་རབ་ཏུ་བྱེད་པའོ། །དེ་ལྟར་བཀྲ་ཤིས་གྲངས་ཀྱིས་འཁྱུད་པའི་ཚིགས་སུ་བཅད་པ་འདི་ནི་གྲུབ་པའི་བསྟི་གནས་རྒྱལ་བུ་སྟེང་འགྲོའི་བཀྲ་ཤིས་སྨོ་མངས་ཀྱི་ཁང་པ་བརྩེགས་པར་དགེ་སྦྱོང་རྒན་པོ་སངས་རྒྱས་རྡོ་རྗེས་བྲིས་པ་ཛ་ཡནྟུ།། །།

ཀརྨ་བསྟན་སྐྱོང་དབང་པོའི་རྟོགས་བརྗོད་སྙན་ངག་གི་ལམ་ནས་དྲངས་པ་འདི་ཉིད་ཀྱི་མཛད་པ་པོ་དཔལ་ལྡན་འབྲུག་པ་བཀའ་བརྒྱུད་ཀྱི་མཁས་པའི་དབང་པོ་སངས་རྒྱས་རྡོ་རྗེ་ནི། དགོངས་འདུས་ལུང་བསྟན་བཀའ་རྒྱ་མ་སོགས་ལས། དཀར་གྱི་རྒྱུད་ཅེས་འབྲུངས་ཡུལ་དང་མཚན་དང་གསང་རྟགས་སོགས་གསལ་བར་ལུང་བསྟན་པ་བཞིན། འབྲུངས་ཡུལ་གཙང་མང་དཀར་ཞེས་པར་རབ་བྱུང་བཅུ་པ་ས་མོ་སྦྲུལ་（༡༥༦༩）ལོར་སྐུ་བལྟམས། དགུང་ལོ་གསུམ་བཞི་ནས་ཀ་མད་སུམ་ཅུ་ང་མ་སྦྱད་པར་མདོ་སྔུད་པ་ལྟགས་སློག་མཛད་པ་བྱུང་བས་ཕྱོག་མར་ངོར་དུ་བཞུགས། རྗེས་ཀུན་མཁྱེན་པདྨ་དཀར་པོ་དང་། ལྷ་རྗེ་བ་ངག་དབང་བཟང་པོ། གཙང་རྒྱལ་བྱེད་ཚལ་གྱི་སློབ་དཔོན་ངག་དབང་བློ་གྲོས་དང་། ལྷ་དབང་བློ་གྲོས་སོགས་མཉེས་པ་གསུམ་གྱི་སྒོ་ནས་ཞབས་པད་སྤྱི་བོར་བསྟེན་ཅིང་ཐུན་མོང་གི་རིག་གནས་སྤྱི་དང་ཁྱད་པར་རྒྱུད་འགྲེལ་མན་ངག་སོགས་ལ་གསན་བསམ་ཚུལ་བཞིན་མཛད་པས་ཟླ་མེད་པའི་མཁས་པར་གྱུར། ལྷག་པར་གྲུབ་དབང་ལྷ་རྗེ་བའི་བཀའ་དྲིན་ལས་གནས་ལུགས་ཀྱི་རང་ཞལ་གཟིགས་པར་གསུང་ཞིང་། རང་ལུགས་སྨིན་གྲོལ་རྒྱབ་རྟེན་གྱི་སྐོར་རྣམས་ཀུང་ཡོངས་སུ་རྫོགས་པར་མཛད། དེ་ཉིད་ཀྱི་ཉམས་རྩལ་སྐྱོང་ཕྱིར་ཙ་རི་དྭགས་ཀོང་སོགས་སུ་གནས་སྐོར་དང་སྒྲུབ་པ་མཛད་རྗེང་། ལྷུན་རྩེ་བདུད་འདུལ་གྲྭ་ཚང་དང་། ཁྲི་ཕུ། རྒྱལ་བ་རྒོད་ཚང་པའི་གདན་ས

ཁྲི་བསམ་གཏན་གླིང་སོགས་སུ་རྟེན་བརྟེན་པ་བཅས་པར་སྲི་ཞུ་དང་འབྲེལ། བསྟན་པའི་འཛིན་སྐྱོང་གི་ཐུགས་འགན་བཞེས་ཤིང་། འཆད་རྩོད་རྩོམ་གསུམ་སོགས་དམ་པའི་ངང་ཚུལ་དགུ་པོ་བདག་གིར་མཛད་དེ་བསྟན་འགྲོའི་དོན་རྒྱ་ཆེན་པོ་གནང་། སྒོས་སུ་མར་མི་དྭགས་གསུམ་ནས་བརྒྱུད་པའི་ལྟ་སྒོམ་སྤྱོད་འབྲས་སོགས་རྣམ་དག་མ་ཡིན་པའི་ཀླན་ཀ་འཚོལ་བ་རྣམས་ལ། ལུང་རིགས་གཏན་ཚིགས་དུ་མའི་སྒོ་ནས་ཡང་དག་ཏུ་བསྒྲུབས་པས་བསྟན་པའི་གད་བདར་གྱི་ཡིག་ཆ་བཞག་པ་མང་ཞིང་། ཡང་སྒོས་པ་ཊ་གྲུབ་ཡབ་སྲས་ཀྱི་གསུང་རབ་ཚིག་དོན་བརླིང་བ་རྣམས་གོ་བདེར་བཀྲལ་བའི་བསྟན་བཅོས་བཅས་ཆུད་མི་གསན་པའི་སྐད་དུ། དཔལ་བསམ་གླིང་རྒྱལ་གྱི་ནེའུ་སྙིང་ཟུར་ཤུག་དཔལ་གྱི་དགོན་པ། གནམ་འབྲུག་སེ་བ་བྱང་ཆུབ་གླིང་རྣམས་སུ་སྤྱར་དུ་འཁོད་པ་དང་། གཞན་ཡང་ཁ་ཐོར་དུ་བཞུགས་པ་བཅས་ཆོས་ཚན་བརྒྱ་དང་ཉེར་ལྔ་ཙམ་སྣང་བ་རྣམས་མཛད་པས། རྗེས་འཇུག་རྣམས་རྣམ་དཔྱོད་ཀྱི་འཇུག་སྒོ་ཡངས་ཤིང་ལོག་རྟོག་དང་སོམ་ཉིའི་རྒྱ་ལས་གྲོལ་བས། ངེས་པ་བསྐྱེད་པའི་ཡིད་ཆེས་ཀྱི་དད་པ་ལ་བགོད་པས་ན་བཀའ་དྲིན་བླ་ལྷག་ཏུ་གྱུར་པའོ། །དེ་ལྟར་འཁོར་གསུམ་གྱི་དུས་འདའ་ཞིང་དགུང་ལོ་བདུན་ཅུ་རྩ་བདུན་དུ་འཇིག་རྟེན་ན་འཚོ་ཞིང་གཉིས་པས་བུ་སློབ་ཀྱི་གཙོ་བོ་ཁྲི་ཤུ་མཁན་ཆེན་དཔལ་རྒྱལ་དབང་པོ་དང་། བོད་མཁས་པ་མི་ཕམ་དགེ་ལེགས་རྣམ་རྒྱལ། རྒྱལ་དབང་

འབྲུག་ཆེན་ཐམས་ཅད་མཁྱེན་པ་དཔག་བསམ་དབང་པོ་དང་ཡོངས་འཛིན་ཀུན་དགའ་ལྷུན་གྲུབ་སོགས་རྗེས་སུ་བཟུང་ཞིང་རྒྱལ་ཚབ་ཏུ་མངའ་དབང་བསྐུར་ནས། རབ་བྱུང་བཅུ་གཅིག་པ་ཤིང་མོ་བྱ་(༡༧༨༥)སོའི་ནག་ཟླ་ཚེས་ལྔའི་ནམ་ལངས་དུས་སུ། དགུ་གཅུག་གི་ཐུས་པ་སོར་གཉིས་ཙམ་ཞིག་ཆོས་འབྱུང་གི་དབྱིབས་སུ་སྨྲ་འོད་བཅས་ཏེ་འཕར་བ་དང་ལྡན་ཅིག །ཤར་ཕྱོགས་མངོན་པར་དགའ་བའི་ཞིང་དུ་གཤེགས་པའི་མཛད་པ་བསྟན་པ་སོགས་སྐུ་གསུང་ཐུགས་ཀྱི་གསང་བ་བསམ་གྱིས་མི་ཁྱབ་པའི་རྣམ་ཐར་རྒྱ་མཚོ་ལྟ་བུ་ལས་འདིར་སྣ་རྩེའི་ཟླ་ལ་ཙམ་ཞིག་བཀོད་པའོ་ཞེས་ནི་པལ་རྒྱལ་ས་ཏུ་ཤྲཱི་གོ་ཏམ་བུདྡྷ་བི་ཧཱ་རའི་མཁན་པོ་བཤད་སྒྲུབ་བསྟན་འཛིན་གྱིས་སྤར་བསྐྲུན་མཛད་པའི་མཁས་དབང་གི་གསུང་པོད་བརྒྱད་ཙན་གྱི་མགོ་བརྗོད་དུ་བཀོད་འདུག་པ་འདིར་དྲངས་ཤིང་གོང་གི་བསྟན་སྐྱོང་དབང་པོའི་རྟོགས་བརྗོད་འདིར་མི་སྣང་བས་ཁ་གསབ་ཏུ་དཔལ་ལྡན་འབྲུག་པའི་གྲལ་མཐར་འཁོད་པའི་འཛི་སྐར་སྤྲེལ་སྤྱུལ་སྐྱུ་སྤྲེང་བཞི་པའི་མིང་གི་ཚད་པན་འཚང་བ་བྱུང་པ་ཆོས་ཁམས་སྤྱུལ་དུ་འབོད་པ་གཀྲ་བཤད་སྒྲུབ་ཆོས་ཀྱི་ཉི་མའམ་བསོད་ནམས་དོན་གྲུབ་ཀྱིས་བོད་རབ་བྱུང་བཅུ་བདུན་ཚུ་མོ་སྤྲུལ་གྱི་ལོར་བསྒྲིགས་པའོ།། ༎

གཙང་སྟོད་རྒྱལ་པོའི་རྟོགས་བརྗོད་དང་། དེའི་ཕོ་བྲང་དང་མངའ་ཁྲུལ་གྱི་ཆེ་བ། བཀའ་ཁྲིམས་ཀྱི་ལུགས་དང་བཀའ་ཆེམས་སྒྲང་གླང་དོན་གོ་བའི་ཞལ་ལྕེ་བཅུ་དྲུག་ཚངས་པའི་དྲང་ཐིག་བཞུགས་སོ།

གང་ཞིག་འཛིག་རྟེན་ཁམས་འདིར་ཕན་བདེའི་དཔལ། །རྒྱལ་ཁྲིམས་གསེར་གྱི་འཁོར་ལོ་རྩིབ་སྟོང་གིས། །མཐའ་བཞི་རྣམ་གནོན་ཆོས་ཀྱི་རྒྱལ་པོ་སྟེ། །སྐན་པ་འབྲུག་ལྟར་ཆེ་བ་དེ་ལ་འདུད། །ཨེ་མ་ས་དབང་རྒྱལ་པོའི་སྲས། །ཕུན་ཚོགས་དགེ་ལེགས་ཀུན་གྱི་གཞི། །གྲངས་མེད་བསྐལ་པར་ཚོགས་གཉིས་བསྐྱུན། །མགོ་ནག་མི་ལ་སྨམ་བུ་སྒྲ། །གཉའ་རེངས་དགྲ་ལ་གཤིན་རྗེ་འདྲ། །ཆོས་སྲིད་སྐྱོང་ལ་འཇམ་དཔལ་དབྱངས། །མངའ་འབངས་རྣམས་ལ་ཡིད་བཞིན་ནོར། །མཚན་སྨོས་གཙང་སྟོད་རྒྱལ་པོ་ཡིན། །དེ་ཡི་གདུང་རབས་རིན་ཆེན་འཕྲེང་བའི་རྒྱན། །མཛེས་པར་ཐོད་དུ་བཅིངས་པའི་ངོ་མཚར་གྱིས། །འདོད་རྒུ་ཡིད་བཞིན་འབྱུང་བའི་བཀའ་དྲིན་གཏེར། །ཁས་དྲག་གནམ་གྱི་ཤེ་མོང་ཐོབ་པར་ཤོག །ཅེས་མཆོད་པར་བརྗོད་དེ། སྤྱིལ་སེར་གཏམ་རྒྱུད་ལས།

གཙང་སྟོད་རྒྱལ་པོའི་གདུང་རབས་ཀྱི་རྣམ་ཐར། དེའི་ཕོ་བྲང་དང་མངའ་ཁྱུལ་གྱི་ཆེ་བ། དེའི་བཀའ་ཁྲིམས་ཀྱི་ལུགས་དང་བཀའ་ཚིམས། དེའི་སྲིད་སྐྱོང་དོན་པོ་བའི་ཞལ་ལྟེ། དེ་རྣམས་ཀྱི་ལུང་རྒྱུན་དུ་ཞར་བྱུང་གི་སྔོན་གྱི་ཁྲིམས་ཡིག་དང་གཏམ་རྒྱུད་ཁུངས་བཙུན་པ། ཡིག་རྙིང་དང་། གཞན་གཏམ་ཐོས་པ་རྣམས་ཀུང་བསྒྲིགས་པ་ལས། ཐོག་མར་གདུང་རབས་ཀྱི་ལོ་རྒྱུས་ནི། སྲིད་ཀྱི་སྐྱེས་བུ་རྣམས་ཀྱི་མཛད་པ་ཞི་རྒྱས་དབང་དྲག་གི་རྣམ་པར་ཐར་པ་སོ་སྐྱེས་བློའི་སྤྱོད་ཡུལ་ལས་འདས་ཤིང་། ཟབ་པ་དང་། རྒྱ་ཆེ་བ་བློ་ཆུང་གིས་རྟོགས་དཀའ་མོད་ཀྱི། དེ་རྟོགས་ཤིང་རྫོགས་པའི་བློས་སྙན་ངག་དང་སྙེབ་སྦྱོར་ཚིགས་བཅད་ཀྱི་ཐང་པ་ལྷུག་པའི་བསྒྲིགས་བཀྱམས་རྣམས་མེད་པར་ལྷ་དགའི་གཏམ་བཞིན་བབ་ཅོལ་དུ་བྲིས་པ་འདི་ཉིད་རྣམ་དཔྱོད་ཅན་གྱིས་གཟིགས་ན་སེང་གེའི་གཡུ་རལ་ལ་སྤྲེའུའི་ལག་རྗེད་བྱས་པ་ལྟར་བཞད་མོའི་གནས་སུ་འདུག་ཀྱང་རང་རང་གི་མོས་ངོར་ཤར་བ་ཙུང་ཟད་འབྲི་བར་བྱ་སྟེ། དེ་ཡང་སྲིད་ཀྱི་བོད་ཁ་བ་ཅན་གྱི་རྒྱལ་ཁམས་འདི་ཉིད། འཕགས་པ་སྤྱན་རས་གཟིགས་ཀྱི་གདུལ་བྱའི་ཞིང་ཁམས་གང་ལ་གང་འདུལ་གྱི་སྤྲུལ་པ་བསམ་གྱིས་མི་ཁྱབ་ཅིང་། ལྷག་པར་དུ་ཆོས་རྒྱལ་མེས་རྣམ་གསུམ་གྱི་བཀའ་དྲིན་ལ་བརྟེན་ནས། སངས་རྒྱས་ཀྱི་བསྟན་པའི་དབུ་བརྙེས་པ་དང་། བསྒྱུར་བ་དང་། དར་བར་མཛད། ལུགས་གཉིས་ཀྱི་བཀའ་ཁྲིམས་བཟང་པོས་སེམས་ཅན་ཐམས་ཅད་བདེ་སྐྱིད་ལ་བཀོད། །

མངའ་འབངས་དར་རྒྱས་སུ་མཛད་ཅིང་བོད་ལ་སྟོད་དར་བར་དར་ཕྱི་དར་གསུམ་དུ་ཕྱེས་ན་འདི་ཡན་སྟོད་དར་རོ། །བར་དར་ནི་དཔལ་ལྷ་ས་སྐྱེ་པས་བོད་ཤིང་སྦྲ་བཙུགས་པའི་རྒྱལ་པོ་མཛད་པ་དང་། སེ་སྲིད་སྡེའུ་གདོང་པའི་མཚན་དོན་རྗེ་དར་སྐྱང་བཞག་ཡན་དུ་འདུག་ཅིང་། དེ་ནས་བར་གྱི་མཐུག་ཕྱི་མའི་མགོའི་བར་དེར་བོད་དབུས་གཙང་འདིར་སློབ་བུར་གྱི་མི་རྒོད་འགའ་ཞིག་གིས་ཡུལ་གྱི་ས་སྡེ་རྣམས་སུ་རྫོང་བརྩིགས། ཡུལ་སོ་སོ་བདག་ཏུ་བཟུང་སྟེ་རང་རང་འདོད་པའི་འཕྲུལ་གྱིས་བསམ་སྦྱོར་མི་བསྲུན་པའི་མཚོན་གྱི་བསྐྲལ་པ་དར། ཧོར་སོག་དཔུང་ར་མདར་སྦྲན་ནས་ཡུལ་ཁམས་ཐམས་ཅད་འཇོམས་ཤིང་སེམས་ཅན་ལ་བདེ་བའི་གོ་སྐབས་མེད་པའི་སྐབས་དེར། སྔོན་གྱི་ཆོས་རྒྱལ་མེས་དབོན་རྣམ་གསུམ་གྱིས་བོད་ཀྱི་སེམས་ཅན་ལ་ཐུགས་བརྩེའི་དགོངས་པ་ཟབ་མོ་ཆོས་དབྱིངས་རྒྱ་མཚོའི་ཀློང་ནས་ཡེ་ཤེས་ཆེན་པོའི་གཟིགས་པ་དགོས་འདོད་ཡིད་བཞིན་ནོར་བུའི་འོད་ཟེར་འཕྲོས་ཏེ་འཇིག་རྟེན་གྱི་ཁམས་ཐམས་ཅད་ཁྱབ་པར་མཛད་པ་ལས་གཙང་སྟོད་རྒྱལ་པོའི་ཚབ་སྲིད་ཀྱི་རང་བཞིན་ལྷུན་གྱིས་གྲུབ་སྟེ། ཕྱི་དར་གྱི་དབུ་ཚུགས་པ་ཡིན་ཞིང་རྒྱལ་རབས་འདི་ཉིད་ཀྱི་སྐུ་རུས་ནི་ཁྲི་སྲོང་ལྡེའུ་བཙན་ཡབ་སྲས་ཀྱི་སྐུ་རིང་ལ་རྡོ་རྗེ་ཐེག་པ་ལ་གྲུབ་པ་བརྙེས་པའི་སྐྱེས་ཆེན་དམ་པ་མང་དུ་བྱོན་པའི་ནང་ནས་གཉགས་ཀུ་མཱ་ར་ཞེས་པ་དེ་ཉིད་ཀྱི་པོ་རྒྱུས་ཞིབ་པ་ཡིག་ཚང་ལ་གསལ་ཞིང་། དེའི་གདུང་རབས་སྐྱེས་བུ་དམ་པའི་རིགས་སངས་རྒྱས་ཀྱི་བསྟན་པ་ལ་བྱ་བ་མཛད་པ་དང་། ཆོས་བཞིན་

སྐྱོང་བའི་རྒྱལ་པོ་དང་། ཡང་ཀུ་སུ་ལུའི་ཚུལ་དང་སྨྱས་པའི་ཚུལ་སོགས་དོན་དུ་སྐྱེ་བོ་དཀྲུས་མ་མིན་པའི་གདུང་རབས་ཀྱི་འཕྲེང་བ་རིགས་རུས་དང་། ཚེ་འབྲང་མ་ཉམས་ཤིང་རྒྱུད་ཀྱི་ལྷ་འགོ་བ་རིམ་བཞིན་ཟམ་མ་ཆད་པ་ཕྱོན་པའི་ནང་ནས་གནམ་བསྐོས་ལྷའི་བུ་ཞིང་ཤག་ཚེ་བརྟན་རྡོ་རྗེ་ཞེས་བསོད་ནམས་ཀྱིས་མངོན་པར་མཐོ་བ་འདི་ཉིད་ལས་རིམ་པར་བརྒྱུད་པའི་ལྷ་དང་། གེ་སར་དང་། གཙྭ་པའི་ཆོས་སྐྱོང་སོགས་ཀྱི་སྤྲུལ་པའི་མི་བོ་རྣམས་ཕྱོན་ཞིང་། དེ་དག་གི་ཞི་རྒྱས་དབང་དྲག་གི་རྣམ་ཐར་དང་སྤྲུལ་པ་བསྐྱེད་པ་བསམ་གྱིས་མི་ཁྱབ་པ། བརྗོད་ཀྱིས་མི་ལངས་པ་འདུག་ཀྱང་འབྲི་བར་མ་ལང་ཞིང་ཟུར་ཙམ་ཞིག་བརྗོད་པ་ལས། གནམ་སྦྱིན་མི་ཡི་དབང་པོ་ཞིང་ཤག་ཚེ་བརྟན་རྡོ་རྗེ་དེ་ཉིད་ལ། རྒྱལ་བ་གཙྭ་པ་མི་བསྐྱོད་རྡོ་རྗེ་དང་། རྗེ་བཙུན་དམ་པ་ཀུན་དགའ་གྲོལ་མཆོག་གིས་དབུས་གཙང་མངའ་བསྒྱུར་བར་ལུང་བསྟན་ནས་མཚན་དོན་གྱི་དབུ་བརྙེས་ལ། དེ་ལ་སྲས་དགུ་ཙམ་ཞིག་བྱུང་བ་ལས་ཡོངས་སུ་གྲགས་པ་བོད་ཆོས་རྒྱལ་གྱི་སྤྲུལ་པ་གཙྭ་མཐུ་སྟོབས་རྣམ་རྒྱལ། པེར་ནག་ཙན་གྱི་སྤྲུལ་པ་ཀུན་སྤངས་ལྷ་དབང་རྡོ་རྗེ། གེ་སར་གྱི་སྤྲུལ་པ་གཙྭ་བསྟན་སྲུང་དབང་པོ་གསུམ་བྱུང་བ་ལས་སྤྲུལ་པའི་དཔོན་པོ་འདི་གསུམ་གྱིས་གཙང་སྟོད་དུ་གཞན་ཕྱོགས་མ་འདུངས་པ་ཚར་བཅད། སྐར་ཆེན་གཙྭ་པ་ཡབ་སྲས་སྤྱན་དྲངས་ནས་འབུལ་ཞབས་དབུས་གཙང་གི་རང་སྲིད་ཆེ་ཆུང་རྣམས་ལ་ཁྲུར་སྐྱོང་གནང་བ་སོགས་ཞི་རྒྱས་དབང་དྲག་གི་རྣམ་ཐར་བསམ་གྱིས་མི་ཁྱབ་པའི་ལོ་རྒྱུས་གེ་སར་གྱི་

སྐྱོང་དང་མཚུངས་པར་འདུག་ཀྱང་འཁྲིར་མ་ནུས། འདི་གསུམ་གྱི་སྐུ་དྲིན་ལས་མཚན་དོན་གཞི་ཚུགས། །

དེ་གསུམ་གྱི་སྲས་ཀཱ་ལྡན་ཚོགས་ཕྱོགས་ཐམས་ཅད་ལས་རྣམ་པར་རྒྱལ་བ་ཞེས་ཧོར་སོག་པས་ཀྱི་རྒོལ་པ་ཚར་གཅོད་པ་ལ་ཨོ་རྒྱན་པདྨའི་སྤྲུལ་པ་བཞིན་ཉི་ཟླ་ལྟར་གྲགས་པ་དེ་ཉིད་ལྕགས་ཁྱིའི་ལོ་ལ་རྒྱལ་ཁབ་བསམ་གྲུབ་རྩེར་སྐུ་བལྟམས། མ་མའི་ཚོགས་ཀྱིས་སྐུའི་སྐྱེད་བསྲིངས། སྐུ་ཆུང་ངུ་ནས་ཐུགས་སྐམ་ཞིང་མཁྱེན་པ་རྒྱས་པ་མིའི་དབང་པོར་གྱུར་པ་ཞིག་ལགས་ཤིང་། སྐུ་གཞོན་དུས་ནས་ཡབ་ཡུམ་གནམ་གྱི་གྲུང་སྐབས་ལ་གཤེགས། དགུང་ལོ་ཉི་ཤུ་རྩ་ལྔ་པ་ལ་དམག་དཔུང་ཡན་ལག་བརྒྱད་ལྡན་དང་བཅས་ཏེ་དབུས་སུ་ཕེབས། ཡར་རྒྱབ་དཔོན་ཆེན་སོགས་གཞན་ཕྱོགས་ཚར་བཅད། དབུས་སྡེ་རྒྱུད་རང་ཞབས་སུ་བཅུག དེ་ནས་དབུས་གཙང་གི་རྒྱལ་ཕྲན་གདུག་རྩུབ་ཅན་རྣམས་ཚར་བཅད། བཀའ་ཁྲིམས་བཟང་པོས་ཀུན་མོ་གསེར་ཁྱུར་གྱི་དུས་འཛམ་དར་ཡུག་གཅིག་ཏུ་བསྐྱངས། དེ་ནས་ས་པོ་ཧྲའི་ལོ་ཧོར་སོག་ཟླ་སྒོའི་དམག་ཚན་པོ་ཆེ་བོད་དུ་ལུད། བྱང་ཁམས་ཐམས་ཅད་དམག་གིས་བཅོམ། ལྷ་ས་གཙུག་ལག་ཁང་ཡང་ཧོར་སོག་གིས་བཟུང་ནས་རྒྱ་གར་ཇོ་གེ། མདོ་ཁམས་བྱར་དྭགས་ཀོང་གསུམ་དབུས་གཙང་སོགས་དང་ཆེན་གནས་སྐོར་བ་རྣམས་ཀྱང་ཇོ་ཤཱཀྱ་ལ་གསོལ་བ་རྒྱང་ནས་འདེབས་པ་མ་གཏོགས་སྐོར་བ་སྨོན་ལམ་སོགས་དགེ་བའི་ལས་རྣམས་བགྱིད་མ་ཐུབ། ཤར་གྱི་ཛ་ཧྲའི་འགྲུལ་གྱི་གསེར་ཟམ་ཡང་ཆད་པ་སོགས

དུས་ཤིན་ཏུ་མ་བདེ་བས་མི་ཐམས་ཅད་ཨོ་རྒྱན་གྱི་སྦས་ཡུལ་འབྲས་མོ་གཤོངས་ཀྱི་གནས་སྒོ་སྒྲུག་པ་ལས་ཐབས་མ་རྙེད་པའི་སྐབས། ས་སྐྱོང་མིའི་དབང་པོ་ཕུན་ཚོགས་རྣམ་པར་རྒྱལ་བས་ཕས་ཀྱི་རྒོལ་བ་ཚར་གཅོད་པའི་གཡུལ་ཆེན་པོ་བཤམས་ཏེ་དཔུང་ཚོགས་ཡན་ལག་བརྒྱད་ལྡན་སྟོད་ལུང་མདར་ཕབ། ལྷའི་དམག་ཚོགས་ས་ལ་འཕོས་པ་ལྟ་བུའི་གཟི་བརྗིད་ཀྱིས་མཐའ་དམག་རྣམས་ཚར་བཅད། དབུས་གཙང་རུ་བཞི། མདོ་ཁམས་སྒང་དྲུག ལྷོ་མོན་ཁ་བཞི་སོགས་མདོར་ན་སྟོད་ཧྣོ་ཏི་དབྱུག་པས་བརྟུངས་ས་ནས་སྨད་རྒྱ་མོ་དར་འཐག་ས་ཡན་རང་ཞབས་སུ་བཅུག གཞིས་ཀ་བསམ་གྲུབ་རྩེས་གཙོས་པའི་རྫོང་ཆེན་བཅུ་བཞི། སའི་མེ་བཙའ་གནོན་པའི་རྫོང་ཕྲན་སོགས་ཞལ་འཛིན་གྱིས་སྐྱོང་བ་རྣམས་མ་གཏོགས། རྫོང་ས་བཙན་གྱི་རིགས་རྣམས་མ་འོངས་པར་དུས་ཟིངས་ཀྱི་རྒྱུར་འགྲོ་བར་དགོངས་ནས་ཐམས་ཅད་རྨང་མེད་པར་བཤིག ཤིང་ཆ་རྣམས་ལྷ་སས་གཙོས་གཙུག་ལག་ཁང་རྣམས་ཀྱི་ཞིག་གསོས་དང་གྲུ་ཟམ་སོགས་ཀྱི་རྒྱུར་གནང་། ལྷ་སར་ཇོ་ཤཱཀ་རྣམ་གཉིས་ཀྱི་དྲུང་དུ་མཆོད་སྦྱིན་རབ་འབྱམས་རྒྱ་མཚོའི་ཚོགས་དཔག་ཏུ་མེད་པ་ཕོར་ཡུག་སྟར་ཆགས་སུ་འཛུགས་པ་མཛད། མཐའ་འདུལ་ཡང་འདུལ་གྱི་གཙུག་ལག་ཁང་སོགས་སུའང་མཆོད་པ་རྒྱ་ཆེར་གནང་། སེ་འབྲས་དགེ་གསུམ་གྱིས་གཙོས་པའི་ཆོས་སྡེ་རྣམས་ཀྱི་འབབ་རེངས་པ་བསྐྱན་བཤིག་རྣམས་གནས་ནས་དབྱུངས། རབ་བྱུང་གནས་བརྟན་དགེ་འདུན་འདུལ་ཁྲིམས་མཁས་ཤིང་བཙུན་པ་

རྣམས་བསྡུས་ནས་བསྟན་པའི་གད་བདར་དང་སྔེ་དགོན་བསྟན་པ་ཉམས་ཆག་ཏུ་གྱུར་པ་རྣམས་ཀྱི་ཁ་གསོའི་དབུ་ཚུགས། རྒྱལ་བ་ཀརྨ་པ་ཆོས་དབྱིངས་རྡོ་རྗེས་དབུས་གཙང་བདག་པོའི་ལུང་གནང་སྟེ་ཤེལ་བམ་དམར་ནག སྐུ་དར་རྒྱ་གླིང་སོགས་ལུང་གི་ཆེ་བ་མངོན་པར་མཐོ་བའི་དགེ་མཚན་བསམ་གྱིས་མི་ཁྱབ་ཅིང་བཀའ་ཁྲིམས་བཟང་པོས་མངའ་འབངས་རྣམས་རྫོགས་ལྡན་གྱི་དུས་ལྟར་བདེ་སྐྱིད་དུ་མཛད་པའོ། །

དེའི་སྐབས་ཕྱག་ན་རྡོ་རྗེའི་སྤྲུལ་པ་ཆོས་སྐྱོང་བའི་རྒྱལ་པོའི་སྐུའི་བསོད་ནམས་ཀྱིས་མངོན་པར་མཐོ་བ་ཀརྨ་བསྟན་སྐྱོང་དབང་པོ་ཞེས་མཚན་ཉེ་ཟླ་ལྟར་གྲགས་པ་འདི་ཉིད། བཀའ་གདམས་གླེགས་བམ་ཆུང་བར། སངས་རྒྱས་དག་ནི་སྤྲུལ་པ་ཅི་ཡང་སྟོན་ཞེས་པ་ནས་རྒྱལ་པོར་སྤྲུལ་ནས་འགྲོ་བ་འདྲེན་པ་ལ། །རྒྱལ་པོའི་བུར་སྤྲུལ་རེམ་གྱིས་རྒྱལ་ས་འཛིན། །གལ་ཏེ་རྒྱལ་པོའི་བུ་ཉིད་མ་ཡིན་ན། །རྒྱལ་པོ་མི་ཐོབ་འཁྲུག་པ་འབྱུང་བར་འགྱུར། །དེ་བས་ཐབས་མཁས་རྒྱལ་པོ་བསྟེན་པར་བྱེད། །ཅེས་གསུངས་པ་ལྟར། མི་བོ་རྟའི་ལོ་གཟའ་སྐར་ཕུན་སུམ་ཚོགས་པའི་ཉིན། ཡུལ་སེང་གེ་ལུང་། མཆོད་རྟེན་རྒྱལ་པོ་སྐྱེས་སུ་སྐུ་བལྟམས། མཚན་མཁན་རྣམས་ཀྱིས་བལྟས་པས་སྐུ་འཁྲུངས་པའི་ཡུལ་གྱི་མིང་དང་འཁྲུངས་བའི་སྐར་མ་དུས་སྦྱོར་དང་། ཁྱད་པར་པདྨ་གླིང་པའི་ལུང་བསྟན་ཀུན་གསལ་མེ་ལོང་དུ་ཨོ་རྒྱན་གྱི་སྦས་ཡུལ་ནས་བོད་དུ་ཕེབས་པའི་མིང་ལ་སེང་གེ་ལུང་དུ་བཏགས། དེར་མཆོད་རྟེན་ཞིག་མཛད་ནས་རྒྱལ་པོ་སྐྱེས་སུ

མཚན་གསོལ། མ་འོངས་པར་འདིར་སྤྲུལ་པའི་རྒྱལ་པོ་ཞིག་བཙས་ནས་དེའི་རིང་ལ་བོད་ཀྱི་སེམས་ཅན་རྣམས་ལ་བདེ་སྐྱིད་ཉི་མའི་འོད་ཟེར་ཤར་བའི་ཞུར་ལྷ་བུ་ཞིག་ཡོང་གསུངས་པའི་ལུང་བསྟན་ཁུངས་བཙུན་ཡོད་སྣང་བའི་རྟེན་ཅིང་འབྲེལ་འབྱུང་གི་སྟོབས་ལས་སྤྱི་བོ་གནམ་བསྟན་གྱི་རྒྱལ་པོ་འགྲན་པའི་ཟླ་དང་བྲལ་བ་འབྱུང་ཞེས་པ་ལ་ངོ་མཚར་བའི་ལྷུས་བསམ་གྱིས་མི་ཁྱབ་པར་གྱུར་ཅིང་། སྐུ་ཆུང་ངུ་ནས་གཟི་བརྗིད་ཆེ་ཞིང་སྤྱན་དཔངས་མཐོ་བ། མངའ་ཐང་ཆེ་བ། སྐུ་བྱིས་པའི་ཚུལ་མི་སྟོན་ཞིང་སྨམ་པ། དགོངས་པ་ཟབ་པ། དཀྱིལ་ཆེ་བ། བསྟན་པ་ལ་ལྷག་པར་གུས་པ། འབྲི་ཀློག་ལ་སོགས་པ་བརྡ་ཙམ་གྱིས་མཁྱེན་ཅིང་། རིག་གནས་ལ་མཁས་པ། འཕོང་དང་སྒྱུ་རྩལ་གྱི་རིགས་ལ་གེ་སར་རྒྱལ་པོ་ལྟ་བུ། ཆོས་དང་འཇིག་རྟེན་གྱི་བྱ་བ་ཐམས་ཅད་ལ་མཁྱེན་པ་རྒྱས་ཤིང་། མངའ་འབངས་ལ་བརྩེ་བ། མ་རུངས་པ་འདུལ་བོད་པ་ལྷའི་དབང་པོ་བརྒྱ་བྱིན་དང་མཚུངས་པ་འདི་ཉིད། དགུང་ལོ་བཅོ་ལྔ་ལ་རྒྱལ་ཁབ་ཆེན་པོ་བསམ་གྲུབ་རྩེའི་གདན་སེང་གེའི་ཁྲིར་ཕེབས། རྗེ་བཙུན་དམ་པ་ཀུན་དགའ་སྙིང་པོས་【ཏཱ་ར་ནཱ་ཐར་ཞུ】བཀྲ་ཤིས་མངའ་གསོལ་རྟེན་འབྲེལ་མཐའ་དག་བསྒྲིགས་པར་མཛད། གཙྪ་པ་ཡབ་སྲས་རྣམས་ཀྱིས་བོད་ཆོས་རྒྱལ་གྱི་ལུང་གནང་། ཁྲི་འཛིན་མངའ་གསོལ་བསམ་གྱིས་མི་ཁྱབ་པ་མཛད། དབུས་གཙང་གི་ཆེ་དགུ་ཐམས་ཅད་ཀྱིས་ཞབས་ལ་བཏུད། དགའ་སྟོན་ལོངས་སྤྱོད་བསམ་གྱིས་མི་ཁྱབ་པ་མཛད་ཅིང་། སྤྱི་བོ་གནམ་བསྟན་བོད་རྩམ་ཟན་ཐམས་

ཅན་གྱི་རྒྱལ་པོར་གྱུར་པའོ། །སྔར་ཧོར་སོག་གི་དམག་སྐོར་གཅིག་བོད་དུ་ལྷགས་ཏེ་རྐྱེད་ཤོད་ལུང་པར་གནས་བཅས། ལྷ་ས་ཟིན། ཛོ་ཤཱཀ་རིན་པོ་ཆེའི་མཆོད་ཁྲིན་ལོ་གཉིས་བཅག །དུས་མ་བདེ་བ་ལ། ཆོས་ཀྱི་རྒྱལ་པོ་འདི་ཉིད་ཀྱིས་དམག་དཔོན་རྟ་བཞི་ལ་བཀའ་བསྒོས། དཔུང་ཚོགས་ཡན་ལག་བརྒྱད་ལྡན་བཤམས་ཏེ་དབུས་སུ་བཙངས། ཆོས་ཀྱི་རྒྱལ་པོ་འདི་ཉིད་རང་གླུ་གླུ་ཚར་གཅོད་པའི་དགོངས་པ་ལ་ཞུགས་ཏེ། ཞལ་དགྲ་ཕྱོགས་སུ་བསྒྱུར་བ་ཙམ་གྱིས་སྐྱུ་བསོད་མངའ་ཐང་གི་ཟིལ་མ་བཟོད་པར་རྒྱ་མཚོའི་མཐར་བྲོས། །

འཛམ་བུ་གླིང་ལ་དབང་བསྒྱུར། ཡབ་རྒྱལ་པོའི་དགོངས་པ་རྫོགས་ཐབས་སུ་རྟེན་བཞེངས། གྲུབ་མཐའ་རིས་མེད་དུ་དུས་མཆོད་དུས་ཇ་སོགས་ཀྱི་ཐེབས་སུ་ས་ཆ་ཡོང་འབབ་ཁྲི་ཚོ་འབུམ་ཚོ་སྒྱུར་བ་གནང་། ཡབ་རྒྱལ་པོའི་མཛད་པའི་འཁྲིས་ཞ་ལུ། སྔར་ཐང་། ཐར་པ་གླིང་། བསམ་སྡིངས་སོགས་བསྟན་པའི་ཞལ་གསོ་ལེགས་པར་གྲུབ་པར་མཛད། རྗེ་བཙུན་དམ་པ་ཀུན་དགའ་སྙིང་པོ་ལ་ཟབ་གནད་ཀྱི་ཆོས་སྐོར་རྣམས་ལེགས་པར་གསན་ནས་ཆོས་ཉིད་ཀྱི་དོན་ཐུགས་སུ་ཆུད། རྒྱལ་བ་ཀརྨ་པ་ཡབ་སྲས་ལ་དཀར་བརྒྱུད་ཀྱི་གསན་པ་རྒྱ་ཆེར་མཛད། སྔར་ཆེན་འཛམ་གླིང་རྒྱན་རྒྱལ་ཁབ་ཆེན་པོར་སྤྱན་དྲངས་ཏེ་ཆིབས་བསུ་སེར་སྦྲེང་སོགས། ཁྲི་འབུལ་གྱི་འབུལ་ཞབས་སོགས་བསམ་གྱིས་མི་ཁྱབ་པས་མཉེས་པར་མཛད་ཅིང་མཆོད་ཡོན་ཐུགས་ཡིད་གཅིག་འདྲེས་གནས་ལ་ཉེ་བླ་བྲང་གཅིག་ས་ལ་

མཆོད་ཡོན་རྣམ་གཉིས་སུ་གྲགས་པར་གྱུར་ཅིང་། གཞན་ཡང་དཔལ་ལྡན་ས་སྐྱ་པ་ཆེན་པོའི་ཞལ་ངོ་རྣམས་དང་། དཔལ་སྟག་ལུང་པ་སོགས་བོད་གངས་ཅན་གྱི་སྐྱེས་ཆེན་དམ་པ་རྣམས་ཡའང་བཀའ་ཆོས་ཀྱི་གསན་པ་རྒྱ་ཆེར་མཛད་ཅིང་། མཆོད་གཞིས་དགེ་རྒྱུན་ཡང་བརྒྱ་གྲངས་མང་པོ་འབུལ་སྦྱོར་མཛད་པ་དང་། ཁྱད་པར་དུ་ཆོས་ཀྱི་རྒྱལ་པོ་འདི་ཉིད་ཀྱི་མཛད་ཆེན་ལྷུར་གྲགས་པ་ནི། སངས་རྒྱས་ཀྱི་བསྟན་པ་རིན་པོ་ཆེའི་ཞབས་ནས་འདེགས་པ་དང་། ཆོས་བཞིན་སྐྱོང་བའི་རྒྱལ་པོའི་ལུགས་བཟུང་བའི་ཕྱིར་བན་སེར་མོའི་ཕྱག་མི་བཞེས་ཤིང་། གྲུབ་མཐའ་རིས་མེད་ཀྱི་བན་ཁྲི་ཚོ་མང་པོ་རྒྱལ་ཁབ་བསམ་གྲུབ་རྩེར་གདན་དྲངས་ནས་སེར་ཚོགས་ཚར་གསུམ་ལ་མང་ཇ་གདན་ནོན་གྱི་ཞབས་ཏོག་གསེར་དངུལ། རིན་པོ་ཆེ། རྒྱན་ཆས། གོས་དར། རྟ་ཁྲབ། ལྕགས། བུ་རམ། བལ། ཚོས། བཙོད། ཙྭ། ནས་སོགས་འདོད་དགུའི་ལོངས་སྤྱོད་ཐམས་ཅད་སྤུངས་ཏེ་འགྱེད་ཆེན་གནང་བས་དགེ་འདུན་རེ་ལ་ལོ་རེའི་རྒྱུགས་གོས་ཀྱིས་འཚོ་བར་མཛད་པ་དང་གཅིག མངའ་འབངས་ཐམས་ཅད་ཀྱི་བདེ་སྐྱིད་དང་སློམས་ཚུང་ཉམ་ཐག་པ་ལ་ཕ་མ་ལྟར་བརྩེ་བར་བོད་ཁྲིམས་བར་དུ་ལད་པ་རྣམས་གསོར་འཇུག་ཕྱིར་བཀའ་ཁྲིམས་ཀྱི་གཙུ་ལེ་ཆེན་མོ་བསྒྲིགས་པ་གནང་ནས་མངའ་འབངས་ཐམས་ཅད་ཞི་ལ་སྤྲིས་མ་ཆགས་པ་ལྟར་འཛགས་ཤིང་ཉེན་མཚན་གྱི་གཉིད་གོ་མ་ལོག་པར་ཉལ་ཚོག་པ་དང་གཉིས། མངའ་འབངས་ཁྲལ་མི་རྣམས་ངལ་གསོ་ཞིང་སྐྱིད་པ་ལ་སྐྱིད་པ་ངོ་ཤེས་པའི་ཕྱིར་བརྒྱ་ཚོ་

རེར་ལོ་ལོ་བཞིན་ལོ་རེས་བསྐོར་གྱིས་རྐང་འགྲོ་ལག་འདོན་གྱི་ཁྲལ་རིགས་རྣམས་བཅག་པའི་དར་རྒྱན་གྱི་ལུང་གནང་སྟེ་ལོ་འཁོར་རེར་རྒྱལ་ཁམས་ཐམས་ཅད་སྐྱིད་སྡུག་ཚར་རེ་སྙོམས་པ་གནང་བ་དང་གསུམ། མི་འཇིགས་པ་སྐྱབས་ཀྱི་སྦྱིན་པས་སེམས་ཅན་བདག་མེད་ཤ་རུས་པགས་པའི་ཕྱིར་སྲོག་གིས་ཉེན་པ་རྣམས་སྐྱོབ་པ་དང་བདེ་བར་འདུག་པའི་ཕྱིར་ཚེ་འཕྲུལ་དུས་ཆེན་ནས་ཟླ་བ་བཅུའི་བར་རི་རྒྱ་ཀླུང་རྒྱ་བསྡོམས་པ་གནང་བ་དང་བཞི། ར་ས་འཕྲུལ་སྣང་གི་གཙུག་ལག་ཁང་ཆེན་པོར་ཇོ་ཤཱཀྱ་ཡིད་བཞིན་ནོར་བུ་ལ་ཐག་རིང་མཐའ་ཁོབ་ནས་མཇལ་ན་བཟའ་འབུལ་བ། ཕ་མ་དྲིན་ཆེན་གྱི་རུས་པ་སྐྱེལ་བ། ཕོད་པ་གཏུགས་ནས་སྨོན་ལམ་རྒྱག་པ། གྲུབ་མཐའ་རིས་མེད་ཀྱི་ཆོས་ཀྱི་སྡེ་རྣམས་སུ་འབུལ་སྐྱེས་སོགས་དགེ་རྒྱུན་གསེར་ཟམ་གྱི་བདེ་ཐབས་ཀྱི་ཕྱིར་བྱང་རུ་རིགས་ཀྱི་ཁྲིམས་ཁ་བསྡམས་པ་མཛད་ནས་བཟང་འགྲུལ་མཐའ་ཁོབ་པ་སྤྲིན་དཀར་པོ་ལ་ཚད་བཙུགས། གངས་དཀར་པོ་ལ་སྐྱེ་གཏད། ས་ནག་འདོམ་དུ་གཞལ་ནས་ཉམ་ཐག་ཅིང་ག་ཆད་པ་རྣམས་ཏ་ཆད་བྱང་ཁམས་སུ་གསོ་ཆོག་པ་དང་མི་ཆད་སྡོགས་འཁྲུགས་ཀྱིས་གཅེས་པ་རྣམས་ལ་གྲོ་ཁ་བྱང་རུ་རིགས་ནས་གཡག་ལུག་དབུས་ཀྱི་རྫོང་གཞིས་ནས་རྩམ་ཟན་ཐོས་རྒྱུའི་སྣམ་ཕྲུག་གནང་སྟེ་བྱམས་བརྩེའི་བཀའ་དྲིན་གྱིས་བསྐྱངས་ཏེ་རང་རང་འདོད་པའི་བགྱིད་པ་རྣམས་བསྒྲུབས་ཏེ་རང་རང་གི་ཡུལ་དུ་བདེ་བར་ལོག་ཆོག་པ། རྒྱ་ནག་པོའི་བྱང་སྒྲོ་སོག་ཡུལ་ནས་དབུས་གཙང་གི་བར་རྒྱན་མོ་གསེར་འཕྲུར་ལྷ་བུའི་དུས་

བདེ་བར་མཛད་པ་དང་ལྔ། གཞན་ཡང་ཞི་རྒྱས་དབང་དྲག་གི་མཛད་པ་སེམས་ཅན་གྱི་བདེ་ཐབས་འབའ་ཞིག་མཛད་པས་སྤྱིའི་དཔོན་གཙང་སྟོད་རྒྱལ་པོའི་མཚན་དོན་དང་མཐུན་ཞིང་ཆོས་ཀྱི་རྒྱལ་པོར་གྱུར་པ་ནི་ཤབ་དང་ཧོབ་མི་དགོས་པར་འདི་ཀའོ། །

གདུང་རབས་འདི་ཉིད་རིམ་པར་ཕྱོན་པའི་ཕོ་བྲང་གི་ལྡེ་བ་ནི། རྒྱལ་ཁབ་ཆེན་པོ་བསམ་གྲུབ་རྩེ་ཞེས་རྣམ་པར་རྒྱལ་བའི་ཁང་བཟང་དམ་པ་འདི་ཉིད་ཡིན་ལ། རི་རྒྱལ་རིན་ཆེན་སྤུངས་པ་འདྲ་བ་ཕྱོགས་བཞི་ནས་བྲག་སེང་གེ་འདྲ་བ་དྲུག་གིས་བརྟེགས་པ། ཕྱིའི་སྒོ་ལྕགས་སེང་གེ་སྒོ་མོ། ལྕགས་རི་འོབས་མུ་ཁྱུད་རྣམས་ནི་སྲིན་པོའི་མཁར་ལྟར་བཙན་ཞིང་བརྫམས་པ་དང་། དགྲ་བོའི་མགོ་བོ་རྒྱ་མ། མ་རུངས་པ་ཁྲིམས་ལས་བསྒྲལ་བའི་མིག་དང་ལག་པའི་ཕྲེང་བ་སོགས་འཛིགས་ཤིང་སྐྱི་གཡའ་བ། བར་གྱི་སྒོ་ལྕོག་རྣམ་གསུམ་ཀྱི་ཁང་བཟང་ལྟར་འབྲུ་རིན་པོ་ཆེའི་དགོར་མཛོད་དང་། རྡོ་ཤེལ་ཟླ་བ་ལྟར་དཀར་བ་གཅལ་དུ་བཀྲམ་པའི་རབ་ཡངས་པ། ཕྱོགས་བཞིར་སྒོ་ཁང་བསེལ་ཁང་དང་སྐས་ཀྱིས་མཛེས་པ། ཕོ་བྲང་གི་ལྡེ་བ་ནི་ལྷའི་ཁང་བཟང་ལྟར་མཛེས་ཤིང་ལྟ་བས་མི་ངོམས་པ་གསེར་གྱི་རྒྱ་ཕུབས་དང་བྲེ་འཁྱོགས་ཟ་རམ་བརྩེགས་ཀྱིས་མཛེས་པ། གསེར་གྱི་རྒྱལ་མཚན་དང་གདུགས་དང་ཕན་གྱིས་བརྒྱན་པ། སྐུ་གསུང་ཐུགས་རྟེན། དེ་བཞིན་གཤེགས་པའི་འཕེལ་གདུང་རིན་པོ་ཆེ་ལ་སོགས་པ་ལ་མཆོད་པའི་བྱེ་བྲག་རོལ་མོའི་སྒྲས་དཔག་ཚད་ཀྱི་བར་ཁྱབ་པ་སོགས་བདེ་བ་ཅན་ནམ་

མངོན་དགའི་ཞིང་ལྷ་བུ། གསེར་ཁྲི་དངུལ་ཁྲིའི་སྟེང་དུ་མི་དབང་ཆོས་ཀྱི་རྒྱལ་པོ་བཙུན་མོའི་ཚོགས་དང་། མདུན་ན་འདོན་དང་། རྒྱལ་ཕྲན་རྟ་པ་དྲུང་འཁོར་བསམ་གྱིས་མི་ཁྱབ་པའི་འཁོར་དང་བཅས་ཏེ་བཞུགས་པ་ནི། ལྷའི་དབང་པོ་བརྒྱ་བྱིན་གྱི་ཕོ་བྲང་ལྟ་བུ། ཕྱོགས་བཞིའི་བྱ་ར་བ་རྣམས་བྱ་མ་རྟའི་ཚོགས་དང་། ཨར་ཞྷ་པར་བྱ། རྒྱ་ནག་རྒྱལ་པོ། ས་ཐམ་རྒྱལ་པོ། སོག་པོ་གཞུང་དྲུག་སོགས་ཀྱི་གསེར་ཡིག་མི་སྣའི་ཚོགས་ནི་མེ་ཏོག་ཟེལ་མངར་ལ་བུང་བ་འདུ་བ་བཞིན་འཐིབས་སོ། ཁོར་ཡུག་ཏུ་འདུ་བ་ཕོ་བྲང་གི་ཕྱོགས་བཞིའི་ཚལ་བཞི། ཤར་རྩེ་དཀར་ཚལ་ལག་མཐིལ་ལྟར་སྙོམས་ཤིང་ཉམས་དགའ་བ། ལྷོར་བཀྲ་ཤིས་དགེ་བའི་ཚལ་ཁང་བཟང་དང་ཁྲུས་ཀྱི་རྫིང་བུ་མེ་ཏོག་སྣ་ཚོགས་སྐྱེ་བའི་ལྗུམ་རར་བྱ་སྣ་ཚོགས་སྐད་སྙན་བསྒྱུར་ཞིང་སྐྱིད་པ། ནུབ་དགའ་བ་ཚལ་བཟའ་ཤིང་ར་བས་ཡོངས་སུ་བསྐོར་ཞིང་དགེ་འདུན་གྱི་ཀུན་དགའ་ར་བ་སོགས་བག་ཕེབས་པ། བྱང་ཆུ་གྲོང་དང་ཇ་ཚོ་ཚལ་སྨན་ལྗོངས་འབབ་ཆུས་བརྒྱན་ཞིང་ཡིད་དུ་འོང་བས་བསྐོར་བའི་ཕོ་བྲང་འདི་ཉིད་ཀྱི་མ་ལག་ཏུ་གཏོགས་པ། ཤར་རྒྱལ་མཁར་རྩེ་སེང་གེ་གནམ་དུ་འཕྱོ་བ། པ་རྣམ་ལྷུན་གྲུབ་རྩེ་གནམ་ལ་ཟོ་བ་བཏགས་པ་ལྟ་བུ། གཞིས་ཀ་རིན་སྤུངས་ལྷུན་ཆགས་པ་སོགས་ཀྱིས་ཡོངས་སུ་བསྐོར་ཞིང་། ཕྱི་ལུགས་རིའི་ཚུལ་དུ་ཤར་མི་འགྱུར་ཞིང་དྭགས་ཀོང་གི་ཁ་གནོན་འོལ་དགའ་སྟག་རྩེ། ལྷོ་མི་འགྱུར་ཞིང་གློ་མོན་གྱི་ཁ་གནོན་དོ་པོ་རྫོང་། ནུབ་མི་འགྱུར་ཞིང་བལ་པོ་རྒྱ་གར་གྱི་ཁ་གནོན་རྣམ་རྒྱལ་ལྷ་རྩེ། བྱང་མི་འགྱུར་

ཞིང་ཧོར་སོག་རྒྱ་ནག་གི་ཁ་གཏོན་གསང་སྔགས་བདེ་ཆེན་དང་། གཞན་ཡང་ས་གནས་མི་བཙའ་གཏོན་པའི་རྫོང་མཁར་མང་པོས་བསྐོར་བའི་དབུས་སུ་བོད་ཀྱི་རྡོ་རྗེ་གདན་ལྷ་ས་འཕྲུལ་སྣང་གི་གཙུག་ལག་ཁང་དང་། དགེ་འདུན་ཁྲི་ཕྲག་འདུ་བའི་ལྷ་སྡེ། མངའ་ཁུལ་མི་སྡེ་གྲོང་ཁྱེར་གནམ་གྱི་སྐར་མ་སར་ཚགས་པ་ལྟ་བུ། དགོས་འདོད་ཀྱི་གཞི་རྒྱ་བོད་འཕྲུལ་ཟམ་གྱི་ཚོང་འདུས་གང་ལ་གང་འདོད་དུ་འདུ་བ། སོ་ཕྱུགས་རྟག་ཏུ་ལེགས་ཤིང་སྐྱ་རྒྱས་པ། བཀྲ་ཤིས་ཕུན་སུམ་ཚོགས་པ་ནི་ཆོས་ཀྱི་རྒྱལ་པོ་འདི་ཉིད་ཀྱི་སྐུ་བསོད་མངོན་པར་མཐོ་བའི་བཀའ་དྲིན་ལས་བྱུང་བ་ལགས་སོ། །

གསུམ་པ་དེའི་བཀའ་ཁྲིམས་ཀྱི་ལུགས་དང་བཀའ་ཆེམས་གཏམ་རྒྱུད་སོགས་ལས་རྒྱལ་རབས་འདི་ཉིད་ཀྱི་བཀའ་ཁྲིམས་གཙང་མ་འདི་ནི། ཁྲིམས་འགལ་ལ་ནན་ཏུར། ཁྲིམས་མཐུན་ལ་བྱ་དགའ། བློས་པའི་ཞལ་ལྕེ་རྣམས་ཀྱང་སྟོན་གྱི་ཚིག་ཚོགས་ཚིག་རོའི་རིགས་རྣམས་ཕུད་དེ། བསྟོན་ཏམ་ལ་སྨྲམ་བསྐྱལ་ཏེ་དཀར་ནག་མངོན་སུམ་དུ་ཤན་འབྱེད་པ་དང་། སྟོང་ལ་སྙིང་གཏོན་དཔྲ་ཕུད་སྲུང་ཞོ་འཐེབས་ཀྱི་ཡོག་ཏུ་སྟོང་དཀར་ནག་མི་བདག་རྒྱལ་སོགས་རྣམ་གྲངས་རྣམས་བསྡུས་པ་དང་། ཧོར་འདྲའི་ཚད་ཤུལ་གྱི་ཡོག་ཏུ་གདན་སྟོང་བཞི་ཟུར་གྱི་ཚིག་ཚོགས་རྣམས་བསྡུ་བར་མཛད་པའི་བཅད་ཁ་གཙང་ཞིང་བརྗོད་དོན་ཆེ་བའི་བཀའ་ཁྲིམས་ཀྱིས་རྒྱལ་ཁམས་ཀྲན་ཚོ་གསེར་འཁྱུར་རྫོགས་ལྡན་གྱི་དུས་ལྟ་བུ་ཀུན་གྱིས་གཟིགས་པ་འདི་ལྟར་ལགས་ཤིང་། འཁོར་ལོས་བསྒྱུར་བའི་རྒྱལ་པོའི་ཁྲིམས་ཆེན་པོ་

གསེར་གྱི་གཉའ་ཤིང་ལྟར་ལྗི་བ། ཉི་ཟླ་དབྱིངས་ནས་འཆར་བ་ལྟར་ཉེ་རིང་མེད་པ། དབུས་ཀྱི་རི་བོ་མཆོག་རབ་ལྟར་གང་གིས་ཀྱང་བསྐྱོད་པ་མེད་པ་བཞིན་ཚུགས་པ། རྒྱ་མཚོ་ཆེན་པོ་ཟབ་ཅིང་གཏིང་དཔག་པ་དཀའ་བ་ལྟར་གང་གིས་ཀྱང་རྟོགས་པར་དཀའ་བ་འདི་ཉིད་ཀྱི་དགོངས་པ་ཇི་ལྟ་བ་ཉིད་སུས་ཀྱང་ཡོན་པར་མི་འགྱུར་བས། བདག་ཐ་མལ་བའི་བློའི་སྤྱོད་ཡུལ་ལས་འདས་མོད་ཀྱང་། རྒྱལ་པོའི་ལུང་གིས་ཧར་སོག་ཁ་གདོན་གྱི་རྫོང་གསང་སྔགས་བདེ་བ་ཆེན་པོའི་ལས་འཛིན་དུ་ལུང་ཕུད། མགྲིན་བཟང་གིས་གཟིག་ཤླགས་ཀྱོན་ཧ་སྤུ་མེད་ཀོ་གདན་གྱི་ཚུལ་དུ་ལོ་བཅུ་གཅིག་སྡོད་སྐབས། འཇིག་རྟེན་གྱི་རྣམ་བཞག་བཀའ་ཁྲིམས་ཀྱི་ལུགས། ཞལ་ལྕེའི་གཅོད་ལུགས་སོགས་བཀའ་ཆེམས་ཇོ་ལ་ཡི་གེ་བྲིས་པ་ལྟར་ནག་པོ་འགྲོ་ཤེས་སུ་གནང་བྱུང་བ་ལ་དཔགས་ན། དབུས་ཀྱི་ཞལ་ལྕེ་དེ་རྣམས་རྒྱལ་རྒྱུད་ཁྱུངས་ཅན་གྱི་བཀའ་ཁྲིམས་མེད་པ་ལ་དཔགས་རང་ཤེས་གང་དྲན་ལ་སོང་བའི་བདེན་རྫུན་མེད་པའི་ཆད་པ་ཆད་ལན་གཏོང་བ། འདོད་པ་ཧར་འདྲའི་ཟ་མ་ལ་རྐང་པས་གང་འཁོར་གྱི་རྗེས་རྒྱུག་པ། ཁྲིས་རྨུགས་ནས་རྐྱེན་པ་དང་། གཡོག་ལ་བསྡད་པ་ཤི་བ་ལ་མི་བདག་ཁ་ཤེད་ཅན་གྱིས་དགེ་སྟོང་འདེད་པ། གཞན་ཡང་ལུང་པ་རེར་ཁྲིམས་ལུགས་རེའི་ཞལ་ལྕེ་མི་གཅིག་པའི་རྣམ་གྲངས་མང་བར་འདུག་པ་ནས། གཙང་སྟོད་རྒྱལ་པོའི་ལུང་གིས་བོད་དབུས་གཙང་ཐམས་ཅད་ཁྱབ་ཁྱིན། ཕོ་བྲང་ཆེན་པོ་བསམ་གྲུབ་རྩེའི་ཁྲིམས་ལ་བརྟེན་དགོས་པ་བབ་ཐོབ་ཆེ་བར་འདུག་པས་ཁྲིམས་

ཡིག་ཤེལ་ཐམ་ཆེན་མོ་སྣར་ཞུ་བར་བྱས། དེ་བར་གཉེར་ཚང་གི་བསྐུལ་བརྡ་གཉེར་གཡོག་ལུང་ཚན་གྱི་ཀན་པོ་གཙོ་བོ་རྣམས་ཀྱི་ཞལ་ལྕེའི་རྣམ་བཞག་ཕུན་ཚོགས་དགེ་ལེགས་མ་བྱ་བའི་ཟིན་བྲིས་ཤོག་བྱས་པ་དེའི་བསྒྲིགས་འཕྲོ་སྙེའུ་བདེ་ཡངས་ན་བཞུགས་སྐབས་ཕུལ་བ་འབྱར་ཏེ་ཁྲིམས་ཡིག་ཏུ་མིང་བཏགས། མགོ་རྩོམ་རྣམས་སུ་སྙན་ངག་གི་ཚིག་བཅད་ཡོད་པའི་ཤོག་གྲིལ་གཅིག་དང་། ཡང་རྩོམ་གཞི་དེ་ཁ་ཡིན་པ་གཞིས་ཀ་སྙེའུའི་ཁྲིམས་ཡིག་ཡིན་ཁུལ་དུ་མཛད་པ་ཞིག་འདུག་པ་འདི་རྣམས་ཟིན་བྲིས་འབྲི་འཕྲོར་སོང་བས་ཞལ་ལྕེ་མ་ཚང་ཞིང་ལྷག་པར་གོ་བ་མ་ཐེབས་པའི་མ་དག་པ་དང་མ་ཚང་བ་ཡང་འདུག་ཅིང་། ཁྱད་པར་མིང་ཁྲིམས་ཡིག་ཏུ་ཐོགས་པ་ཞིག་འདུག་པས། ཁྲིམས་ཡིག་ཅེས་བྱ་བ་རྒྱལ་པོའི་བཀས་བཅད་ནས་དམ་ཁ་འབྱར་བ་ལ་ཟེར་བ་ཡིན་པས་ཁུངས་མ་བཅད་ན་རིག་བརྩོན་རང་འཚམས་སུ་འགྲོ་བ་འདུག་པས། སྣར་ཞལ་ལྕེའི་ཟིན་བྲིས་ཀྱི་འཕྲོས་རྣམས་བསྒྲིགས་ཏེ་བཀྲ་ཤིས་སྒང་ནས་ཨོ་ལོ་འགྱུར་མེད་རྡོ་རྗེས་འཇིག་རྟེན་ཞལ་ལྕེ་སྲོལ་ལུགས་ཇི་ལྟར་ལགས་ཚུལ་གྱི་དྲི་བ་གནང་བྱུང་བ་ལས། བཞི་པ་སྤྱང་སླང་ཞལ་ལྕེ་ཆེན་པོ་བཅུ་དྲུག་དང་། དེའི་ལུང་རྒྱབ་ཀྱི་ཁྲིམས་ཡིག་རྙིང་པའི་ལོ་རྒྱུས་དང་། གཏམ་རྒྱུད་ཞར་བྱུང་རྒྱུད་པ་ལ། སྔོན་གྱི་ཚལ་པའི་ཁྲིམས་ཡིག་རྙིང་པ་སྡེ་པ་ལུམ་པ་ནས་ཚོས་རྗེའི་ལག་ཏུ་འདུག་པ་ཁུངས་བརྩུན་ཞིག་དང་། ཕ་གཏམ་བུ་རྒྱུད་ལ་མཁས་པ་ཞིག་ཡོད་པ་དེའི་ངག་རྒྱུན། རང་གིས་ཀྱང་དབུས་གཙང་ཧོར་སོག་ལྷོ་མོན་གང་གི་སར་སླེབས་

པས་དེ་ལུགས་སོགས་ལས། ཞལ་ལྟེའི་གཞི་མ་ཁྲིམས་ཡིག་བཞིན། དེ་ལ་ཆོས་ཁྲིམས་དང་རྒྱལ་ཁྲིམས་རང་ཁྲིམས་གསུམ། ཆོས་ཁྲིམས་དར་གྱི་མདུད་པ་འཇམ་ལ་དམ་པ། རྒྱལ་ཁྲིམས་གསེར་གྱི་གཉའ་ཤིང་ལྗི་ནོན་ཆེ་བ། རང་ཁྲིམས་ཐེག་པ་ཁྱུར་བླང་ཡོན་ཏན་དང་ལྡན་པ་དགོས་ཤིང་། ཆོས་ཁྲིམས་ནི། ཡང་དག་པར་རྫོགས་པའི་སངས་རྒྱས་ཀྱིས་མི་དགེ་བ་བཅུའི་གཉེན་པོར་དགེ་བ་བཅུ་གསུངས། དེ་ལ་བརྟེན་ནས་ཆོས་རྒྱལ་མེས་དཔོན་རྣམས་ཀྱིས་དགེ་བ་བཅུ་ལ་བརྟེན་ནས་རྒྱལ་ཁྲིམས་བཅས་ཏེ། ལུས་ཀྱི་སྒོ་ནས་སྲོག་བཅད་པ་དང་། འདོད་པས་ལོག་པར་གཡེམ་པ་དང་། མ་བྱིན་པར་བླངས་པ་རྣམས་ལ་དགོངས་ནས་སྟོང་དང་། བྱི་འཇལ་དང་། རྐུ་འཇལ་རྣམས་བཅས། ངག་དང་ཡིད་ཀྱི་སྒོ་ནས་རྫུན་དང་བརྣབས་སེམས་གནོད་སེམས་ལ་སོགས་པའི་སྡིག་གྱུར་གྱི་ཉེས་པ་རྣམས་ཡེ་ཤེས་པ་དཔང་དུ་བཙུགས་ནས་མནའ་དག་སོགས་མཛད་ཅིང་། རང་ཁྲིམས་ཐེག་པ་ཁྱུར་བླང་ནི། སྔོན་རྒྱ་གར་དུ་གླང་པོ་ཆེ་དང་། རི་བོང་དང་། བྱ་སྲེག་པ་གསུམ་གྱིས་གླང་པོ་ཆེས་ཆུ་ལ་འཁྱུར་ཏེ་བསྒྲལ། རི་བོང་ནི་བློ་དང་ལྡན་པས་གྲོས་བྱུས་གཙོས། སྲེག་པ་ནི་འཕུར་ཐུབ་པས་ཤིང་རྩེའི་འབྲས་བུ་རྣམས་བསྡུས་ཏེ་ཁོང་གསུམ་གྱི་ཟས་བྱེད་པ་ཞིག་ལུང་པའི་ཕུ་ན་ཡོད་པ་ལས། ལུང་པ་དེར་ལོ་ཆུ་རྟག་ཏུ་ལེགས་ཤིང་། ཆར་ཆུ་དུས་སུ་འབེབས། བདེ་སྐྱིད་ལྡན་པ་བྱུང་བ་ལས་ཁྲམ་ཟེ་མཚན་མཁན་ཞིག་གིས་བརྟགས་པས། སེམས་ཅན་དུད་འགྲོ་གསུམ་པོ་ཁྲིམས་ལ་གནས་ཤིང་། མཐུན་གཤིབ་

ལེགས་པ་དེའི་ཡོན་ཏན་ལས་བྱུང་བར་གོ་ཞིང་། དེང་སང་ཡང་ཚོང་པ་ཁེ་སྤྱོགས་སོགས་རང་རང་རྒྱུ་ཡི་དོན་དུ་འགྲོ་བའི་དེད་དཔོན་ཚོང་པ་འགྲུལ་ཚན་རྣམས་ཀྱིས་ཀྱང་ས་ཚིགས་ཤོ་འགྲིམས་དགྲ་ཟོན་སོགས་རྟག་ཏུ་དེད་དཔོན་ཡོན་ཏན་ཆེ་བ་ཞིག་གི་ཁ་ལ་ཉན་ཏེ། རང་ཁྲིམས་དམ་ཚིག་ལ་གནས་ན་ཐམས་ཅད་ལམ་བདེ་ཞིང་མགོན་ཐོན་པ་གཏམ་སོན་པ་དང་བཅས་ཏེ་རང་ཡུལ་དུ་བདེ་བར་སླེབས་པ་འདི་ཡིན་ཞིང་། དཔོན་ས་ནས་ལུང་གིས་བསྐོས་པའི་སྡེ་མོ་ལས་འཛིན་རྣམས་ཀྱིས་ཀྱང་། མི་ཆོས་སྐོར་འཇུག་པ་ལ་རང་བན་དེ་གཙང་མ་དགོས་ཟེར་བའི་དཔེ་ལྟར་རང་གིས་ཀྱང་ཁྲིམས་དང་མཐུན་པར་ཁྲིལ་ཡོད་པ་ངོ་ཚ་ཤེས་པ་བག་ཡོད་པ་དང་ལྡན་ཞིང་དཀོན་མཆོག་མ་ཁྲིལ་བ་ཞིག་གཙོ་བོ་བྱས་ཏེ་དཔོན་མཉེས་ན་བོང་བུ་གསོད་ཟེར་བའི་དཔེ་ལྟར་དཔོན་གྱིས་བཀའ་གང་གནང་ལ་མངོན་པར་བསྟོད་པ། དགོངས་པ་ལེན་མཁས་པ། ཅི་གསུང་དཔོན་པོའི་བྱ་བ་སྒྲུབ་པ། དམ་པ་བཟང་བ། གང་དྲན་ལག་ཏུ་མི་ལེན་པ། དམ་པ་ཆེ་དགུ་ཡ་རབས་ཀྱི་མཛད་བཟང་ལ་མིག་ལྟོས་བྱེད་པ། ཟོམ་ལུས་ཧང་ཟོམ་མེད་པ། འདི་ལ་དགོངས་ནས་རང་ཁྲིམས་རྒྱལ་པོ་མེ་ལོང་གདོང་གི་ཞལ་ལྟེ་ཞེས་འབྱུང་ཞིང་། དྲན་པར་གང་གསལ་ལག་ཏུ་བླངས་ཏེ། གོང་སའམ། ཉེ་གྲོགས་ལ་མངོན་ཤེས་མེད་པ་གཞིར་བཞག་སྐྱེ་ཁ་མཁས་ལ་གཏིང་རང་འདོད་ཆེ་བ་འགྲོ་མིག་ལ་ཁབ་སྟུང་ཚད་མཁས་པ། ཤེག་གི་རྒྱུས་པ་འདོན་པ། སྨོ་མའི་སྐད་པ་ལྷག་པ། ཕྱར་མ་གྲགས་ཀྱི་བྱ་བ་ལ་བློ་འཇུག་ཅིང་ཟོ་

ཐོན་པ། ལས་རྒྱུ་འབྲས་ལ་བརྩི་བཞག་མེད་པ་དེ་རིགས་ལ་འཕྲུལ་འགྲོ་དམིགས་དུས་ཡོང་ཡང་། དཀོན་མཆོག་དབྱིངས་ནས་ཁྲེལ་བས་མཐར་མི་ཕྱིན་ཅིང་། དཔོན་པོའི་ལ་ཡོགས་བགོ་བ་དང་འདི་ཕྱི་གང་ཉུང་ལ་རང་ཐོག་ཏུ་སྨྱོང་བར་འགྱུར་བས། ཁྲེལ་ཡོད་ངོ་ཚ་རྣམས་དང་དཔལ་གྱི་ཤེས་ཞེས། འཇིག་རྟེན་གྱི་བཀྲ་ཤིས་ཐོག་མར་ཡོང་བས། ཁྲེལ་དང་ངོ་ཚ། ཡ་རབས་ཀྱི་སྤྱོད་ཚུལ་སོགས་མི་ཆོས་བཞི་ལྡན་ཞིག་དགོས་ཤིང་། ཚད་མའི་མི་དེ་ལུང་པའི་གཙོ་རྐན་ཡིན་ནམ་ཚོང་པའི་དེད་དཔོན་ཡིན་ནམ་དཔོན་གྱི་ལས་འཛིན་ཡིན་རུང་གཙོ་དཔོན་དེད་དཔོན་གྱི་སྤྱི་ག་སྟོགས་ལ་བསམ་པ་ཆེ་བས་རང་ཁྲིམས་ལ་བཙུགས། སྣེ་མོ་ལས་འཛིན་གྱི་ཁྲིམས་བཟུང་། རྒྱལ་པོའི་ལུང་བཞིན་བསྐྱངས་ན་མངའ་འབངས་མི་སེར་ཞོད་འཇགས་ནས་ཉེན་མཚན་གྱི་གཉིད་ཀོ་མ་ལོག་པར་ཉལ་ཆོག་པ་དང་། དཔོན་པོ་གོང་སར་དད་པ་དང་ཞེན་པས་འཐས་ཏེ་དཔོན་གདུང་རབས་དང་གཡོག་མི་རབས་ཟེར་བའི་གསེར་གཞོང་མར་ཁྱུས་ཁེངས་པ་ལྟ་བུའི་དཔོན་གཡོག་དེ་ཡོང་བ་ཡིན་པས། རྫོང་དཔོན་རྣམས་ཀྱིས་དཔོན་པོའི་ཞབས་ཏོག་གི་གཙོ་བོ་ཁྲིམས་དང་ངོ་ཚ་ལ་གཅེས་སྤྲས་སུ་འཛིན་དགོས་ཤིང་། དེང་སང་གི་ཁ་དཔེར་ཡང་ཁྲིམས་ཁྲིམས་པར་གཅེས་པ་དང་། ཁྲིམས་མེད་གཙོ་བོ་བྱས་ན། འབོད་པ་སུ་ལ་རྒྱག་ཟེར་བ་ལྟར། མི་བཙུ་ཡན་གྱི་གཙོ་བོ་དང་འགོ་མིས་བསམ་པ་ཆེ་དགོས། བསམ་པ་ཆེ་བ་དང་ངོ་ཚ་ཤེས་པའི་གཙོ་བོའི་མི་བོ་དེ། ཁྲིམས་པའི་བཀའ་ཁྲ། བར་པའི་གཟུ་སོགས་གང་ལ་ཡང་། སྟོན་

དུ་དྲང་པོ་ཞིག་གི་ཁྲ་གཟུའི་རིས་རྒྱག་པ་ལ། སྟག་སློག་ཅན་གྱིས་བཏང་བའི་གཟུ་ར་སློག་ཅན་གྱིས་མི་བཤིག་བྱ་བ་དང་། གཟུ་སྤྲང་པོས་བཏང་ཡང་གཟུ་བདག་རྒྱལ་པོས་གྱིས་ཟེར་བའི་དཔེ་ལྟར་རྒྱ་ཡིག་ནམ་མཁར་འཁྱུར་ཚོག་པ་དང་བོད་ཡིག་ས་གཞིར་བཏིང་ཚོག་པའི་ཆོས་བཤད་ཀྱི་རྩ་བ་དགེ་སྡིག ཞལ་ལྟེའི་རྩ་བ་རྒྱལ་ཁྲིམས་ཟེར་བ་ལྟར་རྒྱལ་པོའི་ཁྲིམས་ཀྱི་དགོངས་པའི་ཁྲིམས་ཡིག་ཆེན་མོ་གཞིར་བཞག ཡུལ་ཁྲིམས་ལ་དཔེ་བླངས། རང་ཁྲིམས་ཡིན་ལུགས་གཙུ་ལེ་བསྒྲིགས་ནས་ཞལ་ལྟེ་ཆེན་མོ་བཅུ་དྲུག་གེས་གཏན་ལ་ཕབ་སྟེ་འཛིག་རྟེན་ཞི་དྲག་གི་སྤང་བླང་རྣམས་ཟེན་འདོམས་དགོས་པ་ལ། ཞལ་ལྟེ་བཅུ་དྲུག་གང་ཞེ་ན། དང་པོ་དཔའ་བོ་སྟག་གི་ཞལ་ལྟེ། གཉིས་པ་སྟར་མ་ཕའི་ཞལ་ལྟེ། གསུམ་པ་སྟེ་མོ་ལས་འཛིན་གྱི་ཞལ་ལྟེ། བཞི་པ་ཞུ་བཞེས་བདེན་རྫུན་གྱི་ཞལ་ལྟེ། ལྔ་པ་བཟུང་བཀྱིགས་ཁྲིམས་རའི་ཞལ་ལྟེ། དྲུག་པ་ནག་ཆེན་ཁྲག་སྟོར་གྱི་ཞལ་ལྟེ། ། བདུན་པ་དྲན་འཛིན་ཚད་ལས་ཀྱི་ཞལ་ལྟེ། བརྒྱད་པ་ཧོར་འདྲ་ཟ་རྐང་གི་ཞལ་ལྟེ། དགུ་པ་བསད་པ་སྟོང་གི་ཞལ་ལྟེ། བཅུ་པ་རྨས་པ་ཁྲག་གི་ཞལ་ལྟེ། བཅུ་གཅིག་པ་བསློན་ཧམ་མནའ་དག་གི་ཞལ་ལྟེ། བཅུ་གཉིས་པ་བརྐུས་པ་འཇལ་གྱི་ཞལ་ལྟེ། བཅུ་གསུམ་པ་ཉེ་འབྲེལ་འབྲལ་སྟུམ་གྱི་ཞལ་ལྟེ། བཅུ་བཞི་པ་བྱི་བྱུས་རིན་གྱི་ཞལ་ལྟེ། བཅོ་ལྔ་པ་ནམ་ཕར་ཚུར་གྱི་ཞལ་ལྟེ། བཅུ་དྲུག་ཀླ་ཀློ་མཐའ་སྦོབ་ཀྱི་ཞལ་ལྟེ་དང་བཅས་བཅུ་དྲུག་ལས།། །།

དང་པོ། དཔའ་བོ་སྟག་གི་ཞལ་ལྟེ་ནི། དགྲ་འདུལ་བ་ལ་དགོས་ཏེ། དེ་ཡང་འདུལ་བ་ལུང་དུ་རྒྱལ་ཁྲིམས་ཀྱི་བསྟན་བཅོས་དྲངས་པར། མཁས་པ་རྣམས་ནི་གཞོམ་པ་དང་། །རབ་ཏུ་སྦྱིན་དང་བསླུ་བ་དང་། །ཀུན་ཏུ་དཔྱད་དང་ལྷ་པར་ནི། །དཔུང་གི་དོན་རྣམས་འགྲུབ་པར་བྱེད། །ཅེས་གསུངས་པ་ལྟར། དགྲ་ཕ་རོལ་པོའི་འདུལ་ཐབས་ལ་ཐོག་མེ་དྲག་པོ་མཐར་སྐྱེལ་ཡ་ཙུད་དང་མི་བསྲེ་བར། འཛིག་རྟེན་གྱི་ཁ་དཔེར། ཁྱི་པདྨ་དཀར་པོའི་རྒྱ་མ་ཞིག་པ། ནང་ཅོ་ག་གྲོ་མོའི་ཚང་མ་འཐོར་བ་དགོས་ཟེར་བ་ལྟར་དང་། བྱ་མ་འཕུར་སྒོང་ལོན་པའི་དཔེ་ལྟར་མཁས་པ་རྣམས་ནི་གཞོམ་པའི་དོན། རྒྱལ་སྲིད་ལྷ་བུའི་སྟོབས་དང་གཡུལ་ཕན་ཚུན་སྟོམས་པའི་དགྲའམ་རང་རང་ཚོད་ཀྱི་དགྲ་གང་ལའང་ཐོག་མ་ནས་དགྲ་འདུལ་མི་རྩོམ་པར། ཁྲི་ཉེན་བསྒྲགས། གོ་བ་བསྒོན། གསེར་ཡིག་གི་འཕྲུལ་བཙུགས་ཏེ་ལབ་ཀྱི་སྒོ་ནས་འདུལ་ཐབས་དང་། ཞི་རྒྱུས་དབང་དྲག་གང་འགྲོ་གང་ཟབ་དཔྱིབས་བལྟ་དགོས་པ་བཞིན། མི་སྣ་གསེར་ཡིག་གིས་ཀྱང་རང་གི་དཔོན་ཁུངས་ཀྱི་བསྒྲུབ་བྱ་གཙོ་བོར་བཟུང་། དྲག་པོ་མཐར་སྐྱེལ་དུ་སོང་ན་ལེགས་ཉེས་སྤྱི་མར་ཡོད་པས་ཁྲི་ཉེན་ཤེས་པར་བྱ། དྲག་པོ་དམག་གི་འཁྲུལ་འཁོར་ལ་སྦྱོར་དངོས་རྗེས་གསུམ་གྱི་བསམ་སྦྱོར་ངན་པ་ཚང་བའི་དགེ་སྡིག་བླང་དོར་མ་ལོག་པའི་སྒོ་ནས་ཐོག་མའི་མི་སྣས་རྒྱུ་བཏང་པ། འགྲིམ་འགྲུལ་གྱི་དཀའ་ལས་མ་བསམ་པ། ཐབས་ལ་མཁས་པར་བྱ་ཞིང་བསམ་པ་ཆེ་བར་བཟུང་། ཐེག་པ་ཆེ་བར་འཁྱེར། གཏིང་

གྱོང་བར་བྱས། ཁ་འཇམ་པར་བྱས་ནས་སོ་སོའི་བློ་ཁྲིད་པའི་ཕོག་ནས་རང་དོན་ལ་འཇུག་གང་ཐུབ་བྱས་ཏེ་འཛིག་རྟེན་གྱི་ཁ་དཔེར་འདྲ་བ་མཉམ་པོར་གྲུ་བཞི་ཟློས་ཟེར་བ་ལྟར། ཕྱི་ཉེན་བསམ་པ་བདེན་པའི་བསྒྲུབ་བྱ་བཀོད། ཕ་རོལ་གྱི་གྲོས་རར་འཚངས་ནས་འཆར་བསྣན། དེས་མ་ཉན་ན་མི་གཏི་ཐུག་ཅིག་དོན་ལ་འཇུག་མི་ཤེས་གཡོན་ཅན་དྲང་པོར་སྨྲ【མི་སྲིད་】ཟེར་བའི་དཔེ་འདིར་ཡོང་། ཕ་རོལ་པོས་རང་གི་བྱ་བ་མ་ཤེས་ན། སྒྲ་བ་ལ་མེ་མཆེད་པ་ལྟར་གྲོས་བྱེད་དགྲ་ལ་དྲིས་བྱ་བ་འདིར་ཡོང་། སྟེ་གཟར་ཕ་འབྲུག་བུ་འབྲུག་ཀྱང་མི་སྣ་གསེར་ཡིག་གི་འགྲུལ་མི་གཅོད། ཁ་ངན་དང་ཚིག་ངན་མི་རྒྱུག་གསེར་ཡིག་གི་སྔོན་འགྱུར་གྱི་བསླུས་ཏམ་སྟེབས་སྟོང་མི་བྱེད། ཕན་ཚུན་གྱི་བདག་རྐྱེན་བཟང་བ་བྱེད། མི་སྣ་གསེར་ཡིག་ཕན་ཚུན་སུའི་ཡིན་ཀྱང་སྤྱི་མིར་ཆ་འཛོག བར་མི་བླ་མ་སྟེ་དཔོན་གཙོ་བོ་སུ་འདྲ་ཞིག་གི་གསེར་ཡིག་ཡིན་ཀྱང་སྐྱེལ་མ་ཐུབ་དགོས་ཤིང་། གཉིས་པ་རབ་ཏུ་སྦྱིན་དང་ཞེས་པའི་དོན་ནི་དགྲ་ལ་ནོར་རྫས་ཟང་ཟིང་དངོས་པོ་སྦྱིན་ཏེ་གཏན་གྱི་དོན་དང་། དགྲ་དཔུང་ཚོགས་ཆེ་བ་ཡོད་ན། དགྲ་གཉིས་ཡོད་ན་དགྲ་གཅིག་པང་དུ་ལོངས་ཟེར་བའི་དཔེ་ལྟར། དགྲའི་དཔུང་ཚོགས་ནས་ནང་ཚན་ཕྲལ་ཏེ། ས་ཁང་ཡུལ་མཁར་སོགས་བྱིན་ཏེ། དགྲ་ལྟེ་བ་ནུས་པ་ཇེ་ཆུང་ལ་གཏོང་བའི་ཐབས་དང་། བསླུ་བ་དང་ཞེས་པ། མནའ་ཟ་བ་དང་ཉེ་སྦྲེལ་བ་དང་གྲོགས་པོ་བྱས་ནས་བསླུ་བ་མ་ཡིན་ཏེ། ཐབས་མཁས་ཀྱིས་ཁ་དྲངས་ནས་མགོ་བསྐོར་བའམ་ལབ་ཀྱི་སྒོ་ནས་བློ་ཁྲིད་

དེ་བཙོན་དུ་འཛུག་པ། ཡོད་མེད་གོ་ལོག་གིས་དགྲ་ཐབས་ཀྱིས་སྐྱུང་འཛུག་པ་དང་། འབེབས་སྒྲོད་པ། དཔུང་ངོ་བརྫུས་རྟ་བརྫུས། བྱ་ལོག་གཏམ་ལོག མཚན་མོ་དགྲ་ཕྱོགས་ཀྱི་ཐག་ཉེ་མ་རིང་ངོ་མ་ཕག་ཏུ་མེ་ཁ་མང་པོ་སྤར་ཏེ་རྔབས་སྤྲད་ནས་བསླུ་བ་ཡིན་ཞིང་། དཔའ་བོ་དགྲ་ཐབས་ལ་མཁས་པ་ཞེས། རང་ཟློང་ཟད་ལ་མ་སོང་བའི་ཐབས་མཁས་ཀྱིས་བསླུ་ཞིང་མཐའ་ཟློས་དུག་སྦྱོར་གྱིས་བསླུས་ན་ཁྲིལ་མེད་ངོ་ཚ་བོར་བའི་གསོན་པོ་ལས། བག་ཡོད་ཚུལ་དང་ལྡན་པའི་ཤི་བ་མཆོག་ཟེར་བ་ལྟར་ཕོ་རབ་ཀྱི་དགོས་པ་འདི་ཡིན་ལགས། ཀུན་ཏུ་དཔྱད་དང་ཞེས་པ་ནི་བརྟག་དཔྱད་ལེགས་པར་བྱས་ཏེ། གཞན་ཕྱོགས་གཉེན་པོ་གང་འགྲོ་བརྩམས་པ་དང་ས་ཆ་ལུང་པའི་གནས་དབྱིབས་རྫོང་ལྷ་བུའི་བཙན་དམིགས་ལ་བརྟག་དཔྱད་བྱས་ནས་དམག་དཔུང་གི་འཁྱེར་འཁྲིད་དང་། འཚང་ཁའི་གནས་ཡུལ་དང་རང་ཕྱོགས་བཙན་དམིགས། གཞན་ཕྱོགས་ཕ་རོལ་གང་ཡོད་གང་བྱེད་ལ་བརྟག་དཔྱད་དང་རང་ཟློན་སྐྱོར་ནས་དགྲ་དང་འཐབ་ཟེར་བའི་དཔེ་ལྟར་ཁྱི་ཉེན་གྱི་བརྟག་དཔྱད་ལེགས་པར་བྱེད་དགོས་ཤིང་། དཔུང་གི་དོན་རྣམས་སྒྲུབ་པར་བྱེད། ཅེས་པ་ནི་གོང་གི་ཐབས་རྣམས་ཀྱིས་མ་ཐུལ་ན། དཔུང་དང་དམག་གི་གཡུལ་བཤམས་ཏེ་དགྲ་ཕ་རོལ་འདུལ་དགོས་ཏེ། དེ་ལ་རང་ཕྱོགས་ཐམས་ཅད་བསམ་པ་གཅིག་ཏུ་འཛོམས་པས། གསེར་བཅག་དངུལ་དཀྲུམས་ར་གན་ལྷད་ཕུད་ཟེར་བ་བཞིན། རང་ཕྱོགས་འདྲིལ་བའི་སྲིད་པོ་རྣམས་སྐྱིད་ཚང་གཅིག་དང་སྡུག་སྐྱར་གཅིག གཞུ་

ཕྱོགས་གཅིག་ཏུ་བཏུང་ངས། སྒྲ་གཅིག་ནས་འཐེན་ན་མགོ་ཡོངས་ཚ་ཟེར་བ་ལྟར་འོག་གཞོལ་ཕྱི་ནུད་མི་བྱེད་པ་སོགས་སྐོར་སྨྱུང་ལེགས་པར་བྱས། བློ་མི་ཁེལ་བ་རྣམས་ཐབས་ཀྱིས་རང་སྲིད་མ་ལོག་ཙམ་གྱི་སྒོ་ནས་སྲུངས། ན་ནུས་འཆི་ནུས་བགྱིད་ནུས་པའི་བསམ་པ་གཅིག་ཏུ་བྱུང་བ་རྣམས་བློ་སྟོབས་ཀྱིས་སྲིད་པ་འདེགས་ནུས་པ། ང་རྒྱལ་གྱིས་ཕ་ལའང་བརྗེག་ནུས་པ། ཁྱི་ཉེན་བལ་འདབ་རྗེ་གཙོན་དུ་རྩེ་ཞེས་པ། འགྲོ་འཚམས་ལ་མཁས་པ། ཡིད་མི་ལྷོད་ཅིང་བློ་མི་འགེལ་བ་ཚེར་ཕུང་སྙེང་ཉལ་བ་ལྟར་གཞན་གྱི་བློ་འདྲི་འབྲུ་ལ་མཁས་ཤིང་གང་ཟེར་ལ་མི་གཏོང་བ་མཚང་འབྲུ་འཇབ་ཞེས་སོགས་ཡོན་ཏན་དེ་དག་དང་ལྡན་པའི་དཔའ་བོ་རྣམས་ཀྱིས་གཡུལ་བཤམས་ཏེ་དྲག་ཤུལ་དང་གདུག་རྩུབ་བཙན་ཆས་པ་ལྟར་དགོས་ཤིང་བུ་དམག་ལ་ཆས་གདོང་དུ་ཕ་མ་སྟོད་བྱ་བ་དེ་འདི་ཡིན། འོན་ཀྱང་མི་ཕྱིད་སྲིན་པོར་སོང་ཡང་གཞོགས་ཕྱེད་ཁྲིམས་ལ་བརྟེན་ཟེར་བའི་དཔེ་འདིར་འཇུག་པ་ཡིན་པས། ཁྲིམས་ལ་བརྟེན་པ་ཞིག་མ་བྱུང་ན་ནང་འཐབ་ནང་རྐུན་ནང་འཁྲུག་སོགས་ཁྲ་མ་འགྲིག་གི་རྒྱུར་འགྲོ་བས་ཐོག་མར་རྒྱལ་པོ་དང་དཔོན་པོའི་ལུང་དང་ཡུལ་མི་གཙོ་དཔོན་གྲོ་དཔོན་སོགས་ཀྱི་དམག་དཔོན་སྐྱོང་བ་ཆེ་ཞིང་ཚན་ཆེ་བ། རང་འདོད་ཆུང་བ། སྙི་ག་སོགས་ཆེ་བ་ཞིག་བསྐོས། དེས་ཀྱང་དམག་དཔའ་དར་མཛངས་གསུམ་ཚང་བ་ལས་ལ་འཇུག་པ་གཉིས་བསྐོས། དམག་དཔུང་རྣམས་ལ་གཡས་རུ་གཡོན་རུ་དབུས་རུ་གསུམ་དུ་བྱས། དེ་ལའང་རུ་དཔོན་རེ་དང་བརྒྱ་དཔོན་བཅུ་

དཔོན་བསྐོས། དཔོན་གྱིས་སྟོ་གོས་ཀྱིས་བསྐྱངས་པའི་དད་ཞེན་ཆེ་ཞིང་དང་དོད་ལྡན་པའི་དཔའ་བོ་སྐྱེན་པ་བསྡུས་པའི་སྐྱེན་འདུས་སྐྱུ་ལ་བཅར་བའི་གཟིམ་ཆུང་བ། ཡུག་དམག་ལྷ་བུ་ཡིན་ན་དཔའ་མཚན་ཅན་དེ་རྣམས་ལའང་ལྷིང་ཡོགས་སུ་བཅོས་ནས། ལྷིང་དཔོན་མགོ་བཙུན་པ་ལ་མཁས་པ་རེ་བསྐོས་ཏེ་ཐོག་མར་མགོ་མིར་གཏོགས་པ་རྣམས་དམག་དཔོན་གྱིས་བསགས་ནས། ཕ་རོལ་གྱི་དགྲ་ཆེ་གེ་མོའི་རྒྱལ་པོའི་གཡུལ་ཡིན་ན་ཆོས་ཀྱི་རྒྱལ་པོའི་མཚན་དོན་ལ་དགྲས་རྒོལ་ལུགས། འདི་རིང་ན་མངའ་འབངས་མི་བདེ་བས། བདེ་གཟར་ཞེས་པའི་མིང་དང་མཐུན་པའི་དུས་མི་བདེ་ལུགས། ཡུལ་དམག་ཡིན་ན་ཡུལ་གྱི་སྤྱི་ཆོས་ལ་གནོད་ཅིང་འཐུས་པ་འདི་དང་འདི་ཞེས་བྱུང་ཟེར་བའི་བདེན་པ་བརྗར། ཁྱི་ཉེན་ལེགས་པར་བཤད། དགྲ་ལ་མཚོན་རྩེ། གཉེན་ལ་སྐྱོར་ཁ་ལ་གཅིག་ཟེར་བའི་ལུང་དོན་ལྟར་དགྲ་ལ་ནུས་འདོན་རང་ཕྱོགས་སུ་འོད་འཇགས་དགོས་པ་སོགས་སྤང་བླང་གནད་རྒྱུར་བཀོད། དོན་འགག་ཐེལ་ལུང་གིས་བསྡམས། གནད་རྒྱུའམ་གལ་ཐོའི་དོན་ཉན་སྒྲུབ་བྱེད་པ་ལས་མི་འདའ་བའི་དོན་དུ་འདུན་པ་ལྟར་ཁ་དཔེར་དཔེ་རྒྱ་ཤོག་དཀར་ཆུང་ལ་དོན་སྣག་ཚའི་རི་མོ། འགག་ཐེལ་ཆེ་ཁྲ་མོ་ཟེར་བ་ལྟར། དོན་ཉན་ལོག་སྤང་བླང་གི་དོན་རྩའི་འགག་ལ་སོ་སོས་ནན་ཏན་དགོས་པའི་ཕྱིར་དང་མི་འགྱུར་བའི་ཕྱིར་མིང་བྲིས་རྟགས་བཞག་དེ་དོན་སེམས་ལ་བཟུང་ནས་རང་རང་གི་སྲོག་འཚོ་བའི་རྟ་ཕོ། མགོ་ཐེབས་ཀྱི་གུར། སྲོག་ཁེབས་ཀྱི་ཁྲབ། འཚོར་སྐྱོང་གི་ལུས་ཆས་རྣམས་ལ་

ཁྲལ་འཇལ་དུ་མ་སོང་བར་དང་དོད་ཆེ་བ་བྱེད། ལྟོད་སྟོན་གྱི་ཡུལ་མིའི་ཁྲིམ་ཚོགས་སར་འཚོར་སྐྱོང་བྱེད་ཟེར་བ་དང་མི་འདྲ། རྒྱལ་ཁམས་ཀྱི་མི་ང་ཡིན་བསམས་པ་ཀུན་འདིར་འཚོགས་པ་ཡིན། རང་ལ་དཔགས་པའི་ཟལ་ཐོན་པར་བྱེད་དགོས་སོ། དམག་འདི་ལ་མེད་དུ་མི་རུང་བའི་མི་བཞི་དགོས་ཏེ། ན་བ་གསོ་བའི་སྨན་པ། ལེགས་ཉེས་སྟོན་པའི་མོ་མ། དགྲ་གྲོགས་རྩེ་བའི་གཡུལ་རྒྱལ། དགྲ་ལྷ་གསོལ་བའི་ཐུགས་དཀར་དང་བཞི་འོ། །དང་པོར་གཡུལ་རྒྱལ་གྱི་གཟའ་སྐར་དང་དགྲ་ཅན་གྱི་འགྲོས་དང་ཕྱོགས་རྩིས། གཏོ་བསྐུར་གཟའ་གསོལ་ཏེ། དཔའ་བོ་སྟག་ལྟར་ཆས་པའི་ཁྲིམས་ཀྱི་ཐོག་མ། དམག་ལས་ཀྱི་སྐར་ཐོ་བརྒྱབ། དེ་ལས་མ་འགལ་བར་སྐར་ཕབ། དགྲ་ཕྱོགས་སྐར་སྒོ་དང་མཚོན་རྩེ་གཏད། རང་ཡུལ་ལ་དཀོན་མཆོག་གི་རྟེན་དང་ཐུས་བསྟན། རྟགས་དུང་རྟགས་རུ་བརྟེགས་ནས་ཟུང་སྒྲིག་མ་འཆུག་པར་བྱ། རྟགས་དུང་གསུམ་པ་ལ་དཀྱིལ་སྐར་དུ་དོ་དམ་པ་རྣམས་འཛོམས་ཚར་བ་བྱས་ནས་དམག་ལས་ཀྱི་འདེགས་ཁྲིམས་ཚུགས་མལ་ཤོ་རིམ་བཟན་ལེན་ཤོ་རྒྱག་དགྲ་ཕྱ་གྲོགས་ཕྱའི་སྐར་སྐད་བསླབ་སྟོན་མཐིལ་ཕྱིན་པ་བྱེད་དགོས། འགྲིམ་དུས་འདེགས་དུང་གསུམ་གྱི་དང་པོ་ལ་མེ་ཁ་གསོ་བ། གཉིས་པ་ལ་གྲུར་བསྟུ་བ། གསུམ་པ་ལ་གཡས་རུ་ནས་རིམ་བཞིན་གཤེགས་པའི་དགྲ་ཟོན་ལམ་འཕྲང་ལ་དཔགས་པའི་འགྲིམ་ལུགས་ཤོ་རིམ་བྱས་ཏེ། ཆུང་ཁལ་ཆེ་ཁལ་གྱིས་མི་བཟི། ནད་པ་ལ་ཕྲུད་མི་རྒྱག ཀོ་གྲུ་སྲ་བཙན་དུ་འཛིན། ལམ་ལ་ཆས་ཀ་བསྐུར་བ་རྩད་

ཚོད་ན་བཟུན་པ་མི་དགོས། སྲིད་སློ་ཤུག་སློ་བྱས་ན་ལྷབ་འཇལ། གོང་བཏོགས་བྱས་པ་ལ་ངོ་བོ་བརྒྱུད་འཇལ། ཉིན་རྒྱུན་ལ་སྐྱིན་ཚབ་གསུམ་དང་ཆད་པ། མཚན་རྒྱུན་ལ་ངོ་སྤྲོད་མ་གཏོགས་ཆད་པ་མི་དགོས། རྒྱུན་མ་ཟིན་ན་ལག་པ་རྒྱབ་བཀྱིག་མ་གཏོགས་བརྡུང་བརྡེག་མི་བྱེད། ཁྲིམས་རར་མི་འཛུད་དེ། སྐར་མཚན་མོ་གསང་བའི་དགོས་པ་ཡིན། དགྲ་དང་ནོར་ནས་བསད་པ། མདའ་འཕྲུམས་རྗེ་འཕྲུམས་སོགས་ཀྱིས་བསད་པ་ལ་དགེ་བ། ནང་འཐབ་མི་དཔུང་དགྲ་སྟེབས་གོ་རྒྱན་མཚོན་ཐོགས་ཀྱིས་བསད་པ་ལ་ཆད་པ་ལྷབ་འཕར་དང་། སྙིང་གནོན་ལྷབ་འཇལ། རྣམ་འཇལ་ཡང་དེ་འགྲོས་བྱུར་ཆགས་ཐུབ་པ་དཔེ་འདྲ། ལོང་ཅན་རྣ་ཅན་གྱིས་བསད་པར་ཉུ་དམར། ཡུལ་སྲུང་དར་ལྕོག་བཙེམ་པ། རང་སྒྲིགས་བཙེམ་པ་སོགས་ལ། འགོ་མིའི་རྟ་ཁྲབ་དཀྱིལ་སྐར་དུ་བཞེས་པ། བཤེར་ངོ་ཡོད་ངོ་མ། ངོ་མེད་སྐྱིན་ཚབ། སྲོད་ལེན་མི་སྟོ་ལ་བཅུ་ཁ། ཧག་པའི་ཁྲབ་ཤུལ་ཟེར་ཁྲབ་གང་ཡོད་ལ་རྒྱུ་ནོར་གྱི་བཅུ་ཟུར་ལེན། ཐོབ་ཐོར་ཁ་གྲངས་ལ་མ་འཆམས་ན། མནའ་གཡག་ཏུ་ཁྱུག་ཅེས་ཐོ་བརྒྱབ་པའི་ཐོབ་པོས་ཁ་གྲངས་ལ་སྐྱེལ། ཐོར་པོས་སྐྱིན་ཚབ་ལ་སྐྱེལ། དགྲ་གཉེན་ཆ་སྙེད་བགོས་ཁོངས་གང་བྱུང་ཧག་པ་མནའ་སྐྱེལ་དང་སྲོད་གསུམ་སྲོད་ཟེར། སེམས་ཅན་ཆེ་ཆུང་ཅི་ཐོར་ཀྱང་ཁ་ཚང་གི་ཆ་གཅིག དབྱར་གཉིས་ཀྱི་ཆ་གཅིག བེའུ་ལུག་གི་ཆ་གཅིག་སྲོད་པ། དཔེ་གཡང་མོ་ཐབ་ལ་ཐོར་ན་ལྷུ་དྲུག་པགས་ཁྱུད་མི་ཚར་ཟེར་བ་ཡོང་ཞིང་དམག་རྫོང་རིགས་ལ་འགྲིམ་ན་ཁྲི་བཀྱེ། རི་དྭགས་པ་

ཉིན་གཅིག་ཙམ་གྱི་སྔོན་ལ་བཏང་ནས་ས་འབྲུ། ཆན་མི་ཉམས་ཆེ་བས་ཇབ་སྙོས། ཀྱུ་རུ་ཚོམ་ཁྲི་སྒྲིད། གཞོན་པས་དང་པོར་ས་འབྲུས། དེ་ནས་ཁྲི་བཀྱེ། དགྲ་འདུག་ཤ་ཞིག་ལ་ལན་ཐོངས། ས་འཛམ་ན་ཤ་འཚོལ། གཞོན་ལས་ཀྱིས་དབུགས་སོང་། ཀྱུ་ཁྲི་འཛམ་པ་ལ་སླ་སྟེ། ཁྲི་ལ་མགོ་མཇིང་། ཀྱུ་ལ་པགས་པ། ཤ་སོངས་པ་ལ་ཤ་འཁྱེད་ཆེ་ཐོབ་ཆུང་ཐོབ་ཏུ་བགོ་དགོས། བྱང་ཐང་ཡངས་པ་དང་དགྲ་ཁ་སོ་ཐུག་པར་རྟ་ཕོ་གཏོང་དགོས་ཏེ། དེ་ཡང་ས་རྗོ་མ་ཕག་གི་རྟེབས་བཙད་དེ། མཚན་སྦ་རུ་ལྡན་པ་པབ། ཉིན་ཕྱི་རུ་རྔོར་བརྟེགས་གྱིས་ཟེར་མཚན་ལ་ས་ཉན། ཉིན་ལ་མིག་སྒྲུངས་ཏེ་དགྲའི་འགྲིམ་འགྲུལ་བྱེད་པ་དང་། རི་དྭགས་རྒྱུ་ས་མ་འབྲུལ་བ་དགོས་ཤིང་། དགྲ་འགྲིམ་པའི་རྟའི་རྗེས་ཤུལ་ནི་གཅིག་ཏུ་འཕྱུར་སེ་གནམ་ལ་སྐྱ་འཕྱུར་འགྲོ་ཞིང་། རི་དྭགས་ཀྱིས་རྒྱུགས་པའི་རྡུལ་ནི་འཐོར་ཞིང་སྐབས་རེ་སྐབས་རེ་སྐྱ་འཕྱུར་འཕྱུར། ཕར་ཡལ་ཚུར་བྱེད་པ་གཞན་ལས་བྱེངས་མི་ཆུང་བ་ཞིག་ཡོད། དངོས་སུ་མཐོང་བ་ནི་རི་དྭགས་རྐྱང་འགྲིམ་པ་ན་སྐྱ་ལྷེབ་ལྷེབ་པ། འབྲོང་འགྲིམ་པ་ན་ནག་ཉིལ་ཉིལ་བ་ཡོད། དགྲའི་རྟ་པ་བྱང་རིགས་རྟོར་སོག་ཡིན་ན་ཐུམས་སེ་འགྲིམ་པ་དང་། བོད་རྟ་ཡིན་ན་ཤར་སེ་འགྲིམ་པ། ཁལ་མ་ཡིན་ན་ཉོར་འཁྲོས་སུ་ཡོང་བ། རྐང་དམག་ཡིན་ཚགས་སེ་འགྲིམ་ཡོང་བ་དེ་རྣམས་བརྟགས་ཤིང་། དགྲས་བྱ་སོག་གི་མེ་བརྡུས་དང་། ཡང་སྐར་ཕབ་པའི་མེ་ཁམ་ནོར་བ་དགོས་ཏེ། མེ་བརྡུས་མ་ནི་གཞན་ལས་བཀྲག་ཆེ་བ་གཅིག་གཅིག་གཉིས་ནས་འདྲེན་ཐུབ་པ། ས་

ཡུལ་དེ་གཞན་ལས་ཐང་དཀར་ཞིང་སྐྱ་འཚམས་པ་ཞིག་ཡོད། སྣར་མེ་ངོ་བོ་ནི་ས་ཡུལ་གཞན་ལས་བྱིངས་ཆེ་བ། མེ་རབ་རིབ་མང་བ། མེ་དམར་ནག་རྩེགས་རྩེགས་ཡོང་བ་ཞིག་འདུག་ན་ཡིན་ཏེ་མ་འབྲུལ་བར་བརྟག་དགོས་སོ། །རྡུ་འཛིན་གྱིས་དར་འགྱུར། སོ་པས་སོ་སྒྲིམས་ཤིང་དེ་ནས་དགྲ་དང་གཡུལ་འཐབ་པའི་དུས་སུ་རྡུ་གསུམ་ལ་ཛ་བཛ་གསུམ། ཐམས་ཅད་དུང་ཆེན་དང་རྐང་གླིང་གནམ་ས་སྒྲིར་བ་ལྟ་བུ། གཡས་ཀྱི་གདོང་དུ་མེ་མདའ་བ། གཡོན་གྱི་གདོང་དུ་མདའ་པ། བར་བར་དུ་མདུང་དང་མདུང་ཐུང་དང་སྟ་གྲི་ཐོགས་པ། ཞལ་བཏགས་ལྕགས་སྒྲིལ་ཁྱེར་བ། དེའི་རྒྱབ་ཏུ་རྟ་རྐང་བསྲེས་པའི་དམག་ཚོགས་བཙན་ཆས་པ་ལྟ་བུ། དེའི་རྒྱབ་ཏུ་དམག་དཔུང་གི་ཚོགས་བྱ་སྤུ་སྣོལ་དུ་ཡོད་པ། ཟུར་དམག་གཡས་གཡོན་རྟ་པ་སག་ཐག་པའི་རིགས་རྟ་སྒྲོམས་སུ་སྤུངས་ནས་ཐུམ་རྫིལ་སེ་འགྱོ་བ། རྡུ་ཁྱེར་འཁྲིད་བཛ་རོལ་ལ་ལྟས་ནས་འགྲིམ་ན་ཅབ་སེ་འགྲིམ། སྟོད་ན་ཐམས་སེ་སྟོད་པའི་དཔུང་དེས། བྱང་རྟ་དམག་གི་དགྲ་ལ་སྤུང་བ་དང་། ལྷོ་མོན་གྱི་དགྲ་ལ་འགུགས་པ་དང་། བོད་རྟ་རྐང་གི་དགྲ་ལ་བསྒྲིགས་ནས། དམག་དཔོན་གི་བྱུས་ཁ་ཏ་ལ་རྣ་བ་གཅིག་ཏུ་གཏད་ནས་ཉན་ཏེ། དགྲ་ལ་འབྲུ་བའི་ས་སྐལ་མ་བཞག་ན་གཡག་ཆད་གད་ལ་མཆོང་བ་དང་འདྲ། རང་ལ་འབྲུ་བའི་ས་ཆམ་བཅལ་ན་གྲོག་པོ་མགོ་སྨུམ་དུ་ཆུག་པ་འདྲ་བ་ཟེར་ཡིན་པས། འདས་མ་འོངས་ལེགས་པར་བརྩེས། ཐུགས་གསུམ་གྱི་འཕྲུར་སྟབས་ལ་བལྟས། འཛིངས་པས་གཡུལ་ལས་རྣམ་བར་རྒྱལ་ཏེ་དཔའ་བོ་

སྡིག་གི་མིང་བཟང་པོ་ཐོབ་སྟེ། དེ་ཉིད་དམག་གིས་གང་སླེབས་ཀྱི་ས་ཆ་ཡུལ་མཁར་རྣ་མིག་ཁྲབ་བརྙམ་ཟེར། དམག་བྱུས་ཀྱི་བསྟུ་སོ་འཛོག་ཁའི་སྐབས་ལ་ཡང་བརྗོད་མེད་དུ་དཔའ་མཚན་ལ་ཆོད་འགྲོ་བ་ཡིན་ནོ།། །།

གཉིས་པ། ཕྱར་མ་ཕའི་ཞལ་ལྟ་ནི། ཞུམ་པའི་ཐ་སྐད་དུ་བྱས་ཏེ། དཔའ་བོས་རྫོང་མཁར་ལ་བསྐོར་ན། ཁ་འདོན་དང་འཁོར་ཞུག་མང་པོ་མི་བྱེད། གཞི་མཁྲེག་པར་བཟུང་། མདའ་རྫོའི་ལས་ཆ་དགོས་མེད་དུ་མི་རྒྱག་བཙན་དམིགས་དང་ཆུ་སྲི་ལ་གཟབ། ཕྱི་ནང་འདྲེས་སུ་མི་བྱེད། རྫ་མི་བཟང་། བར་ཚིངས་ལ་རྒྱག་མི་བསྒྱུལ། གཡུལ་དུས་ཕམ་ན་སྐྱ་ཆེ་ཆུང་ལ་མ་ལྟོས་པའི་ཁྲབ་རྣོག་དཔའ་བོ་ལ་སྦྲོད། དེ་བབས་པ་མཐོང་ན་བསད་པའི་དཔེ་མེད། གལ་སྲིད་བསད་ན་བྱུང་ན་ཕྱར་མ་མཚོན་ཐོག་ཏུ་དཔའ་ཟེར་བའི་ཁ་གཤགས་མི་ཐུབ། དམག་དཔོན་དང་དམག་དཔོན་ཐུག་ནས་ཕྱར་མས་སྒྲིག་བབ་བཏང་ན་ལག་པ་དར་མདུད་ཀྱིས་བཀྱིགས། རྟ་རང་རྟ་ལ་བསྐྱོན་ནས་རང་ཡུལ་གཞན་མི་གཞན་ལ་དཔགས་པའི་སྟོང་གོས་གཡོགས་ཏེ་ཚུལ་མ་དོར་བར་འཁྲིད། ཕལ་པ་དྲན་སྒྲ་ལག་ཅན་ལག་པ་རྒྱབ་ཏུ་བཀྱིགས། སྐྲ་སྒྲིལ་དོར་འཛོལ་བྱས་ལ་འཁྲིད་པ་དང་མགོ་མི་ཡིན་ན་རྟ་ངན་ལ་སྨ་ཆག་མཐུག་ཕབ་དྲེས་ཡོབ་དྲེས་མཐུར་བྱས་ཏེ་འཁྲིད་པའི་སྲོལ་འདུག རྫོང་མཁར་ནས་ཕབ་ན་དམར་འབེབ་ལ་གོང་དང་འདྲ་ཞིང་། ལབ་ཁོག་ནས་ཕབ་ན། དམག་དཔོན་དམག་ལས་ལ་བབ་རྟེན་རྒྱུ་ནོར་སྟེར་དགོས་ཞིང་བབ་གཏད་ནས་ཁ་ངན་ཚིག་ངན་མི་གཏོང་། གདན་བཟོས

བདག་རྐྱེན་ཕྱར་བབས་ལས་ཡོད་པ་མི་བྱེད། སྐུ་ཆེ་བ་ཡིན་ཡང་འདི་སྐབས་ཚིབས་བསུ་ཚིབས་སྐྱེལ་མི་དགོས། ཡབ་རིགས་ཀྱི་བུ་གཏེ་ལ་ཆས་བྲུར་གསོལ་ལྷ་མགུ་མི་མགུ་གཏོང་། འགྲོ་རྫོངས་གཟབ་བཙོན་ཡིན་ཡང་ཡབ་དན་ལ་འཁྱོལ་ནས་གཏོང་བ་ལ་བཙོན་རྫོངས་དྲག་ཞན་ལ་དཔགས་པ་སྲེར། ཕྱིན་ཚད་ཀྱི་སྙོམ་ལ་ཀོ་དམར་ལ་མདུང་ཚོམས་ཁྲག་གཞོང་སོགས་སུ་རྩེ་ཁ་དམ་པར་ལེན། མི་རབས་མ་སོང་གི་བར་འཕམ་སློག་གློ་ངན་གྲོས་ངན་མི་བྱེད་པའོ།། ||

གསུམ་པ། རྒྱལ་པོ་མེ་ཡོང་གདོང་གི་ཞལ་ལྕེ་འམ། སྟེ་མོ་ལས་འཛིན་གྱི་ཞལ་ལྕེ་ནི། རྒྱལ་པོའི་ལུང་གི་སྟེ་མོར་བསྐོས་པ་རྣམས་ཀྱིས་རང་འདོད་ཁོ་ནའི་སྐྱོན་སྤང་། གཞུང་དོན་གཙོ་བོར་བྱས་སྟེ། སེ་སྲིད་ཀྱི་སྐུ་རིམ་དང་ཆོས་རྒྱལ་རྣམ་ཐར་གྱི་ཕྲིན་ལས་བསྒྲུབ་པར་དམིགས་པའི་སངས་རྒྱས་ཀྱི་བསྟན་པའི་ཞབས་ཏོག་གཙོ་བོར་བྱས། ཆོས་ཕྱོགས་ཀྱི་ཞྭ་རིགས་དང་གྲུབ་མཐའ་མི་བསྒྱུར། དུས་ཆེན་ཟླ་བ་ལྔ་ལ་རི་རྒྱ་ཀླུང་རྒྱ་བསྡོམས་པ། གཉེར་ཚང་དཀར་སྟོར་བྱེད་པ་སྐུ་གསུང་ཐུགས་ཀྱི་རྟེན་ཞིག་གསོས། ལམ་འཕྲང་འཆོས་པ་སོག་བཟློག་ལ་དམིགས་པའི་ཕྲེལ་ཟླའི་ཚེས་བཅུ་ལ་ཡུལ་ཚན་སོ་སོར་སྐྲ་ཐོག་གསོལ་འདེབས་བྱེད་འཇུག་པ། གཉེར་ཚང་དུ་ཆོས་བཅུ་ཆགས་མེད་འཛུགས་པ། འཕྲུལ་ཆས་ཀྱི་གཉེར་འོག་ལ་ཐེའུ་གཏོང་བ་མ་གཏོགས་རྫོང་དཔོན་གྱིས་གཏན་ཚིགས་མི་སྲེར། ཏའི་སིའི་བཀའ་ཚེམས་ལས། དཔོན་གཡོག་གི་བར་ན་རྩམ་པ་བཟང་ངན་ལས་མེད་ཟེར་

བས། རྫོང་དཔོན་གྱིས་ཞིབ་ཆེན་མི་ཟ། སྣེར་གྱི་བུན་ཚགས་འབྲེལ་གཞུང་ཁུངས་སུ་ཡོད་པ་རྣམས་ལ་སྣེར་ནས་ཟ་འདེད་མི་གཏོང་། སྡེ་གཟར་ཡུལ་འཁྲིམས་ཀྱིས་རེ་གཉིས་འཐོར་སྐྱིན་དུ་འགྲོ་བའི་རིགས་མ་གཏོགས་ཤེ་བམ་མི་སྟེར། བུན་རྙིང་ལོ་སྐོར་དུ་ལོན་པ་ལ་དངོས་གཅིག་བེད་གཅིག་འགྲིག་ན། དེ་ལྷག་ལ་སྒྲིད་ཤེས་ལོན་ཤེས་ཀྱི་གཙོད་རྒྱུ་བྱེད་པ་མ་གཏོགས་རྩིས་གྲུབ་མི་བྱེད། ཆ་ཞབས་དང་སྔོ་ཟན་གྱི་བར་ཁ་ལྷས་ཁྲབ་པའི་ཧོར་འདྲ་མི་སྡེའི་ཁྲིད་པར་གྱི་ཧང་ཟོམ་དུ་མ་སོང་བ་ཞིག་དགོས་ཤིང་། ཁྲིམས་ཀྱི་སར་སློ་གཟུ་བོར་གནས་པའི་ཕྱོགས་ཆ་ཉེ་རིང་མེད་པས་བདེན་རྫུན་ཤན་འབྱེད་པའི་ཁྲིམས་འགལ་ལ་སློང་སྟོབས་ཀྱི་བརྡ་འདེད། ཁྲིམས་མཐུན་བྱམས་བརྩེས་སྐྱོང་བ། ཕྱི་ནང་གི་སར་ཁ་མཆུ་སྦྱོར་བ་དང་འཚོལ་བ་མི་བྱ། ཁྲིམས་སར་ཞུ་འབོད་བྱུང་བ་རྣམས་ལ་ལེ་བར་མི་འཛོག་པར་སྐྱུངས་བཤད་ཕན་ཚུན་སློ་ཁ་རྫོགས་ཐབས་བྱེད་པ་མ་གཏོགས་དབང་ལྷག་འཁྱུར་མི་བྱེད། རང་ཁྲིམས་སར་བསྡད་རིང་རང་གི་ཉེ་བ་དང་དགྲ་ཕྱོགས་ལ་འདི་སྐབས་ཉེ་འགྱུར་མི་བྱེད། མདོར་ན་མི་ཤེས་གོང་ཕུད་ཀྱི་ཕྱོགས་སུ་མ་ལྷུང་བ་དང་། དཔོན་ཁུངས་ཀྱི་བྱ་བ་ཆེ་ཆུང་གང་ལ་ཡང་། འཛིག་རྟེན་དུ་གྲགས་པའི་ཐོག་ནས་མིག་ལྟོས་ཡར་ལྟ་བྱས་པའི་ལ་ཡོག་མི་འགོ་བ་ཞིག་བྱེད་དགོས་རྒྱུ་ཡིན།། །།

བཞི་པ། ཞུ་བཞེས་བདེན་རྫུན་གྱི་ཞལ་ལྕེ་ནི། དང་པོར་སྨྲོས་པའི་སྤྱང་གླང་དང་ལྡན་པ་ཐོག་མར་མི་དོད་སློམས་ངོས་གཤེར་བ་དང་། དོད་

མི་སྨོམས་ན་གདོང་གཤེར་མི་བྱེད་པར་བསྐོར་སྦྱངས་གཏོང་བ་སོགས་སློ་ཁ་རྫོགས་ཐབས་སུ་འགྲོ་བ་ཕྱིར་གྱིས་ཀྱང་བྱེད་དགོས་ཤིང་། ལྷག་པར་སྐྱིད་ཤོད་ཁུལ་དུ་འདི་ལ་ཁྲིམས་འཚོལ་བའི་ཁྲིམ་མཆོས་སོགས་རང་རང་དོན་གྱི་འཁོན་བཟུང་ནས་ཁྲིམས་སར་ཉེ་རྒྱུད་རིང་རྒྱུད་ཀྱི་ཆད་པ་ཆད་ལན་ཞུ་རེས་བྱེད་པ་ཞིག་རང་སྟུག་རང་གིས་ཉོ་བ་ཞིག་འདུག་ནའང་། ད་ནས་བཟུང་ཆད་པ་ཞུ་མི་རྣམས་ལ་སྤྱ་འགྲོས་ཐལ་ཆ་མི་བྱེད། བཤེར་འབོད་བདེན་རྫུན་བརྟགས་པའི་ཆད་པ་ཐོབ་ངེས་ན་དེ་ཐོག་ཏུ་གཏོང་བ་གཞིར་བཅས་ཤིང་། གཡོ་ཞུས་ཡིན་ན་ཞུ་མཁན་གྱི་ཐོག་ཏུ་ཆད་པ་དེ་ཁ་སློག ཡང་ཏམ་རེས་བྱུང་ན་ཆད་པ་དེ་སྦྲུས་སུ་བཞག་པའི་འབྲུ་དག་གི་ཡོ་གལ་བྱེད། གཉིས་ཀས་དག་མ་འཁྱོལ་ན་ཆད་པ་རེ་རེ་འཐམ། ཕྱེད་ཁྱེར་ནག་ཆེ་ཆུང་ལ་དཔགས་པའི་འགེལ། ཁ་མཆུ་ཁྲིམས་སར་ཐལ་བའི་སླར་ནང་འདུམ་བྱེད་ན་ཉེས་པའི་ཁྲིམས་འདེད་ཀྱི་ཕྱེད་དང་། ཞུ་འགེགས་འོས་འགབ་ཁྲིམས་སར་ཕུལ་ནས་ཟློས་པ་ནས་འཛགས་སུ་འདུམ་འཛུག་གོ॥ ||

ལྔ་པ། བཟུང་བཀྱིག་ཁྲིམས་རའི་ཞལ་ལྕེ་ནི། ཁྲིམས་འགལ་གྱི་རིགས་ལ་ཐོག་མར་བཟུང་བཀྱིགས་བབ་ཐོག་ཏུ་འདུག་ཙེང་དམིགས་བསལ་ཕོ་བྲང་གི་འོག་ཏུ་གྲི་འདོན་རྒྱ་འདྲེ་བྱས་པར་བཟུང་བཀྱིགས། ཧྲོགས་རྟལ་རྐུན་མ་བྱས་ན་བཟུང་བཀྱིགས། མགོ་མིར་རང་ཤེད་བྱས་པར་བཟུང་བཀྱིགས། སློ་ངན་གྲོས་འཚང་འབྲུ་བར་བཟུང་བཀྱིགས། མི་མཉམ་པའི་ཁ་ལན་སློག་ན་བཟུང་བཀྱིགས། ཉེས་པ་ཆེ་བ་ལ་སྡིག་བཀྱིགས

དམ་ཕྲུག་གིས་མནན་ནས། ཨན་ཏས་ལྷེ་བ་སྦྱོད། དེ་ནས་ཁྲག་སྦྱོར་ཐོབ་པ་རྣམས་ལ། ཁྲིམས་ཡིག་བསྒྲགས་ནས་རྫམ་ཟླེལ་ཆེ་བའི་མི་ཁྲིམས་ཆོད། དེ་གར་དཔགས་པ་ལ་དྲག་ཞན་གྱི་སྦྱོག་རིན་བཞེས་པ། སྐུ་ངོར་གཏོང་བ། ཆད་ཁོས་གཅོད་པ་སོགས་ཇི་ལྟར་འོས་སྐབས་དང་བསྟུན་པར་བྱེད་དོ།། །།

དྲུག་པ། ནག་ཆེན་ཁྲག་སྦྱོར་གྱི་ཞལ་ལྕེ་ནི། མཚམས་མེད་ལྔའི་ལས་བྱེད་པ་དང་བླ་མ་དགེ་འདུན་བཀྲོངས་པ་དང་། རྒྱལ་པོའི་ཕྱག་རྫས་ལ་འབགས་པ། དཔོན་ཁུངས་ཀྱི་ཞབས་འདྲེན་ཚབ་ཆེ་བ་བྱས་པ། དུག་སྦྱོར་གཏོང་བྱས་པ། ཕུང་གཡོ་འཕྲུལ་སྦྱོར། སྦྱོར་དངོས་རྗེས་གསུམ་གྱི་སྒོ་ནས་མི་བསད་ཧ་ཁྱེར་བྱས་པ། དུས་བདེ་ས་འཛམ་གྱི་ཁྲིམས་ཞོད་འཛག་སྐབས་ཨར་ཇག་བརྡུང་འཇོམས་ཁོ་ཀྲོན་མཆོན་ཐོགས་ངན་གྲ་སྒྲིགས་པ། འབངས་ཀྱི་གྱེན་སློག་མདོ་ར་ན་མིག་ལྟོས་ལ་གནོད་པའི་ཁྲིམས་འགལ་གྱི་བྱ་བ་བྱས་པར་ལུས་སྟེང་ནས་མིག་འདོན། སྒྲིད་འབྲེག ལྕེ་གཅོད། ལག་འབྲེག གཡང་བསྐྱུར། དམར་གསོད་སོགས་བྱེད་པར་དཔག་པའི་ལུས་སྟེང་འགེལ་ལུགས་ཕྱིས་འདོམ་ཆེ་བ་ཞིག་དགོས་པ་ཡིན། མི་མཉམ་པའི་ལག་སློག་པ་ལ་གཏེ་པོ་ཆུ་ལ་བསྐྱུར་བའོ།། །།

བདུན་པ། དྲན་འཛིན་ཆད་ལས་ཀྱི་ཞལ་ལྕེ་ནི། ལུས་སྟེང་དུ་རྩད་གཅོད་མི་ཐུབ་པའི་ཁྲིམས་དང་འགལ་བ་རྣམས་ལ་སླར་འདོམས་སེམས་ཀྱི་དྲན་འཛིན་གཏོང་དགོས་ཏེ་ཉེས་ཆད་ཅེས་ཆད་པར་མིང་དུ་བཏགས་པའི་ཁྲིམས་སར་བསྒྲུབ་དགོས་པ་འདི་ལ། སྤྱིར་གྱི་ནི་དེ་ལ་དཔགས་པའི་ཉེས་

བྱུས་ཆེ་ཆུང་གི་གསེར་སིལ་མ་སྲུང་གྲངས་སུ་བྱེད་པ། སྨར་གསེར་ཕྱེད་མའི་སྲུང་གྲངས་སུ་བྱེད་པ་དང་། སྨར་ཞོའི་སྲུང་གྲངས་སུ་བྱེད་པ་སོགས་འདུག་པས། ཞེས་བྱུས་ཆེ་བའི་མི་དཔུང་གྲ་སྡེབ་ཀྱིས་མི་བསད་པ་དང་། འཕོན་འཛིན་གཏེས་ལེན་གྱི་ཇག་རྒྱབ་པ། ངན་པ་གྲ་བསྒྲིགས་སོགས་ཁྲིམས་སར་དགོངས་ཕོག་ཆེ་བ་རྣམས་ལ་གསེར་བསིལ་མ་སྲུང་བརྒྱད་རུ་ནས་བཅོ་ལྔའི་བར་ཞེས་པ་ཆེ་ཆུང་དང་བསྟུན་ནས་གཏོང་བ་དང་། དེ་ལས་རུང་ཞེས་པ་ཆུང་བ་བྱུར་ཆག་ཐུབ་པའི་མི་བསད། ཧྟོགས་ཧྲལ་གྱི་ཀུན་ཇག་སོགས་རིས་དེས་མཚུངས་པ་རྣམས་ལ། སྨར་གསེར་ཕྱེད་མའི་སྲུང་གསུམ་ཇི་ལྟར་སྐབས་དང་མཚུངས་པར་བྱེད། ཡང་ཕྲན་བུའི་སྤང་གླང་འཇོལ་བའི་དྲན་འཛིན་ལ་མར་ཞོ་དོ་གསུམ་ཇི་ལྟར་འོས་པ་གཏོང་དགོས་ཤིང་། དེ་ལ་གསེར་བསིལ་མའི་ལྡི་བ་རྣམས་ལ་གསེར་ཀྲུང་མ་གཏོགས་སྲུས་ཆ་མི་འབུལ། གསེར་ཀྲུང་སྲུང་གང་ལ་མགོར་ཞོ་སེ་བ་ཉི་ཤུ་རྩ་བཞི་མའི་ཞོ་བརྒྱད་ལ་སྲུང་གང་། མཛོ་གཡག་སོགས་སྲུས་ཆ་གང་གཙང་ལ་རིན་གྱི་ཁྲུངས་གཅོད་པ་གནང་ཞིང་། དེ་ལ་སྨར་གྱི་རིན་རྒྱབ་ཀྱིས་རིན་ཁྲུང་ནས་སུ་འབེབས་པ་དང་། མགུར་ཞོ་རེ་ལ་སེ་བ་ཉི་ཤུ་རྩ་བཞི་མའི་དབང་དུ་བྱུས་ནས་སེ་བ་རེར་གཙང་བྲེ་ཚད་ཀྱི་ཁལ་རེ་རྩིས་པའི་ཞོ་གང་ལ་ཁལ་ཉི་ཤུ་རྩ་བཞི་ཐོབ་པའི་རིན་རྒྱབ་ཏུ་འབེབས་པ་དང་། མཁར་རྡུའི་སེ་ཁལ་མཛད་པ་དང་། ཚོང་འདུས་ཀྱི་གསེར་རིན་ལག་ཡོད་གང་འདུག་ལ་ཆ་འཇོག་པ་སོགས་གནང་སྲོལ་འདུག་ཅིང་། སྨར་གསེར་ཕྱེ་

མ་ལ་སྤྲུས་གཙང་ཞེས་པ་དང་། བསྲེལ་ཉེན་བཀོལ་གྱི་དངོས་པོ་ལ་རིན་རྒྱུག་གསུམ་ཚད་འཁྲིང་དུ་ཕབ་པ་མཇོད་སྲོལ་ཡོད་ཅིང་། སྨར་གསེར་ཕྱེད་མའི་སྲང་གང་ལ་གསེར་ཞོ་བཞི་དང་། སྨར་ཞོ་བཞི། སྨར་ཞོ་ལ་གཙང་བྲེ་ཚད་ཀྱི་ཁལ་བརྒྱད། གསེར་ཞོ་ལ་དེའི་ལྷབ་འཕར་བའི་ཁལ་བཅུ་དྲུག ཚེ་བྲེ་ཚད་ཀྱིས་བྱེད་པའི་སྲོལ་དང་། ཡང་མཁར་རྡུའི་ཁལ་དྲུག་ལ་སྨར་ཞོ། བཅུ་གཉིས་ལ་གསེར་ཞོ། དབུས་ལ་གསེར་བྲེའི་བཞི་ཞོ་དང་གསུམ་ཞོ་སོགས་རྣམ་གྲངས་ཤིན་ཏུ་མང་བ་འདུག་པ་ཞོའི་ཚད་ནི། ཚལ་པའི་ཁྲིམས་ཡིག་རྣམས་སུ་ཞོ་བཟང་ངན་འབྲིང་གསུམ་དུ་བྱས་པའི་མཛོ་ཧ་དྲིལ་རྒྱབ་སོངས་ལ་བཟང་ཞོ་གང་། བོང་བུ་ཕོ་རྒྱགས་ཚད་ཀྱི་རྒྱ་སོངས་ལ་འབྲིང་ཞོ། བོང་མོ་སླང་ཆུང་གི་རྒྱབ་ལ་ངན་ཞོ་བྱེད་པ་སོགས་འདུག་པ་ཐམས་ཅད་དུ་མཁར་རྡུའི་དྲུག་ཞོ་ནི་ཚད་པར་ཤེས་བཞིན། ནས་སུ་ཕབ་ན་བརྒྱད་ཞོའི་སྨར་གསེར་གྱི་སྲང་གང་ལ་ནས་ཁལ་དགུ་བཅུ་ཕོ་དྲུག་མཁར་རྡུའི་དྲུག་ཞོ་ལ་བདུན་ཙུ་དོན་གཉིས་ཐོབ་པར་སྤྲུས་ཆའི་ཐོག་ཏུ་འཆར་ཆེན་ཕབ་ན། སྔོན་གྱི་ཆོས་རྒྱལ་རྣམས་དང་། ཚལ་དུས་ཀྱི་སྐབས་སྨར་གསེར་ཕྱེ་མའི་སྲང་གང་གི་ཆད་འགྲོས་ལ། བརྒྱད་སྟོང་སྐུ་པོད་དམ། གསེར་ཆོས་རྫོང་གཙོད་བཞེངས་སུ་བཅུག་པ་སོགས་ཀྱི་རྒྱུན་བཟང་པོ་ཡོད་འདུག་ཅིང་། ཕྱིས་ཧ་ཊ་ཧྲང་ཧ་སྤུབ་རྩེ་ལ་སྨར་གསེར་གྱི་སྲང་གང་རྩི་བ་དང་། གཡག་གྲུས་པོ་རེར་གསེར་ཞོ་རེ། སྨན་རྩེ་ཁ་དོ་ལ་སྨར་ཞོ་རེ་དང་། ཡུལ་གྱི་ཆུ་བགོ་འགྲེམས་སོགས་འགལ་ཆ་ལ། གཉེར་ཚང་གི་ཆད་འགྲོས་ཐང་ཐུང་

རྣམས་ལ། མར་ཚད་ཀྱི་མར་ཞོ་རེ་ལ་དོ་སྐོར་གྱི་དབང་དུ་བྱས་པའི་སྐར་དུ་ལེན་ན་ཁལ་དྲུག། མར་རྒྱང་དུ་ལེན་ན་མར་ཁལ་གསུམ་རྣམས་ཡིན་ཅིང་། དེང་སང་ཁ་གཏམ་ལ་མར་གསེར་གྱི་སྲང་ཟེར་བ་འདུག་ཀྱང་ཚོལ་པའི་ཁྲིམས་ཡིག་ཏུ་སྐར་གསེར་གྱི་སྲང་ཞེས་སྣང་བས་གསེར་ཤིན་ཏུ་སྐར་བ་ལ་ཆ་བཞག། དེ་འོག་སྐར་ཞོ་ཟིང་ཞོ་ཟེར་བའི་སྐར་ཞོ་དེ་ལ་ཆ་བཞག་པ་ཡིན་འདུག་པས་དག་ཁུངས་སུ་ངེས་སོ།། །།

བརྒྱད་པ། ཧོར་འདྲ་ཟ་རྐང་གི་ཞལ་ལྕེ་ནི། ཧོར་འདྲ་ཞེས་པ་རྒྱ་ནག་ཧོར་དུས་སུ་བོད་ལ་ལུང་རྒྱུགས་པའི་དུས་རྒྱ་ནག་གི་མི་ལ་བརྩི་འཛོག་ཆེ་བ་དགོས་པ་དང་། མི་སྣས་ཀྱང་བབ་འབྲེལ་དང་མཐུན་པ་ཞིག་དགོས་ཤིང་ལྷག་པར་སྐྱིད་ཤོད་འདི་ཕྱིས་ཁྲིམས་འཚོལ་བའི་འདེད་ཀྱང་སྣེར་གཞུང་གི་དོན་ལ་དབྱེ་བ་མེད་པར་ཁས་སུ་བཙན་གྱིས་རྩེ་ནས་ཐེལ་རྩེ་བླངས་པའི་ཞོལ་སོགས་ནས་མི་འཁྲུམས་གང་རིགས་རེ་ཁྲིད་ནས་ཟ་འདེད་གཏོང་ཞིང་ཟ་འདེད་ལའང་འདི་ཕན་འདི་ཚུན་གྱི་མཚམས་ཚོགས་མེད་པར་ཟ་མ་འཕྲུལ་ཆས་ལ། ཆས་ཁའི་ཁོངས་རྩིས་ལ་བྲེ་དོ། ཆང་རིན་ལ་བྲེ་རེ་བྱས་པའི་བྲེ་གསུམ་མ། ཉེ་མ་རེ་ལ་མི་སྣའི་རྐང་པས་གང་འཁོར་ཕྱིན་པའི་ཡོན་རྩེ་བ་ཞིག་འདུག་ཅིང་། གཙང་ལུགས་རང་གིས་ཁ་གཙང་བ་ཞིག་བྱས་ཀྱང་སྤུ་སོར་ཟ་འདེད་མང་བའི་ཁྲིབ་ཆེས་དོན་ནས་འབྲས་ཆེ་ཆུང་གང་ལ་ཡང་འཕྲུལ་བ་ཞིག་ཡོང་གི་མི་འདུག། ད་ལྟའི་འདི་ཁ་བྱས་ན་ཆ་ཞབས་ལ་ཡང་བརྡབས་གསིག་ཆེ་བ་འདུག་པས། འོས་བབས་ཀྱི་བཅད་མཚམས་

བསྒྲིགས་པར། སྒེར་གྱི་དོན་ལ་བབ་འབྲེལ་མེད་པར་ཟླ་འདེད་གཏོང་ས་མེད་ཅིང་མི་སྣ་ཡང་རྩེ་ནས་དམིགས་ནས་བསལ་བྱུང་ན་མ་གཏོགས་སུས་ཁྲིད་ལ་མི་འགྲོ། གཞུང་གི་བསྐུལ་འདེད་སྦྱངས་ལ་བཏང་བ་རྣམས་ཀྱིས་སྔོན་གྱི་ཁྲིམས་ཡིག་རྙིང་པ་རྣམས་ལ་ཚད་པ་སྲུང་དུ་མ་སོང་ན་གདན་སྔོན་གྱི་སྐད་མི་བྱེད། སྲུང་དུ་སོང་ན་གདན་སྔོན་ཆས་ཟླ་རྒྱབ། ཀང་གླ་སོགས་ཚད་པའི་བཞི་ཟུར་རིམ་འགྲོས་སུ་བྱུས་པ་ཞིག་འདུག་ཀྱང་། ད་སྒོས་གསེར་སིལ་མའི་ཚད་པ་ཆེ་བ་རྣམས་ལ་མི་སྣ་དཔོན་གཡོག་ཁྱི་རྟ་དྲེལ་སོགས་ལྷི་ཉོན་བཏང་ནས་ཟླ་མ་གཟུག་འབྲེལ་རྒྱབ་ཆས་སྒྲོད་གསུངས། བཀའ་ཤོག་ཏུ་གནང་བ་ལྟ་བུ་ལ་ཚད་པ་མ་འཁྱོད་པར་མི་སྣའི་ཟླ་མ་ལ། མི་ཇོ་མར་དུས་གཉིས་ལ་ཆུང་གཟུག་རེ་དང་ཆེ་གཟུག་རེ། གཡོག་དུ་ཡོད་ལ་དུས་གསུམ་ཆུང་གཟུག་རེ། ཇ་སྦྱོར་ལྷུ། ཆང་། རྟ་དྲེལ་རྣམས་ལ་ཆག་བྲེ་དོ་མ། ཇོས་མའི་ཟླ་རྒྱབ་ཞོ་རེ་ལེན་ཅིང་བུ་ཚ་ལ་རྒྱབ་མི་ཐོབ། ཟླ་རྒྱབ་ཚད་འདེད་སྐྱེབས་པ་ནས་བཟུང་བསྟུས་ཤོག་ནམ་བྱུང་བར་རྩེ་བ་དང་དེ་སྔའི་བསྟུས་ཤོག་གི་ཚིག་རིས་སུ་གདན་སྔོན་ཆས་ཀང་གླ་ཚད་ཤུལ་བཞི་ཟུར་རིམ་འགྲོས་སོང་ལས་ཕྱིར་བསྟུས་ཕེབས་པ་འདི་ལ་དེ་སྔ་གོ་བ་ཟུར་པ་བརྒྱབ་ནས་གདན་ཞེས་པ་མི་སྣ་རང་ལ་དཔོན་གྱི་བཞུགས་གདན་དང་མཉམ་པ་དགོས་ཟེར་བ་དང་སྔོན་ཆས་ཞེས་པ་སྔོན་མོའི་རྣམ་གྲངས་དང་། ཞལ་འབྱེད་ལ་བརྒྱ་སྐང་ཞེས་ནས་ཁལ་བརྒྱ་རེ་དང་། བཤས་སྐང་རེ་ལེན་པ་སོགས་མཚམས་ཚོགས་མེད་པའི་འཁྲུ་གང་ཐུབ་བྱེད་པ་འདུག་ཀྱང་སྔེ་

སྲིད་ཀྱི་བཀའ་ཁྲིམས་ལ་གདན་ཟེར་བ་བཀའ་ཤོག་ཐང་དུ་མ་ལྷུང་བའི་གོ་དོན་གྱིས། བཀའ་ཤོག་གི་གདན་ལ་ཆད་པའི་བཞི་ཟུར་སྟོན་ཆས་ཟེར་བ་བཀའ་ཤོག་ཞལ་འབྱེད་སའི་སྟོན་མོ་ལ་བཞི་ཟུར། ཆད་ཁྲུལ་བཞི་ཟུར་རེ་རྣམས་མིང་སོ་སོར་བྱེད་པ་ཁྲིམས་པའི་ཆེ་བ་ཡིན་ཞིང་། ལག་ཡོད་དེ་རྣམས་གྲིལ་བའི་གཞུང་དུ་ཆད་པ་གང་ཕུལ་གྱི་ཆད་ཁྲུལ་ལས་སྒྲོས་པ་མི་ལེན། ཟ་རྒྱབ་ཆད་པའི་རྟེང་བསྐུལ་ཡིན་པས་ཞག་དུ་སོང་གི་རྩིས་རྒྱག་སྐར་གསེར་གྱི་སྲང་གྲངས་ལ་མི་སྣ་ཉིས་སྤྲེལ་ཙམ་ཟ་མ་གཟུགས་སྒྲོད་གསུང་བ་ལ། དུས་གསུམ་དུ་ཚུང་གཟུག་ཛ་ཚང་། ཧ་ཡོད་ན། གཟན་ཚགས་འོས་འགབ་ལས་སྒྲོས་པའི་ཟ་རྒྱགས་མི་ལེན། ཆད་པ་སྲང་དུ་མ་ལོངས་ན་མི་སྣ་འོས་འགབ་རེ་ལ་ཟ་མ་གཟུག་ཕྱེད་སྒྲོད་ཕེབས་པར་ཚུང་གཟུག་གི་ཕྱེད་དང་ཀང་སླ་བྲེ་ལྔ། སྲང་དུ་མ་ལོངས་པས་གདན་སྟོན་ཆས་སོགས་སྐྱད་མེད་པར་བྱེད། ཐོགས་ཡོང་བཞེས་སོགས་འཕྲལ་བསྐུལ་གྱི་འདེད་ལ་ཉིས་སྤྲེལ་རེ་བཏང་བའི་ཟ་མ་འཕྲལ་ཆས་རེ་བསྒྲུབ་ཕེབས་པ་ལ། གཉན་པོ་གཉན་ཚགས་ཡོད་པ་རྣམས་ཀྱིས་གཉན་པོ་རང་གི་ཟ་མ་དུས་གསུམ་ལ་ཁ་ངོམ་གྲོད་འགྲང་རྒྱུ་རི་བཟན་ཕོགས། ཁྲལ་ཡོང་དུས་ཐོག་ལ་འགྲིལ་ན་ཀང་སླའི་སྐྱད་མི་བྱེད། དེ་ལས་འགྱངས་ན་ཉིན་རེ་ཀང་སླ་བྲེ་ལྔ་རེ་བྱིངས་སུ་བསྣུས་ནས་ཉི་མའི་ཁ་གྲངས་སྒྲིག་དགོས་པ་མ་གཏོགས། འདེད་ཡུལ་གྱི་ཐེམ་སུ་ཡོད་ཀང་པས་གང་འཁོར་གྱི་འདེད་པ་མི་བྱེད། རེ་གཉིས་ངན་ཁྲབ་ཀྱིས་གཉན་པོས་མ་འཁྲུལ་ན་མི་སྣ་ཁ་གཏན་བྱས་མི་སྣ་ཁ་གཏད་བྱས་པའི་ཁོ་རང་

གི་ཞག་གང་ཐོགས་ཀྱི་ཟ་རྐང་ལེན་དགོས་པ་དང་། གློས་པ་ཆེ་བའི་གཉེར་འཐོད་ལ་ཞོ་རེ། སྟེ་སྲིད་གཞུང་དོན་གྱི་མནའ་ལ་མནའ་གོས་མི་ཡོང་ཞིང་རང་རང་ལ་གློས་པའི་མི་དྲག་པའི་མནའ་རྒྱབ་ལ་སྲུང་གང་དོ་སོགས་སྐབས་དང་བསྟུན་ཞིང་། འབྲིང་སྨད་ཀྱི་ལག་འཛུ་ཅན་ལ་གསེར་ཞོ་དོ་རེ། རང་མནའ་ལ་གསེར་ཞོ་རེ། རྫ་ལ་ལྷ་ཡོལ་ལྷ་སྣོད། བཀབ་སྣང་། བཀབ་སྟེར། མེ་ཁྲིམ་ལྕུགས་སྐམ་ཟེར་བ་མི་སྣའི་ཟ་སྒོ་རྫ་ཁྱུང་གཞུང་སྐོར་གང་གི་ཁོང་ལ་ཡོད་ཀྱང་དཔོན་ཁྱུང་དེ་ལ་དགུ་ཚན་བདུན་ཚན་གང་འོས། མི་སྣ་ལ་རྫོ་རྒྱབ་གོམ་པ་རེའི་སར་ཐུན་གསུམ་གྱི་སྲུང་རེ། སྣུམ་ལ་ཡང་ལྷ་ཡོལ་ལྷ་གདན་སྣུམ་སྣོད་ཀྱི་སྣང་ང་ཟངས་གང་རུང་། སྣུམ་རྒྱབ་ལ་སྲུང་རེ་རྣམས་འོས་བབས་སྐབས་དང་བསྟུན་པའི་ལེན་ལུགས། དཀྲུས་མའི་འཛུ་ཅན་གྱི་མནའ་ལ་སྨར་ཞོ་དོ། རང་མནའ་ལ་སྨར་ཞོ་གང་། ནང་ཚང་འབྲལ་བསྡུམས་ཟློག་འཐུལ་མ་འཆམ་པའི་བགོ་བཤའ་སོགས་ཕན་ཚུན་བདེན་པ་མེད་པའི་རང་ཉིད་ཅན་ལ་དབུས་ལུགས་ཀྱི་བགོས་ཕུད་ཀྱི་སུམ་ཟུར། དཀྲུས་མ་འདྲ་བབས་ལ་ཕན་ཚུན་སྤྱི་ཐོག་ནས་བཅུ་ཁ་ལེན་པ་དང་། བགོས་ཚར་ནས་ཕན་ཚུན་ཕྱོགས་ཕྱོགས་ནས་བཅུ་ཁ་ལེན་པ་སོགས་ཇི་ལྟར་འོས་པ་རང་ཉེས་ཆེ་ཆུང་གི་བབས་འབྲེལ་མཚུངས་པ་བྱེད། ནག་ཆེན་བཟུང་བཀྱིག་བྱེད་པ་ལ་ཁོ་རང་གི་ལུས་འགྱུར་གང་ཡོད་མི་སྣས་ལེན། དགེ་སྐོང་གི་སྒྲིད་འཛལ་ལ་ཚོགས་ཆས་སོགས་འཆར་ཅན་ཐོབ་ཐང་ཁྲ་མ་ལྟར་ལེན་ཅིང་། གཞན་མ་དབུས་ལུགས་ལ་བཅུ་ཁ་ལེན་པ་ཞིག་འདུག

ཀྱང་འདི་འགབ་ཡུལ་ཆགས་པ་མི་འདུག་པས། གཙང་ལུགས་ལ་ཕན་ཚུན་ནས་ཐོང་ཕུད་ཐོང་སྟན་ཟེར་བ་ཐོང་ཁྲ་གཉིས་ནས་སྤྲོད་མཁན་གྱི་ས་ནས་ཕུད། ལེན་མཁན་གྱི་ས་ནས་གདན་ཕན་ཚུན་སྐོམས་པའི་བློ་ཚོད་རེ་ལེན། སླར་སྤྲོད་དགོས་སྤྲོད་མཁན་གྱི་ས་ནས་གྲངས་ཤིང་གིས་བཅད་པ་རྣམས་དང་ལེན་མཁན་གྱི་ས་ནས་ཁལ་ཤུལ་བྲི་འབྲིང་། སྤྲོད་མཁན་གྱི་ས་ནས་བྲི་གདན་ཕྱུར་བ་སྐམ་བཞི་མ་རེ། པང་ཁེབས་གདན་འོས་རིགས་རྣམས་དང་། དང་པོའི་ཁྲིམས་ཡིག་རྙིང་པ་རྣམས་ལ་འདུག་པས་མི་ཤ་དགྲ་སྲི་མི་ལྡང་བའི་རྟེན་འབྲེལ་དུ་ལག་དམར་གྱིས་བསད་པའི་གྲི་ངོ་མ་གྲངས་ཤིང་གི་ཚབ་ཏུ་སྤྲོད་པ་སོགས་སྲོལ་འཁྱུད་དུ་འདུག་པ་ལྟར་བྱེད། ཁྲ་མ་དཀྱུས་མའི་ཞབས་འཇུག་ལ་སྦྱོམ་ཆེ་ཆུང་གི་ཚོགས་ཆས་ཁྲ་བཀོད་ལྟར་དང་། ཧང་སླའི་དོན་དུ་སྤྲོད་འཇལ་ཡོད་ན་དེ་གའི་ཁལ་ཤུལ་བྲི་འབྲིང་སྤྲོད་མཁན་ནས་ལེན་ཅིང་། འདི་ལ་སྤྱི་ས་ནས་སོ་སོ་ནས་ལེན་པ་དང་བབས་འབྲེལ་དང་མཚུངས་པ་བྱེད། དངོས་པོའི་སྤྲོད་ལེན་མེད་པའི་ས་ཆའི་རྩིས་སྤྲོད་དམ་ཁྲ་མ་ཞབས་སུ་འཇུག་པ་རྣམས་ལ་དཀར་ཡོལ་གྱིས་གཙོས་པའི་ལྷུ་ཚན་ནམ་གསུམ་ཚན། ཛ་མགོ་སྐྱུམ་བར་གྱིས་གཙོས་པའི་བདུན་ཚན་དགུ་ཚན། གོས་ཡུག་ དར་ ཡུག རྟ་ ཁྲབ་ མཛོ་ གཡག་ སོགས་ རྣམ་ གྲངས་ དོན་ རྩ་འགངས་ཆེ་ཆུང་ཇི་ལྟར་འོས་པ་བྱེད་ཅིང་བཀའ་ཁྲའི་བབས་སྙུག་བཞི་ཟུར་རིམ་འགྲོས་སྤྲོད་ཕེབས་པ་ལ་སྐུ་རྒྱལ་གྱི་བཞི་ཟུར་གཅིག་གི་བབས་མགྲོན་གཉེར་རམ་ཡར་ཞུས་ཕྱི་ནང་གི་མི་སྣ་ལ་ཐོབ། དེའི་བཞི་ཟུར་སྒྱུ་གུ་ཆུ་རིན་

དྲུང་ཡིག་གིས་ཐོབ་པ་ཡིན་ནོ།། །།

དགུ་པ། བསད་པ་སྟོང་གི་ཞལ་ལྟེ་ནི། སྟོང་ཞེས་ཁ་སྐོང་ཤིན་ཏུ་མཐོ་བ་ལ་ཆ་བཞག སྟོན་གྱི་གཏམ་རྒྱུད་རྙིང་པ་རྣམས་སུ། སྟོད་ཡ་རྩེ་རྒྱལ་པོ་ཧོར་གྱིས་བསད། །རོ་དང་གསེར་གཉིས་མཉམ་རྗེས་བྱུས། །སྨད་གེ་སར་རྒྱལ་པོ་ལྷན་མས་བསད། །ད་དུང་སྟོང་ལ་འཁོར་དུས་མེད། །ཅེས་པའི་དོན་ཡང་མི་སྟོང་རྣམ་དཔངས་ཤིན་ཏུ་ཆེ་ཞིང་།ལྷག་པར་མི་རབ་འབྲིང་ཐ་གསུམ་གྱི་རབ་དང་བཙན་པོ་ཁ་དྲག་ཅན་གྱི་སྟོང་ནི་ཁྱེར་ས་མེད་པའི་ཐ་སྙད་དུ་བྱུས་ནའང་། ཁྱིམ་མི་རབ་ཀྱི་རབ་དང་བུད་མེད་བསད་པ་ཆེར་མི་ཡོང་ཞིང་ གལ་ཏེ་བྱུང་ཡང་ རབ་ལ་ས་ཆའི་གཙོད་སྐྱུར་དང་། གསེར་སེལ་གྱི་སྲང་གྲངས་སྟོང་ཆེན་གྱི་སྒྲིད་འཛལ་སོགས་སྐབས་དང་བསྟུན་པ་བྱེད་ཅིང་བུད་མེད་རྣམས་སོ་སོའི་སྟོང་ཁྲུངས་ལས་ལྷབ་ཀྱིས་ཆུང་བ་ཡིན་ནོ། །ཚལ་པའི་ཁྲིམས་ཡིག་ཏུ། སྐྱོ་འབོག་བསམ་མེད་བྱིས་པ་དུད་འགྲོ་ཡིས། །བསད་དང་རྨེན་གྱིས་ཤི་ལ་སྟོང་མི་དགོས། །ལྷ་རྗེའི་དཔྱད་ཉེས་ཤི་ལ་བསམ་པ་ཡི། །ནད་ལ་ཕན་དུ་རེ་བ་མ་གཏོགས་པ། །དེ་ལ་ཉེས་པའི་སྐྱོན་མེད་བཀའ་དྲིན་འཁུར། །ཞེས་པ་ལྟར་མི་སྨྱོ་འབོག་བསམ་མེད་དང་བྱིས་པ་ལོ་བརྒྱད་མན་གྱི་རྐྱེན་པ་རྣམས་ལ་དགེ་རྒོད་མ་གཏོགས་སྟོང་མི་དགོས། དུད་འགྲོ་བསམ་མེད་ཀྱིས་རྐྱེན་པ་ཡའང་དགེ་བའི་བཞི་བྲུར་སྒྲིད་པ་སོགས་དེང་སང་གི་བར་ལ་དར་ཞིང་།དེ་སྟ་མི་བསད་དཀྲུས་མ་རྣམས་ལ་ད་ལྟའི་རྒྱལ་ཁྲིམས་བཙན་པོ་འདི་མེད་པར། སྨེར་དཔོན་བདག

པ་ཚན་མག་པ་སྟེ་དཔུང་ཤེད་ཆེ་ཆུང་གིས་མི་བདག་ཤེད་ཆེན་རོ་ཐོ་སྐྱེལ་བ་ཟེར། རོ་ས་ཞིང་ཐོག་ཏུ་བསྐྱལ་ནས་གཅོད་པ་དང་། མི་ཤི་དམག་བསགས་ནས་དམག་སློག་ལེན་པ་དང་། ཡུགས་བཟས་དུས་དྲན་དུ་ངུ་བ་ལ་གདན་གོས་སྐྱེལ་བ་དང་། ཁྲི་ཕྲུག་ཡོད་ན་མགོ་ཐག་མ་ཆོད་པར་རྒྱུགས་སྐྱེལ་དགོས་སོགས། དེ་སྟའི་ཁྲ་མ་རྣམས་སུ་རོ་བདག་གི་རྒྱུགས། ཕན་ཚན་གྱི་དམག་སློག དྭ་ཕྲུག་གི་རྒྱུགས་ཁྱེ། ཡུགས་བཟའི་མཆི་འཁྱིས་བྲང་གདན་སོགས་ལ་བྲང་གྲངས་འདི་ཞེས་མི་བདག་ཐློ་ཁ་རྫོགས་ཐབས་མཛད་འདུག་པ་རྣམས་ལ་དགོངས་ནས་དེང་སང་སྙིང་གནོན་སྲུང་ཆེན་གྱི་གཅོད་རྒྱ་གནང་བ་འདི་ཡིན་ཞིང་། ཡང་དེ་སྟ་ལག་དམར་ཤེད་ཆེན་རོ་བབས་གཏོང་བ་ཞེས་རོ་ལ་མལ་གདན་བསྐྱལ། རྟ་ནོར་འདོགས་གང་ཐུབ་བྱས་ནས་སྟོང་ཡུག་གཅོད་དུ་འགྲོ་བ་དང་དངོས་པོ་ལ་འདབ་གཅོད་པ་དང་སྟོང་ལ་ཞུ་ངོ་སྒྲོན་འཛུག་པ་སོགས་ལག་དམར་གྱི་ཆག་ལ་དགོངས་ནས་ཁྲ་མ་སྙིང་པའི་ཚིག་རིས་སུ་གོང་མ་ཆེ་བཙུན་གྱི་སྐུ་ངོ། བསྟན་པ་སྤྱིའི་ཆག་ལག་དམར་འབབ་ཤེས་ཀྱི་རོ་བབས་སོགས་ལ། རོ་སྟོང་སྟེང་ནས་སྲུང་འདི་ཆག་ཟེར་བ་ལ་དགོངས། དེང་སང་དགྲ་ཕུད་ཀྱི་ཆག་གནང་བ་ཡིན་ཞིང་། དོན་དུ་སྟོང་ལ་སྤྱོམ་ཆུང་ན་ཁྱིམ་འདོམས་མིག་ལྟོས་ལ་གནོད་རྫོགས་པ་དང་། ཧ་ཅང་འགེལ་ཆེས་ལག་དམར་གྱིས་མ་ཐེག་པར་ཡུལ་དོན་ཁ་མཆུ་ཡ་མེད་དུ་སོང་ན། མི་ཤ་གཏེ་ལེན་གྱི་མ་བདེ་བའི་རྒྱུར་སོང་རྫོགས་ལ་དགོངས་ནས། གཉིས་འཛག་ཚིག་གི་སྒྲ་ནས་ཐློ་ཁ་འཁྲིད་དེ། མི་བདག་

ལ་སྙིང་གཙོན་སྲང་ཆེན་གྱི་འཕར། ལག་དམར་ལ་དགྲ་ཕུད་ཀྱི་ཆག་སོགས་
གནང་བ་འདི་ཡིན་ཞིང་། དེ་སྟ་ལག་དམར་གྱི་བབས་བརྟེན་དང་། དེང་
སང་བབས་བརྟེན་ལ་ཆད་པ་སྲང་གསུམ་དང་། ཐེལ་གདན་ལ་ཕན་ཚུན་
གཉིས་ཐད་ནས་སྐུ་རྒྱལ་འབུལ་དགོས་པ་ཡིན་ཞིང་། དེ་སྟ་སྒྲིད་འཇལ་གྱི་
སྐབས་ཀྱང་སྟོང་དཀར་དང་སྟོང་ཁྲ་སྟོང་ནག་གསུམ། འཇལ་ལ་སྨར་དང་
ཁྲ་དང་ཟྭང་དང་གསུམ། སྨར་ལ་སྨར་དང་སྨར་རི་ཟེར་གསུམ། ཁྲ་ལ་ཁྲ་
དང་ཁྲ་ཆགས། ཟྭང་ལ་ཟྭང་དང་ཟྭང་ནག ཟྭང་ནག་གི་ཐད་གཙོད་ཟེར་
བའི་རྣམ་གྲངས་མང་བར་འདུག་པའི་སྟོང་དཀར་ཞེས་ལྡི་བ། སྟོང་ཁྲ་
འཕྲིང་བ། སྟོང་ནག་ཅེས་ཤིན་ཏུ་ཡང་བའི་ཐ་སྙད་དུ་བྱས་ནས། སྟོང་
དཀར་གྱི་སྐབས་སྨར་དང་། སྨར་རི་ཞེས་པའི་སྨར་ལ་གསེར་དངུལ། ཇ་
ནག་རྩེ། ནས་འབྲས་གཙང་སོགས་དངོས་པོ་སྣེག་ཐུབ་ཇམས་ཆེ་བ་ལ་ཆ་
བཞག་པ། སྨར་རི་ཟེར་བ་དེ་ལས་ཅུང་ལོད་པ། ནས་ཤོར་ཐུབ་ལེན་ཐུབ།
ཇ་ཛ་ཏང་། གོས་སྣམ་ཐེར་ཕྲུག སྟོང་ཁྲའི་སྐབས་ཁྲ་དང་ཁྲ་ཆགས་ཞེས།
ཁྲ་ལ་འབྲུ་པད་སྲན་ནོར་བཀོལ་འཕེར། གོས་བབ་ཚོང་སྣམ། ཁྲ་ཆགས་
ལ་འབྲུ་སྐམ་སྤང་བསྲེས་ཤ་རིན་ལོ་བ་དང་དུད་འགྲོ་ཤ་འཕེར། རས་ཆ།
ཤ་ཆ། ལུག་ཐད་ཀོ། སྟོང་ནག་གི་སྐབས་ཟྭང་དང་ཟྭང་ནག་ལ་ཟྭང་ཞེས་
པ་ཤོག་བུ་རེ་རློམ། ཏ་ཕོང་རི་མེད། འབྲུ་སྤང་བསྲེས་པ། ཕོང་གུག་ཟར་
བུ། གོས་གཟན་ཟད་སོ། སྣམ་བུ་ཟྭང་བྱང་། ཟྭང་ནག་ལ་འབྲུ་བཀྲབ་
བདུན། དགྲ་མདའ་དཀྱུས་ལོངས། ཕོར་སྡེར་གོག་པོ། འབའ་ཆ་སྤང་

སྐམ། ཟྲོང་ནག་གི་ཐད་གཅོད་ཅེས་པ་སྲིད་འཛལ་གྱི་མཇུག་ཏུ་ཤོག་བུ་དུམ་པ་དང་ཐོང་གུག་ལ་སྲང་དོ་རེ། སྣ་གོག་དོང་གོག་ལ་ཞོ་རེ། མདོར་ན་རྗེ་བུག་པ་ཕུག་པ་དང་ཧྲ་རྐན་པོང་རྐན་ཁྲིམས་རའི་ཐེམས་པ་འགེམས་ཐུབ་ཙམ་རེ་ཡང་འཆར་ཆེན་དུ་གཅོད་ཀྱི་འདུག་ཅིང་། དེ་ལས་ཀྱང་ཕོད་པར་སྟོང་གཞུག་ལྷུང་ཁྱེར་ཟེར། མི་སྤྲང་པོ་གཅིག་གི་ངོ་ལ་ཡང་སྲང་གྲངས་ཞོ་གྲངས་གཅོད་པ་བྱུང་འདུག་པས་འདི་ཡང་དགོངས་པ་སྟོན་གྱི་མི་ཚད་ལྡན་རྣམས་ཀྱིས་མི་བདག་ལག་དམར་ཆག་ཆེ་ཆུང་ལ་དཔགས་པ་དང་། ནག་ཆེན་གྱི་སྟོང་མིང་བཏགས་པ་ཙམ་ལ་མིང་འདོགས་ཀྱི་སྣ་ནས་ཐབས་ལ་མཁས་པར་མཛད་པ་ཡིན་འདུག་ཀྱང་། ཁྲིམས་འཆལ་བ་ཤིན་ཏུ་ཟྲོང་བ་ལ་སྟོང་སྲིད་སྲིད་ཟེར་ཁ་དཔེར་བྱས་ནས་སྟོང་ལ་ཟྲོལ་ཟྲོག་གང་འགྲོ་བྱེད་པ་ཞིག་བར་དུ་དར་འདུག་ཀྱང་། ཆོས་ཀྱི་རྒྱལ་པོ་ཆེན་པོ་འདི་ཉིད་ལ་བཀའ་ཁྲིམས་ལ། མི་ཤེད་ཆེ་ཆུང་གི་མི་སྟའི་དམག་གསོག་རོ་བབས་རོ་ཐོ་སོགས་ཀྱི་མི་དཔུང་རྗེ་སྲིང་བྱེད་པ་མི་འདུག་ཅིང་བྱས་པར་ཤར་ཀྱང་སྟོང་ལ་འཆར་ཆེན་ལས་སྲིད་པ་མི་སྣང་ཞིང་། མི་ཤེས་བྱས་པར་ཚད་འཕར་གྱི་བཟ་འདེད། མི་ལ་རབ་འབྲིང་ཐ་གསུམ་དུ་བྱས། རབ་ཀྱི་རབ། རབ་ཀྱི་འབྲིང་། རབ་ཀྱི་ཐ། འབྲིང་ཐ་གཉིས་ལ་ཡང་དེ་དང་འདྲ་བའི་རབ་ཀྱི་རབ་ནི། ཁྲིམས་ཡིག་རྙིང་པའི་ལོ་རྒྱུས་ལྟར་དཔའ་བོ་སྟག་གི་ཞལ་ལྷེའི་སྐབས་ཡིན་ཞིང་། རབ་ཀྱི་འབྲིང་རྫོང་བདག་གཡོག་སུམ་བརྒྱ་ཡན་གྱི་དཔོན་རིགས། གཞུང་གི་རྫོང་གཉེར་ལས་ཚན། ཆོས་སྡེའི་མཁན

པོ་སོགས་ལ་སྟོང་སྲང་བཞི་བརྒྱ་དང་སུམ་བརྒྱ། རབ་ཀྱི་ཐ་མ་ནི་གྲྭ་ཚང་གི་བླ་མ། དགེ་འདུན་བསྙེན་རྫོགས་པ། གཞུང་གི་དྲུང་འཁོར། གཡོག་བརྒྱ་ཡོངས་ཀྱི་དཔོན་རིགས་ལ་སྟོང་སྲང་ཉིས་བརྒྱ། འབྲིང་གི་རབ་ནི་རྟ་པ་དྲུང་འཁོར་ལ་གཏོགས་ཙམ་དང་། གྲྭ་ཚང་ཆོས་སྡེའི་ལས་ཚན་ཆོས་ཁྲིམས་སོགས་ལ་སྟོང་སྲང་བརྒྱ་དང་བཞི་བཅུ་ལྔ་བཅུ་གང་རུང་། གཟིམ་ཆུང་པ་དང་། གྲྭ་པ་བགྲེས་རིམ། རྟ་ཆུང་དཔོན་ཆུང་རྣམས་ལ་སྟོང་སྲང་བརྒྱད་ཅུ། འབྲིང་གི་འབྲིང་ནི་གཞུང་གི་བཟའ་པ་མདའ་བདག་སྐྱེལ་བསྡུས་དང་། གྲྭ་ས་ཆུང་བའི་གྲྭ་པ་ལ་སྟོང་སྲང་དྲུག་ཅུ་བདུན་ཅུ་ལྔ་བཅུ་གང་རིགས། འབྲིང་གི་ཐ་མ་ནི་སྐེར་པ་གཟུགས་བརྩོན་གྱི་རིགས་ཡིན་ཏེ། སྟོང་སྲང་བཞི་བཅུ་སུམ་ཅུ་གང་རིགས། ཐ་མའི་རབ་ནི་ཕོ་རེངས་ཁྱུངས་མེད་དང་། གཞུང་གི་གཉེར་ཚང་ཕྱུག་གཡོག་ཤན་པ་རྣམས་ལ་སྟོང་སྲང་སུམ་ཅུ། ཐ་མའི་འབྲིང་ནི་ས་འཛིན་གྱི་མགར་ཤན་ལྷོགས་ཐྲང་རྣམས་ལ་སྟོང་སྲང་ཉི་ཤུ། ཐ་མའི་ཐ་མ་ནི་ཁྲིམས་ཡིག་རྙིང་པར་ཡང་ཡ་ཐོ་མགར་བ་ཤན་པ་གསུམ་གང་བསད་ཀྱང་སྟོང་ལ་དྲེས་ཐག་གཅིག་ཟེར་བ་ལྟར་འཁྲུམས་པོའི་མགར་ཤན་ཡ་སློང་རྣམས་ལ་སྟོང་སྲང་བཅུ་ནས་བཅོ་ལྔའི་བར་དང་། ཡང་སྙིང་རྗེར་དགོངས་ནས་ཉི་ཤུ་ཙམ་ཡང་གནང་བའི་སྲོལ་འདུག་ཅིང་། རབ་འབྲིང་ཐ་གསུམ་གྱི་སྲང་གི་སྟོང་ཐང་དེ་ལ། དེ་སྔའི་ཁྲིམས་ཡིག་དང་གཏམ་རྒྱུད་རྙིང་པའི་བབས་ཐོབ་ཀྱི་སྲོལ་རྒྱུན་རྣམས་ཀྱང་བསྡུ་བར་གནང་བའི་དེ་སྔའི་གོང་མ་ཆེ་བཙུན་རྣམས་ཀྱིས་ཞུ་ངོ་སྒྲོན།

བསྟན་པ་སྤྱི་ཆག་རོ་བབས་སོགས་ལག་དམར་གྱི་ཆག་ལ་དཀྲ་ཕུད་སྟོང་སྲུང་རེའི་ས་ནས་བཅུ་བྲུར་གྱི་ཆག་དང་། དེ་སྟའི་མི་བདག་རྒྱལ་གྱི་ཡུགས་བཟའི་མཆི་ཕྱིས་བྲང་གདན། ད྄་ཕྲུག་རྒྱུགས་ཕྱི། ཕ་ཚན་མག་པའི་དམག་སྐྱུག་སོགས་མི་བདག་གི་སློ་ཁ་རྫོགས་ཐབས་ལ་སྙིང་གཏོན་སྲུང་ཆེན་སྟོང་སྲུང་སྟེང་ནས་གཉིས་སྐྱེས་ཀྱི་འཕར་དང་སྟོང་ཟེང་ནག་ཐད་གཙོད་ནས་ཀྱང་ཆ་ཤས་པ་ལ་སྲུང་ཞོ་འབེབས་དང་། དགེ་བ་སྟོང་སྲུང་རེའི་སར་དགེ་ནས་ཁལ་རེ། དགེ་ནས་སྟོང་སྟེང་ནས་ཕན་པ་དང་མི་ཕན་པ། ཞོ་ཞོ་ཆེན་དུ་འཛོག་པ་དང་སྨར་ཞོ་ཁྲ་ཞོ་ཟེང་ཞོར་འཕྱེད་པའི་དབྱེ་བ་གནང་ནས་ཞལ་ངོ་གོང་མའི་སྐབས་སུ་ཁྲིམས་བྲི་ཁྲིམས་སྲུང་མཁར་རུ་སྐྱེར་ཁ་བཞེས་པ་གནང་། བྲི་ཚད་ཀྱི་ཡུལ་ཞོ་ཁལ་བརྒྱད་མར་འདུག་པ། བྲི་ཁྱད་ཕོངས་བརྩི་བར་གནང་ནས་མཁར་རུའི་དྲུག་ཞོ་གནང་། སྤྱིར་གྱི་ཞོ་བདག་མཐོ་དམན་ཡུལ་ཕྱོགས་མི་གཅིག་པ་ན་བྲི་ཆེ་ཆུང་གི་ཁྱད་ཀྱིས་བྲི་ཆེ་བ་རྣམས་སུ་ཁལ་གཉིས་ལ་ཞོ་རེ་ཕྱེད་པ་འང་འདུག་ཅིང་ཞོའི་ཚད་འཛོག་པའི་འདི་ཆེ་རྒྱབ་མཛོ་དྲེའུ་ནོན་པ་ལ་ཞོ་བཟང་བ་དང་། འབྲི་སླང་གཡག་ཐོང་བུའི་རྒྱབ་ནོན་ལ་ཞོ་འབྲིང་བ་དང་ཆུང་རྒྱབ་ཐོང་མོ་སླང་ཆུང་ཞོ་ངན་པར་ཕྱེད་འདུག་པ། སྟོན་ཆོས་རྒྱལ་མེས་དབོན་གྱིས་ཁྲིམས་བཅས་པའི་ཁྲ་མ་སྟོང་འགྱུར་གྱི་གསེར་བྲེ་གཏན་འབེབས་མཛད། གསེར་བྲེ་ཚད་མ་ལ་བཞི་ཞོ་ད་ལྟའང་སྐྱིད་ཤོད་ན་དར་གྱི་འདུག་པ། རྒྱབ་ཚད་དང་གསེར་བྲེའི་ཞོ་ཐག་སོགས་ནས་བརྩིས་ན་མཁར་རུའི་འབོའི་དྲུག་ཞོ་འདི་ཡུལ་ཐམས་ཅད་དུ་

ཚད་མར་ཤེས་བཞིན་ཡང་དེང་སང་མཁར་རུའི་བརྒྱུད་ཞོ་གནང་བ་ཞིག་འདུག་པ། དུས་ཀྱི་མི་འདི་པ་རྣམས་མ་རུང་དུ་སོང་བའི་ཁྲིམས་ཀྱང་ནོན་ཆེས་ཆེར་མ་གནང་ན་མ་འོངས་པར་ཁྲིམས་འཆལ་རྙོགས་ཀྱི་དགོངས་པ་ཅན་དུ་འདུག་པ། དཔོན་ཁྲིམས་ལ་མཁས་ཟེར་བའི་དཔེ་ལྟར་དགོངས་བཞེད་སོ་སོ་དང་བསྟུན། དཔེར་ན་ཟ་པ་སྟོང་འཁྲིད་ཞིག་བྱུར་ཆགས་ཐུག་ནས་སྐྱོན་རྩ་ནག་ཆེ་ཆུང་མེད་པ་ཞིག་ལ། མི་འདི་ལ་འདི་ཞེས་པ་རྐྱེན་ལམ་དུ་བཏང་འདུག་པ། ཚད་འདེད་གྲུབ་ན་དྲན་འཛིན་ཕྱུགས་སྐྱང་སོགས་གྲུབ་པ་དེ་ཡིན་ཞིང་། ད་སྔོས་དགེ་སྟོང་གི་འཇལ་སྤྲོད་ཀྱི་སྤང་བླང་དགོས་རྒྱུ་འདས་པོར་སྟོང་ཐོན་གསུམ་སྲང་དྲུག་ཟུ། དགེ་ནས་ཁལ་དྲུག་ཟུ། དགེ་མར་ཁལ་དྲུག སྙིང་གཙོན་སྲང་ཆེན་གསུམ་རྣམས་དགོས་པའི་ཐོག་ནས་དགྲ་ཤུད་སྲང་དྲུག་བཅག སྟོང་སྲང་དགྲ་ཤུད་ཞོ་འབེབས་དང་། ཁྲི་མཁར་རུ་ལ་ཚ་བཞག གྲུས་ཀ་ཐུ་གསུམ། ཞོ་ཐག་ཁྲག་ཐོག་ཏུ་ཕབ་པའི་བཞི་ཞོ། རྩིས་སྤྲོད་དུས་ཐོག་མཐའ་བར་གསུམ་གྱི་དུས་ཚེས་མི་སྣའི་སྔོ་གསལ་བྱུས་པ་ལྟར་གྱི་སོ་སོ་ནས་སྐུ་རྒྱལ་བཀྲ་ཤིས་ཁ་བཏགས་བཟང་དཀར་རྩ་རིང་། ཇ་རྫ་ཧང་བར་བསྡུམས། སྨན་རྩེ་ཁ་བཅུ་གཉིས་ཡུག་སོགས་ལྷ་ཚན་བདུན་ཚན་གང་འོས་བསྒྲུབ་བླངས་བགྱིས་ཤིང་། བབས་སྒྱུག་བཞི་ཟུར་རི་འགྲོས། མི་སྣའི་ཚོགས་ཆས་ཇ་སྦྱོར་གསུམ་སྟེར་བཅས། དཀར་ཤ་ཁོག ཚག་ལག ཆང་ཚོད་བཞི། རྩམ་པ་ཁལ་དྲུག་གསུང་བ་དང་། དེ་ཕྱིན་རྩ་བ་འདིར་བརྟེན་གྱི་མི་ཤ་གཏེས་ལེན་དུས་འགྲུངས་ཕྱི་འཕྲུལ་བྱུས་

པར་ཤར་ན། འབའ་འདི་ཞེས་གསུང་བའི་བཀའ་ཐོག་གིས་བསྟན་པའི་སྒྲིད་འཇལ་ལ་སྙིང་གཏོན་སྲང་ཆེན་ཞེས་པའི་སྲང་ཆེ་བའི་ཐ་སྙད་ནི་སྨར་ཞོའི་ནས་ཞོ་བརྒྱད་ལ་སྲང་ཆེན་རེ་བྱས་པའི་འདི་ལ་སྨར་ཁྲ་ཆ་ཕྱེད་དུ་སྒྲིད་དགོས་པ་དང་། དགེ་ནས་དང་དགེ་མར་སྨར་རང་གི་ནས་ངོས་མར་ངོས་སུ་སྒྲིད། སྟོང་སྲང་རེ་བྱས་ཀྱང་ལག་ཡོད་ཞོ་རེར་ཕབ། སྨར་དྲུག་ཞོ། ཁྲ་བཞི་ཞོ། ཟིང་ཉིས་ཞོ་ཡིན་པར་ལག་ཡོད་བཞི་ཞོ། ཉག་གཅིག་བྱས་པའི་ཡས་བསྡུས་མས་བསྟན་འགྲིག་འགྲོ་ཞིང་། བཞི་ཞོར་ཕབ་རྩིས། རིན་རྒྱུག་ལུང་པའི་དགུ་ཐག་གི་རི་ཁུངས་རང་བྱས་པས་འཐུས་པ་དང་། ཡང་ཐོན་གསུམ་ནས་སྨར་ནས་ཟིང་ལ་ཕབ་ན་ལྷབ་གཅོད། ཟིང་ནས་སྨར་ལ་སླེབས་ན་ཕྱེ་ཆག ཁྲ་ལ་ཡས་མས་ནས་ཐུལ་དགུའི་འགྲོས་རྩིས། ཡང་བརྒྱད་ཞོ་ལ་ནི་གོང་དང་འདྲ་ཞིང་། རྐྱེན་རྩ་འཆི་མཁན་ནག་ཆེ་བ་ཡོད་ན་འདས་པོ་ཚེ་ཚད་ཀྱིས་གཏུགས་པའི་དེ་བཞིན་བྱས་འདུག་ཀྱང་། རྨས་འོག་ནས་གཤགས་དང་རོ་འོག་ནས་རྨས་ཡིན་པས་གསུང་ཚིག་རིགས་གཞན་མ་གོང་དང་འདྲ་བ་ལ་དགེ་བ་དགེ་ཐོག་ཏུ་ཕན་ན་སྟོང་སྟེང་ལྷབ་བརྩིས། མ་ཕན་ན་ངོ་བོ་རྩིས་ལ་ཐོངས་ཕེབས་བྱུང་ན་དགེ་བ་དགེ་ཐོག་ཏུ་ཕན་མ་ཕན་ལ་འཛིན་ཕྱོགས་ཡོང་བས་བཞི་བཅུ་ཞེ་དགུ་ཡན་ལ་སྲིད་ན་དགེ་ཐོག་ཏུ་ཕན་པར་ཆ་བཞག་ནས་ཞེ་དགུའི་ཐོག་ཏུ་དགེ་བ་སོང་འདུག་ན་དགེ་བ་གང་སོང་ཐོན་གསུམ་གྱི་ཐོག་ལྷབ་བརྩིས་ནས་ཁྲ་ཞོར་ཕབ་པ་དང་། དགེ་བ་དགེ་ཐོག་ཏུ་མ་ཕན་ན་ཞོ་ཞོ་ཆེན་དུ་བཞག་ནས་རིན་དགུ་ཐག་ཏུ་བཙས་

པས་དོན་དུ་དགེ་བའི་ངོ་བོ་དེ་སྟོང་སྟེང་འགྲོ་བར་བྱེད་པ་དང་། ཡང་བྱུར་ཆགས་ནག་ཆེ་ཆུང་མེད་པ་ལ། དགེ་བ་དགེ་ཐོག་ཏུ་ཕན་ན་ངོ་བོ་རྫིས་ལ་ཐོངས་ཕེབས་པར་འདུག་ནའང་དགེ་བ་གང་སྲིད་སྟོང་སྟེང་ཐོན་གསུམ་དུ་ཕང་། ཉི་མལ་ཉི་ཆེན་དུ་བཞག རིན་དགུ་ཐག་རྫིས་པས། དོན་དུ་སྟོང་དགེ་བ་སོ་སོར་སྤྲོད་དགོས་པས། མིང་འདོགས་ཀྱི་མི་བདག ལག་དམར་གྱི་རློ་ཁྲིད་ཕྱུགས་སམ་སྤྲོལ་རྒྱུན་གྱི་ཁྱད་པར་ཡིན་འདུག་ཅིང་། ཡང་ནག་ཆེ་ཆུང་ལ་མཛད་པ་ཞིག་ཀྱང་འདུག སྤྲོད་འཛལ་རྣམས་ཚར་བསྟུན་མི་སྣས་བཀའ་ཁྲའི་རྒྱབ་ལ་ཆོད་ཡིག་གིས་འདོམས་དགོས་ཏེ་མདུན་གྱི་བཀའ་ཁྲ་འདི་ནང་གི་སྤྲོད་འཛལ་སྒྲུབ་བླངས་གཙང་མར་གྲུབ་པས་ད་ཕྱིན་ནས་ང་མིན་ཁོ་མིན་སོགས་རྙོག་མ་གཏིང་སློང་བྱས་པར་ཤར་ན་གསེར་སིལ་མའི་སྲང་འདི་སྒྲུབ་ཅེས་སོ་སོར་ཐེལ་ཙེ་བླངས། འདི་བཞིན་གྱི་མི་སྣ་ཆ་དཔང་འདི་བཞིན་གྱི་ཐེལ་ཙེ་ཞེས་འདོམས་དགོས་ཤིང་། ཡང་གཉེར་ཚང་རྫོང་དཔོན་ལྷ་བུས་ཁྲ་མ་འདྲ་གཉིས་སུ་བཏང་དོན། ཁྱེད་གཉིས་ལ་འཁོན་རྩ་ཆེར་མེད་པར་བྱུར་ཆགས་ཀྱིས་འདི་ཞེས་རྐྱེན་ལམ་དུ་བཏང་འདུག་པ་ཐོག་མར་ཁྲིམས་པ་གོང་གི་སྐུ་རྒྱལ་འདི་ཞེས་སྒྲུབ་པ་དང་། ལག་དམར་གྱི་ཁྲིམས་འདེགས་དྲན་འཛིན་སྨར་གསེར་ཕྱེད་མའི་སྲང་གསུམ་སྒྲུབ་བཞིན། དགེ་སྟོང་གི་སྤྲོད་འཛལ་སྤྱང་བླང་དགོས་པ་ཞེས་ཁྲིམས་སྤྲོལ་གང་ཡོད་གོང་ལྟར་བྱེད་ཅིང་། ཡང་བར་མི་བསམ་ཆེན་གྱིས་ནང་བསྡུམས་ལ་ཁྲིམས་ས་ནས་དགོངས་པ་ཞུས་པའི་རིགས་ལ། དཔེར་ན་ལོ་བླ་ཆོས་འདི་ཞེས་བྱུང་འདུག་

ཚུལ་སོགས་རྒྱ་མཚན་ཡང་ཕན་ཚུན་བློ་ཁ་རྫོགས་ཐབས་རགས་རིམ་བརྒྱབ་ནས་དེ་རྣམས་ཀྱི་གསུང་རིགས་སྦྱོང་བཤད་ཤོག་ཏུ་འཐུས་པར་ཞུས། སོ་སོའི་དོན་དགོང་བཞེས་གནང་དགོས་སམ་ཉམས་བཞེས་གནང་དགོས་ཐོག་མར་ཁྲིམས་སའི་ཞུ་འགོག་ཟེར་བྱས་ནས་སོ་སོ་ནས་མི་བསད་འཆར་ཆེན་གྱི་སྒྱུ་རྒྱལ་སྟོང་དུ་ཆད་འགྲོས་ཀྱི་ཕྱིད་ཙམ་ཤོང་ས་རྩིས་པའི་ཚན་གྲངས་འདི་ཞེས་ཁྲིམས་སར་འབུལ་བ་དང་དགེ་སྟོང་གི་སར་མི་བབ་ཁྲིམས་སྲོལ་གང་ཡོད་དང་། འདི་སྐབས་ལག་མར་གྱིས་མི་བདག་ལ་རྒྱལ་ཡུས་སྲུང་གསུམ་སྲིད་དགོས་ཤིང་། རོ་འོག་ཏུ་རྨས་ཟེར་ཡང་བར་གཟུ་འདི་ལ་འདས་པོས་ལག་ལ་རྨས་བཙོས་ན་རྨས་ཚབ་ཆེ་ཆུང་གི་རྨས་འཇལ་རྒྱལ་ཡུས་སྟེང་གཙོད་ཅིང་། ཚོག་འདྲ་མི་འདྲའི་གཤགས་པ་བདེན་ཡུས་འདི་སྐབས་ཀྱང་བྱེད་སྲོལ་མེད་ཅིང་། སྲིད་འཇལ་ནི་ཐག་རྣམས་ནི་ཁྲིམས་སྲོལ་གང་ཡོད་དགོས་པ་དང་། ཡང་ན་སྟུམ་གཙང་མའི་ཁྲིམས་སར་ཞུ་མ་ཐལ་བ་དང་། དགོངས་ལེན་མ་ཞུས་པར་ཡིན་ན་ཐོག་མར་ཉན་ཡིག་སླངས་ཏེ་དཔེར་ན་བར་པའི་མིང་བྱས་ཏེ། འདི་ཞེས་པ་ནང་པ་འམ་ནང་སོ་འམ། ངེད་དོ་བདག་འདི་ཞེས་ཕན་ཚུན་མཐུན་གྲུབ་ཀྱི་སྐན་ཡིག་ཕུལ་དོན། ད་ལམ་གྱི་ཀློས་སྐོར་འདི་ལ་ཆེ་གཙོད་ཆུང་གཙོད་ཅི་འདྲ་གནང་སོང་ཡང་རེ་འཁང་མདུན་བསྟན་ཕྱི་འགྲོས་ཆེ་སྐན་སྐྱུལ་བསྐྱོད་མི་བྱེད། བྱས་པར་ཤར་ན། ཁྲིམས་བདག་ཞབས་དྲུང་དུ་འབབ་གསེར་སྲུང་འདི་ཞེས་སྐྱབ་ཀྱི་གན་ཐེལ་དང་། སོ་སོའི་ཁག་ཁུར་བསྟུས་ཏེ། ཁྲ་མའི་ཚོག་རིས་དང་གཞན་མ་ཤོང་

དང་འདྲ་བ་ལ། འདི་སྐབས་སྐུ་རྒྱལ་འདི་ལུང་ཚན་གྱི་རྫོང་དཔོན་ནམ་སྐུ་ཚབ། ཡང་ཕོ་བྲང་འོག་ཏུ་ཡིན་ན་ཕྱག་མཛོད་དུ་འབུལ་ཞིང་། ལག་དམར་གྱིས་མི་བདག་ལ་རྒྱལ་ཡུས་སོགས་གོང་བཞིན་བྱས་ཏེ། ཚོད་ཡིག་གི་སྐབས་འབབ་སྡོམ་པོར་ཏེ་མནའ་འཛོག་པ་སོགས་ཇི་ལྟར་འོས་པ་བྱེད། བར་པ་བསམ་ཆེན་ལ་ཕྱོགས་ཕྱོགས་ཀྱིས་བར་པ་གཤགས་ཀྱི་དྲང་གདན་ཞིས་འདོད་པའི་ཕྱོགས་ཡུལ་དང་ལབ་རྒྱུ་དགོས་པ་འོང་ཡང་ཕྱོགས་ཕྱོགས་ནས་བཀུར་སྟི་ཞབས་ཏོག་བཀའ་དྲིན་གྱི་བསམ་ལུགས། ཁྲིམས་སར་ཐུག་ན་མི་སྣ་ཏོར་འདྲའི་འགྲོ་སྒོ་ནས་རྩིས་པ་སོ་སོ་ནས་བྱེད་དོ། །མི་བདག་མེད་རྐུན་བསད། ཇག་རྒྱ་འདྲེས་བསད་པ་ལ་ཁྲིམས་པ་མི་དཔོན་གཙོ་རྐན་གྱིས་མི་བདག་བྱས་པའི་ཆད་པ་མི་བསད་དཔེ་འགྲེ་དང་། སྟོང་དགེ་ཐོག་ཏུ་བསྒྲིལ་བའི་དགེ་འདུན་ངན་སློང་སོགས་ལ་དགེ་རྩར་འགྲོ་བ་བྱེད་དགོས་པའང་ཁྲིམས་ལུགས་སུ་འདུག་གོ། །

བཅུ་པ། རྨས་པ་ཁྲག་གི་ཞལ་ལྕེ་ནི། སྔར་གྱི་ཁྲིམས་ཡིག་སྙིང་པ་རྣམས་ལ། མི་རབ་ཁྲག་ལ་ཐེགས་ཞོ་དང་། མི་མཐའ་ཁྲག་ལ་ཐེགས་སེ་ཟེར་བ་གྲགས་འདུག་ནའང་། འདིར་མི་དོད་མི་མཉམ་པའི་འབངས་ཀྱི་གྱེན་ལོག་ལྷ་བུས་རྨས་པ་ལ་རྨས་ཚབས་ཆེ་ཆུང་ཡན་ལག་གི་སྟེང་དུ་རྩ་ར་གཅོད། དཔོན་གཡོག་གི་སར་དཔོན་པོས་ལག་ཐལ་བ་ལ། རྨས་པོར་ལྷ་རྫེ་སོགས་ངོ་ཚ་ལ་དཔགས་པའི་བདག་རྐྱེན་བྱེད་ལུགས་ཉེས་བྱས་ལ་དཔགས་པའི་བྱེད་པ་མ་གཏོགས་དཔོན་གཡོག་གི་གོ་རིམ་གྱིས་རྨས་འཇལ

གྱི་སྲོལ་མེད། ཕན་ཚུན་འདྲ་འོས་ཀྱི་སར་རྣམ་འགྲམས་ལ། སྤྱི་སོར་རྣ་འོག་ཏུ་གཤགས་དོར་ཟེར་བ་ཞིག་འདུག་ཀྱང་། དེས་ན་བདེན་མེད་དུ་འགྲོ་བར་འདུག་པས། འདིར་བདེན་པ་གཙོ་བོར་བྱས་ནས་མི་འོས་པའི་ལག་འཛོག་བྱས་པའི་རྐྱེན་མ་ཐེག་པའི་ཚུར་ལག་སློག་པའི་རྣམ་ལ། རྣ་གསོས་མ་གཏོགས་འཇལ་གཙོད་མི་དགོས། ཕན་ཚུན་གྱི་འདོན་སྟོན་མ་ལ་གྲི་ཚད་འོས་རིགས་དང་། མ་སྨྲམས་བདེན་རྫུན་ཆེད་འགྲོས་ཁྲིམས་ས་ནས་མངགས་པས་ཕན་ཚུན་རང་གི་སྐོར་ལ་ལུས་ཀྱི་གཉན་སར་གསོད་གྲི་རྒྱབ་ན་རྣམ་འཇལ་ཐོབ་ཐང་གི་སྟེང་དུ་གསོན་སྟོང་སྨར་གསེར་གྱི་སྲང་གང་ཕྱེད་སོགས་ཀྱི་འགྲོས་བདེན་འབྲེལ་དང་མཚུངས་པར་བྱེད། རྣམ་རང་གི་སྐོར་ལ་མི་དྲག་པའི་རིགས་ལ་གསོན་སྟོང་རྒྱལ་ཡུས་རྣམ་གསོས་ཁྲག་གདན་ཞེས་རྣམ་འཇལ་གསོན་པོའི་སྟོང་ནས་བཤད་པའི་བཞི་ཟུར་སོགས་ཆ་ཆེ་ཆུང་གི་འགྲོས་རྣམ་ཚབ་ཆེ་ཆུང་ལ་དཔགས་པའི་གཅོད་པ་དང་། རྣམ་གོས་ལ་གོས་གཟན་དགོས་པ་དང་། ཁྲག་གདན་ལ་ཕྱིང་པ་སྣམ་དཀར་སོགས་སྦྲིད་དགོས་པའི་རྒྱུན་འདུག་ཀྱང་། ཕྱིས་མི་དྲག་པའི་རྣམ་འགྲམས་ཆེར་མི་ཡོང་ཞིང་། བྱུང་ཡང་སྐབས་བབས་བདེན་འབྲེལ་དང་བསྟུན་པ་བྱེད། བཟའ་པ་འབྲིང་ལ་ཆ་བཞག་པའི་རྣམ་ལ་ཉེས་པ་ཆེ་ཆུང་བདེན་རྫུན་བཤེར་བའི་གཏན་ཚིགས་གཞིར་འཛོག་པ་སོགས་གོང་གི་གཞི་ནས་བླངས་པའི་ད་ལྟ་ཡོངས་སུ་གྲགས་པ་མེ་ཚོ་དྲས་སྲང་ཞེས་མེ་དུ་རྒྱབ་ལ་ཐོན་གསུམ་གྱི་ཚོ་རེ་དང་། དྲས་པ་ལ་ཡང་ཐོན་གསུམ་གྱི་སྲང་རེ་བྱེད་པ་ཞིག་འདུག་པ། སྤྱི་

ཙམ་དུ་དེ་ག་དགོས་པར་འདུག་ཅིང་། ཞིབ་པར་བཅད་ཀྱིས་དྲས་ཀྱང་ཚབས་ཆེ་ཆུང་ལ་དཔགས་པའི་སྲུང་གྲངས་མཐོ་དམན་བྱེད་དགོས་པ་དང་། རྨས་པ་ལ་ཡང་གཏིང་སྣད་ཆེ་བར་སྲུང་དོ་གསུམ། གཏིང་སྣད་མེད་པའི་རྨ་ཁ་སོར་བཞི་ལ་ཆ་བཞག་པར་སྲུང་དོ་གཅོད་དགོས་པ་སོགས་དེ་གའི་འགྲོས་ཀྱིས་ཤེས་པར་བྱེད་ཅིང་། གྲུམས་པ་ལ་རུས་པ་ཆེ་ཆུང་ལ་དཔགས་པའི་གསེར་དང་མཉམ་འདེགས་བྱེད་ཟེར་བ་ཞིག་འདུག་ཀྱང་། དེ་རང་རུང་ཞིག་ནད་པ་གུད་པར་འགྲོ་བསམ་པས་རུས་པ་སྲུན་མ་ཙམ་ལ་ཞོ་རེ་བྱེད། ཁྲག་འཆོར་ཆེ་བ་ལ་ཁྲག་གདན་སྣམ་ཡང་སྤྱིན་བུབས་སོགས་སྐབས་དང་བསྟུན་པ་བྱེད། དེ་གའི་ཐོག་ནས་བདེན་པ་རྨས་པོ་ལ་མེད་ན་རྨས་པོས་བདེན་ཡུས་ཚན་གྲངས་ལྔ་ཚན་སུམ་ཚན་ཙམ་གཏོང་མ་གཏོགས་འཇལ་ཐོག་ནས་མི་གཅོད། རྨས་མཉམ་བྱུང་ལ་དེ་གའི་ཕན་ཚུན་རྨས་འགྲམས་ཆེ་ཆུང་གི་འཇལ་གྱི་སྤྲོད་སྒོ་རྩེ་འཐབ། རྨས་པོ་ལ་རྒྱག་མིས་ཞག་བདུན་ཡོངས་སུ་རྫམ་ཁལ་གཅིག་ནས་དྲུག་གི་བར། ལུག་ཤ་སྟོད་སྨད་ནས་ཚགས་ཤ་སྟོད་སྨད་བར། མར་ཁལ་གཅིག ཆང་རྒྱུ་སོགས་རྨས་ཚབ་ཆེ་ཆུང་ལ་དཔག་པ་སྤྲོད་པ་དང་། ལྷ་རྗེ་ཚར་གཉིས་ཀྱི་བར་འཔོད་ཅིང་། དེ་གའི་རིང་སྟོ་ཆང་རྫོང་སོགས་ཀྱང་བབས་ཐོབ་ལྟར་བྱེད་དགོས་པ། རྨ་གསོས་མི་ལེན་པ་ཡང་ཁྲིམས་ལ་མི་བཏུབ་ཅིང་། རྒྱུག་མཁན་གྱིས་རྨས་པོར་ལྷ་རྗེ་སོགས་ལྟ་མེད་བྱས་ཀྱང་མི་བཏུབ་པས་ཁྲིམས་མཐུན་ལ་རྨས་གསོ་འདི་སྤྲོད་ལེན་དགོས། འཇལ་གཅོད་ཀྱི་སྐབས་རྨས་གསོས་དང་། ལྷ་རྗེའི་

ལྟ་རྫོང་སོགས་རྒྱས་འཇམ་ཐོག་ཏུ་ལྷུབ་གཙོད་དུ་བརྩི་བའི་ཁྲིམས་རྒྱུན་དུ་འདུག་པ་དང་། སོ་བཙག་སྐྲ་ཕྱི་བ་རྣམས་ལ་དང་པོའི་ཁྲིམས་ཡིག་རྙིང་པ་ན། སོ་རྟ་སྐྲ་ལུག་ཟེར་བ་འདུག་ཀྱང་དེ་ཕྱིས་མི་དར་ཞིང་སོ་བཙག་པ་ལ་གོང་གི་ཏུས་པའི་ཆ་འགྲོས་ལས་ཆ་ཆེ་ཙམ་བྱེད་པ་དང་། སྐྲ་ལན་བུའི་རྐང་གཉིས་གསུམ་ཙམ་ལ་ཞོ་རེ་གཙོད་པ་སོགས་སྐབས་དང་བསྟུན། དབང་པོའི་སྣ་མིག་སོགས་དང་ཡན་ལག་ཉིང་ལག་སོགས་སྐྱོན་ཅན་དུ་བཏང་ན། མི་དེ་གའི་ཁུངས་སྟོང་གི་ཐོབ་ཆ་ནས་བརྩིས་པའི་བཞི་བྱར། གསུམ་བྱར། ལྔ་བྱར། སྐྱེར་དབང་པོ་ཡན་ལག་སྟང་ཆེ་ཆུང་ལ་དཔགས་པའི་གཙོད་རྒྱུ་བྱེད་དགོས་པ་ཡིན་ནོ།། །།

བཅུ་གཅིག་པ། བསྙོན་ཧམ་མནའ་དག་གི་ཞལ་ལྕེ་ནི། ཡིན་མིན་བསྙོན་བྱུང་བ་ལ་མནའ་ཡིས་འབྱེད་དགོས་ཤིང་། མནའ་ཞེས་རང་ལུས་གདོང་གི་དྲང་པོར་གནས་པ་ལ་སྔ་ཡོད་པས་དཔེ་དེར་བཞག་ནས་མནའ་ཞེས་ཀྱང་ཡིན་ཞིང་། ངོ་བོ་ཡེ་ཤེས་ཀྱི་སྤྱན་དང་ལྡན་པ་རྣམས་དང་། རྫུ་འཕྲུལ་ཟག་བཅས་ཀྱི་མངོན་ཤེས་ཡོད་པའི་སྲུང་མ་དཔང་དུ་བཙུགས་ནས་བདེན་རྫུན་འབྱེད་དགོས་པ་འདི་ལ་མནའ་མི་བསྒྱུ་སྐབས་ཁྲིམས་ཡིག་རྙིང་པ་རྣམས་སུ། གསེར་བྱ་ངང་པ་རྙེ་ལ་མ་འཛོན། དུག་སྦྲུལ་ནག་པོ་མཐུར་ལ་མ་རྒྱུགས། ཕོ་རོག་ནག་པོ་ལ་རྗེ་མ་རྒྱུགས། ཁྱི་མོ་ཚང་མར་དབྱུག་པ་མ་འཕུར། གཡུ་ཚང་དྲུག་དམར་སྟར་ལ་མ་རྒྱུ། ཟེར་བར་འདུག་པས། གསེར་བྱ་ངང་པའི་དོན་ནི་བླ་མ་དགེ་བཤེས་ཡུལ་གཞན་པ་དང་། བཙུན་

པ་མཐའ་ཡི་ཡུལ་མིན་པས་མཐའ་མེར་མི་བསྡུ། དུག་སྦྲུལ་ནག་པོ་ནི་སྡིགས་པ་ནུས་པ་ཅན་གྱིས་ཐབས་རྟེན་འབྲེལ་གྱི་སྒོ་ནས་མཐའ་ཡི་ཉེས་པ་སེལ་ནུས་པས་མཐའ་མེར་མི་བསྡུ། ཕོ་རོག་ནག་པོ་ནི་མི་ལྟོགས་ཧྲལ་རང་འདོད་ཅན་ལྟོ་གོས་དང་རང་འདོད་ཀྱི་ཉེས་པ་དོར་ནས་མཐའ་ཟ་བས་མཐའ་མེར་མི་བསྡུ། ཁྱི་མོ་ཚང་མ་ནི་རང་གི་མཛའ་པོ་དང་སྲུ་གུའི་ཆེད་དུ་མཐའ་ཟ་བས་མཐའ་མེར་མི་བསྡུ། གཡུ་ཆུང་དྲུག་དམར་ནི། བྱིས་པ་རྣམ་དབྱེ་མི་ཚོད་པ་དང་སློན་ཕྱུགས་རྣམས་ཀྱི་མཐའི་ཉེས་པ་དང་སྤང་བླང་མི་གོ་བས་མཐའ་མེར་མི་བསྡུ། མཐའ་མི་ལག་འདོགས་ཀྱི་འོས་ཅི་འདྲ་ཞིག་དགོས་ན་མི་དོན་གཉིས་ཤེས་ཤིང་ཧ་གོ་བ། གཏན་ཚིགས་ཆེ་བ། དྲང་ཞིང་ཚད་པ། ལས་རྒྱུ་འབྲས་ལ་བརྩི་བ། བསྐྱེལ་བསྒྲག་ལ་དགྲ་ཡ་དང་ཁ་མཐུན་པ་ཞིག་དགོས་ཤིང་། དེ་ལྟར་མ་རྙེད་ན་མངོན་སུམ་དུ་བདེན་རྫུན་སྟོན་པའི་རྡོ་རྟུམ་ལྕུགས་འདམ་སྐྱོལ་ཆུ་ལ་སོགས་བྱེད་དགོས་ཤིང་། འདི་རྣམས་ལ་བདེན་པ་ཡོད་མེད་རི་ཚིག་རྟེན་འབྲེལ་ཆས་སོགས་གྱིས་ཐོན་མི་ཐོན་ཡོང་བ་སྟེ། བདེན་པ་གཙོ་བོར་ཡིན་ཀྱང་། རི་ཚིག་ཟུར་དུ་ཡོད་ཀྱང་མི་ཐོན་པ་ནི་བྱ་བ་ཆེ་ཆུང་གང་ལ་ཡང་བསམ་པ་ལ་ཤར་རི་ཟེར་བ་བཙུག་ན། མི་ནི་འགྱུ་བ་དང་སེམས་འདི་ལ་གང་ཡང་འཆར་བས། དཔེར་ན་དེས་རིགས་མཚོན་པའི་ཚིག་ཟུར་འཁྲོས་ཀྱིས་མཐའ་ལ་ཐོ་ཐོགས་པའི་རི་ཚིག་མི་འཇུག རྟེན་འབྲེལ་བདེན་པ་མེད་ཀྱང་ཐོན་པ་ནི་སྐྱུང་བ་ཟབ་མོ་མན་ངག་སོགས་དང་། མི་དྲན་གསལ་གྱིས་གཞན་པ་ཞིག་གི་ཐོད་

པ་མགོ་ཐོག་ཏུ་བཀབ་ནས། ཐོད་པ་འདི་ཡི་འོག་ཏུ་བྱ་བ་འདི་འདྲ་ཞིག་མི་བྱེད་ཟེར་བ་བསྐྱལ་ནས་ཐོད་པ་དེ་བོར་ན་དེའི་རྟེན་འབྲེལ་གྱིས་ཐོན་པར་འགྲོ་བ་སོགས་དཔེ་འགྲེ་བ་དང་། ཆས་ཀྱི་སྒོ་ནས་མནའི་ཉེས་པ་ནི། ལུས་གཅེར་བུར་བྱས། ཀོ་དམར་གདན་དུ་གཏིང་། ཁྲང་ལ་གྲོད་པ་ཁྲག་གིས་བཀང་ནས་ཞལ་ཞལ་ཡོང་བར་བྱས་པ་རྣམ་རྟོག་གི་རྗེས་སུ་འབྲངས་ནས་མནའི་ཉེས་པ་ཡོང་བ་སོགས་དེས་མཚུངས་ཤིང་། ཡང་མི་རྣམ་རྟོག་མེད་ཅིང་བདེན་པས་ཡུལ་པ་ཞིག་ཡོད་ན། གོང་གི་རྣམ་རྟོག་རྣམས་ཅི་ཡོད་ཀྱང་། སོ་རང་བདེན་པའི་ངོ་བོ་ལ་སེམས་རྩེ་གཅིག་ཏུ་གཏད་ནས་ཡེ་ཤེས་ཀྱི་ལྷ་ལ་བདེན་པ་བརྗོད་ན་ལྷ་དཔང་དུ་ཡེ་ཤེས་བཞུགས་པའི་གཟིགས་པས་བདེན་ཐོག་ཏུ་ཐོན་པ་ཡང་ཡོད་ནའང་། མི་བྱིངས་ཀྱི་རྣམ་རྟོག་མང་བ་དང་། རྣམ་རྟོག་གི་རྗེས་སུ་འཇུག་པས། དེས་ན་ཁྲིམས་པའམ་བར་པ་ཚད་མ་ཞིག་བྱེད་དགོས་ཏེ། དེ་ལ་ཐོག་མར་བསྙག་ཁྲ་ལྷ་དཔང་འདས་མ་འོངས་ད་ལྟ་དུས་གསུམ་གྱི་བདེན་རྫུན་གཟིགས་པར་ཡེ་ཤེས་ཀྱི་སྤྱན་དང་ལྡན་པ་ཞིག་དང་། དེ་གའི་རྗེས་སུ་གཙོད་ཅིང་ཡིན་མིན་གྱི་ཆད་པ་མྱུར་དུ་འབེབས་པར་འཇིག་རྟེན་གྱི་ལྷ་དྲག་རྩལ་ཆེ་བ་དང་། མནའ་སྐྱེལ་མཁན་རང་གི་ཕོ་ལྷ་སོགས་དཔང་དུ་བཙུགས་ནས་མནའ་བྱེད་ན་གསེར་སྐྱེམས་མནའ་ཆུ་སོགས་ཆས་བསྒྲིག་པ་དང་རྡོ་སྐུམ་འདམ་སྐྱོལ་ཆུ་ལག་སོགས་བྱེད་ན། ལྷ་ཡོལ། ལྷ་གདན་མགར་བའི་ཆས། རྡོ་གས་དང་ཚགས་གྲུམ་མེད་པ་ཟངས་སམ་ལྕུགས་སླང་དུ་སྐུམ་གཙང་མ་ལག་མགོ་ཙུབ་ཙམ། རྡེའུ་དཀར་

ནག་ཚོ་བརྟེགས་གི་ཡང་ལྡེ་མེད་པའི་མཐེབ་མགོ་ཙམ་གཉིས། ཡང་འདམ་སྐྱིལ་ཆུ་ལག་བྱེད་ན་ཁྲི་ཡི་ནང་དུ་འདམ་གར་སླ་ཚོ་ཙམ་ལག་མགོ་ནུབ་ཙམ་དང་ཡང་ཆུ་རྙོག་མ་ལ་རྫེའུ་མི་མཐོང་བ་ལག་ནུབ་ཙམ་བསྒྲིགས་ནས་དེ་རྣམས་རི་ཆེག་ལ་ཕན་ཚུན་བསྟུར་ཡང་བྱས། ཁྲིམས་པ་བར་པ་བྱིངས་སུ་ཉེ་འགྱུར་མེད་པར་བསྟད། རི་ཆེག་རྣམས་སོ་སོའི་འདོད་ཁ་དང་ཆེག་ཟུར་གྱི་ངན་གཡོར་མ་སོང་བ་ཁྲ་མར་བཀོད། ཐོག་མར་རི་ཆེག་དག་བཀྲུས་བྱེད་མི་ངོས་ཕུད་ཡོད་ན་དང་། ཡང་བསྐྱིལ་བསྣག་ལ་མ་འཚམ་ན་ཤོ་རྒྱག་བྱས་པའི་གོང་གི་ཁྲ་མའི་ཆེག་རིས་ལ་ཡོང་བ་ལྟར། ཐོབ་པས་མནའ་གཟུ་འདམ་པ་དང་། ཤོར་པོས་སྐྱིལ་བསྣག་འདམ་དགོས་པའི་ཤོ་ནང་དུ་གང་ཤར་གྱི་སྐྱིལ་མཁན་དེ་ལ། མི་སྣ་བར་པས་རི་ཆེག་ཚར་གསུམ་གྱི་བར་ལ་རྣ་བར་སོན་པ་དང་། སེམས་ཡུལ་དུ་ངེས་པ་བསྒྲགས་པ་དང་འབྲུ་རེ་གཉིས་ནས་སྤྱུང་བཤད་གཏོང་ཞིང་། དེ་ཐོན་པ་ཐག་གཅོད་བྱུང་ན། མནའ་ས་མགོན་ཁང་ངམ་གཞི་བདག་གཉན་ས་རྒྱལ་པོའི་དཀོར་ཁང་སོགས་སུ་ཁྲིད་ལ། སྐྲ་བསྒྲིལ་བ་དང་། གྲི་བསྲུང་བ། སྟོད་གོས་འཛོག་པ། ལུས་ཀྱི་སྟོད་གཅེར་བུར་བྱེད་པ་སོགས་མི་དྲག་ཞན་དང་དོན་འབྲས་འགངས་ཆེ་ཆུང་སོགས་སྐབས་དང་བསྟུན་པ་བྱེད་ཅིང་། མནའ་ས་ཆེ་ཆུང་གང་ལ་ཡང་ལག་འདོགས་ཀྱི་སྟོད་གོས་གྱི་བསྲུང་བ་འཛོག་པ་ལས་སྤྲོས་པའི་མནའ་ཆས་མི་དགོས། གསེར་སྐྱེམས་བཏང་བདེན་པ་བརྫར་ནས་བསྣག་ཁྲ་ཐེལ་ཙེ་པོ་རང་གི་མཆིལ་མས་བརྒྱབ་སྟེ་ལག་སྦྲེལ་དང་ལག་འདོགས་ཡོད་ན་ལག་

གདང་བྱས། ཡི་གེ་ཤེས་ན་རི་ཚོག་སྒྲིག་པ་དང་ཡི་གེ་མི་ཤེས་ན་རི་ཚོག་འདི་ནང་བཞིན་ཐོན་པ་དང་འགལ་བར་སོང་ན་འདི་ནང་གི་ཆད་པ་རྣམས་མངོན་སུམ་དུ་ཐོབ་ཅེས་རི་ཚེ་མགོ་ཐོག་ཏུ་ལེན། ཡང་རྡོ་བྱེད་ན་རི་ཚོག་གོང་གི་སྙེང་དུ་ད་ལམ་གྱི་རྡོ་བཀྲུས་འདི་བདེན་པ་གཏན་ཚིགས་ཀྱི་སྒོ་ནས་བླངས་པ་མ་གཏོགས། ཐབས་རྟེན་འབྲེལ་གྱི་སྒོ་ནས་བླངས་པ་ཡིན་རི་སྐྱར། རྡོ་ལེན་མཁན་རྗེ་སྤྲོད་ཡིན་ན་སོ་སོར་གོང་གི་ཆས་རྣམས་བསྒྲིགས་ནས་ཨ་ཏས་གསོལ་ཁ་བདེན་བཏར་བྱས། མགར་བས་ཐབ་ཁ་སོ་སོར་བཅས་ནས་རྡོ་མེ་ཐུབ་ཁང་ལྷ་བུར་རྡོ་ཆས་དགོས། ལྷ་ཁང་དུ་གསོལ་ཆས་རྫམ་པ་ཡུལ་བྲེ་ལྔ། དཀར་རྒྱན་ཞག་ལྔ། ལྷ་མགོན་ལ་སྨན་དར་རེ། དཀོན་གཉེར་ལ་གསོལ་བ་གསུམ། སྙེར་ཡོན་གསུམ་ཚན། རྡོར་ལེགས་ཀྱི་རྟེན་ལ་སྨན་དར། སྒྲོན་ཆས་ལྕུགས་གསར་ལྔ། དཀར་རྒྱན་སྤྱོར་གང་། གྱི་རི་ལྷ་པར་གསུམ་ཚར་རེ། རྡོ་ཁྲུང་དུ་གཞུང་ལ་བདུན་ཚར་རེ། མགར་བ་ལ་རྡོ་བརྟེགས་ཀྱི་ནས་ཁལ་གསུམ། སྤྱི་བྲག་ཀྲབ་སླང་། ཀྲབ་སྙེར། རྡོ་ལག་གི་རྐམ་པའམ་ལྕུགས་གཟར། པང་ཁེབས་ཀྱི་སླེའུ་སྣམ་ལྷུ་མ་གཅིག་མེ་ཡོལ། རས་ཡུགས་སྣེ་ཚང་། མེ་དར་དམར་པོ་མདའ་བཅས། མི་སྣར་རྡོ་རྒྱབ་སྲུང་གང་། ཚོགས་ཆས་ཞིབ་ཁལ་གཅིག མགར་བས་ཐབ་ཁ་སོ་སོར་བྱས་ནས་རྡོ་མེ་ཐུབ་མཛོག་མགོ་ཆེ་ཆུང་ཅམ་མེད་པར་བསྲེག རྡོ་ལེན་མིའི་ལག་པ་ཆུ་དང་འོ་མས་ལེགས་པར་བཀྲུས། ལག་པའི་རྨེན་པ་སོགས་ཕྱར་གྱི་སྐྱོན་ཉེང་རྣམས་ལ་སྣག་རྟགས་བརྒྱབ། རྡོ་སྐྲ་ཕྱིལ་མ་སོང་བར་

བསྲེགས་ནས་ཀྲབ་སླང་དུ་བཏོན་ནས་ངད་པ་ཡལ་མི་རོ་མེད་པར་ཀྲབ་སྟེར་དུ་བཏོན་ནས་གོང་བཞིན་བྱས་ཏེ་ལེན་མཁན་གཉིས་ཀྱི་ལག་པར་གཏད་ནས། གོམ་པ་གསུམ་མམ་བདུན་གྱི་བར་ལ་ལག་པ་གཉིས་སུ་ཕར་སྤྲིལ་ཚུར་སྤྲིལ་བྱས་ནས་གོམ་ཚད་སར་འཇོག རྡོ་མེ་ཐུབ་ཡིན་ངེས་ཐེངས་གསུམ་གྱི་བར་མེ་དཀྱིལ་དུ་འཐོར་ན་བདེན་པ་ཡོད་པས་ལེན་མི་དགོས་ཀྱང་ཟེར། དེ་ནས་ལག་པ་རས་ཀྱིས་གཏུམ། ཁྲིམས་སའི་མི་སྣའི་དམ་ཕྲུག་གིས་བསྣན། ཞག་གསུམ་མམ་བདུན་གྱི་བར་བཞག་སྟེ་རྡོ་ཁ་ཕྱེས་བས་ཐོན་པ་རྣམས་ལ་རྡོ་ལམ་ཞེས་ལག་པའི་གྲུང་ལ་སེར་ཐལ་ཙམ་རེ་ཡོང་ཞིང་། གཞན་ལ་སྐྱོན་མེད་དུ་འདུག་ན་གཙང་མར་ཐོན་པ་དང་། ཆུ་བུར་ཕྲན་མ་ཙམ་ཞིག་བྱུང་ན་ཕྲན་བུའི་སྐྱོན་ཡོད་པས་ཐོན་མ་ཐོན་ཕྱེད་མར་བྱེད། གསུམ་ཤར་ཚེ་མ་ཐོན་པར་འགྲོ། ཕྱིར་གྱི་སྐྱོན་སྣག་རྟགས་བརྒྱབས་པའི་སྐྱོན་ཉེང་པ་རྣམས་འདིར་མི་བརྩི་བ་སོགས་གཞིགས་པ་མ་འཆུག་པ་བྱས་ཏེ་བདེན་རྫུན་འབྱེད། ལྷ་ཡོལ་ལྷ་གདན་ཨ་ཡའི་ཟ་སྒོ་ཡིན། ཀྲབ་སྟེར་ཀྲབ་སྣང་མགར་བའི་ཟ་སྒོར་གཅོད། སྨྱུམ་བྱེད་པར་ཤར་ན་རི་ཆོག་གོང་དང་འདྲ་བ་ལ། ཆོག་གི་འདོན་ཆ་བསྒྱུར་བའི་གོང་བཞིན་ཞིབ་པར་བྱས་ནས་གཞུང་གི་དགོངས་ཚོམས་ཀྱི་དག་བཀྲུས་ལ། སྨྱུམ་དང་སྨྱུམ་སྟོད་གཉེར་ཚང་ནས་གནང་། རྩིས་སྤྲོད་ལ་སོ་སོར་རང་གིས་བསྒྲིགས་ཤིང་ཡང་ཡོ་གལ་གྱི་གཅིག་གིས་ལེན་ན། སྨྱུམ་སྟོད་སྤྲོད་མཁན་གྱི་བབས་ཐོབ་ཡིན་ཀྱང་། ངན་བྱེད་བྱུང་ཉོགས་པས་ལེན་མཁན་རང་གིས་བསྒྲིག་དགོས་པར་

འདུག་ཅིང་། དེའི་དོད་སྒྲོད་མཁན་གྱི་མི་སྣ་ལ་བབས་ཐོག་ཏུ་སྒྲོད་ལེན་སྐབས་ལེན་མིའི་ལག་པ་བཀྲུས། བསྐྱག་ཁྲ་སློག་ལུགས་ཐེའུ་རྒྱུག་པ་སོགས་གོང་བཞིན་བྱས་ཏེ། རྡེའུ་དཀར་ནག་སྒུམ་དཀྱིལ་དུ་བསྐྱུར། སྒུམ་བཀོལ་ཐག་ཚོད་པའི་ཚད་ནས་བསྐྱུར་ན་གས་འགྲོ་བར་ཆ་བཞག བསྐྱག་ཁྲ་མགོ་ཐོག་ཏུ་ཕྱིར། ལག་པས་དཀྲུགས་པས་རྡེའུ་གང་བྱུང་གཅིག་ལག་ཏུ་ཕྱིར། ཐོན་ངེས་ན་སྒུམ་འཛམ་ཞིང་དྭངས་ལ་རྡེའུ་དཀར་པོ་ལག་ཏུ་སྒྲོད་ཅིང་རྡེའུའི་ཤུལ་མ་གཏོགས་སྐྱོན་མི་ཡོང་། མི་ཐོན་ན་སྒུམ་ལུད་པ་དང་མེ་འབར་བ་སོགས་བྱེད་ཅིང་། དཀྲུགས་པས་རྡེའུ་ནག་པོ་ལག་ཏུ་སྒྲོད་པ་དང་ལག་པར་ཚ་བུར་བརྒྱབ་པ་དང་ཚིག་འགྲོ་བ་སོགས་མི་རུང་ཡོང་ཞིང་། ལག་པ་སྐྱོན་ཆུང་བྱུང་ཞིང་རྡེའུ་དཀར་པོ་སོན་ན། ཐོན་མི་ཐོན་ཆ་ཕྱེད་དུ་ཡོད་པའི་རྟགས་ཡིན་ཀྱང་པ་ཡང་རྒྱ་དར་ལས་འཛམ་པར་ཤོག མ་ཐོན་རྡེའུ་ནག་པོ་དང་ལག་པ་ཞབ་ཐུལ་གྱིས་ཚིགས་ཅེས་པའང་འདུག རྡེའུ་དཀར་ནག་སྒུམ་དཀྱིལ་དུ་སྐྱུར། སྒུམ་བཀོལ་ཐག་ཚོད་པའི་ཚད་ནས་དེང་སང་སྒུམ་ཐོན་པའི་གྲས་སུ་བྱེད་ཀྱིན་འདུག་པས་དེ་ག་བཞིན་བྱེད་དགོས། ཡང་རྡེའུ་མེད་པར་སྒུམ་དཀྲུགས་ནས་ལག་པ་སྐྱོན་བྱུང་མ་བྱུང་ལ་རྟགས་བྱེད་པ་ཞིག་འདུག་པ། དོན་འབྲས་འགངས་ཆེ་ཆུང་ལ་དཔགས་པའི་དེ་ཡང་བྱེད་ཅིང་ལུགས་ནི་གདམས་ངག་བཞིན་འགྲོ་བས་ཕྱིས་བྱེད་མཁན་ཆེར་མི་ཡོང་། བྱེད་ཀྱང་རི་ཚིག་སོགས་རྫ་དང་བྱེད་ལུགས་འདྲ་བ་ལེན་པ་དང་ལྕེས་ལྡག་པར་བྱས་པའི་སྐྱོན་བྱུང་མ་བྱུང་ལ་བརྟག་པ་བྱེད། འདམ་

ཆུ་སོགས་ནི་སྐྱོལ་བའི་རྗེའུ་འཇུག་པ་སོགས་བྱེད་ལུགས་སྣུམ་དང་འདྲ་བ་ཡིན་ནོ།། ༎

བཅུ་གཉིས་པ། རྒྱས་པ་འཇལ་གྱི་ཞལ་ལྡེ་ནི། བཙན་པོའི་ཁྲི་འཇལ། དཀོན་མཆོག་བརྒྱད་ཅུ་འཇལ། མཉམ་པོའི་བདུན་འགྱུར་ངོ་བརྒྱད། བརྒྱད་འཇལ་ངོས་དགུ། སྐྱིན་ཁྲིད་ཚབ་གསུམ། རྒྱན་ཤ་ཁྲིས་ཁྲེར། ངོ་ཚ་སྤྲད་རིན་སོགས་རྣམ་གྲངས་མང་བར་འདུག་པ། བཙན་པོ་ནི་དཔོན་པོ་འམ་ལྷུང་པའི་གཙོ་བོ། ཡུལ་གྱི་མགོ་དཔོན་ལ་ཆ་བཞག་པ་ཡིན་ཞིང་། དཀོན་མཆོག་ནི་བླ་མ་དགེ་འདུན་གྱི་རྫས། ལྷ་ཁང་གི་མཆོད་ཆས་ལ་སོགས་པའོ། །ཡུལ་ན་མི་སེར་འདྲ་མཉམ་ཉེ་ལམ་གྱི་ས་ནས་བརྐུས་པ་ལ་བདུན་འགྱུར་ངོ་བརྒྱད། ཁྱིམ་མཚེས་ཡུལ་ཚོའི་བརྐུས་པ་ལ་བརྒྱད་འཇལ་ངོ་དགུ་ཐག་རིང་མི་ཡོག་གིས་བརྐུས་པ་ལ་སྐྱིན་ཁྲིད་ཚབ་གསུམ། འདི་རྣམས་ལ་འཇལ་དང་བསྡུན་པའི་ཆད་འགྲེས་ཀྱང་ཐོབ་ཅིང་གླེན་བླུགས་སམ་མཐའ་ཁོབ་སྐད་རིགས་མི་གཅིག་པ་ཡུལ་འཁྱར་ནས་རྟོགས་པས་མ་བཟོད་པ་ལ་ངོ་ཚ་སྤྲད་རིན་ཟེར་རྟོ་གོས་ཀྱི་མཐུན་རྐྱེན་སྟེར་དགོས་པ་དང་། ཡང་མ་བརྐུས་པར་བརྐུས་ཁག་བཙུགས་པ་ལ་བརྐུས་ཁག་བཙུགས་རབས་ཟེར་ཆད་པ་ཙམ་མ་གཏོགས། བརྐུས་པ་དང་ཁྱད་མེད་པར་འཇལ་འཇུགས་མཁན་ལ་འཁྲི་ཞིང་། ཡང་རྐེད་ཉེས་པ་དང་བརྐུས་ལེགས་པ་ཟེར། རྐེད་པ་སྦྱིད་བློ་བྱས་པ་དང་། གཞན་དུ་བཙུག་པ་དང་། ཧམ་པས་བསློན་པ་སོགས་ལ་སྐྱིན་ཚབ་ཀྱི་འཇལ་གཅོད་དགོས་ཤིང་། རྒྱན་

ཤ་ཁྲིས་ཁྲེར་ནི། ཀུན་མས་ཁྲེར་བ་གཞན་གྱིས་འཕྲོགས་པ་ནོར་བདག་ལ་སྤྲད་ན་བརྟན་པར་ཟློག་གི་ཕྱིད་སྦྲོད། རྙེད་པ་ཚོང་འདུས་སམ་འདུས་ཆེ་སར་གཏམ་བསྒྲགས་རྙེད་དོ་ཟེར་བ་ལ་ཟློག་གི་གསུམ་ཟུར་བརྟན་པར་སྦྲོད། རྙེད་པ་ཟློན་མེད་དུ་བཞག་ནས་ཧ་བོང་ལ་སྣ་མ་བརྒྱབ་ར་ལུག་གི་སྤུ་མ་འབྲེག་པ་ལ་ལོ་འཁོར་ནས་སྤྲད་པ་ལ་དངོས་པོ་བཞི་ཟུར། གཞན་མ་རྙེད་པ་དཀྲུས་མ་རྣམས་ལ་བརྟན་པའི་གཏོང་ལུགས་ལྟོ་སྟེར་ཁྲིམས་དང་མཐུན་པ་བྱེད་ཅིང་ཀུན་མ་རྨས་པ་ལ་འཇལ་མི་དགོས། ཀུན་མ་རྒྱང་བརྡབ། རྒྱང་མདའ། རྒྱང་རྡོས་བསད་པ་ལ་སྟོང་ཟློག་ནག་ཐད་གཅོད་སྟོང་མཇུག་ལྷུང་ཁྲེར་སོགས་ཤིན་ཏུ་ཟིང་བ་མ་གཏོགས་དགེ་བ་མི་དགོས། ཀུན་མ་ལ་བཟུང་བསད་བྱས་ན་དགེ་སྟོང་ཁྲིམས་མཐུན་སྦྲོད་དགོས། ཀུན་མ་བཙོན་དུ་བཟུང་བ་ལ་སྲོག་རིན་སྲང་ལྔ་ནས་གཅིག་གི་བར་སྣང་ཆེ་ཆུང་གིས་ལེན་པ་སྐབས་དང་བསྟུན་པའོ།། ༎

བཅུ་གསུམ་པ། ཉེ་འབྲེལ་འབྲལ་འདུམ་གྱི་ཞལ་ལྕེ་ནི། དཔེར་ན་བཟའ་ཚོ་དགའ་འདུས་ཀྱིས་བྱས་པ་དང་། བར་མི་བཙུག་ནས་བྱས་པ་སོགས་དང་སྐྱིད་སྡུག་བསྲེས་པ་གང་ལ་ཡང་ཐོག་མའི་ཁ་དན་གྱི་རིགས་དང་འབྲལ་དགོས་པའི་རྐྱེན་རྩའི་རྩ་བ་ནས་ཞིབ་ཏུ་བཅད་པའི་བདེན་པ་གཙོ་བོར་བཞག་དགོས་ཤིང་། དེ་ལ་དང་པོའི་ཁྲིམས་ཡིག་རྙིང་པ་རྣམས་ན་ཕོ་སྐྱུར་ཉོ་བཅོ་བརྒྱད་སྟག་གི་བྱ་རྒྱུ་ཅན། མོ་སྐྱུར་ཉོ་བཅུ་གཉིས་གཟིག་གི་ཐིག་ལེ་ཅན་ཞེས་འདུག་པས། ང་བོ་གོང་གི་བདེན་པ་ཕོ་ཆེ་ན་མོས་སྐྱུར་

ཐོན་གསུམ་གྱི་ཞོ་བཙོ་བརྒྱད། བདེན་ཡུས་ལུས་གང་སྦྱོད་པ་དང་། གོས་གཟན་གཡོག་དགོས་པ། ཆེ་བ་ལ་གསོན་སྟོང་བསྒྲིགས་པ། ཆུང་བ་ལ་གསུམ་ཚན་གཏོང་བ་སོགས་བདེན་པ་ཆེ་ཆུང་དཔགས་པའི་སྦྱོད་འཛལ་བྱེད་ཅིང་། བདེན་པ་མོ་ཆེན་ཐོས་བསྐུར་ཞོ་བཅུ་གཉིས་དང་། གཡོག་སླ་ཟས་མཐུད་ཅེས་ཉིན་སླ་བྲེ་གསུམ་དང་མཚན་སླ་བྲེ་གསུམ། ཡང་ཉིན་སླ་སེ་བ་རེ་དང་མཚན་སླ་བྲེ་གསུམ་མའི་ཆ་ཆེ་ཆུང་མིའི་ཁྱུངས་དང་འགངས་ཆེ་ཆུང་ལ་དཔགས་པ་བྱེད། ཟས་ཐུད་མོ་རེངས་སྦོད་རིང་ཕ་མིང་གིས་སྒྲིན་པའི་གོས་གཟན་གང་ཟད་ཀྱི་གྲུན་བསྒྲིགས། ཕོ་ནོར་མོ་ནོར་ཞེས་བདེན་པ་ལ་མ་ལྟོས་པའི་ཕ་མིང་གིས་བཏགས་པ་མོ་ལ་འཛགས་པ་དང་། ཕྲུ་ཐོས་བཏགས་པ་ཕྲུ་ཐོ་རང་ལ་སྦྱོད་པ་ཀུན་ལ་བྱེད་ཅིང་། མོ་བདེན་པ་ཆེ་ཡང་ཕྲུ་ཐོས་བདེན་ཡུས་ཀྱི་མིང་དུ་བཏགས་པ་མོ་ལ་སྦྱོད་མི་དགོས། ཡང་ཕྲུ་གྲུས་འབྲེལ་ན་བུ་ཕ་ལ་བདག་པ་དང་། བུ་མོ་མས་གསོ་དགོས་སོགས། ནུ་རིན་ཞོ་གྲངས་སུ་འགངས་ཆེ་ཆུང་ལ་དཔགས་པའི་གཅོད་པ་དང་། བུ་མོ་ལ་སྟོ་སྐལ་གཅོད་པ། མ་ལ་སྟོ་སྐལ་ས་ཞིང་ཁང་པ་དང་། བཏགས་པའི་ལུས་ཆས་འཛགས་པ་སོགས་བྱེད་ལུགས་སྐབས་དང་བསྟུན་པ་བྱའོ། །ཡང་སྲུན་ཕ་བུ་ནང་ཚང་གི་འབྲལ་སྟུམ་ལ་ཕྱོགས་ཕྱོགས་སུ་མི་ངོ་མང་ཉུང་ལ་དཔགས་པའི་སྐྱེས་རྒྱལ་གྱི་སྐལ་བའི་བཞི་ཟུར་ཙམ་གྱིས་འགྲོས། སྐྱེ་དམན་ལ་ཕྱི་ནས་མི་མགོ་ཐལ་ཤས་ཀྱིས་ས་ཁང་ནོར་རྫས་གར་ཡོད་བགོ་ཤ་སྐོམ་པར་བྱ། ཕ་མ་དང་རྒན་མོས་འདམ་ཁ་གཏོང་། གཞན་

མ་ཉོ་རྒྱུག་འདམ་རེས་སོགས་གང་ཉུང་བདེན་མགོ་དང་བསྟུན་པར་བྱེད། ཡང་བུ་མོ་ཁྲིམ་དུ་འགྲོ་ཉུ་ཡོད་ན་སྐལ་རྫོང་གང་ཐོབ་ལུགས་སྲོལ་སྲི་ཐོག་ནས་འཛོག ཡང་བཙུན་པ་ཡོད་ན་སྐལ་རྫོང་ཐབ་ཚས་ཞིང་སྐལ་ལམ་ཆོས་རྒྱུག་སྐྱེལ་དགོས། གོས་གཟན་འཚོས་པ་སོགས་དབྱེ་བ་འབྱེད། བཙུན་མ་ལ་ཡང་དེས་མཚུངས་པའི་རྒྱ་དཔངས་རིགས་པས་དཔྱད་ནས་འབྱེད་དགོས་ཤིང་། ཡང་རིགས་ཉུས་མི་གཅིག་པའི་སྐྱིད་སྡུག་མཉམ་དུ་འཚོགས་ནས་སྐར་བྲལ་བ་ལ་ཚོགས་དུས་རྒྱུ་ཆེ་ཆུང་དང་བཅས་པ་རྩ་བ་ཡིན་མིན་བདེན་པ་ཆེ་ཆུང་སོགས་ཀྱི་གོ་ནས་བདེན་ཐོག་ཏུ་ཁྲོལ་བའི་གཙོད་རྒྱ་བྱེད་དགོས་པ་ཡིན་ནོ།། །།

བཅུ་བཞི་པ། བྱི་བྱུས་བྱི་རིན་གྱི་ཞལ་ལྕེ་ནི། སྔོན་གྱི་ཆོས་རྒྱལ་གྱི་ཁྲིམས་ཡིག་རྙིང་པ་རྣམས་ན། བྱི་བྱུས་པའི་ཡན་ལག་གི་ཕྲན་བཅད་ནས་ཡུལ་གཞན་དུ་སྤྱུགས་ཞེས་འདུག་ཀྱང་། འདི་བླ་མ་དཔོན་པོ་སོགས་ཀྱི་བཙུན་མོ་ལ་མི་འོས་པའི་བྱི་བྱུས་ན། དེའི་ནག་ཏུ་གཅོད་ཟེར་བའི་ཚིག་དོན་ཡིན་ཅིང་། གཞན་མ་རང་བཞིན་གཅོད་རྒྱ་བྱེད་པ་ལ་ཁྲིམས་ཡིག་རྙིང་པ་འགའ་ཞིག་ཏུ་ནྲིག་ཞོ་སྤོག་སྲང་། གྲ་ལུག་རྩེད་ར། ཁྲབ་རྟ་ཞོལ་གཡག་ཅེས་ཟེར་བ་འདུག་ནའང་། འདིར་བདེན་པ་གཙོ་བོར་བྱས་ཏེ་མི་ཁྲུངས་མི་སྙོམས་པའི་བྱི་འཛལ་སྲང་གསུམ། གསོན་སྟོང་གི་ཁྲུངས་ཀྱི་སྟོང་གི་བཞི་ཟུར། རྒྱབ་ཡུས་ཇ་བར་སྤུམ་གྱིས་གཙོས་པའི་བདུན་ཚན་བྱེད། ཁྲུངས་འདྲ་བ་ལ་ཁྲིམས་མེད་ཀྱི་བྱ་བ་བྱས་ན། བྱི་འཛལ་གསོན་སྟོང་

སོགས་བསྒོམས་པར་སྲུང་གསུམ་ནས་ཇོའི་བར་དང་། རྒྱལ་ཡུས་གོས་གཟན་གྱིས་གཙོས་པའི་ལྷ་ཚན་བདུན་ཚན་གང་རིགས་སྐྱེ་དམན་གྱིས་ཚུར་འགེབས་བྱས་ན་བྱི་འཛུལ་སྲུང་གང་། རྒྱལ་ཡུས་དཀར་ཡོལ་གྱིས་གཙོས་པའི་གསུམ་ཚན་ཙམ་མ་གཏོགས་གསོན་སྟོང་གི་མིང་མི་དགོས། བཙུན་མ་ཕབ་པར་དགོན་པའི་བསྐྲིགས་བཅའ་ཡིག་ལ་གང་ཡོད་བྱེད་དགོས། ཡང་བདག་ཅན་གྱི་ཁྲོ་ག་ཁྲིམ་མཆེས་སྐྱེ་དམན་གྱིས་སླད་ཐབས་སུ་བྱས་ན། སྐྱེ་དམན་བདག་ཅན་མ་རང་ལ་རྒྱབ་ཡུས་ཛ་བར་བསྐུམ་གྱིས་གཙོས་པའི་བདུན་ཚན། དཀར་ཡོལ་གྱིས་གཙོས་པའི་ལྷ་ཚན་སོགས་སྣང་དཔངས་ཆེ་ཆུང་ལ་དཔག་པའི་གཙོད་རྒྱ་བྱེད་ཅིང་། ཡང་བྱི་པ་ཐེངས་རེ་གཉིས་གྱིས་གཙོས་ཁྲོ་གས་ཕར་བཀབ་པའི་འཛོམ་ཆ་བྱས་པར་རྒྱལ་ཡུས་མི་དགོས། ཡང་བྱེས་སམ་ཐེངས་རེ་གཉིས་ཀྱི་ཁྲོ་གས་བཀབ་པའི་མཛོས་ཆ་བྱས་རིགས་ལ་རྒྱལ་ཡུས་སྤྲོད་མི་དགོས་པ་ཡིན་ནོ།། །།

བཅོ་ལྔ་པ། ནམ་ཕར་ཚུར་གྱི་ཞལ་ལྕེ་ནི། དཔེར་ན་སེམས་ཅན་རྟ་དྲེལ་མཛོ་གཡག་སོགས་གང་རུང་ཞིག་མི་གཅིག་གིས་གཡར་ནས་གཡར་མཁན་གྱི་ལག་ཏུ་ཤི་ན་ཅི་ཁྲུག་གི་རིན་འཛལ་བ་དང་། རྐྱེན་མེད་དུ་འཕྲོད་ནས་ནམ་ཕྱེད་ཚུན་ཤི་ན་གཡར་མཁན་གྱིས་རིན་སྤྲོད་དགོས་པ་དང་། ནམ་ཕྱེད་ཕན་ལ་ཤི་ན་ནོར་བདག་གིས་ཐོད་གློང་མི་བྱེད་པ་རྣམས་སྔོན་གྱི་ཁྲིམས་ཡིག་རྙིང་པ་ནའང་འདུག་ཅིང་། ད་ལྟ་ཡང་དེ་ག་བྱེད་དགོས་པ་དང་། ཡང་ནལ་རྨ་སོགས་རྐྱེན་རྩར་བརྟེན་ནས་ཤི་བ་བྱུང་ན་རྐྱེན་རྩ་ཆེ་ཆུང་

གི་རིན་གྱི་ཆ་ཤས་སྲོད་ཅིང་རིགས་དེས་མཚུངས་པའི་གཡར་པོ་ཐམས་ཅད་ལ་དཔེ་འགྲེ་བྱེད་དགོས་པ་ཡིན། ཚོང་དུས་ཀྱི་ཧ་ལེ་བར་ཟན་འདི་ཡང་རང་ཁྲིམས་བཙན་པ་ཞིག་འདུག་པས་ཐམས་ཅད་ཀྱིས་ལུང་སྲོལ་ལྟར་འཁྱུར་དགོས་ཤིང་། གནས་པོ་བར་པས་ཀྱང་བྲེ་སོག་སྲང་སོག་འཛུགས་པ། གཞིས་བདག་མགོ་སྐོར་བ་སོགས་ལ་དངོས་པོའི་རིན་གྱི་སུམ་ཟུར་གནས་པོས་འཛལ། ཤ་མིན་ཟོག་མིན་བཙོངས་པ་ལ་དངོས་པོ་ཚད་ལྡན་གྱི་རིན་ཚོང་ཡ་ལ་སློག་ཅིང་། ཁྲིམས་པའི་ཆད་འགྲོས་ནས་ཞག་དུ་སོང་གི་ཚོང་སློག་པ་ལ་དངོས་པོ་ཁལ་ཉི་ཤུ་རི་བ་ལ་ཁལ་ཁལ་བཞི་སློག ཟོག་མི་འོས་པའི་བཙོས་ལྷད་ཅན་ལ་ཚོང་ཐག་ཆོད་ཀྱང་ཚོང་སློག་པ་ལ་ཚོང་སློག་མི་དགོས། རྫིས་སོག་ལོ་འཁོར་ཀྱང་གནས་པོས་བདམས་པས་སླར་རྫིས་བསྐྱར་དགོས། གཞན་ཡང་སྣ་ཚོགས་པ་ལ། ཆེར་མ་ཤིང་གཟན་སོགས་ལ་མི་རྒྱབ་ན་ཉེས་པའི་ཆད་ལས་གོང་བཞིན་འགྲོ་དགོས་པ་གཞིར་བཅས་ཤིང་། བདག་པོ་ལ་དེ་གའི་ཚབ་བུན་འགྲོས་སུ་བསྐྱིགས་པ་དང་། རྒྱལ་ཡུས་འོས་བབས་སུ་གཏོང་བ་དང་། ཡང་དབྱར་གྱི་ཞིང་ལ་བསམ་ངན་གྱིས་ཆུ་གཏོང་བ་དང་སྟོ་རས་བྱེད་པ་སེམས་ཅན་གཏོང་བ་སོགས་བྱས་ན་ཡང་གོང་དུ་ཆད་འགྲོས་གཞིར་བཅས་ཤིང་། བདག་པོ་ལ་དེ་གའི་སྟོན་ཐོག་གི་ཁྱུངས་བསྐྱིག རྗོས་ཁྲོལ་ས་བོན་གྱི་ཚབ་བསྐྱིགས་པ་སོགས་སྐབས་བསྟུན་པ་བྱེད། ཡང་རྟ་རིགས་བདག་ཐོབ་ཐོ་མཚམས་ནས་སེམས་ཅན་ཟ་རྙེད་ཆེད་གཏད་བྱས་ན། ཐོ་ཡོངས་སུ་གང་སླེབས་ཀྱི་སེམས་ཅན་གཅུས་

གཏོང་བ་དང་། སྔོན་གྱི་ཡིག་དན་ཡོད་ན་འབའ་སེལ་ཙམ་འགེལ་བ་སོགས་བདེན་ཡུས་ལ་དཔགས་པ་བྱེད། ཡང་ཤེད་མ་ཆུག་པའི་སེམས་ཅན་ཤོར་བ་རྣམས་ལ་སྤྱོད་འཛལ་མི་དགོས་པ་སོ།། །།

བཅུ་དྲུག་པ། ཀླ་ཀློ་མཐའ་ཁོབ་ཀྱི་ཞལ་ལྕེ་ནི། ལྷོ་མོན་ཧོར་སོག་རྣམས་ལ་དར་ཞིང་། དེ་ཡང་ལྷོ་མོན་ཀླ་ཀློ་པོ་ནར་སོང་བས་སླེབ་ཞིང་ཀླུགས་པས་ཁྲིམས་ཆེར་མི་དར་ཞིང་། བོད་དུ་མཐོ་ཡང་ཆུང་བར་འདུག་པས་སྐྱོང་གི་རྣམ་དབྱེ་ཙམ་ལས་གཞན་མ་འདིར་མ་བྲིས་ཤིང་། ཧོར་སོག་ནི་གེ་སར་དམག་གི་ཁྲིམས་དམ་པ་གཅིག་ལ་ཨལ་ཕྱི་ཞེས་གཞུང་ཆེན་པོའི་མི་སྣ་གསེར་ཡིག་ལས། སྣེའུ་ལ་ཤུ་སུ་སྤྱོད་ཅེས་རང་གཞན་གྱི་སྡེ་གང་དུ་སླེབས་ཀྱང་རྟ་ཨུལ་གང་དགོས་རྟ་ཁྲུ་ནས་ཟིན་ཚོག་པ་དང་། ཞག་ཕོབ་གྲུ་ཚུགས་གང་དུ་བབས་ཀྱང་བཞོན་མ་དང་འགེལ་པ་ཐུད་པའི་ནོར་དང་། ལུག་ཁྲུ་ནས་མི་མང་ཉུང་གི་ཟ་ཚོད་བཟུང་ཚོག་ཅིང་། ནང་ཁྲོལ་མགོ་ཐུགས་མི་ཁྱེར། ནང་འཐབ་བྱུང་ན་འཛོག་ཐབས་དང་གར་བ་ལ་ལྟག་སྐོར་རྒྱུག་རེས་དང་། དེ་བས་གར་བ་ལ་རྟ་ཐོག་ཏུ་ཐོན་ནས་གཞུ་སྟོང་འཐེན་འགེང་། རྟའི་ཁ་སྐོར་ཕར་ཤུར་ཚུར་ཤུར་བྱེད་པ་ཙམ་མ་གཏོགས་གྲི་མི་འདོན། མདའ་མི་རྒྱག གྲི་བཏོན་ན་ཡ་ལ་རྟ་འཕྲོག མདའ་བཏོན་ན་གཞུ་འཕྲོག བརྒྱབ་པར་སོང་ན་རྟ་ལེན། རྨས་ན་རྟ་ཁྲབ་བླངས་ཏེ་ཁྲབ་དཔོན་གྱིས་ལེན། རྟ་རྨས་མ་ལ་སྤྱོད། བསད་པ་རྣམས་ལ་མོན་དུ་མི་འབྲིང་ལ་གཡུ་མིག་བརྒྱད་ཅུ་མ་ཟེར། གཡུ་མིག་རེ་ལ་བ་གླང་རེའི་ཐག

བྱས་ནས་བ་གླང་བརྒྱད་ཅུ་རེ་སྒྲོད་པ་སོགས་འདུག་ཅིང་། ཧོར་ལ་མཛོ་ཁལ་དྲུག་ཅུ་རེ་མི་འབྲིང་གི་སྟོང་བྱས་ནས། མཛོ་ཁལ་རེ་ལ་འབྲིང་འབྲི་ཁལ་ཞེས་འབྲི་བཞོན་མ་རེ། གཡག་འགོལ་པ་རེ་བྱེད་ཀྱི་འདུག བོད་ཀྱི་སྐར་ཞོ་འཐེབས་ཀྱི་ཚབ་ལ་གསུམ་སྒྲོད་དུ་བྱེད། སྙིང་གཉོན་གྱི་ཚབ་ལ་ལག་དམར་གྱི་བུ་མོ་གཉེན་སྦེབས་ནས་ཆོད་ཡིག་ཀྱང་འདེས་གོ་ཆོད། བཀྲུས་པ་ལ་དཔོན་གྱི་ཧ་ཁེབས་བཀྲུས་ན་ཧ་ལེན། འདྲ་མཉམ་ལ་ནོར་ལུག་གང་འཇོས། དེ་ལས་ཆེ་བའི་རྐུན་མ་ལ་ཁོལ་མོ་ཁ་བཏགས་ཟེར། ནོར་གང་ཡོད་ཀྱི་ཕྱེད་བླངས་ནས་དེའི་ཕྱེད་མ་དཔོན་གྱིས་ལེན། ཕྱེད་ནོར་བདག་ལ་སྒྲོད། ཡོང་ཅན་ན་ཅན་གྱིས་བསད་པ་ལ་ཏུ་དམར་དགྲ་ལ་རྒྱུགས་པའི་སྐབས་སུ་རྒྱུགས་ཧ་ཞེས་ཧ་བཟང་བ་རྣམས་སྔོན་ལ་རྒྱུགས་ཏེ། རང་རང་ཧའི་བཟང་ཁྱད་ཀྱིས་གང་ལེན་པ་རང་རང་གིས་བདག ཧ་མཉམ་མགྱོགས་བྱུང་ན་ལྕག་བསྐྱུར་སྤྱི་ཕྱིས་ཧ་ལྕག་གང་སླེབས་ཀྱི་ནོར་རང་གིས་བདག ར་མདའ་སླེབས་པའི་ནོར་འཚོར་ལ་ཁད་ལ་རོགས་སླེབས་ཏེ་ལྟོགས་ན་བགོ་བཤའ། དམག་ཐོག་ཏུ་རྒྱུགས་པའི་མི་ཟིན་ནས་བསད་པའི་དོན་ལ་དགྲ་དེ་རང་གི་ཧ་གོ་ཁྲབ་ལེན། རི་དྭགས་པ་རྣམས་ཀྱིས་དོན་ལེན་ལུགས། ཇ་མ་ཧ་པོའི་མགྱོགས་དར་ཡིན། གཞུང་ཀོ་མི་པོའི་ཐོབ་དར་ཡིན། ལྷེ་དྲན་དཔའ་བོའི་དཔའ་རྟུལ་ཡིན། འཁྲོང་ལ་མདའ་སྔོན་ལ་དམར་ཙམ་སུས་ཐེབས་པ་དེས་དོན་དེ་རྣམས་ལེན་ནོ། །ཡང་དོན་ལྷི་བ་ལ་གཟུག་བཞི་ལེན་པ་དང་། རྐང་ཡ་ལག་ཡ་ལེན་པ་ཡང་འདུག་གོ །རི་

དྷགས་གཅིག་གིས་དེད་པའི་ཁ་རྩར་གཅིག་གིས་རྒྱུགས་ཏེ་བསད་ན་དེ་ལ་ཡ་ལ་ཆེན་པོ་བྱེད་དོ། །ཧག་གི་རིགས་ལ་དེ་སྨ་ཤོར་གྱ་གྱ་རོག་རོག་ཟེར་གཙང་བ་གཅིག་དང་གསུམ་སྲོད་ཟེར་བ་འཁྲིང་བ་གཅིག་དང་། ཕྱེད་ཤོར་ཟེར་ཡོད་པ་སྲོད་ལུགས་གསུམ་འདུག་པས། གཞུང་གི་སྔེར་ཏུ་དང་བྱང་རིགས་སྲ་ནག་འཛིན་མི་ལ་གསུམ་སྲོད་དང་། མོན་རོང་ཀླ་ཀློ་རྣམས་ལ་ཕྱེད་ཤོར་སྲོད་པའི་སྲོལ་བྱས་ཏེ། དེ་ཡང་ཧག་པ་མནའ་སྐྱེལ་ཟེར། ཧག་པ་རང་གི་འབྲང་དཔོན་གྱིས་སྐལ་ཡིག་བརྒྱབ། བཟས་པ་བཏུང་བ་དང་ལས་ལུས་ཕུད། བགོ་ཁོངས་སུ་སེམས་ཅན་ཁ་གྲངས་འདི་བྱུང་ཞེས་གསུང་རབ་མགོ་ཐོག་ཏུ་བཞག་ནས་མནའ་སྐྱེལ། དཔོན་གྱི་གནང་ཕུད་དང་ཧག་དཔོན་གྱི་གནང་ཕུད་ཨ་མཆོད་དཔོན་གྱི་ལས་ཚན་རྣམས་ཀྱིས་ཁང་སྣོང་བ་རྣམས་མི་ཡོང་ཤོ་ལེན་གྱི་མི་སྣ་ལ་ཆས་ཁའི་ཤ་རྒྱུ་སྤྲད་པ་རྣམས་ཤོར་ཐོག་ཏུ་རྩིས་དགོས། དེ་ཕྱིན་ལག་ཐོག་ཏུ་རྣམས་ལ་གསུམ་སྲོད། སེམས་ཅན་ཆེ་ཆུང་ཅི་ཤོར་ཀྱང་ཁ་གྲངས་ཧག་པས་མནའ་བསྐྱལ་བ་རྣམས་ལ་སུམ་ཟུར་དུ་བྱས་ནས་གསུམ་གཅིག་ལ་ཁ་གཙང་། གསུམ་གཉིས་ལ་དབྱར་གཉིས། གསུམ་ཟུར་ལ་བེའུ་ལུག་སྲོད་པ་དང་། ཧག་པའི་ཕྱོགས་ནས་ཀྱང་བར་པ་ཟེར། མི་གང་འཆུག་བྱས་ནས་བར་ཟན་ཟེར། ཤོར་ཆེ་ཆུང་དཔགས་པའི་ཟ་གང་ཐུབ་དང་། བྱ་འབབ་གཉེར་ཟེར་དཔོན་ཚང་གི་ལས་ཚན་རྣམས་ལའང་སྟེར་དགོས། རྟ་མིག་དམར་ལ་ཁ་དམར་ཟེར། དཔོན་ཚང་གི་རྟ་རྫི་རྫིའུ་ཆུ་ལ་སོགས་ཐམས་ཅད་ཚང་ནས་དེ་རྣམས་ཀྱིས་ཀྱང་འབྲེལ་གང་

ཐུབ་བྱེད་པ་ཞིག་འདུག་ནའང་སྔེ་སྲིད་ཆོས་ཀྱི་རྒྱལ་པོ་འདི་ཉིད་ཀྱིས་མཐའ་ཁོབ་ཀུང་ཁྲིམས་ལ་བཙུག་སྟེ། གཞུང་གི་སྣེར་ཐུ་དེད་པ་ལ་ཨོ་གྲ་གྲ་རོག་རོག་ཏུ་བྱས་ནས་ངོ་ཡོད་ངོ་དང་ངོ་མེད་སྐྱིན་ཚབ་སྒྲིག་དགོས་པ་ལ་བཟའ་བཏུང་ཐུད་པའི་ལག་ཡོད་འདི་ལས་འདི་ལས་བྱུང་རེ། ད་ལྷ་ལག་ཐོག་ན་ཡོད་པ་འདི་ལས་ཡོད་རེ། ངོ་མེད་རྣམས་ལ་ཚབ་ལོ་ངེས་མི་སྲིད་རེ། སྟག་ལུང་མཆོད་ཁང་དམར་པོའི་ཤར་སྒོ་ཧག་པས་དཀྲོགས། དེའི་སྲོད་འཇལ་ལ་དཔོན་ཚང་དམག་དཔོན་གྱི་གནང་ཐུད་ཀུང་རྫོགས་དགོས། བར་པ་དཔོན་ཚང་རང་གི་མི་བཟང་བསམ་པ་ཆེ་བ་གཉིས་སམ་གསུམ་ཨོར་ལྟོས་ཆེ་ཆུང་གི་ཐོག་མ་ནས་རྒྱུས་ཚོད་དུ་མི་བར་པ་བཙུག་པ་དེ་ལ་བར་ཟན་འཁྲི་གཡག་གྲུས། ལུག་གཉིས་གསུམ་སོགས་ཀྱིས་མཐོ་དམའ་ཨོར་འགངས་ཆེ་ཆུང་དང་། བར་པ་འཁྱེར་ཆེ་ཆུང་གི་སྟེང་ལུགས་བྱེད། ལས་ཚན་རྣམས་ཀྱིས་སྐྱོང་ན་ལུག་རེ་གཉིས་གསུམ་བཞི་གང་འོས་སྟར་དགོས། ཨོར་འདོན་པ་དཔོན་ཚང་རང་གི་སྒྲའི་མདུན་དུ་འབབ་པ་མ་གཏོགས་ལྟག་ཏུ་བབས་ན་རྣམ་རྟོག་བྱེད། ཆས་དཔོན་ཚང་རང་གིས་ཀུང་སྟེར། ཨོར་པས་ཀུང་འདེགས་དགོས། ཨོར་འདོན་གྱི་མི་སྣ་ལ་བཙུ་ཁ། དཔོན་ཚང་གི་སྔོན་མོ་ལ་ཤ་འཚང་ར་བྱུང་ཡང་ཁྱེར་ཆོག མི་བཟང་སྣེར་མགྲོན་གྱི་སྔོན་མོ་ལ་ཤ་འཚང་ར་བྱུང་ན་ཟོས། ལྷག་ཡོན་བདག་ལ་ཕར་སྟེར་ཐུ་བ། འདེགས་འགྲིམས་ལ་འཆེར་དུ་བསྡད་ན་རྣམ་རྟོག་བྱེད་པས་མཉམ་པོས་འགྲིམས། གཞུང་དུ་ཉེས་སྟོད་པས་གཡག་གྲུས་པོའི་ཁ་གྲངས་དང་། སླད་པས་ཧག་

པའི་རྣ་འབུལ་བ་འདི། ཕྱིས་དཔོན་པོའི་མཚན་དོན་གྱིས་རྟོར་ཁྲིམས་ལ་
ཆུག་སྐྱེ་སྲོལ་དོད་པ་ཡིན་ཞིང་། གཞུང་ནས་དོ་དམ་གནང་བའི་ཤོར་ལ་
གཞན་མ་གོང་དང་འདྲ་བ། གཞུང་དུ་ཆད་པ་མི་ཡོང་། གནང་ཕྱད་ཆ
བྱེད་དུ་སློག་པ་དང་གསུམ་སྤྲོད་དུ་སློག་པ་གཞུང་གི་དགོངས་པ་དང་
བསྟུན། མནའ་མདའ་གྲི་མདུང་ཚོམས་ལྷ་རྟེན་གྱི་འོག་ཏུ་འཛུལ་བས་
འཕྲུས་པ་སོགས་ཀྱི་སྲོལ་ཡོད་དོ། །དེས་རིགས་མཚུངས་པའི་བྱ་བ་ཆེ་ཆུང་
གང་ལ་ཡང་ཟློས་པ་རྣམས་ལ་ཁྲིམས་ས་བར་མི་སྲུས་བྱས་ཀྱང་ཕྱོགས་ལྷུང་
མེད་པའི་མི་ཤེས་གོང་ཕྱད་དཀོན་མཆོག་དཔང་བཙུགས་ནས་དྲང་པོའི་
རྒྱབ་སྐྱོར། གཡོ་ཅན་རྣམས་ལ་ཐོན་སྒྲིམ། ཐྲ་ཆལ་གྱི་ཚོད་འཛིན། ཉེས་
པའི་མཚང་འབྲུ། མ་ཉེས་པ་ཐོལ་གྱིས་བསྐྱངས་ནས་བདེན་ཐོག་ཏུ་ཕྱིལ་བ་
ཞིག་བྱས་ན་མི་སྣ་སྣེ་མོར་སླེབས་པ་རྣམས་ཀྱིས་ཞབས་ཏོག་ཏུ་འགྱུར་ཞིང་།
རང་གི་དགེ་བ་ཅི་བྱས་པ་ལས་ཚོགས་ཆེ་བས་མི་རྣམས་ཀྱིས་འདི་བཞིན་
སྤྱང་བླང་བྱས་ན་རང་མི་གྲལ་དུ་ཆུག་ཅིང་སྐྱི་ཁ་བྱམས་པ། མི་ཐ་མལ་ཞིག་
ཡིན་ཀྱང་སྤྱི་དཔོན་དུ་དེ་གའི་དགེ་བ་དང་། བསོད་ནམས་ཀྱིས་རང་
བཞིན་ལྷུན་གྲུབ་ཏུ་འགྱུར་བ་སོགས་དཔེར་ན་མང་བཀུར་རྒྱལ་པོའི་རྣམ་
ཐར་གྱིས་ཤེས་པར་བྱའོ། །མི་ཤེས་གོང་ཕྱད་ཆོས་རྒྱལ་རྣམ་ཐར་ལས། །
རྒྱ་མཚོའི་ཆུ་ཐིགས་ཟེགས་མ་འཐུངས་པ་ཡིས། །འཛིག་རྟེན་ཞལ་ལྟེ་སྤྱང་
བླང་སྒོམ་འདོད་ལས། །ངོམས་པའི་ཡིད་དགའ་ཆ་ཙམ་འདོད་པ་ཡི། །
བློ་སྟོངས་རྣམས་ཀྱིས་འདི་ལ་ཉམས་བཞེས་མཛོད། །ནོར་འཁྲུལ་འདུག་ན་

ཆོས་རྒྱལ་སྡེ་ཕྲི་དང་། །འཇིག་རྟེན་ཤེས་ལྡན་མཁས་པས་བཟོད་པར་གསོལ།། །།

བོད་ཀྱི་སྨྲ་རབས་ཁྲིམས་སྲོལ་དར་རྒྱལ་མདོར་བསྡུས་དང་ཁྲིམས་ཡིག་ཞལ་ལྕེ་བཅུ་དྲུག་གི་ཁ་སྔོན།

ཨོཾ་སྭསྟི། བསྐལ་པ་བཟང་པོའི་ལེགས་བྱས་མཆོག་ཏུ་དར་ཞིང་ཡངས་པ་བསོད་ནམས་ཀུན་གྱི་གཞིར་གྱུར་པ། །བཀྲ་ཤིས་དགེ་བའི་གཏེར་གྱུར་ཡང་དག་བདེན་པ་གསུང་མཛད་ལྷ་མིའི་སྟོན་པ་བརྒྱ་ཕྲག་བསྟུ། །རིམས་པར་བྱོན་ལས་མཆོག་གི་བླ་མ་ཟབས་གཙང་སྲས་པོ་ཤཱཀྱའི་ཏོག་གི་ནོར་བུ་ཆེར། །གྲུས་པས་རྟག་པར་འདུད་དོ་དེང་འདིར་སྲིད་ཞིའི་དཔལ་དང་ཡོན་ཏན་ཀུན་གྱི་ཕུན་ཚོགས་སྐྱོལ། །ལེགས་བྱས་སྣང་བའི་གཏེར་གྱུར་པད་དཀར་འཛིན་དེ་དུས་གསུམ་རྒྱལ་བའི་མཁྱེན་བརྩེ་སྤྱི་ཡི་གཟུགས། །ཕྱུགས་རྗེའི་ཤུགས་དང་འགྲོ་འདིའི་བསོད་ནམས་དྲི་ཞོན་ཤིང་རྟས་བོད་ཡུལ་ནམ་མཁའི་དབུས་ཉིད་དུ། །མི་ཡི་ཉི་མ་རྒྱལ་པོའི་རོལ་པར་བསྟན་ནས་ཁྲིམས་ཀྱི་འཁོར་ལོའི་སྣང་བ་གསར་པ་ཡིས། །གངས་ཅན་འགྲོ་འདི་མདུན་པའི་དགྲ་ལས་རྣམ་པར་རྒྱལ་མཛད་སྲོང་བཙན་སྒམ་པོས་དགེ་ལེགས་མཛོད། །བསྒྲུགས་པར་འོས་པ་གསེར་གྱི་རྩེབས་སྟོང་ནམ་མཁར་འཕགས་པ་ལས། །རྒྱ་མཚོའི་གོས་ཅན་མཐའ་དག་དཔྱོད་པའི་

སྟོབས་ཀྱིས་ལེགས་བསྲུང་ཞིང་། །བསྐལ་བཟང་འགྲོ་འདིའི་ཕུན་སུམ་ཚོགས་པའི་དགེ་མཚན་ལ་འགོད་པ། །བྱེད་པོ་རང་རིགས་མི་དབང་རིམ་པར་བྱོན་ཡའང་བསྟོད་པར་བགྱིས། །བསོད་ནམས་ཆེན་པོའི་དཔལ་གྱིས་བསྐྱབས་པ་ཡི། །གསེར་གྱི་འཁོར་ལོས་བསྒྱུར་བའི་མཐུ་ཆེན་པོས། །རྫོད་པའི་དུས་ཀྱང་རྫོགས་ལྡན་དུ་བྱེད་པ། །དཔལ་ལྡན་ཀརྨ་བསྟན་སྐྱོང་དབང་པོའི་གཏམ། །རྒྱལ་ཁྲིམས་གསེར་གྱི་གཉའ་ཤིང་འཛིན་རི་ནས། །སྣང་དོར་འབྱེད་པའི་འོད་ཟེར་འབུམ་ཕྲག་བརྒྱ། །ཅིག་ཆར་སྟོན་པའི་ཁྲིམས་ཀྱི་ཉིན་མོར་དབྱེར། །ཡི་གེའི་གཟུགས་ཀྱི་སྟོན་འདིར་ཐམས་ཅད་ཉོན། །འཛམ་བུ་གླིང་སྤྱི་དང་ཁྱད་པར་བོད་སྐད་རིགས་གཅིག་པའི་རྒྱལ་ཁམས་སུ་སྤྱོད་པའི་སྐྱེ་བོ་མཆོག་དམན་མཐའ་དག་གིས་གོ་བར་བྱེད་པ་ནི་འདི་ལྟ་སྟེ། སེམས་ཅན་ཐམས་ཅད་ཀྱི་མངོན་མཐོ་དང་ངེས་པར་ལེགས་པའི་རྩ་བ་ནི་ལེགས་པར་སྤྱད་པ་ལ་རག་ལུས་པ། རྒྱལ་བ་སྲས་དང་བཅས་པས་གསུངས་ཤིང་། དེ་ཡང་རྫོགས་ལྡན་གྱི་དུས་སུ་རྒྱལ་པོའི་ཁྲིམས་དང་གཞན་གྱི་འབད་རྩོལ་ལ་མ་ལྟོས་པའི་མི་རྣམས་རང་གིས་ངང་གིས་དགེ་བཅུ་ལ་སྤྱོད། དེའི་རྗེས་སུ་ཅུང་ཟད་སྤྱོད་པ་བརླང་པོར་གྱུར་པ་ན་འཕགས་པའི་ཐུགས་རྗེ་བཞུགས་པའི་རྒྱལ་པོ་རྣམས་ཀྱིས་ཁྲིམས་ལུགས་བཅས་སོ། །སྤྱིར་མདོ་སྡེ་རིན་པོ་ཆེ་རྣམས་ལས་འཇིག་རྟེན་གྱི་བདེ་སྡུག་རྒྱལ་ཁྲིམས་ཆོས་དང་མཐུན་པར་བསྐྱངས་པ་ལ་རག་ལས་པ་རྒྱས་པར་གསུངས་ཤིང་། ཁྱད་པར་གསེར་འོད་དམ་པ་མདོ་སྡེའི་དབང་པོའི་རྒྱལ་པོ་ལས་བསོད་ནམས

དང་ལྡན་པ་ཞིག་ལྷའི་དབང་པོས་བྱིན་གྱིས་བརླབས་ནས་མིའི་ཏུམ་དུ་འཇུག་ཅིང་དེ་མི་ཡི་རྒྱལ་པོར་གྱུར་པས་ལས་ལྷ་ཞེས་བརྗོད་རིགས་དང་། དེས་དགེ་བ་བཅུ་དང་མཐུན་པའི་ཁྲིམས་ལུགས་བཅས་པའི་ཚུལ་རྒྱས་པར་གསུང་ཞིང་། དེ་མདོ་རྒྱུད་བསྟན་བཅོས་དུ་མ་ལས་ཀྱང་རྒྱལ་པོའི་ལུགས་ཀྱི་རྣམ་པར་བཞག་པ་མང་པོ་གསུངས། དེ་རྣམས་དང་མཐུན་པའི་རྒྱ་གར་འཕགས་པའི་ཡུལ་ལ་སོགས་པ་གང་ན་དམ་ཆོས་རྒྱ་ཆེར་དར་བའི་རྒྱལ་ཁམས་རྣམས་སུ་ཆོས་སྐྱོང་བའི་རྒྱལ་པོ་ཆེན་པོ་རྣམས་ཀྱིས་ཆོས་དང་མཐུན་པའི་རྒྱལ་ཁྲིམས་བཟུང་ནས་མངའ་འབངས་བདེ་བ་ལ་འགོད་པར་མཛད། ཁྱད་པར་རྒྱལ་བ་ཉིད་ཀྱིས་རྒྱལ་བའི་བསྟན་པ་བྱང་ནས་བྱང་གི་ཕྱོགས་སུ་རྒྱས་པར་འགྱུར་ཞེས་ལུང་བསྟན་པ་བོད་ཀྱི་ཕྱོགས་འདིར། འཕགས་པ་འཇིག་རྟེན་དབང་ཕྱུག་མི་ཡིས་རྒྱལ་པོའི་སྐུར་བསྟན་པ་ཆོས་ཀྱི་རྒྱལ་པོ་སྲོང་བཙན་སྒམ་པོས་དགེ་བ་བཅུའི་ཁྲིམས་བཅས། མི་ཆོས་གཙང་མ་བཅུ་དྲུག་གི་སྲོལ་བཙུགས། བོད་འབངས་ཐམས་ཅད་བདེ་ལ་བཀོད། མཐོ་རིས་ཐར་པའི་སྒོ་ཕྱེས། ལེགས་བྱས་ཀྱི་སྣང་བ་དར་ལ་བབ། དེ་ཉིད་ཀྱི་བཀའ་སྲོལ་བཞིན་རྗེ་བཙུན་འཇམ་དཔལ་དབྱངས་ཡེ་ཤེས་སྒྱུ་མའི་ཟློས་གར་རྒྱལ་པོ་ཁྲི་སྲོང་ལྡེའུ་བཙན་དང་། འཕགས་པ་ཕྱག་ན་རྡོ་རྗེའི་སྒྱུ་འཕྲུལ་དྲ་བའི་སྣང་བརྙན་མངའ་བདག་ཁྲི་རལ་པ་ཅན་ལ་སོགས་པ་བློན་པོར་བཅས་པས་ཞབ་ཚག་གིས་གཏན་ལ་ཕབ་སྟེ། ཚུལ་དང་ཚུལ་མ་ཡིན་པ་རྣམ་པར་ཕྱེ་བའི་བླང་དོར་གྱི་གནས་རྒྱ་ཆེར་གཏན་ལ་ཕབ་པས་གསལ་བར་མཛད། སྲ་

ཕྱི་དེ་རྣམས་ཀྱི་སྐབས་སུ། ཁྲིམས་ཡིག་དྲུག བཀའ་གྲོས་ཆེན་པོ་དྲུག
ཡིག་ཚང་དྲུག བཀའ་ཡི་ཕྱག་རྒྱ་དྲུག སྐྱེན་དྲུག དཔའ་མཚན་དྲུག་རྣམས
ལ་བོད་ཀྱི་འཁོས་སུམ་ཅུ་སོ་དྲུག་ཅེས་གྲགས། བར་སྐབས་སུ་རྗེང་གིར
རྒྱལ་པོའི་ཁྲིམས་སྲོལ་བྱུང་ཞིང་། དེའི་རྗེས་སུ་དྲུང་ཆེན་ཏའི་སི་ཏུས་ཧོར
བོད་ཀྱི་ཁྲིམས་ལུགས་བཟང་པོ་བཟུང་བས་ཀྱང་རྒྱལ་ཁམས་ལེགས་པར
འཛགས། དེ་ནས་སྐྱེ་འགྲོ་ཐམས་ཅད་ཀྱི་བསོད་ནམས་དང་རྒྱལ་བའི
ཐུགས་རྗེས་དཔལ་ལྡན་གཉགས་ཀྱི་གདུང་ལས། རང་རེའི་ཡབ་མེས་གོང
མ་རིམ་པར་བྱོན་པ་རྣམས་ཀྱིས་བསོད་ནམས་ཆེན་པོའི་སྟོབས་འགོགས་པ
མེད་པ་དང་། ཕ་རོལ་རྣམ་པར་གནོན་པའི་སྟོབས་ཀྱིས་ཕྱོགས་ཐམས་ཅད
ལས་རྣམ་པར་རྒྱལ་ཏེ་ཡངས་པའི་ས་ཆེན་པོ་རང་གིར་བཟུང་། བསྟན་པ
དང་སེམས་ཅན་ཐམས་ཅད་ཀྱི་དོན་རྒྱ་ཆེན་པོ་སྤྱེལ་བར་མཛད། ཁྱད་པར
དུས་དེ་རང་གི་སྔོན་བསགས་དགེ་བའི་སྟོབས་ཀྱིས་སྣང་ཆེན་དབང་པོའི་སྣ
ཞགས་བརྒྱངས་སྟེ་འཇིག་རྟེན་གྱི་ཁམས་འདིར་ཕན་བདེ་སྐྲུན་པའི་བྱེད
པར་འཛམ་བུ་ནྡ་ད་ལི་གསེར་གྱི་བུམ་པ་བསོད་ནམས་ཀྱི་བདུད་རྩིས་ཡོངས
སུ་གང་བ་སྤྱི་བོ་ནས་དབང་བསྐུར་བ་ཁོར་ཡུག་རྒྱ་མཚོའི་བར་གྱི་ས་ཆེན་པོ
བཀའ་ཁྲིམས་ཀྱི་གདུགས་དཀར་གཅིག་གིས་ཁྱབ་པར་གྱུར་པ་ན། སངས
རྒྱས་ཀྱི་བསྟན་པ་རིན་པོ་ཆེ་དེ་འཛིན་དང་བཅས་མཐའ་དག་མཆོད་པ
དང་། བསྐུར་སྟི་དང་རི་མོར་བགྱིད་ཅིང་གུས་པ་ཆེན་པོས་དར་ཞིང་རྒྱས
པ་དང་། སེམས་ཅན་ཐམས་ཅད་ཀྱང་ཚོ་བ་དང་ལྷ་བའི་དབང་གིས

འཁྲུགས་པ་མེད་པར་འཛིག་རྟེན་པའི་ཡང་དག་ལྟ་བ་འཛིན་བཙུག་པས་སྐལ་པ་དང་འཚམས་པར་མཐོ་རིས་དང་ཐར་པ་དང་གནས་སྐབས་སུ་ཡང་ཕན་བདེ་འབའ་ཞིག་ལ་འགོད་པའི་བསམ་པ་རྗེ་བ་དང་རྒྱལ་བའི་བཀའ་དང་ཚད་ལྡན་གྱི་བསྟན་བཅོས་ཆེན་པོ་སྤྱི་དང་བྱེ་བྲག་རྒྱལ་པོའི་ལུགས་ཀྱི་བསྟན་བཅོས་མང་པོ་ཡང་བལྟས། ཆོས་བཞིན་དུ་གསུང་བའི་ཡོངས་འཛིན་དམ་པ་རྣམས་ཀྱི་གསུང་གི་བདུད་རྩི་རྣ་བར་འཕྲུངས། དེ་རྣམས་ཐམས་ཅད་ལ་རང་བློས་བརྟགས་ཤིང་གཞིག་པས་རྒྱལ་ཁམས་ཐམས་ཅད་དགེ་བ་བཅུ་དང་ལྡན་པའི་རྒྱལ་ཁྲིམས་ཀྱིས་སྐྱོང་བ་ཆོས་རྒྱལ་མེས་དབོན་རྣམ་གསུམ་གྱི་བཀའ་སྲོལ་མཐུན་པའི་ཁྲིམས་ཀྱི་བཅའ་བ་བྱས་པ་ནི་དེ་ཡང་དགེ་བཅུ་འབད་པས་སྒྲུབ་ཅིང་། མི་དགེ་བ་བཅུ་སྤོངས་དགོས་པ་ལས། མི་དགེ་བ་སྲོག་གཅོད་པའི་ལས་ལམ་ནི་རྣམ་པར་སྨིན་པ་ཆེས་ལྕི་བ་ཡིན་པས་གཙོ་བོར་སྤོང་དགོས་པ་ལས། གཉེ་སེམས་རྒྱུད་རབ་ཏུ་མ་ཞིག་པའི་ཉོན་མོངས་པ་རླབས་ཆེན་པོས་མིའི་འགྲོ་བའི་སྲོག་གཅོད་པ་བྱུང་ན། ནང་སོ་རྣམ་པ་གདན་ཐོབ་ཡོད་པའི་རིགས་ལ་སྟོང་སྲང་ཉིས་བརྒྱ་ཐམ་པ། གྲྭ་པའི་རིགས་ཀྱི་སློབ་དཔོན་དང་དགོན་ཆུང་གི་བླ་མའི་རིགས་རྐྱེན་དབང་དུ་སོང་སྲིད་ན་ཡང་གོང་མཚུངས། ཚད་པ་མར་གསེར་གྱི་སྲང་བཅོ་ལྔ། བྱུང་འཁོར་དཔོན་རིགས་ཆེ་ཁག་ནས། རྟ་ཆུང་པ་ཕན་ལ་སྟོང་སྲང་བརྒྱ་ཉི་ཤུའི་དགུ་བཅུའི་བར། ཚད་པ་མར་གསེར་གྱི་སྲང་དགུ་ནས་ལྔའི་བར་སྐབས་དང་སྦྱར་བ་བྱེད། གསོལ་གཟིམས་སྐྱེམས་བསྡུས། གཉེར་ཚང་།

རྟ་དྲེལ་དང་བཅས་པའི་ལྷིང་དཔོན་གྱི་གྲས་ལ་གོང་གི་རྟ་ཆུང་པ་དང་རིགས་འགྲེ་དགེ་འདུན་བསླབ་གཙང་ཚུལ་ལྡན་དང་། གསོལ་གཟིམས་སྐྱེམས་བསྡུས་ཀྱི་གྲས་ལ། སྟོང་སྲང་བརྒྱད་ཅུ་ཚད་པ་མར་གསེར་གྱི་སྲང་བཞི། ལྟོ་གཟན་གཉེར་ཚང་པ་དང་རྟ་སྲིལ་དྲེལ་རྫི་མདའ་སྟག གཟའ་པ་ཁྲལ་མི་སོགས་གཞུང་དང་མཆོད་གཞིས་ཀྱི་ས་འཛིན་པ་རྣམས་ལ་སྟོང་སྲང་དྲུག་ཅུ། ཚད་པ་མར་གསེར་ཀྱི་སྲང་གསུམ། སྣེར་པ་རྣམས་ལ་སྟོང་སྲང་བཞི་བཅུ། ཚད་པ་གསེར་གྱི་སྲང་གསུམ། ཐེམས་ཆེ་ཆུང་ཐོ་ཡན། མགར་ཆུང་བཤན་པའི་རིགས་སོགས་ལ་སྟོང་སྲང་སུམ་ཅུ་ནས་ཉི་ཤུའི་བར་སྐབས་སྦྱར་དང་། ཚད་པ་མར་གསེར་གྱི་སྲང་གསུམ། བུད་མེད་བསད་པ་ཆེར་མི་ཡོང་ཡང་གཉེ་བྱུང་སྲིད་ན། སྐྱེ་རྒྱལ་འཁམ་གོ་བབས་ཀྱི་སྟོང་ཚད་པ་བཅས་ཕུལ་དགུ་ཆག་བྱེད་པར་མི་དཔང་གོང་གི་གོ་རིམ་གྱི་འགྲོས་དང་བསྟུན་པ་དང་། ནང་ཟན་རྣམས་གཞུང་གི་ལྟོ་ཟན་ཡིན་པས་གོ་རིམ་མཐོ་བ་མ་གཏོགས་སྐྱེ་དམན་ཐེམ་ཆུང་སྤྱི་འགྲེའི་གོ་རིམ་དང་བསྟུན་པ་བྱེད། གོང་གསལ་སྟོང་སྲང་རེའི་སར་དགེ་ནས་ཁལ་རེ། དགེ་ནས་ཁལ་བཅུ་རེའི་སར་དགེ་མར་ཁལ་རེ། སྟོང་སྲང་ཉི་ཤུའི་སར་སླེང་གཙོན་སྲང་ཆེན་རེ། སྟོང་སྲང་ཝ་འབེབ་དང་། དེ་ཐོག་ནས་ཆེ་བཙུན་ལྷ་མའི་ངོ་ཆེན་དུ་གྲངས། སུད་འཆག་ཟེར་བའི་སྲོལ་རྒྱུན་འདུག་པ་ལྟར་སྟོང་སྲང་ཝ་གྲངས་བཅུ་ཟུར་འཆག་རྫེས། སྟོང་ཐོན་གསུམ་དུ་གཅོས་པར་ནས་ཁལ་བརྒྱད་ལ་སྨར་ཝ་གང་། སྨར་ཕལ་དྲུག་ལ་སྐར་བར་ཁྲ་ཝ་གང་། སྨར་

ཁལ་བཞི་ལ་སྐོར་བ་ཟྭོང་ཞོ་གང་། སྙིང་གཙོན་སྨར་ཁྲ་ཕྱེད་སྨའི། བྲེ་ཉག་སྤར་ཕན་ཆེ་ཆུང་སྣ་ཚོགས་པའི་གཅིག་ཏུ་ངེས་པ་ཞིག་མི་འདུག་པས། ད་ནས་བཟུང་མཁར་རྡུ་བྲེ་ཉ་ཡི་ཞོ་ཐག་གོང་བཞིན་གྱིས། སྐྱེ་བོ་མི་སུན་པའི་རིགས་ཀྱི་བླ་མ་དང་སྔེར་དཔོན་རྣི་བསད་བྱས་པ་བྱུང་སྲིད་ན། གསོད་མཁན་ངོ་བོ་བཟུང་བརྟག་བྱས་པའི་བཙོན་ཁང་དུ་ཞག་བདུན་ཕྲག་གཅིག་བཙུག་རྗེས། ཞུ་ངོ་སྙོན་བརྒྱུད་བྱེད་པར་ཁྲིམས་ཇ་དང་ཁྲིམས་དུང་བཏང་ཁྲིམས་གཏམ་སྒྲགས་ནས་གཡང་ལ་སྐྱུར་རྗེས་མི་རྣམས་ལ་ཁྲིམས་མགོ་ནས་རྒྱུད་ཕུད་ཀྱི་ནག་ཡིག་བཀྲམས་ནས་ཤུལ་གཙང་མ་བྱེད། དུག་བཏང་བ་ཤར་ཚེ་བསམ་སྦྱོར་གཉིས་ཀ་ནག་པས་ཁྲག་སྦྱོར་གོང་བཞིན་བྱེད། ཁྲིམས་ཀྱི་བཅད་མཚམས་དང་དགེ་སྐོང་འཛལ་གཙོད་གྲུབ་ནས་མི་ཤ་བླངས་པ་རྐུན་བསད་གཟུང་བསད་བྱས་པ་རྣམས་ཉེས་བྱས་ཆེ་བའི་འཛིན་འཆང་བྱས་ངེས། གཏེ་པོ་ངོ་བོའི་ལུས་སྟེངས་སུ་ཁྲིམས་ཆེ་ཆུང་གང་བབས་གཏོང་ཞིང་། དགེ་སྐོང་ཁྲིམས་གཞུང་བཤགས་སྒྲོད། །

མི་དཔུང་གྲ་སྟེབས་ཀྱི་བསད་པ་ཁྲིམས་འགལ་ཆེ་བས་ཆད་པ་དགེ་སྐོང་ལྷབས་འཕར་སྒྲུབ། མི་བསད་བྱེད་མི་དེ་གའི་ཉེ་སྐོར་གྱི་ཡུལ་མི་རྣམས་ཀྱིས་འཛིན་འཆང་བྱས་ནས་ཁྲིམས་སར་འབུལ། ཕྱི་ནོར་ནང་ཟས་ལ་སྐྱུས་བསྐྱིལ་བྱེད་མི་འཇུག་པར་བསྡམ་ར་བྱེད། གལ་ཏེ་ངོ་མ་གལ་གྱི་འཛིན་འཆངས་བསྡམ་ར་མ་བྱས་ན། དེ་གའི་ཡུལ་ཚན་རྣམས་ངལ་ཆད་པའི་ཐོབ་ཀྱི་བཞི་ཟུར་གྱི་རྩིས་འགེལ། །

མི་གསོད་མཁན་སྤྱི་མཚོད་ཡིན་ངེས་ཀྱི་ཆོས་སྡེའི་ཐོ་ཁོངས་སུ་ཐོབས་ཐར་ཤར་ན་ཐོག་མར་གང་སླེབས་ཀྱི་ཆོས་སྡེ་དེ་གའི་ཐོ་ཁོངས་སུ་ཟླ་བ་དྲུག་ལས་སྦྱོང་པའི་རྟེན་སྐྱབས་མི་བྱེད། དེ་ནས་སྤྱི་མཚོད་གཞན་དུ་འཕོས་པའི་རྟེན་སྐྱབས་བྱེད་ས་མེད། སྔར་ཕན་མཚོད་གཞིས་སྤྱི་རིགས་ཀྱི་མཚོད་ཐུབ་ཁུལ་གྱི་རྟེན་སྐྱབས་འཁོར་སྐྱོད་བྱེད་པ་ཞིག་ཡོད་འདུག་ཀྱང་། དེ་བཞིན་བྱས་ཚེ་རྒྱ་ཆེ་ལུ་མེད་ཀྱི་ཁྲིམས་འཆལ་རྒྱུར་འགྲོ་བ་འདུག་པས་བརྟེན་རྗེ་རྒྱབ་བརྟེན་བྱས་ན་མཐུས་རྒྱུ་མིན། ཀུན་མ་ཀུས་ཐོག་ཏུ་བསད་པར་རང་ཉེས་ཡིན་པས་དགེ་སྐྱོང་སྦྱོད་མི་དགོས། བསམ་གཞིགས་ཀྱི་བློ་སྐྱོན་མེད་པར་སྨྲུས་ཤོར་གཡང་ལྷུང་བྱིས་པ་ལོ་བརྒྱད་མན་ཆད་ཀྱི་བསད་པ་མདའ་ཁ་རྡོ་ཁ་འཁྱོགས་པར་གྱི་འཕོགས་པ་ལྟ་བུའི་ཤི་བ་རྣམས་ལ། ཁོ་རང་ཚོའི་དུས་སླེབས་པས་ཉེན་བླངས་ཙམ་མ་གཏོགས་ཉེས་པ་མེད་པས་མི་དཔང་དང་བསྟུན་དགེ་བ་སྒྲུབ་པས་འཐུས། །

རྨས་འཛལ་གྱི་སྐོར་ལ། ཤགས་རྒྱ་འོག་ཏུ་ཤི་ཟེར་བའི་ངག་རྒྱུན་འདུག་ཀྱང་། ཤགས་ཀྱི་གཞི་བློས་རྩ་བདེན་འབྲེལ་ཆེར་མེད་པའི་རིགས་རྒྱ་འོག་ཏུ་ཤི་བའི་རྨས་འཛལ་མ་གཏོགས་ཤག་ལ་གཅོད་རྒྱ་མི་བྱེད། ས་རིགས་ལ་ཐུགས་པ་ལྟ་བུ་བློས་པ་ལ་བརྟེན་ནས་རྨས་འགྲམ་བཟོས་པ་ཡིན་ན་རྒྱ་འོག་ཏུ་གཏམ་ཞི་ཟེར་བའི་ལེ་མི་འགྲིགས་པས་རྒྱ་འཛལ་བབ་ཐོབ་དང་བློས་རྩ་ལ་བདེན་འབྲེལ་ཞིབ་འཇུག་གི་གཅོད་རྒྱ་བྱེད། རོ་འོག་ཏུ་རྨ་ཞི་ཟེར་བ་ལ་ཕྱིས་སྐོར་འགའ་ཞིག་གིས་རང་བཟོའི་སྒོ་ནས་ཞྭ་ལོང་ཐེང་

གསུམ་བཟློས་པ་སོགས་རྩལ་ཚབས་ཆེ་བར་སྟོང་སྟེངས་ནས་གཙོད་རྒྱ་བྱེད་པ་འདྲ་ཡང་ཡོད་འདུག་ཀྱང་། མི་ལུས་རྐྱེན་ལམ་དུ་བཏང་བ་ཉེས་པ་ཆེ་བས། རྩལ་ཚབས་ཆེ་ཆུང་གང་བྱུང་ཡང་རོ་འོག་ཏུ་ཞི། མགོ་རྩལ་ཚབས་ཆེ་བའི་གྲས་རྒྱག་དགོས་ལ་སྨར་ཁྲག་ཕྱིད་མའི་སྲུང་རེ། མི་རྒྱག་དགོས་ངེས་ཀྱི་རྒྱབ་པ་ལ་མེ་ཞོ། གྲུས་ཀྱི་རུས་པ་གང་ཐོན་ཞོ་ཆར་བཏེག་པའི་གསེར་དང་མཉམ་རྫས་ཀྱི་གསེར་ཐང་ཁལ་བཅུ་དྲུག་མའི་རྩིས་སྒྲིད་གཞན་མ་རྩ་སྣད་རུས་སྣད་ལ་འཐོགས་པའི་ཡན་ལག་ཞ་བ་ཚབས་ཆེ་བའི་རིགས་དང་། མིག་གཙར་བ་ལྷ་བུ་སྟོང་རྐྱང་གི་བཞི་ཟུར་སོར་མོ་ཞ་བཅད་བྱུང་བ་སོགས་ལ་རེར་སྨར་ཁྲག་ཕྱིད་མའི་ཞོ་བཞི། དེ་ཕྱིན་རྩལ་ཚབས་ཆེ་བ་ལ་སྲུང་རེ་དང་རྩལ་ལྷུགས་སྐྱ་ཚོད་པའི་ཁྲག་ཐོན་ཙམ་ལ་ཞོ་གང་ནས་རྩིས་པའི་བར་གྱི་རྩ་ཆེ་ཆུང་གཏིང་ཚབས་སྣད་མི་སྣད་ལ་གཞལ་བའི་འཇལ་གཙོད་ལུགས་བྱེད། རྩལ་ཆད་རྒྱུ་རྐྱེན་གཞིགས་པའི་སྐབས་དང་སྦྱར་བ་གཏོང་། །

སློས་པ་བྱུང་བ་ཁྲིམས་སར་གཏུག་སྦྱངས་ཀྱི་ཞུ་སྒྲོར་མི་བྱེད་པར་རང་དྲན་ཚོད་མེད་ཀྱི་དཔུང་བཞེར་གོ་མཚོན་ཐོགས་པའི་རིགས་ཁྲིམས་འགལ་ཚབས་ཆེ་བ་དང་། འོས་མིན་ཁྲིམས་འགལ་གྱི་མི་དཔུང་གྲ་བསྟེབས། ངན་གྲྭ་བསྒྲིགས་མནའ་གདང་ཐེལ་བསྡུས་བྱས་པ་རྣམས་ཉེས་ཆས་བབས་བརྫེད་ཐོབ་པས་གསེར་སྲང་ལྔ་བཅུ་མན་གྱི་སྲང་གྲངས་སྐབས་དང་སྦྱར་བའི་མངགས་སྦྱངས་གཏོང་དེའི་ནང་ཚན་གྱི་སྤྱ་རྩོམ་བྱེད་མི་ནག

ཆེ་བས་ཚད་པ་ལྷབ་འཕར་སྐྱུབ་ཏུ་འཇུག རླུས་སྐྱོན་མ་བཅོས་ཀྱང་གྲི་བརྟན་པ་ཉེས་པའི་རྩ་བར་འདུག་པས་ཞུ་བ་འཁྱོར་བསྟུན་གྱི་ཚད་སྦྱ་མ་འདོན་མིར་མར་ཞོ་དོ་དང་། རིང་འདོན་མིར་དེའི་བྱེད་ཆ་འགེལ། །

སྐྱ་རྟེན་ཐུགས་རྟེན་བཤིག་པ་གསུང་རབ་བཞུ་བ་ངེས་འགྲུབ་བྱུང་ན་སྨོས་མ་དགོས། བརྗོད་གླེང་བྱས་བརྗོད་ཙམ་གྱི་རིགས་ལ། རྗེ་སྐྱུམ་གྱི་དཀར་ནག་ཤན་ཕྱེ་བའི་དཀར་སར་མ་ཕྱོན་ན་ཁྲིམས་ཤིང་ལ་ཞག་གསུམ་བར་བསྒྲགས་རྗེས་ཉེས་བྱས་ཀྱི་དྲིལ་བསྒྲགས་ནས་གཡང་ལ་བསྐྱུར། རྗེས་མི་རྣམས་རྒྱང་ཕུད་ལ་གཏོང་། །

ངེད་རང་གི་ཐམ་ག་ཆེ་ཆུང་ལ་འདྲ་ལེན་རྫུས་མ་བྱས་པ་བྱུང་ན། བྱེད་མཁན་ངོ་བོའི་ལག་པ་གཅོད། གཏན་ཚིགས་སོགས་དམ་ཁ་ཆེ་ཆུང་རྒྱས་འགེབས་ཀྱི་སྒྱུར་བ་དང་། ཚིག་བཅོས་དང་བྲིས་གསུབས་བྱས་པ་ཤར་ན་ཁྲིམས་རྐུན་ཆེ་བས་ཕྱིས་འདོམས་པའི་མངགས་སྒྱུངས་གཏོང་། །

རྟེན་གསུམ་གྱི་ཆོས་རྫས་དང་དགེ་འདུན་གྱི་རྫས་བརྐུས་པར་དཀོན་མཆོག་རྫས་ལ་བརྒྱད་ཅུ་འཇལ་ཟེར་བ་འཛིག་རྟེན་རྐན་པོའི་ངག་རྒྱུན་ལ་གྲགས་འདུག་པ་བཞིན་བབས་ཐོབ་ཏུ་ཆེ་ཡང་དེ་བཞིན་ཐ་ཤལ་བའི་དངོས་པོས་འཇལ་ཐུབ་དཀའ་འདུག་པས་ཉི་ཤུ་འཇལ་དང་དྲན་འཛིན་མངགས་སྒྱུང་ཐོབ་པ། རྐུན་མ་བྱེད་པ་པོར་དངོས་པོ་སྤྲོད་ཐུབ་པའི་རྒྱུ་དངོས་ཡོད་ན་དང་། དེ་མིན་ངོ་བོའི་མིག་འདོན་པའི་ལག་པ་གཅོད་པ་དང་སྐབས་དང་སྦྱར་བའི་དེ་གས་ཚད་སྐྱུབ་དང་འཇལ་སྤྲོད་འཐུས་པ་བགྱིས། །

དགེ་འདུན་ནང་ཁུངས་ནས་རྐུན་མ་བྱས་པ་གང་ཟུང་བཏང་བའི་གནས་ནས་དབྱུང་བ་སོགས་སོ་སོའི་བཅའ་ཡིག་དང་མཐུན་པ་བྱེད། །

རྒྱལ་པོའི་དཀོར་མཛོད་ནས་རྐུན་མ་བྱས་པ་ཤར་ན་ལག་པ་གཅོད་པ་དང་། རྟ་དྲེལ་མཛོ་གཡག་སོགས་རྐུས་པ་ཤར་ན་ལྷ་འགྱུར་གྱི་རྩིས་ཀྱི་ཆད་འགྲོས་སྐལ་རྗེས་ངོ་བོ་ལེན། དེ་ཕྱིན་མངའ་འབངས་ཀྱི་སར་ཕྱི་ནོར་ནང་རྫས་ལ་རྐུན་མ་བྱས་པར་ཤར་ན། བདུན་འགྱུར་དངོས་དང་བརྒྱད། འདྲ་བཞི་ངོ་དང་ལྔ། སྦྱིན་ཁྲིད་འཇལ་གསུམ་སྐབས་དང་སྦྱར་བའི་སྤྲོད་ལེན་གྱིས། རྐུན་མ་བྱས་ངེས་ཧམ་པ་ཆོད་མེད་ཀྱི་ངོས་མ་བླངས་ན་ཁྲིམས་སར་གཏུགས་པའི་ཆད་འགེལ་དང་འཇལ་གྱི་བཀོད་པ་བྱེད། འཇལ་ཚད་སྒྲུབ་མི་ཐུབ་པའི་རིགས་བྱུང་ན། ཕོ་རང་ངོ་བོ་བཟུང་བཏགས་ངོས་ཁྲིམས་སར་ཕུལ་བའི་སྟེངས་སུ་རྩ་ར་སྐབས་དང་སྦྱར་བ་གཏོང་། །

ལམ་བརྟུང་དང་ཚོམ་རྐུན་བྱས་པ་ཉེས་ཆེ་བས་གཏེ་པོ་ལ་གཡང་བསྐྱུར་དང་། ཟླ་སྡེབས་ཡོད་ན་མིག་འདོན། །

བདག་ཏུ་བཟུང་བའི་བུད་མེད་ལ་འདོད་ལོག་སྤྱད་ཚེ་འཇིག་རྟེན་གྱི་དཔེ་ཁྲིམས་མིག་ལྟོས་གནོད་པར་མ་ཟད། རང་རང་གི་རིགས་བརྒྱུད་འཚོལ་ཞིང་འབྲུག་ཟིང་གིས་རྒྱུ་ཡང་འདྲིས་བྱེད་པས་དྲག་ཞན་ཀུན་གྱིས་མི་བྱེད། གལ་ཏེ་བྱས་པར་ཤར་ན་བྱི་འཇལ་དམར་ཁྲག་ཕྱེད་མའི་སྲང་དོ་ནས་བཞིའི་བར་དྲག་ཞན་གོ་རིམ་དང་བསྟུན་པའི་སྤྲོད་འཇལ་གྱི་ཡང་བཟའ་མི་ནང་གྲོས་བྱས་ཏེ་དགོས་དབང་ཁེ་འདོད་ཀྱིས་སྐྱེས་པ་གཞན་གཡོ་

ཐབས་ཀྱིས་བསྟེན་པ་བྱུང་སྲིད་ན། ལོག་པའི་དྲན་འཁྲུལ་ཆོད་འཛིན་མེད་པ་ཡིན་འདུག་པ་བྱེ་འཇལ་གང་ཐེབ་སློག་ཆ་སྲོད། གཟའ་མི་བྱེ་བྲལ་ཤར་ན། དྲུང་འཁོར་རྟ་པའི་སར་ཕོས་པོར་ཚ་བཅུ་དྲུག མོས་པོར་ཚ་ཉི་ཤུ་རྩ་བཞི། སྐྱེ་དམན་གྱི་ཁྱོ་པོའི་སྐོར་སྤོད་རྒྱུན་གང་སོང་ལ་སླ་ཐེབ་ཉིན་རེ་བྲེ་གསུམ་མའི་རྩིས་གྲོང་པའི་སར་ཕོས་པོར་ཚ་བཅུ་གཉིས། མོས་ཕོར་ཚ་བརྒྱད། གཡོག་སླ་ཉིན་རེ་བྲེ་དོ་མ། དྲུང་འཁོར་རྟ་པ་ལས་དམའ་བ་དང་། གྲོང་པ་ལས་མཐོ་བ་རྣམས་ལ་གོང་གསལ་ནས་འགྲོས་བཙིས་པའི་ཆེ་ཐེབ་ཆུང་ཐེབ་ཀྱི་གཅོད་རྒྱ་བྱེད། སྐལ་རིན་སོགས་ཀྱི་བྱུང་སོང་འཐབས་འོས་རྣམས་འཐབས་རྗེས། ཕོ་ནོར་མོ་ནོར་གྱི་དབྱེ་བ་གསལ་བྱེད། བུ་སྐྱེས་ཀྱི་མ་ཡིན་ན་ས་སྐལ་གྱི་ཐེབ་ཆ་ཀོ་རིམ་དང་བསྟུན་པ་བྱེད། །

ཟློས་པ་ཁ་མ་དག་པར་རྫུན་ཚིག་སྙན་ཧམ་གྱིས་བསྒྲིབས་པའི་ལྟོག་གྱུར་དུ་སོང་བ་རྣམས་ལ། རྫུན་གྲུང་ཡངས་ཏེ་མནའ་ཕྲང་དོན་ཟེར་བ་བཞིན་མནའ་དག་གི་བཀྲུ་སྦྱངས་བྱེད་དགོས་པས་འཇུ་ཅན་འཇུ་མེད་སྐབས་དང་སྦྱར། འཇུ་ཅན་ལ་ཉེ་འགྱུར་གི་ཕྱོགས་ལྷུང་མེད་པར་ཐུས་ཅན་ཟུར་ཐུབ་བྱུས་པའི་མནའ་སྐྱེལ་དུས། ངོ་བདག་དང་འཇུ་ཅན་གཉིས་ཀའི་སྟེང་གོས་བསྒྱུར་བ་རྣམས་བཞག ཞ་ཕུད་སྐྲ་བསྙེལ་མནའ་ཆས་བྱེད། མི་སྣ་ལ་མནའ་གོས་ངོ་བདག་འཇུ་ཅན་སོ་སོ་ནས་ཚ་རེ་དང་། རང་དོན་མཚུངས་མེད་པར་ཁྲིམས་སར་དཀར་མནའ་འབུལ་བར་མནའ་དགོས་མི་དགོས་གནའ་འདི་སློག་གྱུར་དུ་འདུག་པས་མནའ་ཟོལ་ཁུངས་རྟོལ་དུ་ཤར་ན།

དོན་གང་ཡིན་གྱི་བཅད་མཚམས་སར་མནའ་མ་འཁྱིལ་བའི་སྤྱང་སླང་དགོས་པ་གཞིར་བཅས། དེ་ཐོག་ཉེས་ཆེ་ཆུང་སྐབས་ཐོབ་རྩིས་པ་གཏོང་ཡང་དེས་མ་མཐུས་པའི་རྗེ་རྣུམ་བྱེད་དགོས་པའི་རིགས་ལ་རྗེ་ཤར་ན་ལེན་མཁན་གྱི་ལྷ་བོན་ལ་ཕུད་ཕྱེད་མཁར་རུའི་ཁལ་གཅིག དཀར་རྒྱན་མར་ཉག་གསུམ་མར་རྒྱན་ཆུང་བཟུག[?] མཆོད་འབྲུ་མཁར་རུའི་ཁལ་གཅིག ཕུད་ཆང་སྐྱེམས་གང་མདའ་དར་བཅས། མགར་བ་ལ་ཁྲིམས་བརྟེགས་མཁར་རུའི་ནས་འོ་གང་སྟོད་བཅས། པང་ཁེབས་སྣེའུ་རྣམ་བཞི་མ་བསྒྲིགས་སླང་ཆུ་ཐུབ་བསྒྲིགས་སྟོད་རང་འཁག རྗེ་ལམ་རས་ལུག་འདོམ་བདུན་ཡོད་པ། རྗེ་རྒྱབ་མི་རྣར་སླར་ཁྲག་ཕྱེད་མའི་སྲང་གང་སྤྲད། རྗེ་ཚད་མེ་ཐུབ་མཁར་རུའི་ཉག་ཡོད་པ། རྗེ་ལེན་གདོང་ལག་པ་ཆུ་དང་འོ་མས་དཀྲུས་བྱེད་ལག་པར་སྤར་གྱི་རྫས་རྗེས་ཡོད་པ་སོགས་ལ་རྣག་གོར་རྒྱག་རི་ཚིག་འཁྱོགས་ལྷད་མེད་པ་མི་རྣས་སྐྱོན་མནན་པའི་རྗེ་ལེན་མཁན་རང་གི་ངག་ནས་འདོན་བཙུག་པའི་གོམ་པ་གསུམ་གྱི་བར་གོམ་གྲངས་དང་བསྟུན་པའི་ལག་པ་གཡས་གཡོན་སྤྱི་ལེན་གྱི་བོར་ཕྲལ་ལ་ལག་པ་གཉིས་ལྷགས་སྤུམས་བྱས་པའི་མི་རྣས་རྒྱ་འབྱར་ངོས་ཞག་སོང་བའི་སྦྱ་དྲྭ་ལག་པའི་རྒྱ་བཤིག་གདོང་དུ་འགལ་ཟླའི་དོ་བདག་ཀྱང་ཡོད་པ་བྱས་ཐོག་མི་རྣས་ལྷུ་རྟོག་ཞིབ་ཏུ་བྱེད་དགོས་པར། རྗེ་ལམ་མདོག་སེར་ཙམ་ལས་སྤྲོད་པའི་ཆུ་བུར་དང་ཆུ་སེར་ཕྲན་བུ་བྱུང་ཡང་མ་ལོན་པ་ཡིན་པས་དེ་དོན་བྱེད། རྣམ་ཤར་ན་ལྷ་བོན་དང་མི་རྣའི་དགོས་བྱེད་གོང་བཞིན་དང་། རྣམ་གཙང་ཁྲིད་

སྨུམ་སྟོད་གཏིང་ཚད་མཐོ་གང་ཡོད་པའི་ཚད་ལོངས་དགོས་པའི་སྟོབས་ཀྱིས་ཁྲིམས་ས་ནས་སྲིད་ཀྱང་། སྐྱང་ང་ཚུ་ཐུབ་སྨུམ་དང་བཅས་པ་དཀྲུག་མཁན་གྱིས་བསྒྲིག། ཛེའུ་དཀར་ནག་གཙང་མ་ཞོ་དོ་རེ་ཡོད་པ་སྨུམ་ནང་དུ་བསྐྱུར། སྨུམ་སྐོལ་ཚད་ནས་ཇོག་བསྐྱུར་འཕྲུལ་ཡོངས་སུ་གསངས་ནས་ཁ་མ་དོན་པར་ཆ་འཛོག་ཉིད་ཁད་དྭངས་པའི་ཛེའུ་མདོན་པ་ཙམ་བྱུང་ཚེ་ཉེ་གྲིབ་བཏང་ནས་ཛེའུ་མི་མཐོང་བ་བྱེད། དཀྲུག་མཁན་གྱིས་ལག་པ་ཆུ་དང་འོ་མས་དཀྲུས་བྱེད་རེ་ཚོག་འཁྱོགས་ལྷད་མེད་པ་འདོན་བཅུག སྨུམ་བཀྲུག་བཅུག་པའི་ཐོག་མར་ཛེའུ་ལོན་ན་དང་། མ་ལོན་ཚེ་དེར་ཇེ་ཐེངས་གཉིས་ལེན་དུ་བཅུག་ནས་ཀྱང་མ་ལོན་ན་ཛེའུ་ནག་པོ་ལོན་པ་ཁྱད་པར་མེད། བདེན་རྫུན་ཛེའུ་དཀར་ནག་གཙོ་བོར་སྨོད་པས་ཛེའུ་དཀར་པོ་ལོན་ཕྱིན་ལག་པ་ཚིག་ཀྱང་དཀར་པར་ཐོན། མནའ་ཇོ་སྨུམ་གསུམ་གྱི་རེ་ཚིག་དོ་བདག་གི་ཀློག་མ་ཤེས་ན་མི་སྨས་བསྒྲགས་པའི་རྗེས་བཟློས་བྱས་རྗེས་མགོ་ལ་བསྒྲགས། མནའ་ས་ཇོ་ས་སྨུམ་ས་གསུམ་ནས་བབས་པར་ཤར་ཚེ་དབབ་མཚམས་ཟིན་པ་ཐལ་ཆེ་བས་ཉེས་ཆད་གཏོང་། ཇོ་སྨུམ་གྱི་ཚོང་སྐབས་ཐོབ་དང་བསྟུན་པ་བྱེད། མངགས་སྤྱུང་དུ་བཏང་བའི་མི་སྣ་རྣམས་ཀྱི་སྟོ་ཚས་ཟ་རྒྱུག་ཆད་ཤུལ་ཀང་སླ་འཕྲུལ་ཚས་སོགས་ལེན་ལུགས་ཚད་འཛིན་མེད་པའི་སྣ་ཚོགས་ཞིག་ཡོད་འདུག་པས་ད་གསོ་ཆད་པ་གསེར་ཞོ་རེ་ལ་མཁར་ཏུའི་ཁ་བཅུ་དྲུག་མ་དང་མར་ཞོ་རེ་ལ་ཁལ་བརྒྱད་མ་རྩིས་པའི་སྟོན་ཚས་ཀང་སླ་ཆད་ཤུལ་བསྐོམ་པར་ཆད་དོད་སྲིད། དེ་ཕྱིན་བཀའ་ཤག་སྟོན་

པར་ཕྲོག་འགྱིང་མི་བྱེད། །

མི་སྨ་ངོ་བོ་བྲུང་འཁོར་ལ་འཕྲུལ་ཆས་ཉིན་རེ་དུས་གཉིས་མའི་དུས་རེར་མཁར་རྩའི་ཁལ་རེ་དང་། གཡོག་མི་རེར་དུས་རེར་མཁར་རྩའི་བྲེ་དོ་མ་ལ་ཟྭེ་ཐང་བསྐོར་བ། ཉོན་རྟ་རེ་ལ་ཆུ་ཆག་བསྡོམ་པར་ཉིན་རེ་མཁར་རྩའི་བྲེ་ལྔ་ལ་དེ་ཕྱིན་རྟ་དྲིལ་ངོ་ཡོད་རེ་དུས་གཉིས་རེར་མཁར་རྩའི་ཁལ་བྲེ་དོ་མ། ཟ་སྒྱུར་ལྔ་ལ་མི་གསུམ་རེའི་སར་ཚང་རྒྱང་རེ། །

ནང་ཟན་ལ་འཕྲུལ་ཆས་ཉིན་རེ་དུས་གཉིས་མའི་དུས་རེ་མ་མཁར་རྩའི་ཁལ་ཕྱེད་མ་ལ་ཟྭེ་ཐང་སྐོར་བ། གཡོག་འཁྲིད་འོས་པར་ཤར་ཚེ་གོང་བཞིན། ཉོན་རྟ་རེ་ལ་ཆུ་ཆག་མཁར་རྩའི་ཉིན་རེ་གསུམ་མ་དེ་ཕྱིན་ལ་ཉིན་རེ་བྲེ་དོ་མ། ཟ་སྒྱུར་བཞི་ལ། ཚང་གོང་མཚུངས་མི་སྨ་ངོ་བོར་དཀར་ཤ་རྒྱབ་བཅས་ལ་དུས་རེ་ལ་ཤ་ཁོག་གི་འཛུགས་ལ་ཁལ་གཉིས་རེ་དང་། རྒྱབ་ལ་ཁལ་གཉིས་རེ་བསྡོམས་པས་ཉིན་ཞག་ཕྲུག་རེར་མཁར་རྩའི་ཁལ་བརྒྱད་མ་གཟུག་སྤྲེལ་རྒྱབ་ཆས་ལ་གོང་གི་ཕྱེད་ཆ་གཟུགས་ལ་དེའི་ཕྱེད་ཆ་སྤྲོད། ཟ་མ་སླུབ་ཀྱི་སར་འཕྲུལ་ཆས་དུས་ཉིས་མར་གཉིས་སྟེར་རྒྱབ་དུས་རེར་བྲེ་བཅུ་མའི་རྫས་ཞག་ཕྲུག་རེར་མཁར་རྩའི་ཁལ་རེ་ཆས་སྤྲོད་པར་ཆས་དུས་གཉིས་མར་རྒྱུར་བཅས་ཟ་རྒྱབ་རྐང་སླ་བསྡོམས་པར་ཉིན་ཞག་ཕྲུག་རེར་མཁར་རྩའི་བྲེ་བཅུ་མའི་རྫས་ཡོང་ལ། དེ་ལས་སྤྲོད་པའི་ལེན་ཆེ་ཉིས་འདེད་མ་བྱེད། །

བཤེར་འབོད་མི་སྣར་འཕྲུལ་ཆས་དང་རྐང་སླ་ནས་ཚོ་རེ་སྤྲོད།

འབའ་འདོད་མི་སྣ་རྣམས་ཀྱི་འབའི་བཞི་བྲུར་ལེན་ཟེར་བ་ཞིག་འདུག་ཀྱང་། གཟྲུ་ཕལ་པས་བཏང་ཡང་གཟྲུ་བདག་རྒྱལ་པོས་བྱེད་ཟེར་བ་བཞིན་བྲིས་ཡིག་རྒྱབ་ཐེལ་གྱི་དོན་མེད་དུ་བཏང་ཚེ་དན་སོ་འཆལ་པར་གཏོང་བ་ཉེས་ཆད་ཆེ་བས། མི་སྣའི་ལེན་འབབ་ཆད་པ་དང་འདྲ་བ་བྱེད། །

གཞུང་སྒེར་ཁྲུལ་ནས་མི་ངན་འཁྲུག་ཅན་སྟོང་སྟེ་ཤེས་འདོད་འོས་མིན་གྱི་བསམ་ཁྲུང་དུ་བཙུག་པའི་རིགས་ཚོས་སྡེ་ཆེ་ཕྲ་སོགས་དྲག་ཞན་སུས་ཀྱང་མགོ་གཏད་མི་ལེན། དཔོན་རིགས་སོ་སོའི་སྒེར་གཡོག་དོན་བུད་བྱས་པ་བསྟེན་རེས་མི་བྱེད། ལྷ་སྡེ་མི་སྡེ་པོ་ནས་ཁྲིམས་སར་གཏུགས་སྒྲུངས་དགོས་པའི་རིགས་ཞུ་སྣེ་སྒྲུར་རྗེས་ཞུ་སྒོ་མ་ཕིག་པ་ཤར་ན་མ་གཏོགས་ངན་ཁལ་བརྒྱལ་གྱི་ཞུ་འབོད་མི་བྱེད། གལ་ཏེ་བྱས་པ་ཤར་ན་འཛིན་ཐུབ་ན་དང་། དེ་མིན་ཆད་པ་འགེལ། ཕོ་བྲང་རྒྱལ་སྒོའི་ནང་དུ་ཞུ་འབོད་བྱས་ཚེ་བག་ཡངས་ཀྱི་རྣམ་པ་ཚོད་མེད་ཡིན་པས་ཞུ་སྣེར་སྒྲུར་ལ་མ་ངེས་པའི་ཆད་པ་མགུར་ཞོ་འགེལ། བྲེ་ཉག་ཚོང་འདུས་ཡུལ་ཚན་སོ་སོའི་ཚད་མ་གང་ཡོད་ལས་སྤར་འཕྲི་བཟོ་བཅོས་བྱས་པ་བྱུང་ན་དེ་གའི་བྲེ་ཉག་གཅོག་པ་དང་བྱེད་མཁན་སུ་ཡིན་ལ་ཉེས་ཆད་མར་གསེར་གྱི་སྲང་གང་གཏོང་། ས་རིམ་ཡུལ་ཚན་སོ་སོར་གཏན་ཚིགས་བཀྲམ་པའི་དོན་ལས་འགལ་མེད་དགོས་རྒྱུ་ཡིན། །

ཕྱོགས་རྣམས་ཀུན་ལས་རྣམ་པར་རྒྱལ་བ་ཡི། །རྒྱལ་ཐ་སྲིད་པའི་རྩེ་མོར་བརྟུངས་པའི་དབྱངས། །སྲིད་གསུམ་ཁྱབ་པར་བསྒྲགས་པའི་

རྫོགས་ལྡན་གྱི། །དགའ་སྟོན་པ་ལ་འཆར་བའི་སྐད་དུ་སྙན། །འཇིག་རྟེན་དབང་ཕྱུག་སྲོང་བཙན་སྒམ་པོ་ཡི། །ལུགས་གཉིས་ཁྲིམས་ཀྱི་ནམ་མཁའི་ནོར་བུ་ཆེར། །སྔར་ཡང་ཤར་འདི་མི་སྲུན་མུན་པའི་ཚོགས། །འཇམ་ཤིང་དགེ་བའི་སྣང་བ་རྒྱས་བྱེད་ཡིན། །འདི་ནི་ཕན་དང་བདེ་བའི་ཕུན་ཚོགས་ཀྱི། །དགོས་འདོད་སྦྱིན་པའི་དཔག་བསམ་དབང་པོ་སྟེ། །མཐོ་རིས་ཡོན་ཏན་བདུན་གྱི་ཁྲིར་འཛེག་པའི། །རྐང་སྟེགས་རབ་ཏུ་མཐོན་པོར་གྱུར་པ་འོ། །ཐུབ་བསྟན་གསེར་གྱི་འདབ་མ་རྒྱས་པའི་ཚལ། །མཆོག་ཏུ་རྒྱས་བྱེད་ཉིན་མོའི་དབང་ཕྱུག་སྟེ། །བདེ་སྐྱིད་ཆར་ཆེན་དུས་སུ་འབེབས་བྱེད་པའི། །རྫོགས་ལྡན་གསར་དུ་འགོད་པའི་སྤྲིན་ཆེན་པོས། །དེ་ལྟར་ཡངས་པའི་རྒྱལ་ཁམས་ཆོས་བཞིན་དུ། །ཁྲིམ་ལུགས་བཟང་པོས་བསྡམས་ནས་ལེགས་བསྐྱངས་པའི། །རྣམ་དཀར་གང་དེས་རྒྱལ་བའི་བསྟན་ས་མཆོག །དེ་འཛིན་བྱེད་པ་རྒྱས་ཤིང་བརྟན་པར་ཤོག །གླིང་བཞི་ལྷ་དང་བཅས་པའི་སྤྱི་བོ་རུ། །མངའ་ཐང་གཙུག་ཏོར་ནོར་བུ་འབར་བའི་སྐབས། །ལས་གཞིའི་ཟེར་དུ་འཕྲོ་འདིར་སྲིད་པ་གསུམ། །བགྲང་ཡས་བསྐལ་བའི་བར་དུ་བསྲུང་གྱུར་ཅིག །སྲིད་པ་ཇི་སྲིད་གནས་པ་དེ་སྲིད་དུ། །རིགས་རྒྱུད་མུ་ཏིག་འཕྲི་ཤིང་དར་བ་དཔྱིད། །ཕན་བདེའི་འབྲས་བུ་ལོ་འདབ་རྒྱས་པ་ཡིས། །གྲིབ་བསིལ་སྟུམ་པས་འགྲོ་རྣམས་སྐྱོང་གྱུར་ཅིག །བཀྲ་ཤིས་གང་ཞིག་མཆོག་གསུམ་བསླུ་མེད་བདེན་པ་དང༌། །ཚངས་དང་དབང་པོ་ཕྱོགས་སྐྱོང་བཅུ་དང་རྒྱལ་ཆེན་བཞི། །བསྟན་པ

བསྲུང་ཞིང་འཛིག་རྟེན་སྐྱོང་བ་ཐམས་ཅད་ཀྱི། །སྲིད་འདིར་དགེ་ཞིང་ཉེས་པའི་དངོས་པོ་ཐམས་ཅད་སྟོལ། །ཞེས་ས་བདག་ཅེས་པ་ལྕགས་མོ་ལུག་(༡༥༩༡)གི་སྨིན་དྲུག་ཟླ་བའི་དཀར་པོའི་ཕྱོགས་ཀྱི་དགའ་བ་དང་པོའི་ཚེས་ལ་བྲིས། །

དགའ་ལྡན་ཕོ་བྲང་གི་ཁྲིམས་ཡིག་ཞལ་ལྕེ་བཅུ་གསུམ།

ཨོཾ་སྭསྟི། སྲིད་ཞིའི་ཕུན་ཚོགས་འཆི་མེད་ལམ་ཡངས་པོར། །ཚོགས་གཉིས་ངོ་མཚར་སྣང་བས་ཡོངས་འགེངས་བའི། །སྤྲིན་བྲལ་དབྱིངས་དང་ཡེ་ཤེས་ལ་མཉམ་པའི། །ཆོས་དང་དགེ་འདུན་བཅས་པས་དགེ་ལེགས་སྩོལ། ༈ །ཨེ་མ་སྒྲོན་བསྐལ་གཉིས་པ་བཞིན། །གསར་དུ་ཤར་བའི་དུས་བཟང་པོར། །མཆོད་ཡོན་ཉི་ཟླ་ཟུང་གཅིག་གི །བཀའ་ཁྲིམས་སྟོབས་ཀྱི་འཁོར་ལོས་སྒྱུར། །མངའ་འབངས་དུས་བདེའི་དཔལ་ལ་སྤྱོད། །སྐྱིད་ཀྱི་ཉི་མ་དགུང་ནས་ཤར། །འདི་འདྲའི་སྐལ་བཟང་མཐོང་རྣམས་སྐྱིད། །སྔོན་བསགས་བསོད་ནམས་མཐུ་ལས་འོང་། །ཞེས་བརྗོད་ནས། ཇི་སྐད་དུ། ཕྱག་སྟོང་འཁོར་ལོས་བསྒྱུར་བའི་རྒྱལ་པོ་སྟོང་། །སྤྱན་སྟོང་བསྐལ་པ་བཟང་པོའི་སངས་རྒྱས་སྟོང་། །གང་ལ་གང་འདུལ་དེ་ལ་དེར་སྟོན་པའི། །བཙུན་པ་སྤྱན་རས་གཟིགས་ལ་ཕྱག་འཚལ་ལོ། ཞེས་གསུངས་པ་ལྟར། བོད་ཁ་བ་ཅན་འདིར་འཕགས་པ་སྤྱན་རས་གཟིགས་འཇིག་རྟེན་དབང་ཕྱུག་གི་ཞིང་ཁམས་གང་ལ་གང་འདུལ་གྱི་ཚུལ་དུ་སྟོན་ཆོས་རྒྱལ་མེས་དབོན་རྣམ་གསུམ་དང་། ལོ་པཎ་བླ་མ་དགེ་བའི་བཤེས་གཉེན་རྒྱལ་བློན་སྐྱེ་བ་བྱང་སེམས་རེ་དྭགས་རྒྱལ་པོ་རུ་རུ་དང་། །ཏ

མཆོག་ཧྲཱ་ལ་ཧ་སོགས་པའི་རྒྱལ་སོང་། མདོར་ན་གྲུ་ཟམ་ལ་སོགས་པས་སེམས་ཅན་གྱི་དོན་དང་ཕན་ཐོགས་ནུས་པ་ཐམས་ཅད་ནི། འཕགས་པ་སྤྱན་རས་གཟིགས་ཀྱི་སྤྲུལ་པ་འབའ་ཞིག་ཡིན་པ་ལུང་དང་རིགས་པས་གྲུབ་པ་བཞིན་ད་ལྟའི་རྒྱལ་མཆོག་དམ་པ་འདི་ཉིད་ཀྱི་མཛད་པ་ཕྲིན་ལས་དང་མཚན་ཡོན་རྣམ་གཉིས་ཀྱི་བཀའ་ཁྲིམས་བཟང་པོ་དུས་བདེ་ས་འཛམ་པས། ཀན་མོ་གསེར་ལུག་མགོ་ཙམ་ཁྱེར་བས་ཀྱང་རྒྱ་དབུས་ཀྱི་བར་བགྲོད་ཅིང་། བསྟན་པའི་གཙོ་བོ་ཇོ་ཤཱཀ་རྣམ་གཉིས་ལ་ཕྱོད་པ་གཏུགས་ཏེ་རང་རང་གིས་ཐེག་པའི་སེམས་བསྐྱེད་དང་བསྟུན། སྨོན་ལམ་གང་ལ་གང་འཚམས་འདེབས་པ་དང་རང་རང་གི་རྒྱུ་ལོངས་སྤྱོད་ཅི་འབྱོར་ཇོ་ཤཱཀ་སྤྱན་སྔར་མཆོད་སྤྲིན་སྤྲོ་བ། དགེ་འདུན་གྱི་སྡེ་རྣམས་ལ་དགེ་བ་རྒྱ་ཆེར་སྒྲུབ་ཚོག་པ་ལ་སོགས་ཏེ། ལུགས་གཉིས་ཀྱི་སྒོ་ནས་སེམས་ཅན་གྱི་དོན་མཛད་པ་ནི་ཤབ་དང་ཤོབ་མ་ཡིན་པར་ཐམས་ཅད་ཀྱིས་གཟིགས་པ་འདི་གཙོ། །དེ་ཐམས་ཅད་ཀྱི་མཛད་པ་རྣམ་ཐར་ནི་སངས་རྒྱས་ཀྱི་གཟིགས་ཞིང་ཁམས་འབའ་ཞིག་ཏུ་སོང་བས་བདག་སོགས་བློ་དམན་རྣམས་ཀྱིས་གཞལ་བར་ག་ལ་ནུས་ཤིང་། འོན་ཀྱང་སོ་སོའི་མོས་ངོར་ཤར་བའི་གཏམ་རྒྱུད་ཁྲུངས་བཙུན་གྱི་ལོ་རྒྱུས་ཟུར་ཙམ་བརྗོད་འདོད་པར། དེ་ཡང་བན་ཀན་པོང་བུས་གཟིག་ལྷགས་ཀྱོན་ཏེ། ཇོང་གསང་སྔགས་བདེ་ཆེན་དུ་ལོ་ཤས་བསྡད་སྐབས་མི་བདག་གི་བླ་མ་ཟབ་མོ་རིམ་ལྔའི་ཁྲིད་ལ་སྐུ་དྲིན་ཆེ་བ་དགེ་བའི་བཤེས་གཉེན་དོན་དང་མཐུན་པ་གླིང་སྨད་ཞབས་དྲུང་རིན་པོ་ཆེའི་གསུང་

རྒྱན་དང་སྐྱིད་ཤོད་ཆོས་ཁྲིམས་པ་ཞེས་སྐྱེ་བོ་ཤེས་རབ་ཆེ་ཞིང་དབང་པོ་ཡངས་པ། ལོ་རྒྱུས་ལ་མཐོང་རྒྱ་ཆེ་བ། ཆོས་འབྱུང་དེབ་ཐེར་གྱི་རིགས་ལ་འདྲིས་པ་ཞིག་ཡོད་པ་རྣམས་ཀྱི་གཏམ་རྒྱུད་དང་། སྐྱིད་【སྐྱེ】ཤོད་ལུང་པ་འདི་འདུས་ཆེ་བས་ལྷོ་བྱང་སྟོད་སྨད་ཐམས་ཅད་ཀྱི་གནའ་གཏམ་ཁུངས་བཙུན་པ་ཐོས་པ་དང་། ཡིག་རིགས་འདྲ་ཡང་མཐོང་བས་མཆོད་ཡོན་གྱི་མཛད་པ་རྒྱ་མཚོ་ནས་ཆུ་ཐིགས་ཙམ་ཞིག་བརྗོད་པར་བྱ་སྟེ། ༄ རྒྱལ་མཆོག་དམ་པ་འདི་ཉིད་འཕགས་པ་སྤྱན་རས་གཟིགས་ཀྱི་རྣམ་པར་སྤྲུལ་པ་འཁྲོམ་སྟོན་རྒྱལ་བའི་འབྱུང་གནས་དེ་ཉིད་ཡིན་ལ། དེའི་རྣམ་པར་སྤྲུལ་པ་རྗེ་ཐམས་ཅད་མཁྱེན་པ་དགེ་འདུན་གྲུབ་པ་དང་། ཐམས་ཅད་མཁྱེན་པ་དགེ་འདུན་རྒྱ་མཚོ་མཁས་གྲུབ་གཉིས་འཛོམས་ཀྱི་དགེ་བའི་བཤེས་གཉེན། དེའི་སྤྲུལ་པ་ཐམས་ཅད་མཁྱེན་ཅིང་གཟིགས་པ་ཆེན་པོ་བསོད་ནམས་རྒྱ་མཚོ། དེ་ཉིད་ཀྱི་སྤྲུལ་པའི་སྐུ་མཆོག་ཐམས་ཅད་མཁྱེན་པ་མཁས་ཤིང་གྲུབ་པ་བརྙེས་པ་ཡོན་ཏན་རྒྱ་མཚོ་དང་རྒྱལ་བ་དེ་རྣམས་ཀྱི་ཐུགས་རྗེའི་རྒྱ་མཚོ་ལས་ཡིད་བཞིན་གྱི་ནོར་བུ་མངོན་པར་སྤྲུལ་པ་རྒྱལ་བ་བློ་བཟང་རྒྱ་མཚོ་ཞེས་ཐུགས་རྗེའི་ཕྲིན་ལས་དང་སྙན་གྲགས་ཀྱི་བ་དན་དཀར་པོ་སྲིད་པ་གསུམ་གྱི་རྩེ་ནས་མངོན་པར་འཕྱུར་བ་འདི་ཉིད་ཀྱི་བར་དུ་ཟམ་མ་ཆད་པར་ཕེབས་ཤིང་། རྒྱལ་བ་འདི་རྣམས་ལ་སྔོན་རྒྱ་གར་དུ་སངས་རྒྱས་རེ་རེར་འཁོར་ལོས་བསྒྱུར་བའི་རྒྱལ་པོ་རེ་རེ་བྱུང་བ་དང་ཚུལ་མཐུན་པའི་ཐམས་ཅད་མཁྱེན་ཅིང་གཟིགས་པ་རྗེ་རིན་པོ་ཆེ་བསོད་ནམས་རྒྱ་མཚོ་དང་

དུས་མཚུངས་པར་སོག་ཡུལ་ཡངས་པའི་རྒྱལ་ཁམས་སུ་ཨལ་ཐན་ཆོས་ཀྱི་རྒྱལ་པོ་བསོད་ནམས་དང་སྟོབས་འཁོར་གྱིས་མངོན་པར་མཐོ་བའི་རྒྱལ་རྒྱུད་ཆེན་པོ་ཞིག་བྱུང་ཞིང་། མདོ་རྒྱུད་རྣམས་ནས་ལུང་བསྟན་པ་ལྟར་སངས་རྒྱས་ཀྱི་བསྟན་པ་བྱང་ནས་བྱང་གི་ཕྱོགས་སུ་རྒྱས་པར་འགྱུར་རོ། །ཞེས་གསུངས་པ་ལྟར་སྨོན་ལམ་གྱི་དབང་གིས་ཐམས་ཅད་མཁྱེན་ཅིང་གཟིགས་པ་ཆེན་པོ་བསོད་ནམས་རྒྱ་མཚོ་དང་ཨལ་ཐན་ཆོས་ཀྱི་རྒྱལ་པོ་ཡོན་མཆོད་དུ་འབྲེལ། སོག་ཡུལ་མཐའ་ཁོབ་ཀྱི་ཡུལ་དུ་སངས་རྒྱས་ཀྱི་བསྟན་པ་ཉི་མ་ཤར་བ་ལྟར་སྤེལ་བ་མཛད། རྒྱལ་བ་འདི་ཉིད་ཀྱི་སྤྲུལ་པ་རྒྱལ་བ་ཡོན་ཏན་རྒྱ་མཚོ་ཞེས་མཁས་ཤིང་གྲུབ་པ་པ་འདི་ཉིད་ཐོ་གོད་ཀྱི་རྒྱལ་རྒྱུད་དུ་འཁྲུངས། འདི་དང་དུས་མཉམ་དུ་རྒྱལ་པོ་འཁོར་ལོ་ཆེ་ཞེས་སྟོབས་མངའ་ཐང་ཆེ་བ་ཞིག་བྱུང་ཞིང་། མཆོད་ཡོན་འདི་གཉིས་ཀྱིས་ཀྱང་སངས་རྒྱས་ཀྱི་བསྟན་པ་སྤྱི་དང་བྱེ་བྲག་གསང་སྔགས་རྡོ་རྗེ་ཐེག་པའི་བསྟན་པ་ཆེས་ཆེར་རྒྱས་པར་མཛད་ཅིང་། རྒྱལ་བ་དེའི་རྣམ་པར་སྤྲུལ་པ་༧རྒྱལ་མཆོག་དམ་པ་བློ་བཟང་ཆོས་ཀྱི་རྒྱ་མཚོ་ཞེས་མཚན་ཉི་ཟླ་ལྟར་གྲགས་པ་ལུགས་གཉིས་ཀྱི་མངོན་པར་མཐོ་བ་ཐམས་ཅད་མཁྱེན་པ་དང་དོན་མཐུན་པ་མཁས་ཤིང་གྲུབ་པ་འདི་ཉིད་ཟ་ཧོར་ཆོས་ཀྱི་རྒྱལ་པོའི་རིགས་སུ་ངོ་མཚར་བའི་ལྟས་དང་བཅས་ཕེབས། དེ་དང་དུས་མཚུངས་པར་སྔོན་གྱི་སྨོན་ལམ་བཟང་པོས་མཚམས་སྦྱར་ཏེ་བསྟན་འཛིན་ཆོས་ཀྱི་རྒྱལ་པོ་ཞེས་པ་ནི་འདི་ལྟ་སྟེ། ༈ །སྔོན་བསཏ་བསོད་ནམས་གནམ་གྱི་ཤེ་མོང་དེས། །བོད་ཡུལ་

གངས་ཅན་རྒྱལ་པོར་དབང་བསྒྱུར་བ། །ཆོས་ཀྱི་རྒྱལ་པོ་བསྟན་འཛིན་རྣམ་པར་རྒྱལ། །ལུགས་གཉིས་བསྟན་པའི་བདག་པོ་དེ་ལ་འདུད། །ཅེས་བསྟོད་པར་འོས་པའི་རྒྱལ་རྒྱུད་ཆེན་པོ་དཔའ་ཞིང་བརྟུལ་ཕོད་པ། དགོངས་པ་དཀྱིལ་ཟབ་པ། རང་བཞིན་བཟང་བ། སངས་རྒྱས་ཀྱི་བསྟན་པ་ལ་གུས་པ། དམ་ཚིག་ལ་གནས་པ། མངའ་འབངས་ལ་བྱམས་པ། བཀའ་ཁྲིམས་བཙན་པ། རྒྱུ་ནོར་ལ་གསེར་དང་བོང་བ་མཉམ་པ། ཆོས་ཀྱི་རྒྱལ་པོ་མཚན་དོན་དང་མཐུན་པ་འདི་བྱུང་། དེའི་སྐུའི་རིགས་རུས་ཚོ་འབྲང་གི་ལོ་རྒྱུས་ཟུར་ཙམ་བྱས་ན། འཛམ་གླིང་འདིར་རྒྱལ་པོ་ཆེ་བ་རིགས་དྲུག་ཡོད་པ་ནི། རྒྱ་གར་ཆོས་ཀྱི་རྒྱལ་པོ། རྒྱ་ནག་རྩིས་ཀྱི་རྒྱལ་པོ། གེ་སར་དམག་གི་རྒྱལ་པོ། ས྄་ཏ་ཇོར་གྱི་རྒྱལ་པོ། སྟག་གཟིག་【ཏག་ཟིག་】ནོར་གྱི་རྒྱལ་པོ། བོད་ནི་གློ་བུར་གྱི་རྒྱལ་པོ་སོགས་ཡོད་པ་ལས། རྒྱ་གར་ཆོས་ཀྱི་རྒྱལ་པོ་ནི་སྣང་ཆེན་གྱི་སྟེ་ལ་བུམ་པ་ཐོ་ཏ་པས་དབང་བསྒྱུར་བ་དེས་རྒྱལ་ས་འཛིན་པ་དང་། རྒྱ་ནག་གི་རྒྱལ་པོ་ནི། ཚེ་རིང་གནམ་གྱི་ཤེ་མོང་ཞེས། ཤེལ་གྱི་ཐམ་ག་བྱ་ཚེ་རིང་གིས་གང་ལ་གཏད་པ་དེས་རྒྱལ་ས་འཛིན་པ་དང་། ས྄་ཏ་ཇོར་གྱི་རྒྱལ་པོ་ནི། འཇུ་ལང་གི་ཁྲི་འཛིན་པ་དེས་རྒྱལ་ས་འཛིན་པ་དང་། སྟག་གཟིག་【ཏག་ཟིག་】ནོར་གྱི་རྒྱལ་པོ་ནི། ཕྱིའི་རྒྱ་མཚོ་ནས་ཡིད་བཞིན་གྱི་ནོར་བུ་ལོན་པ་དེས་རྒྱལ་ས་འཛིན་པ་དང་། གེ་སར་དམག་གི་རྒྱལ་པོ་ནི། ཕ་རོལ་རྒོལ་བའི་དམག་གི་དཔུང་ལས་རྣམ་པར་རྒྱལ་བ་དེས་རྒྱལ་ས་འཛིན་པ་དང་། བོད་འདིར་མང་པོས་བཀུར་བ

ཞེས་སྤྱི་ཁ་མཐུན་པས་རྒྱལ་ས་འཛིན་པ་སོགས་ཡོད་པ་ལས་རྒྱ་དཀར་ནག་དང་བོད་རྫོགས་སླ་ཞིང་། སྟག་གཟིག【ཏག་ཟིག】ནོར་གྱི་རྒྱལ་པོ་ནི། རྒྱ་གར་ཁ་ཆེའི་མཐའ་ཡི་སོག་པོ་ཁྲིའི་རྒྱ་མཚོ་ལས་ནོར་བུ་ལོན་པ་འདི་རྣམས་ཡིན་ཞིང་། ཧྲ་ཏ་ཧོར་གྱི་རྒྱལ་པོ་ནི་སོག་པོ་གཞུང་དྲུག་ཏུ་བྱས་པ་དེ་ཡིན་པ་དང་། གེ་སར་དམག་གི་རྒྱལ་པོ་ནི། ཨོ་རོད་ཚོ་ཁ་དྲུག་གི་རྒྱལ་རྒྱུད། དེའི་ནང་ནས་བསྟན་འཛིན་ཆོས་ཀྱི་རྒྱལ་པོ་འདི་གླུ་དབང་རྒྱལ་པོའི་གཙུག་གི་ནོར་བུ་ལྟར་མངོན་པར་མཐོ་བ་འདི་ཉིད་རྒྱལ་མཆོག་དམ་པ་འདི་ཉིད་ལ་སྐུ་ཚེ་ཚེ་རབས་སྔོན་མ་ནས་སྨོན་ལམ་བཟང་པོས་མཚམས་སྦྱོར་དུས་མཉམ་པར་ཕེབས་པའོ། །

རྒྱལ་མཆོག་དམ་འདི་རྣམས་ན་རིམ་དུ་ཕྲིན་ལས་ཀྱི་ཁ་ལོ་བསྒྱུར་བ་གུ་ཤྲི་ལས་ཀ་འཛིན་པ་བློ་གྲོས་བསོད་ནམས་ཀྱིས་མངོན་པར་ཕྱུག་པའི་དཔའ་བོ་ཆེན་པོ་རིམ་པར་བྱོན་པ་ནི། སྔོན་ཕག་གྲུ་བཀའ་བརྒྱུད་ཀྱི་སྐབས་དྲུང་ཆེན་རིན་པོ་ཆེ་ཏའི་སི་ཏུ་ཞེས་ལུགས་གཉིས་ཀྱི་སྒོ་ནས་བའི་བསྟན་པ་སྤྱན་སྔ་ན་རིམ་གྱི་ཕྲིན་ལས་ཆེས་ཆེར་སྤེལ་བར་མཛད་ཅིང་། དེང་སང་གི་བར་དུ་ཡང་སྡེ་སྲིད་སྣེའུ་གདོང་རྩེ་པ་ཞེས་སྡེ་དཔོན་ཁྲུངས་བཙན་པར་བྱེད་པ་འདི་དང་། ཞང་རིན་པོ་ཆེ་ཚལ་པའི་དུས་བླ་མ་ཞང་རང་གི་གདན་ས་ན་རིམ་གྱི་ཕྲིན་ལས་པ་དཔོན་རབས་ཚལ་པ་ཁྲི་དཔོན་དགའ་བདེ་དཔལ་སོགས་རྒྱ་ནག་གོང་མའི་ལས་ཀ་འཛིན་ཅིང་། ཚལ་པའི་བསྟན་པ་སྐྱོང་བའི་དཔོན་རབས་རིམ་པར་བྱུང་འདུག་པ། དཔོན་རབས་

ཀྱི་ཐོག་མ་ནང་སོ་ཀྱ་ལེ་ནས་ཞེས་དཔའ་བོ་ཕུར་བུ་བློ་གྲོས་དང་ལྡན་པ་མི་རབས་རིམ་པར་བྱོན་པ་རྣམས་ཀྱི་སྐུའི་རིགས་རུས་ཀྱི་དབང་དུ་བྱས་ནས། མདོ་ཁམས་ཀྱི་ཕྱོགས་སུ་ཡུལ་ལྡན་མ་ན་གྲོང་ལེ་མ་གྲོང་ཞེས་ཡོད་པར། རྒྱའི་མི་དཔོན་སྐུ་བསོད་དང་དད་པ་ཞིག་ཡོད་པ་དེ་མདོ་ཁམས་སུ་ཡར་འཐོས་ལེ་མ་གྲོང་དུ་ཕྱུག་ཕེབས་པས་དེ་སྐུ་མཆེད་ཀྱི་རིགས་རུས་རིམ་པར་བྱོན་པའི་ནང་ནས་དད་པ་བློ་གྲོས་དང་ལྡན་མཆེད་གཉིས་ཀྱི་ལྷ་ལྡན་ཇོ་ཤཱཀ་གི་སྙན་གྲགས་ལ་དད་པར་འབྲུངས་ཤིང་། རྒྱལ་བ་ཤར་ཙོང་ཁ་པ་བློ་བཟང་གྲགས་པའི་བསྟན་པ་སྐྱིད་ཤོད་ན་དར་བའི་སྙན་པ་གསན་ནས་ཉེ་མ་དབུས་ཕྱོགས་ཀྱི་སྐྱིད་ཤོད་དུ་ཕེབས། ཡུལ་སྟོད་དུ་ལུང་དུ་གདན་ས་ཆགས་པ་རྒྱ་ཡིན་པ་དང་། ཁམས་ཀྱི་གྲོང་མིང་གཉིས་ཀའི་མཚན་ཆགས་སྟེ་སྟོད་ལུང་རྒྱ་ལེར་གྲགས། མཆེད་དེ་གཉིས་ཀྱི་རུས་ལ་དཔའ་བརྟུལ་དང་འབྱོར་པ་བློ་གྲོས་ཀྱི་འདྲི་ས་བྱེད་པ་ཤེས་བྱ་འགྲན་པའི་ཟླ་ཐམས་ཅད་དང་བྲལ་བ་རིམ་པར་བྱོན་པའི་ནང་ནས་ས་ཡི་ཚངས་པ་རྒྱ་ལེ་ནས་ཆོས་ཀྱི་མཛད་པ་ཆེན་པོ་མཁའ་ལྟར་ཁྱབ་པའི་གྲགས་ལྡན་སྐུ་བསོད་ཀྱི་མངོན་པར་མཐོ་བས་དེས་རྒྱལ་བ་བསོད་ནམས་རྒྱ་མཚོ་དང་། ཡོན་ཏན་རྒྱ་མཚོ་གཉིས་ཀྱི་གུ་ཤྲི་ལས་ཀ་འཛིན་པར་མཛད། སྤྱིར་སངས་རྒྱས་བསྟན་པ་དང་། ཡང་སྒོས་དཔལ་རི་བོ་དགའ་ལྡན་པའི་བསྟན་པ་མཐའ་རྒྱས་སུ་མཛད་ཅིང་། རིགས་རུས་དེ་རྣམས་ལས་འབྲུངས་པའི་ད་ལྟའི་སྡེ་སྲིད་བསོད་ནམས་ཆོས་འཕེལ་ཞེས་ལུགས་གཉིས་ཀྱི་མཛད་པ་བསམ་གྱིས་མི་ཁྱབ་པ་མངོན་མཐོ་བསོད་

ནམས་ཀྱི་དཔལ་ལ་ལེགས་པར་གྲུབ་པས་རྒྱལ་བརྒྱུད་ཆེན་པོ་དེ་རྣམས་དང་
སྐྱེ་བོ་མཆོག་དམན་ཐམས་ཅད་ཀྱི་གཙུག་རྒྱན་དུ་འཁུར་བ་འདི་ཉིད་རྒྱལ་
མཆོག་དམ་པ་འདི་དང་དུས་མཉམ་པར་སྨོན་ལམ་རྟེན་འབྲེལ་གྱིས་
མཚམས་སྦྱར་ནས་ཕེབས། ཕྲིན་ལས་ཀྱི་ཤིང་རྟ་ཆེན་དུ་འདྲེན་པའི་ཁ་ལོ་
བ་ཆེན་པོ་མཛད། བསྟན་འཛིན་ཆོས་ཀྱི་རྒྱལ་པོ་དང་ཐུགས་ཡིད་གཅིག་ཏུ་
འདྲེས། གནམ་ལ་ཉི་ཟླ་ཟུང་གཅིག་དང་། ས་ལ་མཆོད་ཡོན་རྣམ་གཉིས་
སུ་གྲགས། ཞུར་གཏམ་སྙན་ངག་གི་སྒྲོ་འདོགས་མ་ཡིན་པ་འདིའོ། །རྒྱལ་
མཆོག་དམ་པ་འདི་ཉིད་ཀྱིས་བསྟན་པ་ཉི་མ་ཤར་བ་ལྟར་མཛད་ཅིང་། རྒྱ་
ནག་གོང་མ་རིན་པོ་ཆེ་དང་མཆོད་ཡོན་དུ་འབྲེལ་ཞིང་། ཐུགས་རྗེ་དང་རྫུ་
འཕྲུལ་གྱིས་རྒྱ་ནག་པོ་ཕྱེད་གཉིས་ལ་ཞབས་ཀྱི་བཅགས། ལྷ་ལྡན་གྱི་ཡུལ་
དུ་སྙན་གྲགས་བསམ་གྱི་མི་ཁྱབ་པ་དང་བཅས་ཕྱག་ཕེབས། སྟོན་འགྲོ་
མགོན་ཆོས་རྒྱལ་འཕགས་པ་རྒྱ་ནག་ལ་ཕེབས་པའི་ས་ཏོར་མཆོད་ཡོན་དུ་
འབྲེལ་བའི་རྣམ་ཐར་ཡིག་ཚང་ལས་ཀྱང་རྒྱལ་མཆོག་དམ་པ་འདི་ཉིད་
ཐུགས་རྗེ་དང་རྫུ་འཕྲུལ་ཆེ་བར་གྲགས་སོ། །མཆོད་ཡོན་འདི་གསུམ་གྱིས་
ལུགས་གཉིས་ཀྱི་སྒོ་ནས་སངས་རྒྱས་ཀྱི་བསྟན་པ་དར་རྒྱས་སུ་མཛད་པ་དང་
སེམས་ཅན་གྱི་བདེ་ཐབས་དགའ་བདེའི་དཔལ་ལ་ལོངས་སྤྱོད་པར་གྱུར་
ཅིང་། ལྷག་པར་དཔལ་རི་བོ་དགའ་ལྡན་པའི་བསྟན་པའི་མེ་རོ་སྤར་ནས་
གསོ་བར་མཛད་ནས་སེ་འབྲས་དགེ་གསུམ་གྱི་གཙོས་ཆོས་སྡེ་རྙིང་པ་རྣམས་
ཀྱི་ཉམས་གསོས་དང་། གསར་འཛུགས་ཆོས་སྡེ་དང་གྲྭ་ཚང་ཆེ་ཆུང་སོགས་

དགེ་འདུན་ཁྲི་ཁྲག་མང་པོ་འཛུགས་པ་ནས། ཞྭ་སེར་ཅན་གྱིས་ནམ་མཁའི་མཐའ་ཚུན་ཆད་ཁྱབ་པར་མཛད་ཅིང་། དཔལ་གྱི་ཆོས་འཁོར་ལྷ་སའི་ཞབས་ཏོཏ་རྒྱ་ཕིབས་འཕར་མ། མདའ་ཡབ་བྱ་འདབས་ལ་སོགས་པ་དང་། ཁྲམས་ཀ་བ་བརྒྱ་དང་བརྒྱད་དང་ཤིང་རྩེ་བཅུ་གཉིས་ཀྱིས་བརྒྱན་པ་ཤིང་རྩེ་ལྡེབས་བྲིས་བསྐལ་བཟང་སངས་རྒྱས་སྟོང་གི་ཡབ་ཡུམ་རིམ་འགྲོ་བ་འདུས་པ་ལ་སོགས་ན་བཟའ་ཡུལ་སྔོངས་མཚོན་ཙམ་མ་གཏོགས་འཛམ་བུ་ཆུ་བོའི་གསེར་རྗེབ་བྱུགས་སུ་མཛད་ནས། འོད་ཀྱིས་མཚན་མོ་ཡང་ཡི་གེ་སློགས་པ་ཙམ་གྱི་མཆོད་སྲིན་བསམ་གྱི་མི་ཁྱབ་པ་མཛད་ཅིང་། དམར་པོ་རི་ལ་འཕགས་པ་སྤྱན་རས་གཟིགས་ཀྱི་ཕོ་བྲང་པོ་ཏ་ལ་སྒྱུ་མའི་སྤྲུལ་པ་བཞིན་བཟོ་བཀོད་ཕུན་སུམ་ཚོགས་པ་བཞེངས་བ་གནང་ཞིང་། འཕགས་པ་ལོ་ཀེ་ཤྭ་ར་རྟེན་གྱི་གཙོ་བོར་བཞུགས་སུ་གསོལ། དེས་གཙོས་པའི་རྒྱ་དཀར་ནག་གི་སྐུ་གཞུང་ཐུགས་རྟེན་ལི་མ་ཁྱད་འཕགས་སངས་རྒྱས་བྱང་སེམས་ཀྱི་འཕེལ་གདུང་བཀའ་འགྱུར་བསྟན་འགྱུར་སོགས་བོད་སྤྱི་ཡི་བསོད་ནམས་གསོག་པའི་རྟེན་ཏེལ་གྱི་གང་བུ་བཞུགས་སུ་གསོལ་བར་མཛད། །རྗེ་རིན་པོ་ཆེའི་མཛད་ཆེན་གྱི་ཐོག་མ་ལྷ་ས་སྨོན་ལམ་ཆེན་མོར་དགེ་འདུན་ཁྲི་ཕྲག་མང་པོ་ལ་བསྙེན་བཀུར་ཞབས་ཏོག་མང་འགྲེད་སོགས་འདོད་དགུའི་ལོངས་སྤྱོད་ཆར་བཞིན་འབེབས་པར་མཛད་པ་དང་། རྗེ་ཤཱཀ་སྤྱན་སྔར་མཆོད་པ་བརྒྱ་ཚར་ཁོར་ཡུག་ཏུ་འཛུགས་པ་གནང་བ་སོགས་དཔལ་གྱི་ཆོས་འཁོར་ལྷ་ས་འདིར་སྤྱི་མཆོད་ཆེན་མོར་སོང་བའི་སྔ་རབས་སྔེ

དཔོན་སླབ་མ་གྲུབ་མཐའ་རིས་མེད་ཀྱི་ཞབས་ཏོག་གནང་བའི་ཡིག་ཚང་དང་ལོ་རྒྱུས་མང་བར་འདུག་ནའང་། དེ་ཐམས་ཅད་ཀྱི་ནང་ནས་མཆོད་ཡོན་འདི་གསུམ་གྱི་ཞབས་ཏོག་གནང་བ་ནི་འགྲན་གྱི་ཟླ་དང་བྲལ་བ་ཡིན་ནོ། །མཆོད་ཡོན་འདི་གསུམ་གྱི་ལུགས་གཉིས་ཀྱི་བཀའ་ཁྲིམས་བཟང་པོའི་བཀའ་ཤོག་དམར་ནག་གི་ལུང་གིས་སྟོད་ཧྣོ་ཏེ་རྒྱུག་པས་བཏུང་ས་ནས། སྨད་རྒྱ་མོ་དར་འཐགས་ཚུན་ཁྱབ་པར་མཛད་པའི་བཀའ་ཁྲིམས་བཟང་པོ་ཆོས་ཁྲིམས་དར་གྱི་མདུད་པ་ལྟར་འཇམ་ཞིང་། རྒྱལ་ཁྲིམས་གསེར་གྱི་གཉའ་ཤིང་ལྟར་ལྕི་ཞིང་ནོན་པ་ནི་འདི་ལྟ་སྟེ། ཆོས་རྒྱལ་ནམ་མཁའི་ནོར་བུའི་ལུང་གིས་ནི། །སྔོ་མོ་ལས་འཛིན་འོད་སྟོང་འཕྲོས་པ་ཡིས། །མངའ་འབངས་པདྨོའི་ཚལ་རྣམས་མ་ལུས་པ། །དགེ་ལེགས་འདབ་བརྒྱ་བཞད་པའི་དཔལ་དུ་མཛད། །ཅེས་བཀའ་ཁྲིམས་ཀྱི་རྩ་བའི་སྲོམས་གནང་བ་ནི་ཤེ་བམ་ཆེན་མོ་སོགས་ད་ཕྱིན་ཉི་འོག་གི་སྐྱེ་འགྲོ་རྣམས་མཛལ་དར་ཡུགས་ཅིག་ཏུ་གནས་དགོས་པའི་བཀའ་ཁྲིམས་ཀྱི་ལུགས་བཟང་པོས་རྒྱ་བོད་ཐམས་ཅད་དུ་གྲགས་པ་གནང་འདུག་པ་དང་ཆོས་ཁྲིམས་ཀྱི་དགོངས་པ་ཟབ་མོ་ནི། སེམས་ཅན་གྱི་བདེ་སྐྱིད་སངས་རྒྱས་ཀྱི་བསྟན་པ་རིན་པོ་ཆེ་ལ་རག་ལས་པར་དགོངས། དེ་ཡང་བསྟན་འཛིན་གྱི་སྐྱེས་བུ་དམ་པའི་བཤད་སྒྲུབ་དང་འཛིན་སྐྱོང་སྤེལ་གསུམ་ལ་རག་ལས་པས་ན་བསྟན་པ་རིན་པོ་ཆེའི་རྩ་བ་སོ་སོར་ཐར་པ་ལུང་གི་བསྟན་པ་ཡིན་པས། གཙོ་བོར་དགེ་འདུན་གྱི་སྡེ་ཆེ་ཆུང་རྣམས་ཀྱི་གདན་ས། མཁན་སློབ་ཟུར་འཚད་དང་བཅས་པའི་

བསྟན་པ་རིན་པོ་ཆེའི་ཁུར་ཆེན་པོ་རྒྱལ་དུ་བཏོན་ངེས། གྲྭ་པ་དགེ་འདུན་རྣམས་ཀྱིས་རང་རང་གི་ས་ནས་ཀྱང་། ཚུལ་ཁྲིམས་རིན་པོ་ཆེ་བསླབ་པ་རྣམ་པར་དག་པ་ལ་གཞི་བཅོལ། བཅས་པ་རང་བཞིན་གྱི་ཁ་ན་མ་ཐོ་བའི་ཕམ་པ་དང་། ཉེས་པ་ལྟུང་བ་མེད་ངེས་ཐོས་བསམ་དང་བཤད་ཉན་རྒྱལ་དུ་འདོན་པ་དང་། སྒྲུབ་སྡེའི་སྒོམ་གྲྭ་སོ་སོའི་བླ་མ་རྣམས་ཀྱིས་སྙིང་པོའི་བསྟན་པ། ཁྲིད་སྟོན་སྒོམ་སྒྲུབ་སོ་ཏ་ཚུགས་ཀ་བཟང་བ་ཆོས་ཁྲིམས་དགེ་འདུན་གྱི་དུས་མཚམས་སྒོམ་པ་ཚུན་དུས་མཆོད་སོགས་བླ་མ་ན་རིམ་གྱི་ཕྱག་ལེན་བཟང་སྲོལ་གང་ཡོད་དུ་དུས་ཐོག་ཏུ་འབད་པ་ཐོན་ངེས། ཁྱིམ་པ་རྣམས་མི་དད་པར་གྱུར་བའི་སྤྱོད་ཚུལ་སྤོང་ཞིང་། ཕྱི་ནང་ཀུན་ནས་མོས་པ་ཐོབ་པར་བྱེད་དགོས་པར་དགོངས། དབུས་གཙང་སྟོད་སྨད་བར་ཁྲི་ཕྲག་མང་པོར་མང་ཛ་གདན་སྟོན་བསྙེན་བཀུར་གསེར་དངུལ་གོས་དར་རྒྱུ་ནོར་གང་ལ་གང་དགོས་ཀྱི་འགྱེད་གནང་སྦྱིན་སོགས་སེར་འཚོག་ཆེན་མོ་གནང་སྐབས། དགེ་འདུན་རབ་ཏུ་བྱུང་བའི་ཆ་ལུགས་ཅན་མ་གཏོགས་ཚོགས་ས་མེད་པའི་བཀའ་ཁྲིམས་བཅའ་བ་དང་། རྒྱལ་ཁྲིམས་གསེར་གྱི་གཉའ་ཤིང་གི་དགོངས་པ་ཟབ་མོ་ནི་སྔོན་གྱི་ཁྲིམས་ཡིག་སྙིང་པ་རྣམས་སུ་ཕྱི་བྱུས་པས་ཡན་ལག་བཅད་ནས་ཡུལ་གཞན་དུ་སྤྱུག་པའི་ཞེས་མིག་སྒྲིད་ཡན་ལག་དང་ཉིང་ལག་བཅད་ནས་རྒྱང་ཕུད་གཏོང་བ་སོགས་ཡོད་འདུག་ནའང་། མཆོད་ཡོན་འདི་གསུམ་གྱི་བཀའ་ཁྲིམས་ཀྱི་ཁྱད་པར་ཐེག་པ་ཆེན་པོའི་ཐུགས་བསྐྱེད་སྟོན་དུ་མཛད་ནས། ལུས་སྟེང་ཆོར་བའི་སྡུག་བསྔལ་

ཉམས་སུ་སྦྱོང་བ་དེ་ཐུགས་ཀྱིས་མ་བཟོད་པར། ནག་ཆེན་གྱི་ལུས་ངན་དེ་རྣམས་དེ་མ་ཐག་གནས་སྤར་ནས། གཡང་དང་ཆུ་ལ་གཡུག་སྟེ་ཇམ་ཟླེལ་གྱིས་ཕྱི་ལམ་ཁེགས་ཤིང་། ལུས་ངན་དེ་གའི་མོད་ལ་གཙང་བས། སླར་ཡོང་བ་དང་ཞ་པོ་སོགས་སྡུག་བསྔལ་མྱོང་མི་དགོས་པ་དང་། མི་དགེ་བཅུའི་ནང་ནས་སྲོག་བཅད་པ་དང་། ལྷག་པར་མི་ལུས་རིན་པོ་ཆེ་ལ་འབག་པ་འདི་ནག་ཆེ་བའི་དབང་དུ་མཛད་ནས་མི་བསད་ཀྱི་རིགས་ལག་དམར་གྱི་ནང་ཚང་གི་རྒྱུ་ནོར་ཐམས་ཅད་འདས་པོའི་རོ་དང་མཉམ་དུ་ཆུ་ལ་བསྐྱུར་དགོས་པ་དང་། མི་འཇིགས་པ་སྐྱབས་ཀྱི་སྦྱིན་པ་སེམས་ཅན་བདག་མེད་སྐྱོང་གི་མ་གཏོགས། རི་དྭགས། ཉ། སྲམ་རྣམས་སོ་སོར་རང་རང་གི་གནས་སུ་བདེ་བར་འཚོས་ཚོག་པའི་རི་རྒྱ་ཀླུང་རྒྱ་བསྡམས་པ་གནང་བ་དང་། ཁ་མཆུ་བུན་འབྲེལ་ཡོ་མང་ལ་ཤེ་བམ་གྱིས་མཚམས་གཅོད་གནང་ནས་འཁོན་རྩོད་མེད་པ་དང་། མངའ་ཁུལ་མི་སེར་རྣམས་ལ་ལོ་རེས་བསྐོར་གྱིས་ཁྲལ་དང་ཕོགས་ཆག་ཡང་གནང་བ་སོགས་སྟོན་གྱི་རྒྱལ་རབས་སུའི་ཁྲིམས་ལས་ཀྱང་ཇམ་ཟླེལ་ཆེ་བ། གཅད་ཁ་གཙང་བ། བརྗིད་ནོན་ཆེ་བ། སློམ་ཆུང་གི་ཕ་མ་ཁྲིམས་བདག་ཅེས་དོན་དང་མཐུན་པ་བཞིན་དུས་བདེ་ས་འཛམ་པའི་བདེ་སྐྱིད་དཔལ་ལ་ལོངས་སྤྱོད་པ་ནི་འདི་ལྟ་སྟེ། གཞན་ཡང་བཀའ་ཁྲིམས་ཀྱི་བྱེ་བྲག་རྣམས་ནི་སྔོན་གྱི་ཁྲིམས་ཡིག་རྙིང་པ་རྣམས་གཞིར་འཛུག་པ་མཛད་པའི་བཀའ་སྲོལ་བཟང་པོ་འདུག་པ་བཞིན་མཚོད་ཡོན་ནས་ལུང་ཕོགས་པའི་སྟེ་མོ་ལས་འཛིན་རྣམས་ཀྱང་

ཁྲིམས་ཀྱི་སྲོལ་ལུགས་ལ་ཤིན་ཏུ་ཐུགས་རྟུ་ང་བ་ཞིབ་པ་ཞིག་གནང་གི་འདུག་པ་ལྟར་དེ་སྔ་སྲི་སེར་གཏམ་རྒྱུད་དུ་བྱས་པའི་སྔོན་གྱི་གཏམ་རྒྱུད་དང་ཁྲིམས་ཀྱི་ཡིག་ཚང་རྙིང་པ་ཁུངས་བཙུན་རྣམས་ནས་བསྡུས་ཏེ། ཞལ་ལྕེ་བཅུ་དྲུག་པ་ཞིག་ཡོད་པ་དེ་སྔ་མོར་ཕེབས་རྣམས་ཀྱི་སྙན་དུ་གསན་ནས་དེའི་ཟིན་བྲིས་དགོས་ཚུལ་གསུང་མཁན་མང་དུ་བྱུང་བའང་། ཟིན་བྲིས་དེ་ལག་ན་མེད་པས་དངོས་གནས་དེ་འབུལ་རྒྱུ་མ་བྱུང་ཞིང་། དེ་ལས་འཕྲོས་པའི་མགོ་རྗོམ་དང་མིང་འདོགས་ཡོད་ཙམ་རེ་བསྒྱུར་ནས། མིང་ཁྲིམས་ཡིག་ཏུ་བཏགས་པ་འགའ་རེ་མཆེད་དུ་འདུག་པ། འདིར་དཔའ་བོ་སྟག་གི་ཞལ་ལྕེ་ཞེས་གཡུལ་འགྱེད་ལུགས་དང་། སྟར་མ་ཤའི་ཞལ་ལྕེ་ཞེས་རྫོང་འཛིན་ལུགས་དང་། སྣེ་མོ་ལས་འཛིན་གྱི་ཞལ་ལྕེ་ཞེས་སྡེ་དཔོན་གྱི་སྣེ་མོར་མངགས་པ་རྣམས་ཀྱི་བྱ་བ་ཆེ་ཕྲན་བྱེད་ལུགས་སོགས་ཞལ་ལྕེ་བཅུ་གསུམ་འདིར་མ་ཚང་འདུག་ན་ཡང་ཞུ་བཞེས་བདེན་རྫུན་གྱི་ཞལ་ལྕེ་ནས་བཟུང་ཞལ་ལྕེ་བཅུ་གཉིས་མགོ་རྩམ་ཚིག་བཅད་ཀྱི་རྒྱུན་ཙམ། འདི་ལ་ཞལ་ལྕེ་བཅུ་དྲུག་པའི་ཐོག་ནས་དཔའ་བོ་སྟག །སྟར་མ་ཤ། མཐའ་ཁོབ་ཀླ་ཀློ་གསུམ་བཞག་པའི་ཞལ་ལྕེ་བཅུ་གསུམ་དང་། བཅུ་གསུམ་པའི་ཐོག་ནས་སྣེ་མོ་ལས་འཛིན་གྱི་ཞལ་ལྕེ་བཞག་པའི་ཞལ་ལྕེ་བཅུ་གཉིས་པ་བརྩམས་ཟེར་བ་དགོས་རྒྱུ་ཡིན་འདུག་པ་མ་གཏོགས་གཏམ་རྒྱུད་སྔོན་མའི་དོན་སོར་གནས་དེ་ག་ཡིན་འདུག་པ་ལ། ཕྲན་བུའི་གོ་དོན་འཛོལ་བ་དང་། མ་དག་པ་རྣམས་ལ་ཡང་ཞུས་དག་ལེགས་པར་བྱས་ཏེ་བསྒྲིགས་པ་ནི། འདིར་གསལ་

གཙང་དུས་ཀྱི་ཞལ་ལྡེ་བཅུ་བཞི་པ་སྣག་ཡིག་ལ་གསལ་བ་ལྟར་དང་།
གཞུང་མཆོད་ཡོན་གྱི་མཚན་དོན་གྱང་ཁེབས་པ་ནས་བསྒྲིགས་ཞལ་ལྡེ་བཅུ་
གཉིས་པའི་མགོ་བརྗོད་མཚལ་ཡིག་བཞིན་ཡིན་ཅིང་། ཞལ་ལྡེ་ཚིག་དོན་
བཅུ་བཞི་པ་ཞུས་དག་འགྲོ་བ་སྣག་ཡིག་བཞིན་བཞག་ངོས་ཞལ་ལྡེ་གོ་རིམ་
དང་ཚིག་དོན་ལ་བསྒྱུར་ཁ་ཡོད་རིགས་སོ་སོའི་ཐད་དུ་མཚལ་གྱིས་མཆན་བུ་
བཀོད་པ་ལྟར་ཡིན་མིན་འདྲ་བ་རང་ཆེར་མི་འདུག་པས་མ་བཀོད། །

དང་པོ་རྒྱལ་པོ་མི་ཚོང་གདོང་གི་ཞལ་ལྡེ་འདམ། སྣེ་མོ་ལས་འཛིན་
གྱི་ཞལ་ལྡེ་ནི། ཆོས་རྒྱལ་ནམ་མཁའི་ནོར་བུའི་ལུང་གིས་ནི། །སྣེ་མོ་ལས་
འཛིན་འོད་སྟོང་འཕྲོས་པ་ཡིས། །མངའ་འབངས་པདྨོའི་ཚལ་རྣམས་མ་
ལུས་པ། །དགེ་ལེགས་འདབ་བརྒྱ་བཞད་པའི་དཔལ་དུ་བགྱིས། །ཞེས་
ངེད་རང་རྒྱལ་པོའི་ལུང་གི་སྣེ་མོར་བསྐོས་པ་རྣམས་ཀྱིས་རང་འདོད་ཕོ་ནའི་
སྐྱོན་སྤང་། གཞུང་དོན་གཙོ་བོར་བྱས་སྟེ། སྔ་སྲིད་ཀྱི་སྐུ་རིམ་དང་ཆོས་
རྒྱལ་རྣམ་ཐར་གྱི་ཕྲིན་ལས་བསྒྲུབ་པར་དམིགས་པའི་སངས་རྒྱས་ཀྱི་བསྟན་
པའི་ཞབས་ཏོག་གཙོ་བོར་ཆོས་མཐུན་གྱི་ཞྭ་རིགས་དང་གྲུབ་མཐའ་མི་
བསྒྱུར། དུས་ཆེན་ཟླ་བ་ལྔ་ལ་རི་རྒྱ་ཀླུང་རྒྱ་རྣམས་དང་། གཉེར་ཚང་
དཀར་སྟོར་བྱེད་པ་སྐུ་གསུང་ཐུགས་ཀྱི་རྟེན་ཞིག་གསོས། ལམ་འཕྲང་ཞིག་
གསོ་སོག་བཟློག་ལ་དམིགས་པའི་སྤྲེལ་ཟླའི་སྤྲེལ་ཆོས་ལ་ཡུལ་ཚན་སོ་སོར་སྒྲ
ཐོག་ཆོས་བཅུར་གསོལ་འདེབས་བྱེད་འཛུག་པ་གཉེར་ཚང་དུ་ཆོས་བཅུ་
ཆགས་མེད་འཛུཏ་པ་འཕྲུལ་ཆས་ཀྱི་གཉེར་འོག་ལ་ཐེའུ་གཏོང་བ་མ་

གཏོགས་རྫོང་དཔོན་གྱི་གཏན་ཚིགས་གཏན་མི་སྟེར། སྙེར་གྱི་བུན་འབྲེལ་ཆགས་གཞུང་དུ་ཡོད་པ་རྣམས་ལ་སྙེར་ནས་ཟ་འདོད་མི་གཏོང་། སྡེ་གཟར་ཡུལ་འཁྲོམས་དུས་ཀྱི་ཐབ་ཐོར་རྐྱེན་དུ་འགྲོ་བའི་རིགས་མ་གཏོགས་ཤེ་བམ་མི་སྟེར། བུན་རྙིང་ལོ་སྐོར་དུ་ལོན་པ་ལ་ངོས་གཅིག་སྡེ་གཅིག་འགྲིག་ན། དེ་ལྟག་ལ་སྦྲེད་ཤེས་ལོན་ཤེས་ཀྱི་གཅོད་རྒྱ་བྱེད་པ་མ་གཏོགས་རྩིས་གྲུབ་མི་བྱེད། མངའ་ཞབས་དང་སྟོ་ཟན་གྱི་ཆར་ཁ་ཏས་ཁྲབ་པའི་ཏོར་འདྲ་མི་སྡེའི་ཁྲད་པར་གྱི་ཏང་ཟོམ་དུ་མ་སོང་བ་ཞིག་དགོས་ཤིང་། །ཁྲིམས་ཀྱི་སར་སློ་གཟྲུ་བོར་གནས་པའི་ཕྱོགས་ཆ་ཉེ་རིང་བདེན་རྫུན་ཤན་འབྱེད་པའི་ཁྲིམས་འགལ་ལ་སླེང་སྟོབས་ཀྱི་བཙ་འདེད་ཁྲིམས་མཐུན་བྱམས་བརྩེས་སྐྱོང་བ་ཕྱི་ནང་གི་སར་ཁ་མཆུ་སྦྱོར་བ་དང་འཚོལ་བ་མི་བྱེད་ཅིང་། ཁྲིམས་སར་ཞུ་འབོད་བྱུང་བ་རྣམས་ལ་ལེ་བར་མི་འཛོག་པར་སྙུངས་བཤད་ཕན་ཚུན་སློ་ཁ་རྫོགས་ཐབས་བྱེད་པ་མ་གཏོགས་དབང་ལྷག་འཁུར་མི་བྱེད། །རང་ཁྲིམས་སར་བསྟུད་རིང་རང་གི་ཉེ་བ་དང་དགྲ་ཕྱོགས་ལ་འདི་སྐབས་ཉེ་འགྱུར་སྤྱོང་དགོས་པ་དང་། །མདོར་ན་མ་ཤེས་གོང་ཁུད་ཀྱི་ཕྱོགས་སུ་མ་ལྷུང་པའི་དཔོན་ཁུང་གི་བྱ་བ་ཆེ་ཆུང་གང་ལ་ཡང་། འཇིག་རྟེན་དུ་གྲགས་པའི་ཐོག་ནས་མིག་ལྟོས་ཡར་ལྷ་བྱས་པའི་ལ་ཡོག་མི་འཇུགས་པ་ཞིག་བྱེད་དགོས་རྒྱུ་ཡིན།། །།

གཉིས་པ་ཞུ་བཞེས་བདེན་རྫུན་གྱི་ཞལ་ལྟོ་ནི། བཀའ་ཡིག་རིན་ཆེན་འབྱུང་གནས་ལས་ཐོན་པའི། །ཞུ་བཞེས་བདེན་རྫུན་བྱེད་པའི་རི་

ཐོང་འཛིན། །དྲང་པོའི་བདུད་རྩི་འོ་དཀར་སྦྱིན་པ་ཡིས། །རྫུན་པའི་སྣང་མེད་རབ་ཏུ་གསོམ་པར་ཤོག །ཞེས་པ་ལྟར། དང་པོར་སྨྲས་པའི་སྐད་བླང་དང་ལྡན་པ་ཐོག་མར་མི་དོད་མཉམ་ངོས་གསེར་བ་དང་། དོད་མི་མཉམ་ན་གདོང་གསེར་མི་བྱེད་པར་སྐྱག་སྦྱངས་གཏོང་བ་སོགས་བློ་ཁ་རྫོགས་ཐབས་སུ་འགྲོ་བ་སྦྱིར་གྱིས་ཀྱང་འབྱེད་དགོས་ཤིང་། ལྷག་པར་འཇིག་རྟེན་ཁྲིམ་པ་རང་ཤར་བ་རྣམས་རང་རང་གི་དོན་ཁོ་ན་བཟུང་ནས་ཁྲིམས་སར་ཉེ་རྒྱུད་རིང་རྒྱུད་ཀྱི་ཆད་པ་ཆད་ལན་ཞུ་རེས་བྱེད་པ་ཞིག་གི་གྲོད་རང་གིས་ཉོ་བ་ཞིག་འདུག་ནའང་དེ་རིགས་ཆད་པ་ཞུ་མི་རྣམས་ལ་ཐལ་ཆ་མི་བྱེད། བཤེར་འབོད་ཐོག་བདེན་རྫུན་བརྟགས་པའི་ཆད་པ་ཐོབ་ན་དེ་ཐོག་ཏུ་གཏོང་བ་གཞིར་བཅས་ཤིང་། གཡོ་ཞུས་ཡིན་ན་ཞུ་མཁན་གྱི་ཐོག་ཏུ་ཆད་པ་དེ་ཁ་སློག ཡང་ཧམ་རེས་བྱུང་ན་ཆད་པ་དེ་བཀྲུས་བཞག་པའི་བཀྲ་བདག་གི་ཡོ་གལ་བྱེད་གཉིས་ཀས་དག་མ་འཁྱོལ་ན་ཆད་པ་རེ་རེ་འམ། ཕྱེད་ཕྱེར་ནག་ཆེ་ཆུང་ལ་དཔག་པའི་འགེལ། ཁ་མཆུ་ཁྲིམས་སར་ཐལ་བའི་སྐབས་ནང་འདུམ་བྱེད་ན་ཉེས་པར་དཔག་པའི་ཁྲིམས་འདེད་ཀྱི་ཕྱེད་དང་། ཞུ་འགོང་འོས་བབ་ཁྲིམས་སར་ཕུལ་ནས་བཀློས་པ་ནས་འཇགས་སུ་འདུམ་འཇུག ། །

གསུམ་པ་བཟུང་བཀྱིག་ཁྲིམས་རའི་ཞལ་ལྕེ་ནི། མི་སྐྱུན་ལོག་པར་སྤྱོད་པ་འཚེར་མའི་ཤིང་། །བཟུང་བཀྱིག་ཁྲིམས་སྤྱིན་ཟ་ལ་བསྒྲིགས་པ་སྟེ། །ཁྲིམས་འཛག་སྦྲིན་གྱི་བཙུད་ཀྱིས་ས་གཞི་ཀུན། །དགེ་ལེགས་ལོ་

ཏོག་རྒྱས་པ་ཉིད་དུ་བགྱིས། །ཞེས་དེ་ལ་ཁྲིམས་ཡིག་འཆར་གྱི་དམིགས་བསལ་ཡོ་བྲང་གི་འོག་ཏུ་ཞུ་འབོད་མཛེས་མཚོན་པོར་བར་བཟུང་བཀྱིགས། གྲི་འདོན་རྒྱ་འདྲེ་བྱས་ན་བཟུང་བཀྱིགས། ཕྱོགས་རྡལ་རྐུན་མ་བྱས་ན་བཟུང་བཀྱིགས། ཨར་ཇག་འཕྲོག་བརྡུང་བྱས་ན་བཟུང་བཀྱིགས། མགོ་མེར་རང་ཤེད་བྱས་ན་བཟུང་བཀྱིགས། རྩད་གཅོད་ཁྲོས་འཚང་འབྲུ་བར་བཟུང་བཀྱིགས། འབངས་ཀྱིས་དཔོན་ལ་འཛིང་ན་བཟུང་བཀྱིགས། མི་མཉམ་ཁ་ལན་སློག་ན་བཟུང་བཀྱིགས་སྐབས་ཐོབ་དང་སྦྱར་བ་བྱེད་དགོས་པ་ཡིན་ཏེ། ཉེས་པ་ཆེ་བ་ལ་སྡིག་བཀྱིགས་དམ་ཕྲུག་གིས་མནན། ཨན་ཏས་ལྡི་བ་སྒྲོད། དེ་ནས་ཁྲག་སྦྱོར་ཐོབ་པ་རྣམས་ལ། ཁྲིམ་བསགས་ཁྲིམས་ཡིག་བསྒྲགས་ནས་རྩམ་ཟེལ་ཆེ་བའི་ཁྲིམས་ཚོད། དེ་གར་དཔག་པ་དྲག་ཞན་གྱི་སྲོག་རིན་བཞེས་པ། སྐུ་ངོར་གཏོང་བ། ཆད་ཀོ་གཅོད་པ་སོགས་ཇི་ལྟར་འོས་སྐབས་དང་བསྟུན་པར་བྱེད།། ༎

བཞི་པ་ནག་ཆེན་ཁྲག་སྦྱོར་གྱི་ཞལ་ལྕེ་ནི། རང་བཞིན་ངན་པའི་སེམས་ཀྱི་གཤིན་རྗེ་འདྲེས། །མནར་མེད་མདོན་སུམ་འདུས་ལ་སྙེར་བྱེད་པ། །ཀྱི་མ་སྙིགས་དུས་མི་སྲུན་གདུག་པའི་ཚོགས། །རབ་རྫོ་མ་རུང་མཚོན་གྱིས་འདེབས་པར་བྱེད། །ཅེས་པ་ལྟར་མཚམས་མེད་ལྔའི་ལས་བྱེད་པ་དང་བླམ་སློབ་དཔོན་བཀྲོངས་པ་དང་། དགེ་འདུན་གྱི་རྫས་དང་རྒྱལ་པོའི་དཀོར་མཛོད་ལ་འབགས་པ། དཔོན་ཁུངས་ཀྱི་ཞབས་འདྲེན་ཚབ་ཆེ་བ་བྱས་པ། དུག་གཏོང་སྦྱོར། ངན་སྔགས་གཏད་ཕུང་། ཐོར་དམོད་

མཚོལ་སྦྱོར། སྦྱང་གཡོ་འཕྲུལ་སྦྱོར། སྦྱོར་དངོས་རྗེས་གསུམ་གྱི་སྒོ་ནས་མི་བསད་རྟ་ཁྲིར་བ། དུས་བདེ་ས་འཛམ་ཁྲིམས་ཞོལ་འཛག་སྐབས་ཨར་ཛག་བཟུང་འཛོམས་ཀྱིས་རྐུས་བསད། ཁོ་གྱོན་མཚོན་ཐོགས་ངན་གྲ་སྒྲིགས་པ། མི་མཉམ་པར་ལག་སློག འབངས་གྱེན་སློག མདོར་ན་མིག་ལྟོས་ལ་གནོད་པའི་ཁྲིམས་འགལ་གྱི་བྱ་བ་བྱས་པར་ལུས་སྟེང་ནས་མིག་འདོན། སྙིད་འབྲེག ལྟེ་གཅོད། ལག་འབྲེག གཡང་དང་ཆུར་བསྐྱུར་བ། དམར་གསོད་བྱེད་པར་དཔག་པའི་ལུས་སྟེང་ནས་བཅད་དྲས་འགེལ་ལུགས་ཕྱིས་འདོམ་ཆེ་བ། ངན་པ་ཇེ་འཕེལ་དུ་མ་སོང་བ་དགོས་པ་ཡིན།། །།

ལྔ་པ་དྲན་འཛིན་ཚད་ལས་ཀྱི་ཞལ་ལྕེ་ནི། གང་ཞིག་བྱེད་འཛོལ་ཕྱིས་ནས་དྲན་རྟེན་ཕྱིར། །རྒྱུ་ནོར་སེར་སྣའི་མདུད་པ་དབང་མེད་དྲུ། །བཀྲོལ་ཚེ་སེམས་ཀྱི་སྙང་པོ་དྲན་པ་ཡི། །ལྟགས་ཀྱུས་རྣམ་པ་བཟུང་བའི་ཚོ་ག་བྱ།།དེ་ཡང་ལུས་སྟེང་དུ་རྩད་གཅོད་མི་ཐུབ་པའི་ཁྲིམས་དང་འགལ་བ་རྣམས་ལ་སྣར་འདོམས་ཀྱི་དྲན་འཛིན་རེ་རྟོགས་དགོས་ཏེ་ཉེས་ཚད་ཅེས་ཚད་པར་མིང་དུ་བཏགས་པའི་ཁྲིམས་སར་བསྒྲུབ་དགོས་པ་ཡིན་པས་དེ་ལ་སྦྱིར་གྱི་ཉེས་བྱས་ཆེ་ཆུང་ལ་དཔག་པའིགསེར་བསིལ་མ་སྲང་གྲངས་སུ་བྱེད་པ། མར་གསེར་ཕྱེད་མའི་སྲང་གྲངས་སུ་བྱེད་པ་དང་། མར་ཞོའི་སྲང་གྲངས་སུ་བྱེད་པ་སོགས་འདུག་པས། ཉེས་ཚད་ཆེ་བའི་མི་དཔུང་གྲ་སྟེབ་ཀྱིས་མི་བསད་པ་དང་སྟེ་དགོན་འཁྲུགས་འཛིངས། འཕོན་འཛིན་གཏོར་

ལེན་གྱི་ཧག་བྱས་ངན་ག྄་བསྒྲིགས་པ་སོགས་ཁྲིམས་སར་བཀྲོལ་ཐོད་ཆེ་བ་རྣམས་ལ་གསེར་བསིལ་མ་སྲང་བརྒྱད་ཙུ་ནས་བཅོ་ལྔའི་བར་ཉེས་པ་ཆེ་ཆུང་དང་བསྟུན་ནས་བཏང་། དེ་ལས་ཌུང་ཉེས་པ་ཆུང་བའི་བྱུར་ཆག་ཐུབ་པའི་མི་བསད་ཧྥོགས་རྟལ་གྱི་རྐུན་ཧག་སོགས་རེས་དེ་མཚུངས་པ་རྣམས་ལ་མར་གསེར་ཕྱེད་མའི་སྲང་ལྔ་གསུམ་རྣམས་ཇི་ལྟར་སྐབས་དང་མཚུངས་པར་བྱེད། ཡང་སྲན་བུའི་བྱེད་པ་འཇོལ་བའི་དྲན་འཛིན་ལ་མར་ཞོ་དོ་གསུམ་ཇི་ལྟར་འོས་པ་གཏོང་དགོས་ཤིང་། སྐབས་དང་མཚུངས་པར་བྱེད། དེ་ཡང་ཉེས་ཆད་བབས་ལྡེ་བ་རྣམས་ལ་གསེར་བསིལ་མའི་གསེར་རྐྱང་མ་གཏོགས་སྲུས་ཆ་མི་ལེན། གསེར་རྐྱང་མགུར་ཞོ་རེ་ལ་སེ་བ་ཉེ་ཤུ་རྩ་བཞི་རེ་རྩིས་པའི་ཞོ་བརྒྱད་ལ་སྲང་གང་། མཇོ་གཡག་སོགས་སྲུས་ཆ་གང་གཙང་ལ་རིན་གྱི་ཐོང་གཅོད་པ་དགོས་ཤིང་། དེ་ལ་མར་རིན་རྒྱབ་ཀྱིས་རིན་ཁུང་ནས་སྲུས་འཕེབས་དགོས་ཤིང་། མགུར་ཞོ་རེ་ལ་སེ་བ་ཉེ་ཤུ་རྩ་བཞི་མའི་དབང་དུ་བྱས་ནས་སེ་བ་རེར་གཙང་བྲེ་ཚད་ཀྱི་ཁལ་རེ་རྩིས་པའི་ཞོ་གང་ལ་ཁལ་ཙུ་ཉེ་ཤུ་རྩ་བཞི་ཐོབ་པའི་རིན་རི་རིན་རྒྱབ་ཏུ་འཕེབས། མར་གསེར་ཕྱེ་མ་ལ་སྲུས་གཙང་ཞེས་པ་དང་བསྒྲིལ་ཉེན་པའི་རིགས་གང་ཐུལ་ཞེས་པ་དབྱིབས་ལ་དཔག་པ་ཞིག་དགོས་པས། དེ་ཡང་མར་གསེར་ཕྱེད་མའི་སྲང་གང་ལ་གསེར་ཞོ་བཞི་དང་། མར་ཞོ་བཞི་ཞོ་ཐང་གཉིས་ཀ་བསམ་འགྲུབ་རྩེའི་གཏན་ཚིགས་མཁར་འབོའི་ཁལ་བརྒྱད་ལ་མར་ཞོ་གང་། གསེར་ཞོ་གང་ལ་དེའི་ལྟབ་འཕར་བའི་ཁལ་བཙུ་དྲུག་ལ་གསེར་ཞོ་གང་ལམ་པའི་

གཙོད་རྒྱ་འཆར་ཅན་ལ་གནས་སུ་ཕབ་ནས་མར་གསེར་ཕྱེད་མའི་སྲང་གང་ལ་གཏན་ཚོགས་མཁར་འབོའི་ཁལ་དགུ་བཅུ་ཙ་དྲུག་ཐོབ་པ་ སྤུས་ཚའི་ཐོག་ཏུ་འཆར་ཅན་བཞིན་ཕབ་ན། ཇ་སྤྱབ་རྩེ་ལ་མར་གསེར་ཕྱེད་ཕྱེད་མའི་སྲང་གང་རྩེ་བ་དང་། གཡག་གྲུས་པོ་རེར་གསེར་ཝ་རེ་བརྩི་བ་དང་། ཡང་ཡུལ་ཐང་གི་རི་གོང་རང་དུ་བརྩི་བ་སོགས་སྐབས་དང་བསྟུན་ཡུལ་ཁལ་བརྒྱད་ལ་མར་ཝ་གང་གི་མིང་དུ་བཏགས་ནས་གཙོད་རྒྱ་བྱེད་པ་དང་། རིན་ཁུང་དུ་བསྟུན་པ་སོགས་སྐབས་དང་སྒྱུར་བའོ།། །།

དྲུག་པ་ཇོར་འདྲ་ཟ་ཀང་གི་ཞལ་ལྕེ་ནི། བསྐྱལ་བཟའ་ཆད་འདོད་འགྲོ་བའི་སྣེ་མོའི་མིས། །ཟ་ཡིག་བབས་འབྲེལ་བཅའ་རྣམས་ལེན་པ་དང་། །འདོད་ཆེན་ཕུག་གཞུག་མེད་པར་གཉིས་འཐུས་ཀྱིས། །ཁྲིམས་མཐུན་མངའ་འབངས་བྱམས་པས་སྐྱོང་བ་དགོས། །ཞེས་སྒྱུར་གྱིས་བབས་འབྲེལ་དང་མཚུངས་པར་སྣེ་མོར་འགྲོ་མིས་བྱེད་རྒྱུར་འདུག་ནའང་། དུས་ཕྱིས་ཅི་རིགས་ཀྱི་འདྲ་བདེན་གང་ཡང་མེད་པར་ཟ་འདོད་ཀྱང་གཞུང་སྐོར་གྱི་དོན་ལ་དབྱེ་བ་མེད་པའི་ཁས་སུ་བཙན་གྱི་རྩ་ནས་ཐེའུ་རེ་བླང་པའི་ཞལ་སོགས་ནས་མི་འཁྲུམ་གང་རིགས་རེ་ཁྲིད་པའི་ཟ་འདོད་ཚོད་མེད་ཀྱི་འདེད་ལུགས་འདི་ཕན་འདི་ཚུལ་གྱི་མཚམས་མེད་པར། ཟ་མ་འཕྲུལ་ཆས་ལ་དུས་གསུམ་གྱི་ལོངས་རྩིས་པའི་མི་རེར་བྲེ་རེ་བྱས་པའི་སོ་སོར་ཉིན་རེར་བྲེ་གསུམ་ལ་མི་སྣའི་ཀང་པས་གང་འཁོར་ལ་ཕྱིན་པའི་ལོན་རྩི་བ་ཞིག་འདུག་ཀྱང་གཙང་ལུགས་རང་གི་ཁ་གཙང་ཞིག་བྱས་རུང་། སྔ་སོར་ཟ་འདེད་

མང་བའི་ཁྲིབ་ཚོད་ནས་དོན་འབྲས་ཆེ་ཆུང་གང་ལ་ཡང་དུས་ཐོག་ཏུ་བསྐྱུལ་ཐུབ་པ་ཡོང་གི་མི་འདུག་ཅིང་། ད་ལྟའི་འདི་ག་བྱས་ན་མངའ་ཞབས་ལ་ཡང་བརྡབ་གསིག་ཆེ་བ་འདུག་པས། འོས་འགབ་བཅད་མཚམས་དགོས་པར། གཞུང་གི་བསྐུལ་འདེད་ལ་བཏང་བ་རྣམས་ཀྱིས་སྔོན་གྱི་ཁྲིམས་ཡིག་ཉིང་པ་རྣམས་ལ་ཆད་པ་སྲང་གང་དུ་མ་སོང་ས་ན་གདན་སྟོན་ཆས་ཀྱི་རྐང་མི་བྱེད། སྲང་དུ་སོང་ན་གདན་སྟོན་ཆས་ཟ་རྒྱབ། རྐང་གླ་སོགས་ཆད་པའི་བཞི་ཟུར་རིམ་འགྲོས་སུ་བྱས་པ་ཞིག་ཀྱང་འདུག དར་གོས་གསེར་བསིལ་མའི་ཆད་པ་ཆེ་བ་རྣམས་ལ། མི་སྣ་དཔོན་གཡོག་ཚེབ་རྟ་དྲེལ་སོགས་བརྫེད་གཙོན་དུ་གནང་ན། ཟ་མ་གཟུགས་འབྲེལ་རྒྱབ་བཅས་རྐང་གླ་སོགས་མིང་དུ་བཏགས་ནས་ཆད་པ་མ་འཁྱོད་པར་མི་སྣའི་ཟ་མ་ལ་མི་ངོས་མར་དུས་གཉིས་ལ་ཆེ་གཟུགས་རེ། གཡོག་དུ་ཡོད་ལ་དུས་གསུམ་ཆུང་གཟུགས་རེ། ཇ་སྦྱོར་ལྡེ་ལ་ཆང་། རྟ་དྲེལ་རྣམས་ལ་ཆགས་བྲེ་དོ་ལ་ངོས་མའི་ཟ་རྒྱབ་ཞོ་རེ། ཟ་རྒྱབ་ཆད་ཤུལ་དུ་རྩི་བ་སྐབས་བསྟུན་ནས་གང་ཐོབ་ཆད་འདེད་སློབས་པ་ནས་བཟུང་བསྡུས་ཤོག་ནམ་བྱུང་བར་རྩི་བར་ཞལ་འཕྱེད་རྐང་གླ་སོགས་ཡོངས་སུ་བརྩིས་པར་ཆད་པ་གང་ཕུལ་གྱི་ཆད་ཤུལ་ལས་སྒྲོས་པ་མི་ལེན། མར་གསེར་སྲང་གྲངས་ལ་མི་སྣ་ཉིས་སྤྲེལ་སོགས་གང་གང་འོས་བཏང་བའི་ཆད་པ་མ་འཁྱོད་བར་ཟ་མ་གཟུགས་སྤྲོད་དགོས་པར། དུས་གཉིས་སུ་ཆུང་གཟུགས་རེ། ཇ་ཆང་རྟ་ཡོད་ན། རྟའི་གཟན་ཆགས་འོས་འགབ་བསྡུས་ཤོག་མ་བྱུང་བར་དུ་བཀྲིག་དགོས་ཤིང་། ཞལ་

འཕྲེད་ཀང་སླ་སོགས་ཡོངས་སུ་བསྡོམས་པར་ཚད་པར་གང་ཕུལ་གྱི་ཚད་ཤུལ་ལས་སྒྲིད་པ་མི་ལེན། ཚད་པ་ཅོ་གྲངས་རྣམས་ལ་མི་འོས་འབབ་རེ་གཏོང་ཞིང་། ཚད་པ་མ་ཕུལ་བར་ལ་ཟ་མ་གཟུགས་ཕྱེད་གོང་གི་རིགས་མཚུངས་བསྒྲུབ་དགོས་པ་ཀང་སླ་ཚད་པའི་བཞི་ཟུར་ལས་སྒྲིམ་པའི་སྐད་མི་བྱེད། ཐོགས་ཡོང་བཞེས་སོགས་འཕྲུལ་བསྐུལ་གྱི་དོད་ལ་ཉིས་སྒྲིལ་རེ་བཏང་བའི་ཟ་མ་འཕྲུལ་ཚས་རེ་བསྒྲུབ་དགོས་པར་དོ་དམ་རྒན་པོའི་ཐོག་ཏུ་མཐའ་པའི་རྒན་ཚགས་ཡོད་པ་རྣམས་ཀྱིས་རྒན་པོ་རང་གིས་སྒྲུབ་པ་དང་། རྒན་ཚགས་མེད་ན་རྒན་པོས་མི་སེར་ནས་བསྡུས་པའི་དུས་གཉིས་རེ་ཤ་ཟན་ཐོག་ངེས་དང་། ཚང་སོགས་ཁ་ལག་འཁྱེར་བ་བྱེད་ཅིང་། ཁྲལ་ཡོང་དུས་ཁོངས་འགྲེལ་ན་ཀང་སླའི་སྐད་མི་བྱེད། དུས་ཐོག་ལས་འགྱངས་ན་ཉིན་རེ་ཀང་སླ་བྲེ་ལྔ་རེ་བསྡུས་ནས་ཉེ་མའི་ཁ་གྲངས་བསྒྲིལ་ནས་འགྲིག་དགོས་པ་མ་གཏོགས་འདེད་ཡུལ་གྱི་ཐེམ་དུ་ཡོད་ཀང་པས་གང་འཁོར་གྱི་བྲེ་གསུམ་མ་ལ་འདེད། མི་རེ་གཉིས་ངན་ཁྲིབ་ཀྱིས་རྒན་པོས་མ་འཁྱུལ་ན། མི་སྣ་ཁ་གཏོད་བྱས་པའི་ཁོ་རང་གིས་ཞག་གང་ཐོབ་ཀྱི་ཟ་ཀང་སླ་ལེན་དགོས་པ་དང་། སོ་སོའི་སྐོར་དོན་ལ་རྩེ་ནས་མི་སྣ་གཉེར་པའི་ཐེའུ་སོགས་དམིགས་བསལ་དགོས་ཉུང་ཟ་འདེད་གཏོང་བ་མ་གཏོགས་བབས་འབྲེལ་མི་འདུག་ནའང་ཅི་རིགས་ཀྱི་གཉེར་ཐེལ་སྐབས་ཐོབ་སོགས་གང་ཡང་མེད་པར་རང་འདོད་ཁོང་ཚངས་ཀྱིས་ནང་གཟན་སྡོད་རེས་པ་སོགས་ཁྲིད་པའི་གཡོ་འཁྲུལ་གྱི་སྒོ་ནས་གཞུང་སྐོར་གྱི་སར་ཟ་འདོད་ཀློག་བརྫུང་བྱེད་པ་ཡོང་གི

འདུག་པ་འདི་རིགས་ལ་ནང་གཟན་སྟོད་རེས་པས་ཕྱིན་ན་རྒྱུན་ཆས་ཟླ་རེ་ཙམ་གཅོད། དེ་མིན་ཞོལ་ནས་ཆད་པ་ཕྱིན་ན་ཆད་པ་མེ་ཞོ་དོ་གསུམ་གང་འོས་རེ་གཏོང་དགོས་ཤིང་། ཇག་གི་གཤེར་སྒྲོད་ལེན་ནོར་བདག་པོས་ནོར་དུ་ཡོད་ཀྱི་བཅུ་ཁ་ལེན་པ་དང་། ཇག་པའི་ལག་ནས་ཆད་པ་གང་ཡོད་ཀྱི་ཆད་ཤུལ་ལེན། ཟ་མ་དུས་བབས་འདོད་པ་ལས་སྒྲིས་པའི་ཟ་རྗེས་མི་བྱེད་ཅིང་བཅུ་ཁ་མི་གྲངས་མ་གཏོགས་གཏོང་ལེན་འགང་ཆེ་བ་དགོས་པ་ཚང་མར་འཇུག་པ་ཞིག་འདུག་པ་ཡང་། ཇི་ལྟར་འོས་པ་སྐབས་དང་བསྟུན་བློས་པ་ཆེ་བའི་བཤེར་འབོད་མི་སྣའི་ཁང་གླ་ལ་ཞོ་རེ། སེ་སྲིད་གཞུང་དོན་གྱི་མནའ་ལ་མནའ་ཁོས་མི་ལེན་ཞིང་། ཡུལ་མཚན་བློས་པའི་མནའ་རྒྱབ་ལ་སྲང་དོ་རེ། རང་རང་བློས་པའི་མི་དྲག་པ་བཞེས་པའི་མནའ་རྒྱབ་ལ་སྲང་གང་སོགས་ཡུལ་སྲོལ་དང་བསྟུན་པའི་འཁྲིང་སྨད་ཀྱི་ལག་འཇུ་ཡོད་པ་ལ་གསེར་ཞོ་དོ་རེ། རང་མནའ་ལ་གསེར་གསེར་ཞོ་དོ་རེ། རྫོ་ལ་ལྷ་ཡོལ། ལྷ་རྟེན། གྲབ་སྣང་། གྲབ་སྟེར། སྐམ་པ། རྫོ་ཁྲུང་གཞུང་སྡེར་གང་གི་ས་ཁོག་ལ་ཡོད་ཀྱང་དཔོན་ཁྲུང་དེ་ལ་ལྔ་ཚན་བདུན་ཚན། དགུ་ཚན་གང་འོས། རྫོ་རྒྱབ་གོམས་རེའི་སར་ཕོན་གསུམ་གྱི་སྲང་རེ། རྨུམ་རྫོང་སྣང་ང་ཟངས་གང་རུང་། རྨུམ་རྒྱབ་ལ་སྲང་རེ་རྣམས་འོས་བབས་སྐབས་སྦྱར་ལེན། དཀྲུས་མའི་འཇུ་ཅན་གྱི་མནའ་ལ་མར་ཞོ་དོ་རེ། རང་མནའ་ལ་མར་ཞོ་གང་། དབུས་ལུགས་ལ་ཡུལ་བྲེའི་ནས་ཁལ་བཅུ་གཉིས་བྲེ་བཅུ་གཉིས། རང་མནའ་ལ་ཁལ་དྲུག་བྲེ་དྲུག་ལེན་པ་ཞིག་ཀྱང་འདུག ནང་

ཚན་འདུམ་འབྲུལ་ལམ་ཟློག་འཕྲུལ་བགོ་བཤའ་བྱེད་པར་འདུམ་བྱེད་པའི། ཕན་ནུས་རང་ཤེད་ཀྱིས་མ་ཉན་ན། དབུས་ལུགས་ཀྱི་ཐོགས་ཕུད་གསུམ་ཟུར། དཀྱུས་འདྲ་བབས་ལ་ཕན་ནུས་ཀྱི་བཙུ་ཁ་ལེན་པ་དང་། ཐོགས་ཚར་ནས་ཕན་ནུས་ཕྱོགས་ཕྱོགས་ནས་བཙུ་ཁ་ལེན་པ་སོགས་ཇི་ལྟར་འོས་པ་རང་ཤེད་ཆེ་ཆུང་གི་བབས་འབྲེལ་མཚུངས་པ་བྱེད། ནག་ཆེན་བཟུང་བཀྱིག་བྱེད་པ་ལ་སོ་རང་གི་ལུས་འགྱུར་གང་ཡོད་མི་སྣས་ལེན། དེ་དག་སྟོང་གི་སྦྱོད་འཇལ་ལ་ཚོགས་ཆས་སོགས་འཆར་ཙན་ཐོབ་ཐང་ཁྲ་མ་ལྟར་ལེན་ཅིང་། གཞན་མ་དབུས་ལུགས་ལ་བཙུ་ཁ་ལེན་པ་ཞིག་འདུག་ཀྱང་(འདི་འགབ་ཡུལ་ཆགས་པ་ཡིན་འདོགས་ཁ་བས)གཙང་ལུགས་ལ་ཕན་ནུས་ཟློང་ཕུད་ཟློང་གདན་ཞེས་ཟློང་ཕྲུག་གཉིས་ནས་སྦྱོད་མཁན་གྱི་ས་ནས་ཟློང་ཕུད་དང་ལེན་མཁན་གྱི་ས་ནས་ཟློང་གདན་ཕན་ནུས་སྒོམས་པའི་རྩིས་ཀྱི་བློ་ཚོད་རེ་ལེན། སྨར་སྦྱོད་དགོས་སྦྱོད་མཁན་གྱི་ས་ནས་གྲངས་ཤེང་གིས་བཅད་པ་རྣམས་དང་། ལེན་མཁན་གྱི་ས་ནས་ཁལ་ཤུལ་བྲི་འབྲིང་། སྦྱོད་མཁན་གྱི་བྲི་གདན་ཕྱུར་བ་སྣམ་བཞི་མ་རེ། པང་ཁེབས་གདན་འོས་རིགས་རྣམས་དང་། དང་པོའི་ཁྲིམས་ཡིག་རྙིང་པ་རྣམས་ལ་འདུག་པས་མི་ཤདགྲ་སྲི་མི་ལྷང་བའི་རྟེན་འབྲེལ་དུ་ལག་དམར་གྱིས་བསད་པའི་གྲི་ངོ་མ་དྲངས་ཤིང་ཚབ་ཏུ་སྦྱོད་པ་སོགས་སྲོལ་ཁྱད་འདུག་པ་ལྟར་ལེན། ཁྲ་མ་དཀྱུས་མའི་ཞབས་འཇུག་སྨྲམ་ཆེ་ཆུང་གི་ཁྲ་བཀོད་ལྟར་དང་། རྐང་སླའི་དོན་དུ་སྦྱོད་འཇལ་ཡོད་ན་དེ་གའི་ཁལ་ཤུལ་བྲི་སྲང་སྦྱོད་མཁན་ནས་ལེན་

ཅིང་འདི་ལ་གཞན་གྱི་ཐོག་ནས་ཅི་འོས་ལེན་པའམ། སོ་སོ་ནས་ལེན་པ་བབས་འབྲེལ་དང་མཚུངས་པ་བྱེད། དངོས་པོའི་སྤྱོད་འཛལ་མེད་པའི་ས་ཆའི་རྩིས་སྤྱོད་དམ་ཁྲ་མ་ཞབས་འཇུག་པ་རྣམས་ལ་གསུམ་ཚན། ལྔ་ཚན་ནམ། ཇ་མགོ་སྟུམ་པར་གྱིས་གཙོས་པའི་བདུན་ཚན་དགུ་ཚན། ཁྲབ་རྟ་མཛོ་གཡག་སོགས་ཀྱིས་གཙོས་པའི་རྣམ་གྲངས་ཇི་ལྟར་དང་བསྟུན་པའི་འགངས་ཆེ་ཆུང་ལ་དཔག་པ་བྱེད།། །།

བདུན་པ་བཤད་པ་སྐོང་གི་ཞལ་ལྕེ་ནི། འཇིགས་རུང་མདའ་གྲི་རྗེ་དང་མཚོན་ཆའི་རིགས། །བཏབ་དང་ཐོག་ཉེས་ནད་ཀྱི་རྐྱེན་པ་ལ། །རྣམ་དཔང་བབས་ཡུལ་ལ་བརྟག་དགེ་སྐོང་དང་། །སྐུ་རྒྱལ་ཟ་འདོད་ཁྲིམས་སྲོལ་བརྫའ་འདེད་བྱ། །ཞེས་སྟོན་གྱི་ཁྲིམས་ཡིག་རྙིང་པ་རྣམས་ལ། སྟོད་ཡ་རྩེ་རྒྱལ་པོ་ཧོར་གྱིས་བཤད། །རོ་དང་གསེར་གཉིས་མཉམ་རྫེས་བྱས། །སྨད་གེ་སར་རྒྱལ་པོ་ལྷུན་མས་བཤད། །ད་དུང་སྐོང་ལ་འཁོར་དུས་མེད། །ཅེས་པའི་དོན་ནི། མི་ལ་རབ་འབྲིང་ཐ་གསུམ་དུ་བྱས། རབ་ཀྱི་རབ་ལ་སྐོང་ཐང་ཤིན་ཏུ་ཆེ་བའི་ཐ་སྐད་དུ་བྱས་ཤིང་། ཕྱིས་མི་རབ་ཀྱི་རབ་སྟེ་པར་ཡུལ་ཁྲིམས་ཀྱི་དུས་མ་གཏོགས་བཤད་པ་ཆེར་མི་ཡོང་ཞིང་། བྱུང་ཡང་ས་ཆའི་གཙོད་སྒྱུར་དང་། གསེར་བསིལ་མའི་སྤྱོད་འཛལ་སྐབས་དང་སྒྱུར་བ་མ་གཏོགས་སྟོང་སྲང་དམར་ཁྲག་ཐིང་གསུམ་གྱི་སྤྱོད་འཛལ་གྱི་ཡུལ་མིན་ཅིང་། རབ་ཀྱི་འབྲིང་ནས་ཐ་མའི་ཐ་མ་ཡན་ལ་སྟོང་སྲང་གི་མཐོ་དམན་འཆར་ཅན་དུ་བྱས་ནས་སྨར་ཁྲག་ཐིང་གསུམ་གྱི་

འཛལ་གཙོད་བྱེད་ཅིང་། དེ་ཡང་རབ་འབྲིང་ཐ་གསུམ་གྱི་དབྱེ་བ་རུས་དང་ཁུངས་ལ་བྱེད་པ་གོ་ས་མཐོ་དམན་ལས་ཚན་རྣམས་ལ་དཔང་ཆེ་ཆུང་ལ་དཔག་པ་བྱེད་པ་སོགས་འདུག་ཀྱང་ཆེ་རབ་དང་འབྲིང་ཐ་གསུམ་མེད་ཁུངས་ལའང་ལམ་ས་བཤད་ཅིང་གཞན་མ་ནི་ངོ་ཐོག་གི་སྟོབས་ཀྱི་ཆེ་ཆུང་། གཞུང་སྐོར་ཐད་སྐད་ལ་བྱེད་ཅིང་། ཟ་མ་མོ་དང་ཕོ་རེང་ལྟོགས་འཁྲུམས་མགར་བ་བཤན་པ་སོགས་ཁྲིམས་ཡིག་རྙིང་པ་ན་ཡ་ཕོ་མགར་བ་བཤན་པ་སོགས་བསད་པར་སྟོང་ལ་གྲི་ཐག་གཅིག་ཅེས་ཐ་མའི་ཐ་མ་འདི་རྣམས་ལ་ཆ་བཞག་པ་ཡིན་པ་དང་། དེང་སང་གི་སྲོལ་ལམ་དང་བསྟུན་པ་རབ་ཀྱི་འབྲིང་དེ་དགེ་བཤེས་སློབ་དཔོན་དང་། ནང་སོ་རྣམ་པ། དྲུང་འཁོར་སྟོབས་ཆེ་བ་རྣམས་ལ་ཆ་བཞག་ནས་སྟོང་སྲང་བརྒྱ་ཉི་ཤུ། སྙིང་གཉེན་སྲང་ཆེན་དྲུག་རྣམས་དགོས་སྐར་དུ་སྤྲོད་པའམ་སྐར་ཟོག་ཕྱེད་མར་སྤྲོད་པ་སྐབས་དང་བསྟུན་པ། རབ་ཀྱི་ཐ་མ་དྲུང་འཁོར་འབྲིང་དང་བཙུན་པ་རྣམ་དག འབྲིང་གི་རབ་དྲུང་འཁོར་ལ་གཏོགས་པ་དང་། གཟིམ་ཆུང་པ་དང་། དཔོན་པོའི་ལས་ཚན་ཕྲན་བུ་ཡོད་པ་རྣམས་གོང་ནས་བཤད་དེ་སྟོང་གི་ཆེ་ཆུང་། འབྲིང་གི་འབྲིང་ནི་གཞུང་གི་བཟའ་པ་འབྲིང་དབང་དུ་བཏང་བ་ལ་སྟོང་སྲང་དྲུག་ཅུ། སྙིང་གཉེན་སྐར་ཟོང་ཕྱེད་མའི་སྲང་ཆེན་གསུམ་ཡིན་ཅིང་། འབྲིང་གི་ཐ་མ་སྐོར་པའི་མི་འབྲིང་ཅིག་ལ་ཆ་བཞག་གོང་གི་སྟོང་ཐོག་ནས་ཆེ་ཆུང་དང་། སྐྱེ་དམན་བསད་པ་ཆེར་མི་ཡོང་ཞིང་གོང་གི་སྟོང་སྟེང་ནས་ཆ་བཤད་དེ་བྱའོ། །ཐ་མའི་དབྱེ་བ་རྣམས་ནི་གོ

རིམ་དཔེ་མཚུངས་པ་བཞིན་རིམ་འགྲོས་སུ་བཏང་ནས། ངོ་བོ་སྙིང་སྦྲང་དྲུག་ཅུ་ཐོབ་པ་ལ། དགེ་ནས་ཁལ་དྲུག་ཅུ། དགེ་མར་ཁལ་དྲུག སྙིང་གཉོན་སྨར་ཟྭང་ཕྱེད་མའི་སྦྲང་ཚེན་གསུམ། སྙིང་གཞུང་ཐོག་ནས་གོང་མ་ཆེ་བཙུན་གྱི་ངོ་བསྐྱུང་ཟེར་རམ། བསྟན་པ་སྤྱི་ཚགས་བསྐྱུང་ཟེར་བ་ངོ་བོ་དོན་གཅིག་པས་གྲ་ཕུད་སྦྲང་དྲུག་ཚག་གོང་གི་སྙིང་སྦྲང་གྲ་ཕུད་ཞོར་འབེབས། སྙོན་གྱི་ཁྲིམས་སྲོལ་ལ་དགེ་ནས་དགེ་མར་དགེ་ཐོག་ཏུ་ཕན་པར་ཆ་བཞག་སྟེ་བཞི་བཅུ་ཞེ་དགུ་ལོངས་དུ་སྤྲད་ན་སྙིང་ཐོག་དུ་ལྷབ་རྩེ་བ་དང་། མ་འཕྲོད་ན་ངོ་བོ་ཡང་མ་གཏོགས་གཏོང་བ་ཞིག་འདུག་ཀྱང་། ཁྲིམས་བདག་ཆེན་མོ་འདིའི་དགོངས་བཞེད་ལ་མི་ཤེ་བ་གུད་ཆེ་བའི་དབང་དུ་མཛད་ནས་སྔངས་གཞུང་སྙིང་དུ་བརྩེ་མི་དགོས། ཞོ་ཐང་ཡང་སྦྲང་ཆེན་གྱི་ཞོ་རེ་ལ་བརྒྱད་ཞོ་བྱུས་པའི་ཞོ་བརྒྱད་ལ་སྦྲང་ཆེན་གང་སྙིང་གཞུང་སྤྲོད་འཛལ་གྱི་སྐབས་དེར་སྡ་སྨར་ལ་བརྒྱད་ཞོ་དང་། ཁྲག་ལ་དྲུག་ཞོ། ཟྭང་ལ་བཞི་ཞོ་བྱུས། ཟྭང་ནག་ལ་སྨར་ཆེད་ཅེས་རྗེ་བུག་པ་དོད་པ་ཡང་སྙིང་ཐོག་ལ་བཏང་ནས་ཁྲག་ཟྭང་རྣམས་ལའང་ཞོ་འདི་གཅོད་འཆར་ཅན་དུ་བྱེད་པ་ཞིག་འདུག་ཀྱང་འདིར་རྩེ་སྔངས་དང་གཅོད་རྒྱ། འཆར་ཅན་མི་དགོས་པ་སྙིང་གི་ཞོ་ཐང་ལོང་རྩིས་པའི་སྨར་ཟྭང་ཐམས་ཅད་ལ་ཁྲག་གི་དྲུག་ཞོར་ཆ་བཞག་ཁྲིམས་ཀྱི་བྲི་སྦྲང་བསམ་འགྲུབ་རྩེའི་བྲི་སྦྲང་ཚད་མར་ཆ་བཞག་གི་དེ་དག་ནས་སྙིང་གཉོན་གྱི་ཕྱེད་སྙིང་གི་སུམ་གཅིག་ནས་ངོས་བསམ། ཇ་གོས་དར་སྤྲོད་དགོས་པ་རིན་སྨར་ཁུང་ཐང་ལ་ཆ་བཞག་ཁྲག་ཟྭང་སྙིང་གཉོན་གྱི

ཕྱིད་རྣམས་དངོས་པོ་གྲུལ་ཐུབ་དང་སེམས་ཅན་བཀོལ་ཉན་རྣམས་ལ་ཆ་བཞག དེ་ལ་རིན་རྒྱབ་ཡུལ་ཐང་གང་ཡོད་ལ་རིན་ཁུངས་བཅད་པའི་སྤྲོད་ལེན་བྱེད་དགོས་པར་དབུས་བྲེ་ཚད་ཀྱི་དབང་དུ་བྱས་ན། གཙང་བྲེ་ཚད་ལས་ལྷབ་བྲེའི་རྩིས་བྱས་པའི་ཞོལ་གྱི་བྲེ་ཚད་ལ་གཉེར་ཚང་གི་དམ་ཕྱུག་འབྱར་བའི་ཁལ་བཞི་ལ་སྲང་ཆེན་གྱི་ཞོ་གང་ཁལ་གསུམ་རེར་སྟོང་སྲང་གི་ཁྲག་ཞོ་གང་། ཁལ་གཉིས་ལ་ཟྫང་གི་ཞོ་གང་། དེ་དག་ནས་ཀྱང་དེའི་བྲེ་འགྲོས་བརྩི་ཞིང་། གཞན་མིའི་ཡུལ་ཚན་རྣམས་སུ་ཡང་གོང་སྐར་གི་བྲེ་སྲང་ཁྱད་མེད་ཀྱི་འགྲོས་བརྩི་དགོས། དབུས་ལུགས་ལ་སྟོང་སྲང་ངོ་སྤྲོད་བྱེད་པ་ཞིག་འདུག་ཀྱང་འདིར་གཙང་ལུགས་ལ་ངོ་སྤྲོད་མི་ཚུད་ཁྲིམས་པའི་སྐུ་རྒྱལ་ཕྱོགས་ཕྱོགས་སུ་འགེལ་དགོས་པ་སྟོང་སྲང་མཐོ་དམན་གྱི་འགྲོས་དང་བསྟུན། སྲང་བརྒྱད་ཅུའི་རབ་ལ་ཟ། མར། རྐྱམ། དར་ཡུག་མ། ཁྲབ་རྣམས་ཀྱིས་གཙོས་པའི་ལྷ་ཚན་བདུན་ཚན་སྐབས་དང་སྦྱར་བ་བྱེད། དེའི་བཞི་ཟུར་སྒྲུག་གྲུ་ཆུ་རིན་རིམ་འགྲོས་སུ་བྱེད། ཚོགས་ཆས་ཀྱང་སྟོང་གི་འབེབས་ཆེ་ཆུང་ལ་དཔག་པའི་རྗེ་ལྟར་འོས་པ་ཁྲ་མ་ཟུར་གསལ་དུ་ཐེབས་པར་བྱེད། དབུས་ཀྱི་སྲོལ་ལ་གཞན་པ་ཉེས་མེད་དུ་ཤི་ཡང་མི་བདག་གི་ཉེས་ཆད་སྟོང་འགོག་པ་དང་། ཁྱི་ལྷ་བུས་རྒྱུགས་པའི་རྐྱེན་གྱིས་ཤི་ཡང་། ཁྱི་བདག་ལ་སྟོང་འདེད་པ་སོགས་བྱེད་ཀྱིན་འདུག་ནའང་བྱིས་པ་ལོ་བརྒྱད་ཡན་གྱིས་ཐོག་པའི་རྐྱེན་གྱིས་ཤི་བར་བློ་སྐྱོན་མ་ཆགས་པའི་དབང་དུ་བྱས། དགེ་མཐུས་མ་གཏོགས་སྟོང་སྤྲོད་མི་དགོས། གཞན་ལ་བློ་

སྐྱོན་མ་ཆགས་པའི་མདའ་རྗེ་གྲི་སོགས་མཚོན་ཆས་ཐོག་ཉེས་ཀྱིས་ཤི་བ་ལ་དགེ་བ་མ་གཏོགས་སློང་སྒྲོལ་མེད། བླ་སྐྱོན་གྱིས་ལན་རྩ་ཆེ་བ་ཁྲིམས་ས་ལ་དགེ་སློང་གི་གསུམ་བྲུར་འགེལ། ཐག་རིང་མཐའ་ཁོབ་ཀྱི་རྐུན་མ་བཟུང་བསད་བྱས་ན། དགེ་མཐུད་སྒྲོད། རྐུན་མ་རིག་ཐོག་ལ་ལག་ཐལ་དུ་སོང་སློང་མི་དགོས་པ་སོགས་ཁྲིམས་ཡིག་རྙིང་པ་རྣམས་ན་འདུག་པ་བབས་འབྲེལ་དང་མཚུངས་འདུག་པས། བདེན་དག་འབྱེད་དགོས་འདུག་པ་དང་། ཡང་ཁྲིམས་ཡིག་རྙིང་པ་ན་རོ་འོག་ཏུ་རྨ་ཞི་རྒྱ་འདྲེས་གཅིག་ཤི་ན། གཅིག་ལ་རྨ་ཐེབས་ཀྱང་རྨས་མི་གཙོད་པ་ཞིག་འདུག་པ་འདིར་བདེན་པ་གཙོ་ཆེ་བའི་དབང་དུ་བྱས་ནས་རྨས་པོ་ལ་རྨས་ཚབས་ཆེ་ཆུང་གི་གཙོད་རྒྱ་གཏོང་ཐོག་ནས་བྱེད།། །།

བརྒྱད་པ་རྨས་པ་ཁྲག་གི་ཞལ་ལྡེ་ནི། རྒྱ་འདྲེ་རྨས་འགྲམས་ཆེ་ཆུང་སྣད་མི་སྣད། །ལེགས་པར་བརྟགས་ཏེ་དེ་ཡི་འཇལ་གཙོད་བྱ། །སྐྱེ་མོའི་མི་སྣས་ཉེ་རིང་ཕྱོགས་ལྷུང་སྤངས། །གང་ལ་གང་འཚམས་བབས་ཐོབ་བདེན་འབྲེལ་བྱེད། །ཅེས་སྔར་གྱི་ཁྲིམས་ཡིག་རྙིང་པ་རྣམས་ལ། མི་རབ་ཁྲག་ལ་ཐིག་ཚོ་དང་། མི་མཐའ་ཁྲག་ལ་ཐིག་སེ་ཟེར་བ་གྲགས་འདུག་ན་འང་། འདིར་དོ་མི་མཉམ་པའི་འབངས་གྱེན་ལོག་ལྟ་བུས་རྨས་པ་ལ་གསོས་སྨན་ཚབས་ཆེ་ཆུང་གིས་ཡན་ལག་གི་སྟེང་དུ་རྩད་གཙོད། དཔོན་གཡོག་གི་བར་དཔོན་པོས་ལག་ཐལ་བ། རྨས་པོས་ལྷ་རྗེ་སོགས་ངོ་ཚ་ལ་དཔག་པའི་བདག་རྐྱེན་བྱེད་ལུགས་ཉེས་བྱས་དང་བསྟུན་པ་བྱེད་པ་མ་

གཏོགས་དཔོན་གཡོག་གི་གོ་རིམ་གྱིས་རྣམ་འཇལ་གྱི་སྲོལ་མེད། ཕན་ཚུན་མགོ་སྙོམས་ཀྱི་རྣམ་འགྲམ་སྤྱ་སོར་རྣ་འོག་ཏུ་ཤག་དོར་ཐེར་བ་ཞིག་འདུག་ཀྱང་། དེས་ན་བདེན་པ་རྫུན་དུ་འགྲོ་བ་ཞིག་འདུག་པས། འདིར་བདེན་པ་གཙོ་བོ་བྱས་ནས་མི་འོས་པས་ལག་འཛོག་བྱས་པའི་རྐྱེན་མ་ཐེག་པའི་ཚུར་ལག་སློག་པའི་རྣམ་ལ། རྣ་གསོས་མ་གཏོགས་འཇལ་བཅོས་མི་དགོས། ཕན་ཚུན་གྱི་འདོན་སྟོན་མ་ལ་གྱི་ཚད་འོས་རིགས་མ་སྨྱམས་བདེན་རྫུན་ཆེད་འགྲོས་ཁྲིམས་ས་ནས་མངགས་པའི་ཕན་ཚུན་རང་གི་སྐོར་ལ་ལུས་ཀྱི་གཉན་སར་གསོད་གྱི་རྒྱབ་ན་རྣམ་འཇལ་ཐོབ་ཐང་གི་སྟེང་དུ་གསོན་སྟོང་མར་གསེར་གྱི་སྲང་གང་ཕྱེད་སོགས་ཀྱི་འགྲོས་བདེན་འབྲེལ་དང་མཚུངས་པ་བྱེད། རྣམ་རང་གི་སྐོར་ལ་མི་དྲག་པའི་རིགས་ལ་གསོན་སྟོང་རྒྱལ་ཡུས་རྣམ་གསོ་ཁྲག་གདན་བཞེད་ཅེས་རྣམ་འཇལ་སྟོང་ནས་བཤད་པའི་བཞི་ཟུར་སོགས་ཆེ་ཆུང་གི་འགྲོས་རྣམ་ཚབ་ཆེ་ཆུང་ལ་དཔག་པའི་གཅོད་པ་དང་། རྣམ་གསོ་ལ་གསོ་གཟན་དགོས་པ་དང་། ཁྲག་གདན་ཕྱིང་པ་སྣམ་དཀར་སོགས་སྤྲོད་དགོས་པའི་རྒྱུན་འདུག་ཀྱང་། ཕྱིས་མི་དྲག་པར་རྣམ་འགྲམ་ཆེར་མི་ཡོང་ཞིང་། བྱུང་ཡང་སྐབས་བབས་བདེན་འབྲེལ་དང་བསྟུན། བཟའ་པ་འཁྲིང་ལ་ཆ་བཞག་པའི་རྣམ་ལ་ཉེས་པ་ཆེ་ཆུང་བདེན་རྫུན་བཤེར་བའི་གཏན་ཚིགས་འཛོག་པ་སོགས་གོང་གི་གཞི་ནས་བླངས་པའི་ད་ལྟ་ཡོངས་སུ་གྲགས་པ་མེ་ཞོ་དྲས་སྲང་ཞེས་མེ་དུ་རྒྱབ་ལ་ཐོན་གསུམ་གྱི་ཞོ་རེ། དྲས་པ་ལ་ཐོན་གསུམ་གྱི་སྲང་རེ་བྱེད་པ་ཞིག་འདུག་པ། ལྟེ་

མཚམས་སུ་དེ་ག་འོས་པ་འདུག་ཅིང་། ཞིབ་པར་དཔྱད་ན་དྲས་ཀྱང་ཐུན་ཆེ་ཆུང་ལ་དཔག་པའི་སྲང་གྲངས་མཐོ་དམན་བྱེད་དགོས་པ་དང་། རྨས་ལ་ཡང་གཏིང་སྣད་ཆེ་བར་སྲང་དོ་གསུམ། གཏིང་སྣད་ཀྱི་ཁ་སོར་བཞི་ལ་ཆ་བཞག་པར་སྲང་རེ་གཅོད་དགོས་པ་སོགས་དེ་གའི་འགྲོས་ཀྱིས་ཤེས་པར་བྱེད་ཅིང་། གྲུས་པ་ལ་ཊུས་པ་ཆེ་ཆུང་ལ་དཔག་པའི་གསེར་མཉམ་འདེགས་བྱེད་ཟེར་བ་ཞིག་འདུག་ཀྱང་། དེ་རང་ཙུང་ཞིག་ནད་པ་གུད་པར་འགྲོ་བསམ་པས་ཊུས་པ་སྲན་མ་ཙམ་ལ་འོ་རེ་སྦྲིད། ཁྲག་འཚོར་ཆེ་བ་ལ་ཁྲག་གདན་སྤྲིན་སྤུག་སྐབས་དང་བསྟུན་པ་བྱེད། དེ་གའི་ཐོག་ནས་བདེན་པ་རྨས་པོ་ལ་མེད་ན་རྨས་པོས་བདེན་ཡུས་གྲངས་ལྔ་ཚན་ཙམ་གཏོང་མ་གཏོགས་འཇལ་ནས་མི་གཅོད། ཁ་རྨས་མཉམ་སྦྱང་ན་དེ་གའི་ཕན་ཚུན་རྨས་འགྲམ་ཆེ་ཆུང་འཇལ་ཐོབ་སྦྲིད་སྣོ་རྩེ་ཐབས་རྨས་པོ་ལ་རྒྱུག་མེས་ཞག་བདུན་ཁོངས་སུ་རྨ་གསོས་ཙམ་རྩམ་པ་ཁལ་གཅིག་ནས་དྲུག་གི་བར། ལུག་ཤ་སྟོད་སྨད་རེ་ནས་ཚགས་ཤ་སྟོད་སྨད་བར། མར་ཁལ་གཅིག ཆང་རྒྱུ་སོགས་རྨས་ཚབ་ཆེ་ཆུང་ལ་དཔག་པ་སྦྲིད་པ་དང་། ལྷ་རྗེ་ཚར་གཉིས་ཀྱི་བར་འབོད་ཅིང་། དེ་གའི་རིང་སྔོ་ཆང་རྫོང་བཟ་སོགས་ཀྱང་བབས་ཐོབ་དང་མཐུན་པ་བྱེད་དགོས། རྨ་གསོས་མི་ལེན་པ་ཡང་ཁྲིམས་ལ་མི་བཏུབ་ཅིང་། རྒྱུག་མཁན་གྱིས་རྨས་པོར་ལྷ་རྗེ་སོགས་ལྷ་མེད་བྱས་ཀྱང་ལབ་མི་བཏུབ་པས་ཁྲིམས་ལུགས་ལ་རྨས་གསོ་སྦྲིད་ལེན་དགོས། འཇལ་གཅོད་རྨས་གསོས་དང་ལྷ་རྗེའི་སྔོ་རྫོང་སོགས་རྨས་འཇལ་ཐོག་ལྷབ་གཅོད་དུ་བཅེ་

བ་ཁྲིམས་ལུགས་སུ་འདུག་པ་དང་། སོ་བཅག་སྒྲ་ཕྱི་བ་རྣམས་ལ་དང་པོའི་ཁྲིམས་ཡིག་རྙིང་པ་ན། སོ་ཧ་སྒྲ་ལུག་ཟེར་བ་འདུག་ཀྱང་དེ་ཕྱིས་མི་དར་ཞིང་སོ་བཅག་ལ་གོང་གི་ཉུས་པའི་ཆ་འགྲོས་ལས་ཆེ་ཙམ་བྱེད་པ་དང་། སྒྲ་ལན་བུའི་རྐང་གཉིས་རེ་གསུམ་རེ་ཙམ་ལ་ཞོ་རེ་གཅོད་པ་སོགས་སྐབས་དང་བསྟུན། དབང་པོའི་སྣ་མིག་སོགས་དང་ཡན་ལག་ཉིང་ལག་སོགས་སྐྱོན་ཅན་དུ་བཏང་ན། མི་དྲག་ཞན་གྱི་སྟོང་གི་ཐོབ་ཆ་ནས་བརྩིས་པའི་བཞི་ཟུར་གསུམ། ལྔ་ཟུར་བར་དབང་པོ་ཡན་ལག་རྣམས་དཔང་ཆེ་ཆུང་ལ་དཔག་པའི་གཅོད་རྒྱ་བྱེད་དགོས་པ་ཡིན།། །།

དགུ་པ་བསྐྱོན་ཧམ་མནའ་དག་གི་ཞལ་ལྕེ་ནི། མི་ངན་བསྐྱོན་ཧམ་བྱེད་པའི་ རིགས་ རྣམས་ ལ། །དྲང་ ཚོད་ ཟུར་ གནས་ མི་ ཡི་ ལག་ སྤྲེལ་ ལམ། །རྗེ་ སྨུམ་ འདམ་ བཙག་ ལ་ སོགས་ གང་ འོས་ ཀྱིས། །བདེན་ རྫུན་ ལེགས་པར་ ཕྱེ་ བའི་ དག་ གཅོད་ བྱ། །ཞེས་ ཡིན་ མིན་ བསྐྱོན་ བྱུང་ བ་ ལ་ མནའ་ཡིས་འབྱེད་དགོས་ཤིང་། མནའ་ཞེས་རང་ལུས་གཏོང་གི་དྲང་པོར་གནས་པ་ལ་མནའ་ཡོད་པས་དཔེ་དེར་བཞག་ནས་མནའ་ཞེས་པའང་ཡིན་ཞིང་། ང་བོ་ཡེ་ཤེས་ཀྱི་སྤྱན་དང་ལྡན་པ་དང་རྣམས་དང་། རྫུ་འཕྲུལ་ཟག་བཅས་ཀྱི་མངོན་ཤེས་ཡོད་པའི་སྲུང་མ་དཔང་དུ་བཙུགས་ནས་བདེན་རྫུན་འབྱེད་པ་འདི་ལ་མནའ་མི་འགྲུགས་སྐབས་ཁྲིམས་ཡིག་རྙིང་པ་རྣམས་ལ། གསེར་བྱ་ངང་པ་རྙེ་ལ་མ་འཛོན། དུག་སྦྲུལ་ནག་པོ་མཐུར་ལ་མ་རྒྱུགས། ཐོ་རོག་ནག་པོ་ལ་རྗེ་མ་རྒྱུགས། ཁྱི་མོ་ཚང་མར་དགྱུག་པ་མ་

འཕྱར། གཡུ་ཆུང་དྲུག་དམར་རྫ་ལ་མ་རྒྱུ། ཟེར་བར་འདུག་པས། གསེར་བྱ་ངང་པའི་དོན་ནི་བླ་མ་དགེ་བཤེས་ཡུལ་གཞན་པ་དང་། བཙུན་པ་མཐའ་ཡི་ཡུལ་མིན་པས་མཐའ་མིར་མི་བསྟུ། དུག་སྦྲུལ་ནག་པོ་ནི་སྔགས་པ་ནུས་པ་ཅན་གྱིས་ཐབས་རྟེན་འབྲེལ་གྱི་སྒོ་ནས་མཐའ་ཡི་ཉེས་པ་སེལ་ནུས་པས་མཐའ་མིར་མི་བསྟུ། ཕོ་རོག་ནག་པོ་ནི་མི་ལྟོགས་ཧྲལ་རང་འདོད་ཅན་ལྟོ་ཁོས་དང་རང་འདོད་ཀྱི་ཉེས་པ་དོར་ནས་མཐའ་ཟ་བས་མཐའ་མིར་མི་བསྟུ། ཁྱི་མོ་ཚང་མ་ནི་རང་གི་ཁྱོ་དང་བུ་གུའི་ཆེད་དུ་མཐའ་ཟ་བས་མཐའ་མིར་མི་བསྟུ། གཡུ་ཆུང་དྲུག་དམར་ནི། བྱིས་པ་དབྱེ་བ་མི་ཚོད་པ་དང་གླེན་ལྐུགས་རྣམས་ཀྱི་མནའི་ཉེས་པ་དང་སྤང་བླང་མི་གོ་བས་མཐའ་མིར་མི་བསྟུ། མཐའ་མི་ལག་འདོགས་ཀྱི་འོས་ཅི་འདྲ་ཞིག་དགོས་ན་མི་དོན་གཉིས་ཤེས་ཤིང་ཧ་གོ་བ། གཏན་ཚིགས་ཆེ་བ། དྲང་ཞིང་ཚད་མ་ལ་བརྩི་བ། བསྐྱིལ་འགག་དགྲ་ཡ་དང་མཐུན་པ་ཞིག་དགོས་ཤིང་། དེ་ལྟར་མ་རྙེད་ན་དོན་ཚན་གསུམ་དུ་བདེན་རྫུན་སྟོན་པའི་རྫོ་རྣམ་ལྕགས་འདམ་སྐྱིལ་ཆུ་ལ་སོགས་བྱེད་ཅིང་། འདི་རྣམས་ལ་བདེན་པ་ཡོད་མེད། རེ་ཚོམ་རྟེན་འབྲེལ་ཆས་སོགས་ཀྱིས་ཐོན་ཡོང་བར་རྟེན་བདེན་པ་གཙོ་བོར་ཡིན་ཀྱང་། རེ་ཚོམ་ཟུར་གྱི་བདེན་པ་ཡོད་ཀྱང་མི་ཐོན་པ་ནི་བྱ་བ་ཆེ་ཆུང་གང་ལ་ཡང་བསམ་པ་མ་ཤར་རེ་ཟེར་བཙུག་ན། མི་ནི་འགྱུ་བ་སེམས་འདི་ལ་གང་ཡང་འཆར་བས། དཔེར་ན་དེས་རིགས་མཆོད་པའི་ཚོམ་ཟུར་འགྲོས་ཀྱིས་མཐའ་ལ་ཐོ་ཐོགས་པའི་རེ་ཚོམ་མི་འཛུག རྟེན་འབྲེལ་བདེན་

པ་མེད་ཀྱང་ཐོན་པ་ནི་སྲུང་བ་ཟབ་མོ་མན་ངག་སོགས་དང་། མི་དྲན་གསལ་གྱིས་གཞན་མ་ཞིག་གི་ཐོད་པ་མགོ་བོར་བཀབ་ནས་ཐོད་པ་འདི་ཡི་འོག་ཏུ་བྱ་བ་འདི་འདྲ་ཞིག་བྱེད་མི་བྱེད་ཟེར་བ་བསྐུལ་ནས་ཐོད་པ་དེ་བོར་བ་དེའི་རྟེན་འབྲེལ་གྱིས་མགོ་ཐོན་པར་འགྲོ་བ་འདྲིས་འགྲོ་བ་དང་། ཆས་ཀྱི་མཐའ་ཐོན་ཀྱང་མཐའི་ཉེས་པ་ནི། ལུས་གཅེར་བུར་བྱས། ཀོ་དམར་གདན་དུ་གཏིང་། བྲང་ལ་གྲོད་པ་ཁྲག་གིས་བཀང་ནས་ཁྲག་གིས་ཞལ་ཞལ་ཡོང་བ་བྱས་པ་རྣམ་རྟོག་གི་རྗེས་སུ་འབྲངས་ནས་མཐའི་ཉེས་པ་ཡོང་བ་སོགས་དེས་མཚུངས་ཤིང་། ཡང་མི་ཧམ་བསྙོན་མེད་ཅིང་བདེན་པས་ཡུལ་ས་ཞིག་ཡོད་ན། གོང་གི་རྣམ་རྟོག་གི་རྗེས་ཀྱང་ཕོ་རང་བདེན་པའི་ངོ་བོ་ལ་སེམས་རྩེ་གཅིག་ཏུ་གཏད་ནས་ཡེ་ཤེས་ཀྱི་ལྷ་ལ་བདེན་པ་བདར་ན་ལྷ་དབང་དུ་ཡེ་ཤེས་བཞུགས་པའི་གཟིགས་པས་བདེན་ཐོག་ཏུ་ཐོན་པ་རང་ཡོད་ན་དང་། མི་བྱིངས་ཀྱི་རྣམ་རྟོག་མང་བ་དང་། རྣམ་རྟོག་གི་རྗེས་སུ་འཇུག་པ། དེ་ལ་ཁྲིམས་པའམ་བར་པས་ཚད་པ་ཞིག་བྱེད་དགོས་ཏེ། དེ་ལ་ཐོག་མར་བསྐྲག་ཁྲ་དང་། ལྷ་དཔང་འདས་མ་འོངས་ད་ལྟ་དུས་གསུམ་གྱི་བདེན་རྫུན་གཟིགས་པར་ཡེ་ཤེས་ཀྱི་སྤྱན་དང་ལྡན་པ་ཞིག་དང་། དེ་གའི་རྗེས་གཅོད་ཡིན་མིན་གྱི་ཚད་པ་མྱུར་དུ་འབེབས་པར་འཇིག་རྟེན་གྱི་ལྷ་དྲག་རྩལ་ཆེ་བ་དང་། མནའ་སྐྱེལ་མཁན་རང་གི་ཕོ་ལྷ་སོགས་དཔང་དུ་བཙུགས་ནས་མནའ་བྱེད་ན་གསེར་སྐྱེམས་མནའ་ཆུ་སོགས་ཆ་འགྲིག་དང་རྫོ་སྣུམ་འདམ་སྐོལ་ཆུ་ལག་བྱེད་ན། ལྷ་གསོལ། ལྷ་གདན་མགར་བའི་

ཆས། རྫ་གས་གྲུམ་མེད་པ་ཟྭངས་སམ་ལྷུགས་སླང་གང་རུང་གཙང་མ་ལག་མགོ་ཉུབ་ཙམ། རྗེའུ་དཀར་ནག་ཞོར་བརྟེགས་པའི་ཡང་ལྷི་མེད་པའི་ཐེབ་མགོ་ཙམ་གཉིས་དང་ཡང་འདམ་སྐྱོལ་རྩ་ལག་བྱེད་ན་ཁྲོ་ཡི་ནང་དུ་འདམ་གར་སླ་ཞོ་ཙམ་ལག་མགོ་ཉུབ་པ་ཙམ་དང་ཡང་རྩ་རྙོག་མ་ལ་རྗེའུ་མི་མཐོང་བ་ལག་ཉུབ་ཙམ་བསྲིགས་ནས་དེ་རྣམས་རི་ཚིག་ལ་བསྡུ་【སུ་】ཡང་བྱུས་ཁྲིམས་ས་བར་པ་བྱིངས་སུ་ཉེ་འགྱུར་མེད་པར་བསྟད། རི་ཚིག་རྣམས་སོ་སོའི་འདོད་ཁ་དང་ཚིག་ཟུར་གྱི་ངན་གཡོར་མ་སོང་བ་ཁྲ་མར་བཀོད། ཐོག་མར་རི་ཚིག་དེ་དག་བཀྲུས་བྱེད་མིང་དངོས་སུ་ཐོན་ནས། ཡང་བསྐྱིལ་བགག་ལ་མ་འཚམ་ན་ཤོ་རྒྱབ་པའི་གང་གི་ཁྲ་མའི་ཚིག་རིགས་ལ་ཡོང་བ་ལྟར། ཐོས་པས་མནའ་གཟུ་འདམ་པ་དང་། ཤོར་པོས་སྐྱིལ་བགག་འདེམ་དགོས་པའི་ཤོ་ནང་དུ་གང་ཤར་གྱི་སྐྱིལ་མཁན་དེ་ལ་མི་སྣ་བར་པས་རི་ཚིག་ཚར་གསུམ་བར་དུ་ རྣ་བར་འདོན་པ་དང་། སེམས་ཡུལ་དུ་ངེས་པར་སྒྲིག་ཅིང་འབྲུ་རེ་གཉིས་ནས་སྦྱར་བཤད་གཏོང་དགོས། དེ་ཐོན་པ་ཐག་གཅོད་བྱུང་ན། མནའ་ས་མགོན་ཁང་ངམ་གཞི་བདག་གནས་ས་རྒྱལ་པོའི་དཀོར་ཁང་སོགས་སུ་ཁྲིད་དེ་ཀྲབ་སྐྱིལ་སྐྱེང་གོས་དང་ཁྲི་སྒྲུང་བ་སོགས་འཛོག་པ་ལུས་ཀྱི་སྟོད་གཅེར་བུར་བྱེད་པ་སོགས་མི་དྲག་ཞན་དང་དོན་འབྲས་འགངས་ཆེ་ཆུང་སོགས་སྐབས་དང་བསྟུན་པ་བྱེད་ཅིང་། མནའ་ས་ཆེ་ཆུང་གང་ལ་ཡང་ལག་འདོགས་ཀྱི་སྐྱེང་གོས་ཀྱི་སྒྲུང་བ་འཛོག་པ་ལས་སྒྲོས་པའི་མནའ་ཚས་མི་དགོས། གསེར་སྐྱེམས་བཏང་བདེན་པ་བདར་ནས་བགག་

ཁྲར་ཁོ་རང་གི་མཐེའུར་མཆིལ་མ་རྒྱབ་སྟེ་ལག་སྦྲེལ་དང་ལག་འདོགས་ཡོད་ན་ལག་གདང་བྱས། ཡི་གེ་ཤེས་ན་རི་ཚིག་ཀློག་པ་དང་ཡི་གེ་མི་ཤེས་ན་རི་ཚིག་འདི་ནང་བཞིན་ཐོན་ན་བྱ་དགའ་དང་བྱེ་ཐོར་ཐོང་། མ་ཐོན་ན་ཉེས་པ་མངོན་སུམ་དུ་ཕོབ་ཅེས་རི་ཚིག་མགོ་ཐོག་ཏུ་ལེན། རྡོ་བྱེད་ན་གྱི་རི་ལྷ་ཁང་ལྷ་བུར་རྡོ་ཆས་དགོས། ལྷ་ཁང་དུ་གསོལ་ཆས་རྫམ་པ་ཡུལ་བྲེ་ལྷ། དཀར་རྒྱན་ཉག་ལྷ། ལྷ་མགོན་ལ་སྐྱན་དར་རེ། དཀོན་གཉེར་ལ་གསོལ་བ་གསུམ། སྟེར་ཡོན་གསུམ་ཚན། རྡོར་ལེགས་ཀྱི་རྟེན་ལ་སྐྱན་དར། སྦྲོན་ཆས་ལྷུགས་གསར་ལྷ། དཀར་རྒྱན་སྤྱོར་གང་། གྱི་རི་ལྷ་པར་གསུམ་ཚར་རེ། རྡོ་ཁུང་དུ་གཞུང་ལ་བདུན་ཚར་རེ། མགར་བ་ལ་རྡོ་བརྟེགས་ཀྱི་ནས་ཁལ་གསུམ། སྒྲི་བྲག་ཀྲབ་སྣང་། ཀྲབ་སྟེར། རྡོ་ལག་གི་རྐམ་པའམ་ལྷུགས་གཟར། པང་ཁེབས་ཀྱི་སྤྱིའུ་སྣམ་ལྷེ་མ་གཅིག མེ་ཡོལ། རས་ཡུགས་སྟེ་ཚང་། མེ་དར་དམར་པོ་མདའ་བཅས། མི་སྨར་རྡོ་རྒྱབ་སྲུང་གང་། ཚོགས་ཆས་ཞིབ་ཁལ་གཅིག རྫིང་རྒྱབ་གཅིག ཚང་རྒྱུ་ནས་རྒྱབ་གཅིག ཛ་ཉག་དོ། འདབ་སྤོར་ལུག་ཤོག་གཅིག ཚག་སྟོད་གཅིག ཕུད་དམ་ཆང་བཅས་ཕུད་སྟེར་ནས་སྦྲག ཕུད་ཕོར་རྣམས་བསྒྲིག་དགོས་ཤིང་རི་ཚིག་གོ་སྟེངས་སུ་ད་ལམ་རྡོ་བཀྲུས་འདི་གཏན་ཚིགས་ཀྱི་སྒོ་ནས་གླངས་པ་མ་གཏོགས། ཐབས་རྟེན་འབྲེལ། རྫས་མན་ངག་གི་སྒོ་ནས་གླངས་པ་ཡིན་རེ། སྤྱངས་ན་རྡོ་ལེན་མི་རྫིས་སྤྱོད་ཡིན་སོ་སོར་ཁོང་གི་ཆས་རྣམས་བསྒྲིགས་ནས། ཨ་ཡས་གསོལ་ཁ་བདེན་བདར་བྱས། མགར་བས་

ཐབ་ཁ་སོ་སོར་བྱས་ནས་རྡོ་མེ་ཐུབ་མཛོག་མགོ་ཆེ་ཆུང་ཙམ་མེད་པར་བསྲེག རྡོ་ལེན་མིའི་ལག་པ་ཆུ་དང་འོ་མས་ལེགས་པར་བཀྲུས། ལག་པའི་རྨེན་པ་སོགས་སྤྱར་གྱི་སྐྱོན་སྙིང་རྣམས་སྣག་རྟགས་རྒྱབ། རྡོ་སྐྱ་ཧྲིལ་མ་སོང་བར་བསྲེགས་ནས་ཀྲབ་སྣང་དུ་བཏོན་ནས་ངད་པ་ཡལ་མེ་རོ་མེད་པར་ཀྲབ་སྟེར་དུ་བཏོན་ནས་གོང་བཞིན་གད་བྱ། ལེན་མི་གཉིས་ཀྱི་ལག་པར་གཏད་ནས། གོམ་པ་གསུམ་མམ་བདུན་གྱི་བར་དུ་ལག་པ་གཉིས་ཀྱི་བར་དུ་ཕར་སྒྲིལ་ཚུར་སྒྲིལ་བྱས་ནས་གོམ་ཚད་པར་འཛོག་རྡོ་མེ་ཐུབ་ངེས་ཐེངས་བདུན་བར་ལག་ཏུ་མ་འཁྱོར་བར་ལ་མེ་དཀྱིལ་དུ་འཕོར་ན་བདེན་པ་ཡོད་པས་ལེན་མི་དགོས་ཀྱང་ཟེར། དེ་ནས་ལག་པ་རས་ཀྱིས་གཏུམ། ཁྲིམས་སའི་མི་སྣའི་དམ་ཕྲུག་གིས་བསྣན་ཞག་གསུམ་མམ་བདུན་གྱི་བར་བཞག་སྟེ་རྡོ་ཁ་ཕྱེས་བས་ཐོན་པ་རྣམས་ལ་རྡོ་ལམ་ཞེས་ལག་པའི་གུང་ལ་སེར་ཐལ་ཙམ་རེ་ཡོང་ཞིང་། གཞན་མ་སྐྱོན་མེད་དུ་འདུག་ན་གཙང་མར་ཐོན་པ་དང་ཆུ་བུར་སྦྲན་མ་ཙམ་ཞིག་བྱུང་ན་ཕྲན་བུའི་སྐྱོན་ཡོད་པས་ཐོན་མ་ཐོན་ཕྱེད་མར་བྱེད། གསུམ་ཤར་ཆེ་མ་ཐོན་པར་འགྲོ། སྤྱར་གྱི་སྐྱོན་སྣག་རྟགས་བརྒྱབས་པའི་སྐྱོན་སྙིང་པ་རྣམས་འདིར་མི་བརྩེ་བ་སོགས་ཞིབ་འཇུག་བྱས་ཏེ་བདེན་རྫུན་འབྱེད། ལྷ་གསོལ་ལྷ་གདན་ཨ་ཡའི་ཟ་སྒོ་ཡིན། ཀྲབ་སྟེར་ཀྲབ་སྣང་མགར་བའི་ཟ་སྒོ་གཅོད། སྐུམ་བྱེད་པར་ཤར་ན་རི་ཚོག་གོང་དང་འདྲ་བ་ལ། ཚིག་གི་འདོན་ཆ་བསྒྱུར་བའི་གོང་བཞིན་ཞིབ་པར་བྱས་ནས་གཞུང་གི་དགོངས་མཚམས་ཀྱི་དག་བཀྲུས་ཀྱི་སྐུམ་སྟོད་གཉེར་ཚང་

ནས་གནང་། རྩིས་སྤྲོད་ལ་སོ་སོར་རང་གིས་བསྒྲིགས་ཤིང་ཡང་ཡོ་གལ་གྱི་གཅིག་གིས་ལེན་ན། སྨུམ་སྣོད་སྤྲོད་མཁན་གྱི་བབས་ཐོབ་ཡིན་ཀྱང་། ངན་བྱེད་བྱུང་དོགས་པས་ལེན་མཁན་རང་གིས་བསྒྲིག་དགོས་པར་འདུག་ཅིང་། དེའི་དོད་སྤྲོད་མཁན་གྱི་མི་སྣ་ལ་བབས་ཐོབ་ཏུ་སྤྲོད་ལེན་སྐབས་ལེན་མིའི་ལག་པ་བཀྲུས། བསྣུག་ཁྲ་སློག་ལུགས་ཐེའུ་རྒྱག་པ་སོགས་གོང་བཞིན་བྱས་པས་ཐོབ། སྨུམ་ཐོན་ན་རྗེའུ་དཀར་པོ་ཐོང་ལ་ལག་པ་ཡང་རྒྱ་དར་ལས་འཇམ་པར་ཤོག མ་ཐོན་རྗེའུ་ནག་པོ་དང་ལག་པ་ཞབ་ཐུལ་གྱིས་ཚོགས་ཅེས་པའང་འཇུག རྗེའུ་དཀར་ནག་སྨུམ་དཀྱིལ་དུ་སྐྱུར། སྨུམ་བཀོལ་ཐག་ཆོད་པའི་ཚོད་ནས་མདོག་བསྒྱུར་འཕྲུལ་ཡོས་སུ་གས་འགྲོ་བར་ཆ་བཞག བསྣུག་ཁྲ་མགོ་ཐོག་ཏུ་འཁྱེར་ལག་པ་བཀྲུས་པས། རྗེའུ་གང་བྱུང་ཞིག་ལག་ཏུ་ཁྱེར། ཐོན་ངེས་ལ་སྨུམ་དྭངས་ཤིང་འཇམ་ལ་རྗེའུ་དཀར་པོ་ལག་ཏུ་འཁྲིད་ཅིང་རྗེའུའི་ཤུལ་མ་གཏོགས་སྐྱོན་མི་འབྱུང་། མི་མཐུན་ན་སྨུམ་ལུད་པ་དང་མི་འབར་བ་སོགས་བྱེད་ཅིང་དཀྲུག་པས་རྗེའུ་ནག་པོ་ལག་ཏུ་འཁྲིད་པ་དང་། ལག་པར་ཆུ་བུར་རྒྱག་པ་དང་ཚིག་འགྲོ་བ་སོགས་མི་རུང་བ་ཡོང་ཞིང་། ལག་པར་སྐྱོན་བྱུང་ནས་རྗེའུ་དཀར་པོ་ལོན་ན་ཐོན་ཕྱིད་མའི་རྟགས་ཡིན་ཀྱང་དེང་སང་སྨུམ་ཐོན་པའི་གྲས་སུ་བྱེད་ཀྱིན་འདུག་པས་དེ་ག་བཞིན་བྱེད། ཡང་རྗེའུ་མེད་པར་སྨུམ་དཀྲུགས་ནས་ལག་པ་སྐྱོན་བྱུང་མ་བྱུང་རྟགས་བྱེད་པ་ཞིག་འདུག་ཀྱང་། དོན་འབྲས་འགངས་ཆེ་ཆུང་ལ་དཔག་པའི་དཔེ་ཡང་བྱེད་ཅིང་ལུགས་ལ་གདམས་ངག་བཞིན་འགྲོ་བས

ཁྲིས་བྱེད་མཁན་ཆེར་མི་ཡོང་། བྱེད་ཀྱང་རི་ཆོག་སོགས་རྗོ་དང་བྱེད་ལུགས་འདྲ་བ་ལ། ལེན་པ་དང་ལྷེས་ལྡག་པ་སོགས་བྱས་སྐྱོན་བྱུང་མ་བྱུང་ལ་བརྟག་པ་བྱེད། འདམ་ཆུ་སོགས་ནི་སྐྱིལ་བའི་རྫེའུ་འཛུག་པ་སོགས་བྱེད་ལུགས་སྔམ་དང་འདྲ་བ་ཡིན།། །།

བཅུ་པ་རྐུས་འཛུལ་གྱི་ཞལ་ལྷེ་ནི། མ་བྱིན་ལེན་པ་རྐུན་མའི་ཡུལ་དང་ནི། །རྫས་ཀྱི་སྣང་དཔང་ཆེ་ཆུང་བརྟག་བྱས་ཏེ། །ལུས་སྟེང་ནག་གཙོད་འཛུལ་ཡུལ་གང་འཚམས་སོགས། །བདེན་འབྲེལ་བབས་ཐོབ་ཁྲིམས་དང་མཐུན་པ་བགྱིས། །ཞེས་ཁྲིམས་ཡིག་རྙིང་པ་རྣམས་ལ་བཙན་པོའི་ཁྲི་འཛུལ། དཀོན་མཆོག་བརྒྱད་ཟུ་འཛུལ། མཉམ་པོའི་བདུན་འགྱུར་ངོ་བརྒྱད་ཟེར་བ་འདུག་ནའང་། དེང་སང་བརྒྱད་འཛུལ་ངོས་དགུ། བདུན་འགྱུར་ངོ་བརྒྱད་སྐྱེན་ཁྲིད་ཚབ་གསུམ། རྒྱུ་ནོར་ངོ་བསྐོད། ཞུ་བཤགས་ཚན་གྲངས་སྒྲིད་པ་དང་། ཡང་རྐུན་མ་རྟང་ཚོད་ངེས་ཀྱང་ངན་ཤེད་ཀྱིས་ངོས་མ་བླང་ན་འཛུལ་གྱི་ཐོག་ཁྲིམས་ས་ནས་ཆད་པ་སོགས་ཕན་ཚུན་གྱི་བདེན་པ་དང་བསྟུན་སྐབས་དང་སྦྱར་བའོ།། །།

བཅུ་གཅིག་པ་ཉེ་འབྲེལ་འབྲལ་འདུམ་གྱི་ཞལ་ལྷེ་ནི། ཉེ་འབྲེལ་མི་འཁྲོད་འདུ་འབྲལ་ཤར་བ་ན། །ཕན་ཚུན་བྱས་བྱུང་ཕོ་མོའི་དབྱེ་བ་སོགས། །ཞིབ་པར་བརྟག་སྟེ་དེ་གའི་བགོད་ལུགས་རྣམས། །བབས་ཐོབ་བདེན་འབྲེལ་ཁྲིམས་སྲོལ་མཐུན་པར་བྱེད། །ཅེས་དཔེར་ན་ཁྱིམ་ཐབ་དགའ་འདུས་ཀྱིས་བྱས་པ་དང་། བར་མི་བཙུག་ནས་བྱས་པ་སོགས་སྐྱིད་

སྡུག་འདྲེས་པ་གང་ལ་ཡང་ཐོག་མའི་ཁ་དན་གྱི་རིགས་དང་འབྲལ་དགོས་པའི་རྐྱེན་རྩའི་རྩ་བ་ནས་ཞིབ་ཏུ་བཅད་པའི་བདེན་པ་གཙོ་བོར་བཞག་དགོས་ཤིང་། དེ་ལ་དང་པོའི་ཁྲིམས་ཡིག་རྙིང་པ་རྣམས་ལ་ཕོ་སྐྱུར་ནོ་བཅོ་བརྒྱད་སྡུག་གི་བྲ་རྒྱུ་ཅན། མོ་སྐྱུར་ནོ་བཅུ་གཉིས་གཟིག་གི་ཐིག་ལེ་ཅན་ཞེས་འདུག་པས། ང་བོ་གོང་གི་བདེན་པ་ཕོ་ཆེན་མོ་སྐྱུར་ཐུན་གསུམ་གྱི་ནོ་བཅོ་བརྒྱད་བདེན་ཡུལ་ལུས་གང་སྤྲོད་པ་དང་། གོས་གཟན་གཡོག་དགོས་པ་ཆེ་བ་ལ་གསོན་སྟོང་བསྒྲིགས་པ། ཆུང་བ་ལ་གསུམ་ཚན་གཏོང་བ་སོགས་བདེན་པ་ཆེ་ཆུང་དཔག་པའི་སྤྲོད་འཇལ་བྱེད་ཅིང་བདེན་པ་མོ་ཆེན་ཕོས་བསྐྱུར་ནོ་བཅུ་གཉིས་དང་། གཡོག་ལ་ཟས་མཐུད་ཅེས་ཉིན་སླ་བྲེ་གསུམ་དང་མཚན་སླ་བྲེ་གསུམ། ཡང་ཉིན་སླ་སེ་བ་རེ་དང་མཚན་སླ་བྲེ་གསུམ་མའི་ཁྱུངས་འགངས་ཆེ་ཆུང་ལ་དཔག་པ་བྱེད། ཟས་མཐུད་མོ་རང་སྟོད་རིང་ཕ་མིང་གིས་སྤྱིན་པའི་གོས་གཟན་གང་ཟད་ཀྱི་གུན་བསྒྲིགས། ཕོ་ནོ་མོ་ཞེས་བདེན་པ་ལ་མ་ལྟོས་པའི་ཕ་མིང་གིས་བཏགས་པ་མོ་ལ་འཇག་པ་དང་། ཁྱོ་ཕོས་བཏགས་པ་ཁྱོ་བོ་རང་ལ་སྤྲོད་པ་ཀུན་ལ་བྱེད་ཅིང་། མོ་བདེན་པ་ཆེ་ཡང་ཁྱོ་ཕོས་བདེན་ཡུས་ཀྱི་མིང་དུ་བཏགས་པ་མོ་ལ་སྤྲོད་མི་དགོས། ཡང་སྦྲུ་གུ་འབྲེལ་ན་བུ་ཕ་ལ་བདག་པ་དང་། བུ་མོ་མས་གསོ་དགོས་སོགས། བུ་ལ་ནུ་རིན་ནོ་གྲངས་སུ་འགངས་ཆེ་ཆུང་ལ་དཔག་པ་གཅོད་པ་དང་། བུ་མོ་ལ་སྟོ་སྐལ་གཅོད་པ། མ་ལ་སྟོ་སྐལ་ས་ཞིང་ཁང་པ་དང་། བཏགས་པའི་ལུས་ཆས་འཛུགས་པ་སོགས་བྱེད་ལུགས་སྐབས་དང་

བསྟུན་པ་བྱེད། ཡང་ཕ་བུ་ནང་མཚམས་ཀྱི་འབྲལ་འདུམ་ཕྱོགས་ཕྱོགས་སུ་མི་ཇོ་མང་ཉུང་ལ་དཔག་པའི་སྐྱེས་རྒྱས་ཀྱི་སྐལ་བའི་བཞི་ཟུར་ཙམ་གྱིས་འགྲོས། སྐྱེ་དམན་ལ་མི་མགོ་ཐལ་ཤས་ཀྱིས་ས་ཁང་ནོར་རྫས་གར་ཡོད་བགོ་ཤ་སྙམས་པར་བྱ། ཕ་མ་དང་རྒན་མགོར་འདམ་ཁ་གཏོང་། གཞན་ཤ་རྒྱག འདམ་རེས་སོགས་གང་ཟུང་བདེན་པ་དང་བསྟུན་བྱེད། ཡང་བུ་མོ་ཁྱིམ་དུ་འགྲོ་རྒྱུ་ཡོད་ན་སྐལ་རྫོང་གང་ཐོབ་ལུགས་སྲོལ་སྒྱི་ཐོག་ནས་འཛོག ཡང་བཙུན་པ་ཡོད་ན་སྐལ་རྫོང་ཐབ་ཚས་ཞིང་ལམ་ཆོས་རྒྱག་སྐྱེལ་དགོས། གོས་གཟན་འཚོས་པ་སོགས་དེ་དོད་དཔེ་བ་འབྱེད། བཙུན་མ་ལ་ཡང་དེས་མཚུངས་པའི་རྒྱ་དཔངས་རིག་པས་དཔྱད་ནས་འབྱེད་དགོས་ཤིང་། ཡང་རིགས་རུས་མི་གཅིག་པ་སྐྱིད་སྡུག་མཉམ་དུ་འཚོགས་པ་སྣར་བྲལ་བ་ལ་ཚོགས་དུས་རྒྱུ་ཆེ་ཆུང་བཙས་པ་རྩ་བ་ཡིན་མིན་བདེན་པ་ཆེ་ཆུང་སོགས་ཀྱི་གོ་ནས་བདེན་ཐོག་ཏུ་ཁྱོལ་བའི་གཅོད་རྒྱ་བྱེད་དགོས་པ་ཡིན།། །།

བཅུ་གཉིས་པ་བྱི་བྱས་བྱི་རིན་གྱི་ཞལ་ལྕེ་ནི། ཡུལ་གཉན་བཙུན་མ་བླམའི་ཕྱག་རྒྱ་མ། །དེ་བཞིན་མི་དྲག་ཞི་བ་ཁྱིམ་མཚེས་ཀྱི། །བདག་ཅན་བུད་མེད་སྤྱད་ལ་བྱི་རིན་ནི། །སྲོལ་རྒྱུན་ཁྲིམས་དང་མཐུན་པ་གང་འཚམས་བྱེད། །ཅེས་སྔོན་གྱི་ཆོས་རྒྱལ་གྱི་ཁྲིམས་ཡིག་རྙིང་པ་རྣམས། བྱི་བྱས་པའི་ཡན་ལག་གི་འཕྲན་བཅད་ནས་ཡུལ་གཞན་དུ་སྤྱུགས་ཞེས་འདུག་ནའང་། དེ་ནི་བླམ་དཔོན་པོ་སོགས་ཀྱི་བཙུན་མོ་ལ་མི་འོས་པའི་བྱི་བྱས་ན། དེའི་ནག་གཅོད་ཟེར་བའི་ཚིག་ཡིན་ཅིང་གཞན་ལ་རང་བཞིན་གཅོད་རྒྱ

བྱེད་པ་ལ་ཁྲིམས་ཡིག་རྙིང་པ་འགའ་ཞིག་ཏུ་རླིག་ཞོ་ཕོག་སྲང་། དགྲ་ལུག་རྩེ་དར། ཁྲབ་རྟ་ཞོལ་གཡག་ཟེར་བ་འདུག་ནའང་། འདིར་བདེན་པ་གཙོ་བོ་བྱས་ནས་མི་མཉམ་པའི་བྱེ་འཇལ་སྲང་གསུམ། གསོན་སྟོང་གི་ཁྲུངས་སྟོང་གི་སྒྲིག་གི་བཞི་ཟུར། རྒྱབ་ཡུས་ཛ་བར་སྨུམ་གྱིས་གཙོས་པའི་བདུན་ཚན་བྱེད། ཁྲུངས་འདྲ་བ་ལ་ཁྲིམས་མེད་ཀྱི་བྱ་བ་བྱས་པ་ལ། བྱེ་འཇལ་ལ་གསོན་སྟོང་སོགས་བསྡོམས་པར་སྲང་གསུམ་ནས་ཇོའི་དར་དང་། རྒྱལ་ཡུས་གོས་གཟན་གྱིས་གཙོས་པའི་ལྔ་ཚན་བདུན་ཚན་གང་རིགས་སྐྱེ་དམན་གྱིས་ཚུར་འགེབས་བྱས་ན་བྱེ་འཇལ་སྲང་གང་། རྒྱལ་ཡུས་གོས་ཀྱིས་གཙོས་པའི་གསུམ་ཚན་ཙམ་མ་གཏོགས་གསོན་སྟོང་གི་མིང་དུ་མི་དགོས། བཙུན་མ་ཕལ་པར་དགོན་པའི་བསྒྲིགས་བཅའ་ཡིག་ལ་གང་ཡོད་བྱེད་དགོས། ཡང་བདག་ཅན་གྱི་ཁྱོ་གར་ཁྲིམ་མཚེས་སྐྱེ་དམན་གྱིས་སླད་ཐབས་སུ་བྱས་ན། སྐྱེ་དམན་བདག་ཅན་མོ་རང་ལ་རྒྱབ་ཡུས་ཛ་བར་སྨུམ་གྱིས་གཙོས་པའི་བདུན་ཚན། དཀར་ཡོལ་གྱིས་གཙོས་པའི་ལྔ་ཚན་སོགས་སྣང་དཔང་ཆེ་ཆུང་ལ་དཔག་པའི་གཅོད་རྒྱ་བྱེད་ཅིང་། ཡང་བྱེ་པ་ཐེངས་རེ་གཉིས་ཀྱིས་གཙོས་ཁྱོ་གས་ཕར་བཀབ་པའི་འཛོམ་ཆ་བྱས་པར་རྒྱལ་ཡུས་མི་དགོས། བྱེ་བྱས་དྲུག་ཅུ་ཕྱེད་དཀར་ཞེས་ནས་ཁལ་དྲུག་ཅུ་དང་ཕྱེད་དཀར་རེ་སྤྲོད་དགོས་པའི་རྒྱུན་འདུག་པ་ཡིན།། ༎

བཅུ་གསུམ་པ། ནམ་ཕར་ཚུར་གྱི་ཞལ་ལྕེ་ནི། ཕན་ཚུན་རྟ་ཕྲུགས་རྒྱུ་ནོར་གཡར་བསྐྱི་སོགས། །བསླུས་པ་བྱུང་ལ་ཚིག་གིས་ཞིབ་ཚགས་

སྲུངས། །གཅོད་རྒྱའི་མི་དེ་སློ་ནི་གཟུར་གནས་པས། །བྱ་བྱེད་གང་ཅི་ཁྲིམས་མཐུན་བབས་ཐོབ་གྱིས། །ཞེས་པ་དཔེར་ན་སེམས་ཅན་དྲེའུ་མཛོ་གཡག་སོགས་གང་རུང་ཞིག་གཡར་མཁན་གྱི་ལག་ཏུ་ཤི་ན་ཅི་ཁྲུག་རིན་འཇལ་བ་དང་། ཡང་སྐྱོན་མེད་དུ་འཕྲོད་ནས་ནམ་ཕྱེད་ཚུན་ཤི་ན་གཡར་མཁན་གྱིས་རིན་སྤྲོད་དགོས་པ་དང་། ནམ་ཕྱེད་ཕན་ལ་ཤི་ན་ནོར་བདག་གིས་རྩོད་གླེང་མི་བྱེད་པ་རྣམས་སྔོན་གྱི་ཁྲིམས་ཡིག་རྙིང་པ་ནའང་འདུག་ཅིང་། ད་ལྟ་ཡང་དེ་ག་བྱེད་པ་དང་ཡང་རྐས་རྨས་སོགས་རྐྱེན་རྩར་བརྟེན་ནས་ཤི་བ་བྱུང་ན་རྐྱེན་རྩ་ཆེ་ཆུང་གི་རིན་གྱི་ཆ་ནས་སྤྲོད་ཅིང་རིགས་དེས་མཚུངས་པའི་གཡར་པོ་ཐམས་ཅད་ལ་དཔེ་འདྲ་བ་ཞིག་བྱེད་དགོས་རྒྱུ་ཡིན། གཞན་ཡང་རྣ་ཚོགས་པ་ལ། ཚེར་མ་ཤིང་གཟན་སོགས་ལ་མི་རྒྱབ་ན་ཉེས་བྱས་གང་ཡིན་སྒྲུབ་དགོས་པ་གཞིར་བཅས་ཤིང་། བདག་པོ་ལ་དེ་གའི་ཚབ་བུན་འགྲོས་སུ་བསྒྲིགས་པ་དང་། རྒྱལ་ཡུས་འོས་བབས་སོགས་སུ་གཏོང་། ཡང་དབྱར་གྱི་ཞིང་ལ་བསམ་ངན་གྱིས་ཆུ་གཏོང་བ་དང་སྟོ་རས་བྱེད་པ་སེམས་ཅན་གཏོང་བ་སོགས་བྱས་ན་ཡང་གོང་དུ་ཆད་འགྲོས་གཞིར་བཅས་ཤིང་བདག་པོ་ལ་དེ་གའི་སྐྱོན་ཐོག་གི་ཁྱུངས་བསྒྲིགས་པའམ་རྩིས་ཁྲོལ་ས་བོན་གྱི་ཚབ་བསྒྲིགས་པ་སོགས་སྐབས་བསྟུན་པ་བྱེད། ཡང་རྟ་རིགས་སོགས་བདག་ཐོབ་མཚམས་ན་སེམས་ཅན་ཟ་རྙེད་ཆེར་གཏད་བྱས་ན། མཐོ་དམན་དུ་གང་སླེབས་ཀྱི་སེམས་ཅན་སྲུས་གཏོང་བ་དང་། སྔོན་གྱི་ཡིག་གདན་ཡོད་ན་འབའ་སངས་ཙམ་འགེལ་བ་སོགས་བདེན་ཡུས་ལ་

དཔག་པ་བྱེད། ཡང་ཤེད་མ་ཆུག་པའི་སེམས་ཅན་ཤོར་བ་རྣམས་ལ་སྒྲིད་འཇལ་མི་དགོས་པ་སོགས་དེས་རིགས་མཚུངས་པའི་བྱ་བ་ཆེ་ཆུང་གང་ལ་ཡང་བཟློས་པ་རྣམས་ལ་ཁྲིམས་ས་བར་མི་སུས་བྱས་ཀྱང་ཕྱོགས་ལྷུང་མེད་པའི་མ་ཤེས་གོང་ཕུད་དཀོན་མཆོག་དཔང་བཙུགས་ནས་དྲང་པོའི་རྒྱབ་སྐྱོར་གཡོ་ཅན་རྣམས་ལ་ཐོན་སྒྲིམ། ཕྲ་ཆལ་གྱི་ཚོད་འཛིན་ཞེས་པའི་མཚང་འབྲུ། མ་ཉེས་པ་ལ་ཐོལ་གྱིས་བསྐྱངས་ནས་བདེན་ཐོག་ཏུ་ཕྱོལ་བ་ཞིག་བྱས་ན་མི་སྣ་སྣེ་མོར་སླེབས་པ་རྣམས་ཀྱིས་ཞབས་ཐོག་ཏུ་འགྱུར་ཞིང་རང་གི་དགེ་བ་ཅི་བྱས་ལས་ཚོགས་ཆེ་བས་བར་མི་རྣམས་ཀྱིས་འདི་བཞིན་གྱི་སྤང་བླང་བྱས་ན་རང་མི་གྲལ་དུ་ཚུད་ཅིང་སྐྱི་ཁ་བྱམས་པ། མི་ཐ་མལ་ཞིག་ཡིན་ཀྱང་དེ་གའི་དགེ་བ་དང་། བསོད་ནམས་ཀྱིས་རང་བཞིན་ལྷུན་གྲུབ་ཏུ་འགྱུར་བ་སོགས་དཔེར་ན་མང་བཀུར་རྒྱལ་པོའི་རྣམ་ཐར་སོགས་ཤེས་པར་གྱིས། ཞེས། ཇེ་སླེད་རྒྱལ་བའི་ཐུགས་རྗེའི་རིན་ཆེན་འབྱུང་གནས་ལས་ཐོན་ཚོགས་གཉིས་ཡིད་བཞིན་ནོར་བུ་བསམ་འཕེལ་མཆོག །མི་མཇེད་ཞིང་གི་རྒྱལ་མཚན་རྩེ་མོ་མངོན་མཐོ་ངེས་ལེགས་གཟི་འབར་གཙུག་ལག་གཉིས་ལྡན་བཀའ་ཁྲིམས་ཀྱི། །འོད་ཟེར་ཉི་མ་འབུམ་ལས་ཆེས་ལྷག་ཀུན་གསལ་མཐར་ཁྱབ་འདོད་དགུའི་ཆར་གྱིས་ཚིམ་བྱེད་པའི། །ཁྲིམས་ཡིག་ཡན་ལག་དྲུག་ཅུའི་དབྱངས་ལྡན་འདི་ཉིད་ལེགས་པར་བསྟེན་ཅིང་ཡང་དག་ཉམས་སུ་ལོངས། །བགྲང་ཡས་བསྐལ་པར་ཚོགས་གཉིས་སྟོན་སོང་ལེགས་སྦྱད་ཀྱི། །གནམ་གྱི་ཤེ་མོང་རབ་འབྱམས་རྒྱུད་ཀྱི་ནོར་འཛིན་

ཀུན། །འཁོར་ལོས་སྒྱུར་བ་ཀུན་གྱི་སྤྱི་བོར་དབང་ཐོབ་པའི། །གཙུག་
ལག་གཉིས་ལྡན་ཁྲིམས་ཀྱི་ལེགས་བཤད་ངོ་མཚར་གཏམ། །སྔོན་གྱི་རྒྱལ་
པོ་མེ་ལོང་གདོང་ཅན་སྲོང་བཙན་གྱི། །ཁྲིམས་ཡིག་བཅའ་ཚོ་མཛད་
མཚུངས་མ་ནོར་འདི་བཀོད་པས། །འདི་ཡི་དགེ་བས་འགྲོ་རྣམས་ནད་
མེད་ཚེ་རིང་ཞིང་། ། བདེ་སྐྱིད་ཕུན་ཚོགས་ཕྱི་མ་རྗོ་རྗེའི་ས་ཐོབ་ཤོག །
སརྦ་མངྒ་ལམ།། །།

འབྲས་ལྗོངས་བསྟན་སྲུང་རྣམ་རྒྱལ་གྱིས་སྡེ་སྲིད་
སངས་རྒྱས་རྒྱ་མཚོར་ཁྲིམས་སྐོར་དོགས་
སེལ་ཞུས་པའི་དྲི་བ་དྲིས་ལན།

ལུས་ཅན་རྣམས་ཕན་པ་དང་བདེ་བའི་ལམ་བཟང་པོར་དགྲི་བའི་ཆེད་རང་རང་གི་བྱས་ཉེས་དང་བསྟུན་ཆོས་བཞིན་དུ་ཆད་པ་གཅོད་པ་ལ་རྒྱལ་ཁྲིམས་ཞེས་འབོད་པ་འདིའི་སྲོལ་ལམ་སྐོར། འཕགས་པའི་ཡུལ་དུ་བསྐལ་པ་བཟང་པོའི་ཐོག་མ་རྫོགས་ལྡན་གྱི་དུས་མི་རྣམས་དགེ་བ་བཅུ་ལ་ངང་གིས་སྤྱོད་ཅིང་། དེའི་མཐུས་མི་མཐུན་ཕྱོགས་མེད་ཅིང་དགའ་བའི་ཟས་ཀྱིས་འཚོ་བ་ལས་རིམ་པར་གསུམ་ལྡན་གྱི་མགོ་ཟུག་པར་བརྩམས་ཏེ་ལོ་ལོ་དང་གསོག་འཇོག་ལ་སོགས་པའི་དབང་གིས་མ་སྦྱིན་པའི་ལོ་ཏོག་བདག་གིར་བཟུང་བས་མི་དགེ་བའི་དང་པོ་མ་བྱིན་པར་ལེན་པ་བྱུང་བར་བརྟེན། སོ་སོར་ཞིང་དུ་བགོས་ཏེ་མུ་འདྲེ་བའི་དཔོན་པོར་མི་མཁས་ཤིང་གསལ་ལ་ཡིད་གཞུངས་པ་ཞིག་སྤྱི་མཐུན་གྱིས་བསྐོས་པ་ལྟར། ས་ལུའི་ཞིང་ལེགས་པར་བགོས་ནས་སོ་སོར་སྦྱིན་ཟིན་པ་ན་རང་ཉིད་ཀྱི་སྐལ་བ་ཆད་པ་ལས་སྤྱི་ཚོགས་ཅན་དུ་གོ་སྐྱེ་གཞན་རྣམས་ཀྱི་སྐལ་བ་ནས་དྲུག་ཤས་རེ་བཏབ་པས་མང་པོས་བཀུར་བའི་རྒྱལ་པོར་གྱུར་པ་དང་། དེ་དང་དེའི་རྒྱལ་རབས་

དཔག་ཏུ་མེད་པས་འཇིག་རྟེན་ཆོས་བཞིན་དུ་བསྐྱངས་པ་ལ་སོགས་པའི་ཚུལ་འདུལ་བ་འཇིག་རྟེན་གདགས་པ་དང་མདོ་མངོན་པ་མཛོད་རྩ་འགྲེལ་ལས་རྒྱས་པར་འབྱུང་ཡང་འདིར་དཔེས་མ་ཁེབས་ཤིང་། སྐབས་སུ་བབས་པ་རྗེ་བཙུན་ཐུག་ན་པད་མོའི་འདུལ་ཞིང་གངས་རིའི་ཕྲེང་བས་ཡོར་མོ་ཡུག་ཏུ་བསྐོར་ཞིང་། ནོར་འཛིན་དབང་མོ་འདོད་དགུ་ཅན་བའི་དཔྱིད་ཀྱི་མངལ་འཁྱུར་དང་ལྡན་པ། སྣ་ལའི་སྨན་ལྗོངས་འདིར་རྗེ་བླ་མ་སྲིད་ཞིའི་གཙུག་རྒྱན་མཆོག་གི་ཡང་སྲིད་གོང་མ་དམ་པའི་ཆོས་ཀྱི་སྐབས་སུ་ས་གསུམ་དབང་པོའི་བ་གམ་མངོན་པར་མཐོ་བ་དག་གི་སྒོ་འཕར་བརྒྱ་ཕྲག་ཅིག་ཅར་འབྱེད་པའི་སྤྲུལ་གྱིས་དགེ་ལེགས་ཀྱི་འདོད་དགུ་རྣམ་པར་བཀྲ་བ་སྟེ་བཞིའི་འབྲས་བུ་ཟད་མི་ཤེས་པའི་བདོག་པ་རིས་སུ་མ་ཆད་པའི་འགྲོ་བ་ཀུན་ལ་གཏོང་བའི་ཕྱག་རིང་དུ་བརྐྱངས་པའི་དགེ་མཚན་དུ་ཆེ་བའི་མི་རྗེ་སྲོང་བཙན་སྒམ་པོས་ལྷ་ཆོས་དགེ་བ་བཅུ་དང་མི་ཆོས་གཙང་མ་བཅུ་དྲུག་གི་ཁྲིམས་སྲོལ་རྒྱས་པར་གཏོད་ཅིང་། ཕྱག་རྒྱས་བཏབ་སྟེ་སྐྱེ་བོ་ཀུན་གྱི་ཕྲག་པར་གསེར་གྱི་གཉའ་ཤིང་ལྟེ་བར་མཛད། རྒྱལ་རབས་ལྔ་པ་མགོན་པོ་འཇམ་དཔལ་དབྱངས་ཀྱི་འཕྲིན་ལས་སྣེར་གྱི་འཁོར་ལོའི་ལྟེ་བ་ལྟུན་གྱིས་གྲུབ་པའི་མཆོད་སྡོང་ཆེན་པོ་བོད་ཀྱི་རྒྱལ་པོའི་རིགས་ཀྱི་སྐྱེས་བུ་མིའི་ཁྱུ་མཆོག་ཏུ་འཕགས་པར་སྤྲུལ་ནས་ལུགས་གཉིས་ཀྱི་རྩིབས་སྟོང་ཐོགས་མེད་དུ་འཁོར་བ་ཁྲི་སྲོང་ལྡེའུ་བཙན་གྱི་དུས། སྔ་མའི་བཀའ་སྲོལ་སྟེང་དུ། མི་རླུང་ཚུ་ལྷགས་ཤིང་ས་ནམ་མཁའ་བཅས་བདུན་དང་། གསུམ་ལྔ་བདུན་དགུ་ལ་སོགས་རྣམ

བརྗིད་དང་ལྡན་པ། དེའི་སྲས་སྨུ་ཏིག་[ནེ་] བཙན་པོས་འཇོམ་གླིང་སུམ་གཉིས་དབང་དུ་འདུས་ཤིང་། འབངས་ཀྱི་དབུལ་ཕྱུག་ལན་གསུམ་སྙོམས་པ་སོགས་དམ་པའི་ཆོས་ཀྱི་ཉིན་མོར་བྱེད་པས་འབངས་རྣམས་ཕན་པ་དང་བདེ་བའི་པད་ཚལ་བཀྲས་པ་ཡོངས་སུ་གྲགས། དཔོན་རིགས་སྟོབས་ཀྱིས་ཁྱད་པར་འཕགས་པའི་ཟླ་མ་ཏོག་ཏུ་དབང་ཕྱུག་བརྒྱད་ཀྱི་ཡོན་ཏན་ཐུར་བུར་གཏམས་པའི་མངའ་བདག་ཁྲི་ལྡེ་སྲོང་བཙན་[ཁྲི་གཙུག་ལྡེ་བཙན་] རལ་པ་ཅན་གྱིས་སྲིད་པའི་ཁོག་ཉུབ་ཆེན་པོ་ལས་དོན་སུམ་ཅུ་རྩ་གཉིས་སུ་གྲགས་པ་བཅུ་དགུ་པ་ཁྲིམས་ཆེན་པོར་ཁྲི་རྩེ་འབུམ་བཞེར་གྱི་ཁྲིམས། གསེར་ཐོག་ཤ་བ་ཅན་གྱི་ཁྲིམས། རྒྱལ་ཁམས་དཔེར་བླངས་ཀྱི་ཁྲིམས། མདོ་ལོན་ཞུ་བཅད་ཀྱི་ཁྲིམས། དཀོན་མཆོག་གི་ཆོས་ཁྲིམས་དང་། ཇོ་མོ་མངའ་བདག་གི་ཁྲིམས་དང་དྲུག་ཏུ་ཕྱེ་སྟེ། ངན་ལ་ཆད་པ་གཅོད་ཅིང་། བཟང་ལ་བྱ་དགའ་སྟེར་བ། མཐོ་བའི་གཞའ་གདོན་ཐབས། དམའ་བ་ཐབས་ཀྱིས་སྐྱོང་བའི་བཀའ་ཁྲིམས་ཀྱི་སྲོལ་བཟང་པོའི་འོད་སྣང་སྲིད་རྩེའི་བར་དུ་ཁྱབ་པ་ཞིག་བྱུང་འདུག་ནའང་། ལོག་སྨྲོན་རྣམ་པར་བདོ་བ་གླང་དར་འུ་དུམ་བཙན་གྱིས་ཆོས་བསྣུབས་ཤིང་། འོད་སྲུང་དང་ཡུམ་བརྟན་རིས་སུ་བཅད་པ་ལས་བོད་ཁམས་སིལ་བུར་སོང་སྟེ་སྔར་གྱི་ཁྲིམས་སྲོལ་ཡང་འདབ་ཆགས་ཀྱི་ལམ་བཞིན་རྗེས་མེད་དུ་སོང་། སླར་རྗེ་བླ་མ་མཆོག་གི་ཡང་སྲིད་འཁོན་སྟོན་བློ་གྲོས་རྒྱལ་མཚན་གྱིས་བོད་ཁྲི་སྐོར་བཅུ་གསུམ་ལ་མངའ་བསྒྱུར་ཡང་། རྒྱ་ཧོར་དང་བོད་འདྲེས་མའི་ཁྲིམས་སྲོལ་སྐྱོང་བ་ལས

འདི་ཞེས་བཀས་བཙད་པ་མི་སྣང་། ཁྱེས་རིན་སྤུངས་པའི་རྫོན་པོ་ཞིང་ཤག་པས་འབངས་གྲེན་ཡོག་གིས་གཙང་སྟོད་རྒྱལ་པོར་གྲགས་པ་ཀརྨ་བསྟན་སྐྱོང་ལ་ཆོས་སྲིད་ཀྱི་རྣམ་དཔྱོད་ཆེར་ཡོད་སྐད་མི་འདུག་པས་སྤང་མེད་ཀྱི་གསར་སྲོལ་གཏོད་པར་ག་ལ་ནུས་ཀྱང་། ལྷངས་ལྷ་གཟིགས་ཀྱི་གདུང་ལས་ཕྲུག་རྗེར་གྱི་སྤྲུལ་པར་གྲོན་པ་ལུང་གིས་ཟིན་པ་ཏའི་སི་ཏུ་བྱང་ཆུབ་རྒྱལ་མཚན་གྱིས་ཏཱ་བཞིའི་ཁ་ལོ་སྒྱུར་སྐབས། དཔའ་བོ་སྟག སྟར་མ་ཕ། སྐྱེ་མོ་ལས་འཛིན། ཞུ་བཞེས་བདེན་རྫུན། བཟུང་བཀྱིགས་ཁྲིམས་ར། ནག་ཆེན་ཁྲག་སྦྱོར། དྲན་འཛིན་ཚད་ལས། རྫོར་འདྲ་ཟ་རྐང་། བསད་པ་སྟོང་། རྫས་པ་ཁྲག བསྙོན་ཧམ་མནའ་དག བརྐུས་པ་འཇལ། ཉེ་འབྲེལ་འབྲལ་སྡུམ། ཕྱི་བྱས་ཕྱི་རིན། ནམ་ཕར་ཚུར་ཏེ་ཞལ་ལྕེ་བཅོ་ལྔར་གྲགས་པའི་ཁྲིམས་ཡིག་མཛད་ནས་ཕྲ་ཞིབ་མཛངས་པའི་བློ་གྲོས་ཀྱིས་བསིལ་ལྡན་འཛམ་དར་ཡུག་གཅིག་ཏུ་བཏང་བའི་སྲོལ་དེ་ལ་གནས་སྐབས་ཀྱི་སྣོན་ཕྲི་ཅུང་ཟད་དང་། མགོ་མཇུག་གི་ཚིག་ཆད་པ་ལ་ས་བཅད་མ་སྟོང་ཙམ་བཟོས་པ་གཙང་པའི་ཁྲིམས་ཡིག་ཅེས་འབོད་པ་དེའི་གསལ་བྱེད་སྐྱིད་ཤོད་བདེ་ཆེན་གྱི་རྫོང་སྡོད་སྤྱིལ་སེར་བས་བྱས་པ་ཞལ་ལྕེ་བཅུ་དྲུག་ཏུ་གྲགས་པ་གཙང་དུས་ནས་རྗེ་བླ་མའི་ཆོས་སྲིད་གདུགས་དཀར་གྱིས་ཁྱབ་ནས་དེང་སང་བར་ཆ་འབབ་ཏུ་སོང་ཞིང་། མདང་ནང་གི་སྐྱེ་དགུ་རྣམས་ཀྱི་སྤྱོད་པ་སྐྱིགས་མ་ལྷ་ལྷག་པར་བདོ་ནའང་། རྗེ་བླ་མ་སྲིད་ཞིའི་གཙུག་རྒྱན་མཆོག་གི་ཐུགས་རྗེས་རྫོགས་ལྡན་གྱི་དཔལ་ལ་སྤྱོད་པ་ལྟ་བུ། རྒྱ་

དཀར་ནག་སེར་གསུམ། སོག་པོ་ཚོ་ཆེན་བཞི་བཅུ་དང་ཨོ་རོད་ཚོ་བཞི། ཁ་སག་ཡེར་ཁེན་པ་ལ་སོགས་དུར་ཀའི་རིགས། ཀསྨིར། ནེ་པ་ལ་སོགས་མཐའ་བཞིའི་ལས་སློ་མཐའ་དག་ཁབ་ལེན་དང་ལྷགས་ཕྱིའི་རྣམ་པ་ལྟར་ཕྱོངས་འདིར་འདུ་བའི་དབང་གིས་ཡོངས་སྤྱོད་དང་འཁོར་པ་ཆོས་རྒྱལ་མེས་དཔོན་གྱི་དུས་ལས་ཀྱང་ཆེ་ཞིང་། མི་རིགས་སྐད་མི་གཅིག་པ་དུ་མ་འདུས་གཉིས། ཏའི་སི་ཏུ་བྱང་ཆུབ་རྒྱལ་མཚན་སོགས་ཀྱི་ཞལ་ལྟེ་དེ་དག་གི་ཡོངས་སུ་མི་འདུ་བའི་རིགས་དང་ཡུལ་དང་བསྟུན་པ་ཞིག་ངོས་རང་ལ་སྣང་ཆེན་གྱི་རྒྱབ་ཁལ་བེའུར་འགེལ་ལུགས་གནང་ནས་གཏན་འབེབས་ཞིག་བགྱིད་འདོད་བྱུང་ཡང་། འགའ་ཞིག་གིས་ཁྲིམས་ཡིག་བཟོས་པར་རྟེན་འབྲེལ་སོགས་སྣོང་གཞི་སྣ་ཚོགས་དང་། ལུགས་བཟུང་གི་བྱ་བ་གནང་ཆེ་བ་ལག་རིས་སུ་མ་ཇོགས་པ་བཅས་རིམ་ལུས་སུ་སོང་། འོན་ཀྱང་སྣང་ཆེན་གཉིས་འཐུང་དབང་པོ་ལ་ལྷུགས་ཀྱུ་རྟེན་པོས་བཏབ་སྟེ་ཁ་ལོ་སྒྱུར་བའི་དཔེ་སེམས་ཅན་ཕྲ་མོ་རྣམས་ལ་བཟུང་ན་ལུས་སྲོག་དང་བྲལ་བ་ལས་འོས་མ་མཆིས་ཤིང་། ཕྱི་བ་བསྐུལ་བའི་ལྷག་སྣང་པོ་ལ་བསྟུན་ནའང་བ་སྤྲུ་ཙམ་འགྱུལ་མི་ནུས་པ་ལྟར་སྐྱེ་དགུ་རང་རང་གི་བསོད་ནམས་སྟོབས་འཁོར་ཁེངས་གྲགས་དང་བསྟུན་པ་ལས་མཐའ་གཅིག་ཏུ་ངེས་པ་ནི་གཏན་ནས་མི་ཡོང་མོད་དེ། དེ་ག་ནས་དོགས་སེལ་བྱས་པ་རྣམས་ལ་དེང་སང་གི་ཁྲིམས་སྲོལ་ལམ་ཙམ་ཡིན་ལུགས་ཀྱི་ལན་བགྱིས་པར། །

དྲི་བ་དང་པོ། ཁྲིམས་ཡིག་སྐབས་ཀྱི་གསེར་སྲང་ཞེས་པ་གསེར་

དངོས་མེད་པའི་ཚོ་མགུར་ཞོར་ཡུལ་དུས་ཀྱི་རིན་ཐང་ལྟར་དགོས་མེད་དང་། དབུས་ཞོ་སོགས་ཇི་ལྟར་ལགས། །

ལན་གསུངས་པ། གསེར་སེལ་མའི་གྲངས་སུ་གཙོད་པ་ཞེས། ཉེས་པ་བབ་ཆེ་ཞིང་དོ་བདག་ཁྱེར་བཟང་རིགས་དང་ཡུལ་མི་སྐྱེབས་འགྲེལ་ལྟ་བུར་ཚད་པ་ངོ་བོ་གསེར་རྒྱུང་དང་། གད་བདར་བྱུས་པ་སེ་བ་ཉི་ཤུ་རྩ་བཞི་ལ་ཞོ། དེ་བརྒྱད་ལ་སྲང་དུ་རྩིས་པ། ཚད་ཤུལ་ཕྱུས་ཆ་ལེན་སྲོལ་མེད་ཅིང་། ཡུལ་བབ་དང་ཁྱེར་འཁོས་སོགས་གསེར་ཕྱུས་མ་རྙེད་པའི་རིགས་གསེར་སྲང་གང་ལ་མཁར་རྡུའི་ནས་ཁལ་128ཐོབ་པར་གསེར་དངུལ་མ་གཏོགས་དངོས་པོ་གང་ཡིན་ལ་རི་གོང་བཞི་ཟུར་བཅག་ནས་ལེན་པ་ལས་དབུས་ཞོ་སོགས་བྱེད་སྲོལ་མེད། །

དྲི་བ་གཉིས་པ། མར་ཞོ་ཞེས་པར་མཁར་རྡུའི་ཁལ་བརྒྱད་སྨར་ཞོ་དང་དོན་གཅིག་ལགས་སམ། སྨར་ཁྲག་བྱེད་མའི་སྲང་རེ་ཞེས་པ་ལ་མཁར་རྡུའི་ཁལ་བརྒྱད་པར་བཞི་དང་དྲུག་པར་བཞི་ལགས་སམ། གསེར་དང་སྨར་ཁྲག་སོགས་ཀྱི་མིང་མེད་པའི་ཞོ་དང་སྲང་ཞེས་པ་ཐམས་ཅད་སྨར་ཁྲག་ཟྲོང་གསུམ་བསྡོམས་པ་དྲུག་ཞོ་ཕོ་ནར་བྱེད་ལགས་སམ། སྲང་ཐམས་ཅད་བརྒྱད་སྲང་ཕོ་ན་ལས། ཞོ་ལ་བརྒྱད་ཞོ། དྲུག་ཞོ། བཞི་ཞོ་ལྟར། སྲང་ལ་བརྒྱད་དྲུག་བཞི་སོགས་ཀྱི་སྲོལ་ཇི་ལྟར་ལགས། །

ལན་དུ། འདི་སྐོར་སྨར་ཞོ་ཟྲོང་ཞོ་ཞེས་པ། སྨར་ཞོ་ལ་ཁལ་བརྒྱད། ཟྲོང་ཞོ་ལ་ཁལ་བཞི་རེ་བྱེད་ཅིང་། འཕྲུལ་སེལ་མར་ཚད་ཀྱི་མར་

ཉོ་ཟེར་ནས་ལེན་ན་ཁལ་དྲུག་དང་། མར་ལེན་ན་ཁལ་གསུམ་མ་ཡིན་འདུག་ཀྱང་། ཉེས་ཆད་སྲང་ཞེས་པ་མར་གསེར་ཕྱེད་མའི་སྲང་ལ་ཆ་བཞག་ངོས། ཉོ་བཞི་ལ་མར་གསེར་ཐག་བཅུ་དྲུག་མ་དང་། ཉོ་བཞི་ལ་མར་ཐག་བརྒྱད་མ་བྱས་པའི་མར་གསེར་གྱི་སྲང་རེར་མཁར་ཪུའི་ཁལ96བྱས་པའི་ཤུགས་བསྟན་རིགས་འགྲེའི་ལེན་རྒྱུན་ལ་མར་ཉོ་ཞེས་ཁལ་བརྒྱད་ལ་ངོས་འཛིན། སྨར་ཁྲག་ཕྱེད་མའི་སྲང་ཞེས་པ་སྨར་ལ་ཁལ་བརྒྱད་མ་དང་། ཁྲག་ལ་དྲུག་མ་བྱས་པའི་བདུན་ཉོ་སོང་བས་སྲང་རེར་མཁར་ཪུའི་ཁལ་56 སྲང་ཐམས་ཅད་སྐབས་ཐོག་ཉོ་ཐག་གོང་གསལ་ལྟར་གྱི་བརྒྱད་སྲང་ཕོ་ན་ལས་དྲུག་སྲང་བཞི་སྲང་སོགས་ཀྱི་སྲོལ་མི་འདུག་ཅིང་། སྨར་ཉོ་དང་མར་ཉོ་ཟུར་ཆག་མ་ཆག་གི་ཁྱད་ལས་དོན་གཅིག སྲང་ཞེས་པ་ལས་དམིགས་བསལ་མེད་པ་རྣམས་ཆད་པའི་སྐབས་མར་གསེར་དང་། སྲིད་འཛལ་དུས་ཐོན་གསུམ་སྟེ་སྨར་ཁྲག་ཟོང་གསུམ་གྱི་ཉོ་བརྒྱད་སྲང་དུ་བརྩིས་ནས་སྲིད་ལེན་བྱེད་པ་ཤས་ཆེ།

དྲི་བ་གསུམ་པ། སྟོང་གི་སྐབས་སྟོང་སྲང་ཉོར་པབ་ཕྱིན་ཉོའི་སྲིད་འཛལ་ལས་མི་དགོས་ལགས་སམ། ཚོགས་ཆས་སྟོང་གི་རིམ་འགོས་ཀྱི་འབེབས་ཆེ་ཆུང་ལ་དཔགས་པ་དགོས་ཚུལ་བྱུང་ཡང་ཁ་གསལ་མི་འདུག་པས་ཇི་ལྟར་བྱེད་ལགས་པ་དང་། དབུས་ལུགས་ལ་བཅུ་ཁ་ལེན་པ་དང་། གཙང་ལུགས་ལ་ཟོང་གདན་ཟོང་ཕུད་ཕན་ཚུན་སྙོམས་པའི་རྩིས་ཀྱི་སློ་ཚད་རེ་ལེན་ཞེས་པ་ཇི་ཙམ་ལེན་དང་། འདི་དཔོན་པོའམ་མི་སྣའི་ཟ་སྒོ་ཇི་ལྟར་

ལགས། སྟོང་གི་སྐུ་རྒྱལ་གྱི་བཞི་ཟུར་བབས། དེའི་བཞི་ཟུར་སྒྱུག་ཅེས་པའི་བབས་སུའི་ཐོབ་ཆ་ལགས། །

ལན་གསུངས་པ། འདི་སྐོར་བཀའ་ཁྲིམས་མི་འཚོལ་བའི་ཆེད་དུ་སྟོང་སྲང་ཞེས་ཕྱི་གཟུགས་ཆེན་པོར་བཅོས་ནས་དོན་འཛལ་གཅོད་སྐབས་སྲང་གྲངས་ཞོར་འབེབས་པ། དཔེར་མཚོན་ན། བཟའ་པ་འབྲིང་ཞེས་མི་བསད་དགྲུས་མའི་སྐབས་འདས་པོར་སྟོང་སྲང་དྲུག་ཅུ་ཞོ་འབེབས་ཐོག གྲ་ཕྱུད་བཅུ་ཟུར་བཅག་པས་ལག་ཡོད་ཞོ་54ལ་སྦྲིད་རྒྱུན་ཞོ་ཐག་མཁར་ཊུའི་ཁལ་དྲུག་མ་ཤ་སྨུག་རྩིས་པའི་ཡང་ཏིག་ཁལ་324ཐོབ་པའི་སུམ་ཟུར་སྨར་ཁྱུངས་ལ་ཁལ་108 ཁྲག་ལ་ཁལ་108ལ་དར་རས་ལྕུགས་ཆ་དབུགས་ཆགས་སོགས་ཀྱིས་མཚོན་འཛིན་ཚབ་འཕེར་ငེས། ཟྫིང་ལ་ཁལ་108ལ་དངོས་པོར་གཏོགས་ཕྱིན་རྗེ་བུག་ཡོད་ཡན་ཞེས་སྣེ་གང་རིགས་ལ་ཡུལ་གོང་རྩིས་པ། སྟོང་སྲང་རེར་དགེ་ནས་ཁལ་རེ་ཞེས་ནས་ཁལ་60དགེ་ནས་ཁལ་10རེའི་སར་དགེ་མར་ཁལ་དོ་ཟེར་མར་ཁལ་6བཅས། ངོ་ཐོག་སྙིང་གནོན་སྲང་ཆེན་རེར་ཞོ་ཐག་བདུན་ཞོ་བྱས་པའི་ཁལ་56ཐོབ་པར་ཁྲོན་སྲང་གསུམ་ལ་ཁལ་168སྨར་ཁྱུངས་སུ་སྦྲིད་རྒྱུན། མི་སྟའི་ཚོགས་ཆས་སྐོར། ཁྲིམས་ཡིག་དུ་ཛ་སྦྱོར་གསུམ། སྟོར་བཅས། དཀར་ཤ་ཁོག ཚག་ལག ཆང་ཚོད་བཞི། རྩམ་ཁལ་དྲུག་ཟེར་བ་ལྟར་འདི་གར་བཤེར་འབོད་པས་ལེན་རྒྱུན་ཡིན་འདུག་ཀྱང་། ཡུལ་དུས་གནས་སྐབས་གོ་བབ་སོགས་ལ་དཔགས་པའི་རྒྱས་བསྡུས་འབྲིང་གསུམ་

སྐབས་སྦྱར་དབྱིབས་བལྟས་ཁྲ་མར་བཀོད་པ་བཞིན་ལེན་པ་ལས་མཐའ་གཅིག་ཏུ་མ་ངེས། སྦྱོད་འཇལ་སྐབས་ཁྲིམས་ཡིག་རྙིང་པར་དབྱུས་ལུགས་བཙུ་ཁ་ལེན་པ་ཞིག་འདུག་ཀྱང་། འདི་འགབ་ཡུལ་ཆགས་པ་ཞིག་མི་འདུག་པས། གཙང་ལུགས་ལ་ཕན་ཚུན་གཉིས་ནས་ཟྭོང་ཕྱུད་ཟྭོང་གདན་ཟེར་ཟྭོང་ཁྲག་གཉིས་ལ་སྦྱོད་མཁན་གྱི་ས་ནས་ཕྱུད་དང་། ལེན་མཁན་གྱི་ས་ནས་གདན་ཕན་ཚུན་སྙོམས་པའི་བློ་ཚོད་རེ་ལེན། སྨར་སྦྱོད་དགོས་རྣམས་ལ་སྦྱོད་མཁན་གྱི་ས་ནས་གྲངས་ཤིང་གིས་བཅད་པ་རྣམས་དང་། ལེན་མཁན་གྱི་ས་ནས་ཁལ་ཤུལ་བྲི་འབྲང་། སྦྱོད་མཁན་གྱི་ས་ནས་བྲི་གདན་ཕྱུར་བ་སྣམ་བཞི་རེ། པང་ཁེབས་གདན་འོས་རིགས་རྣམས་དང་། མི་ཤ་དགྲ་སྲི་མི་ལྷང་བའི་རྟེན་འབྲེལ་མཚོན་བྱེད་དུ་བསད་གྲི་ངོ་མ་གྲངས་ཤིང་དུ་སྦྱོད་པ་སོགས་ཁྲིམས་སྲོལ་འདི་རྣམས་མི་སྟའི་ཟ་སྒོ་ཡིན་པ་ཁྲིམས་ཡིག་ཏུ་གསལ། མི་བབ་བྱུས་ཉེས་སོགས་དང་བསྟུན་པའི་སྐུ་རྒྱལ་ཞེས་དེང་སང་ཁྲིམས་འདེགས་སུ་གྲགས་པའི་བཞི་ཟུར་བབས་ཡིན་པ་བཤེར་འབོད་མི་སྟ་དང་། དེའི་བཞི་ཟུར་སྨྱུག་ཅེས་ཁྲ་མ་འབྲི་མིའི་ཟ་སྒོ་ཡིན། །

〔དྲི་བ་བཞི་པ།〕 རྨས་ཆད་རྒྱུ་རྐྱེན་ལ་གཞིགས་པའི་སྐབས་སྦྱར་གཏོང་ཞེས་པ་ཇི་ལྟར་ལགས་པ་དང་། རྨས་ཆད་དང་གྲི་ཆད་མི་དཔངས་མཐོ་དམའ་ལ་ཁྱད་སྟོན་དགོས་མིན་ཇི་ལྟར་ལགས། རྨས་འཇལ་སྐབས་རྨས་གསོས་མི་ལེན་པ་ཁྲིམས་ལ་མི་བཏུབ་པས་ཁྲིམས་མཐུན་ལ་རྨས་གསོས་སྦྱོད་ལེན་དགོས། འཇལ་གཅོད་ཀྱི་སྐབས་རྨས་གསོས་དང་ལྷ་རྗེའི་སྟོ་

རྫོངས་སོགས་རྣམ་འཇལ་ཐོག་ཏུ་འདབ་[ལྷབ་] གཙོད་དུ་བརྗེ་ཞེས་པ་འདི་རྣམས་རྣམ་འཇལ་ཐོག་ཏུ་བརྗེ་བ་ལགས་སམ། གཉིས་བརྗེགས་སུ་བརྗེའམ་ཇི་ལྟར་ཞུ་ལགས། །

〔ལན་དུ།〕 ལེ་ཚན་འདི་སྐོར་ལ། རྣམ་ཚད་རྒྱ་ཆེན་ལ་གཞིགས་པའི་སྐབས་སྒྱུར་གཏོང་ཞེས་པ་བཀའ་ཁྲིམས་ལ་ཇི་མི་སློམ་པའི་བག་ཡངས་བྱས་རིགས་ཁྲིམས་ས་སྟོང་པར་མ་ལུས་པའི་ཉེས་ཚད་འབུལ་སྒྲུབ་དགོས་པའི་སྐབས་ཡིན་འདུག་པ། ཉེས་བྱས་ཀྱི་རྩ་བ། རྒྱུ་རྐྱེན། གོ་བབ་སོགས་ལ་གཞིགས་པའི་ཚད་འགྲོས་སྐབས་ཐོབ་དབྱིབས་བལྟས་གཏོང་བ་ལས། འབྱུང་འགྱུར་མཐའ་དག་ཁྲིམས་ཡིག་ཏུ་བཀོད་པས་མ་ལང་བས་རིག་པས་དཔྱོད་ཤེས་པའི་གོ་དོན་དང་། གྲི་ཚད་སྐོར་འདི། ཡ་རབས་ཁྱུངས་ལྡན་གྱི་རིགས་ཕལ་ཆེར་མི་ཆོས་ཀྱི་ཡོན་ཏན་དང་ལྡན་པའི་དཀྱིལ་ཆེ་བས་ཚིག་གི་མཚོན་ཆ་རུང་ཟད་ཙམ་ལས་གློ་བུར་དུ་གྲི་འདོན་པ་སོགས་བརླངས་སྤྱོད་ཀྱི་རིགས་ཆེར་མི་ཡོང་ཞིང་། དེ་རིགས་མི་དམངས་སྨྱོས་བྱེད་ཀྱིས་བརླམས་པའི་ཐ་ཤལ་རྣམས་ལ་ཡོང་ཤས་ཆེ་བས། ཐུ་མ་འདོན་མེར་མར་ཞོ་དོ་དང་། རྗེས་མར་ཕྱེད་ཆ་འགེལ་བ་ལས་མི་བབ་ཀྱི་མཐོ་དམན་ཁྲིམས་ཡིག་ཏུ་མི་གསལ་ཡང་། ཁམས་ཀྱི་རྒྱལ་ཕྲན་ནང་འབྲུག་གི་གཡུལ་དང་། ཡུལ་ཚོ་ཕྱོགས་ལངས་ལྟ་བུའི་མདའ་གྲི་མདུང་གསུམ་ལ་སོགས་པའི་རྣམ་མ་འདིས་རྒྱུས་མི་ཁེབས་ཤིང་། དེས་མཚུངས་སྟེ་དགོན་ལྟ་བུས་གདོལ་སྤྱོད་ཀྱི་གྲི་རྣམ་བཟོས་པ་སོགས་ལ་མི་བབ་དང་བསྟུན་པ་ངེས་པར་དགོས་ཤིང་།

གང་འཚམས་ཀྱི་རིག་མདའ་འཕེན་དགོས་པ་དང་། རྐང་ལག་རེ་རེ་ཞ་བ་ཅམ་ལ་སྐྱོང་རྐྱང་གི་བཞི་ཟུར་རྨས་འཛལ་དུ་ཐེབ་པས་ཁྱད་པར་ཡང་དེ་གའི་བཅའ་འགྲོས་ཀྱིས་མཚོན་དབང་པོ་ཡན་ལག་ལ་གནད་མི་གནད་ཀྱི་འཕྲུལ་ལེགས་པར་བལྟ་བ་གལ་ཆེ་ཞིང་། རྨས་གསོས་ཀྱི་སྐོར། རྒྱུག་མིས་ཞག་བདུན་ཁོངས་སུ་རྩམ་ཁལ་གཅིག་ནས་དྲུག་གི་བར། ལུག་ཤ་སྐོད་སྨད་ནས་ཚག་ཤ་སྐོད་སྨད་ཀྱི་བར། མར་ཁལ་གཅིག ཚང་རྒྱུ་སོགས་རྨས་ཚབ་ཆེ་ཆུང་ལ་དཔགས་པའི་སྤྲོད་པ། ལྷ་རྗེ་མོ་མ་ཚར་གཉིས་ཀྱི་བར་འབོད་ཅིང་། དེ་གའི་སྒོ་ཇ་ཆང་རྫོངས་པ་སོགས་སྣར་འཛལ་ཐོག་ཏུ་འདབ་[ལྡབ་] གཅོད་དུ་ལེན་ཞིང་། ཞག་བདུན་ཡོལ་ནས་ངོ་ཐོག་ལས་ལུས་པོར་མི་གཏོང་། རྨས་གསོས་མི་ལེན་པའང་ཁྲིམས་ལ་མི་བཏུབ་ཅིང་། རྒྱུག་མཁན་གྱིས་རྨས་གསོས་ལྷ་རྗེ་སོགས་ལ་ཐབས་མ་བྱུས་པ་དང་རྗེས་སོར་འདབ་[ལྡབ་] གཅོད་ཡོང་བ་ཕུགས་སུ་ཚང་[འཚང་] བའི་གོང་གསལ་བཀལ་བཟང་སྤྲད་ན་མི་འཐུས་པས་ཁྲིམས་མཐུན་ལ་རྨས་གསོས་གོང་འབོད་སྤྲོད་ལེན་དགོས། །

〔དྲི་བ་ལྔ་པ།〕 བཟའ་མི་བྲེ་བྲལ་སྐབས། པོར་རྒྱལ་གྱི་ཞོ་ཞེས་པ་རྣམས་མཁར་རྡུའི་ཁལ་བརྒྱད། དྲུག་བཞི། སྨར་ཁྲག་ཟོང་གསུམ་ཚའི་ཚར་གཅོད་པ་སྐྱོང་གི་སྐབས་ལྟར་ལགས་སམ། གསེར་ཞོའི་རིགས་སོགས་ཇི་ལྟར་ལགས། འགའ་ཞིག་གིས་ཐོས་པོར་མོས་པོར་གང་ལའང་གཡོག་སྣ་སྤྲོད་དགོས་ཟེར་བ་དང་། ཐོས་པོར་ན་མ་གཏོགས་གཡོག་སྣ་མི་དགོས་

ཟེར་བ་སྣ་ཚོགས་བྱུང་བ་ཇི་ལྟར་བྱ་དགོས་ལགས། བུ་སྐྱེས་ཀྱི་མ་ཡིན་ན་ས་སྐལ་ཐོབ་ཆ་ག་རིམ་དང་མཐུན་པ་བྱེད་ཅེས་པ་དང་། བུ་ལ་བུ་[ནུ་]རིན་དང་བུ་མོ་ལ་སྟོ་སྐལ་སོགས་ལུགས་ཇི་ལྟར་དགོས་པ་དང་། ཁྲིམས་འདིགས་སྐྱ་རྒྱལ་ལེན་བབ་རྣམས་ཀྱང་ཁྲིམས་ཡིག་གསལ་བར་མི་འདུག་ལགས་པ་སོ་སོར་ཇི་ལྟར་དགོས་ཀྱི་བཀའ་གསལ་ཐུགས་རྗེ་ཆེ་བ་ལགས། །

〔ལན་དུ།〕 འདི་སྐོར་བཟའ་མི་བྱེ་བྲལ་གྱི་ཐོར་ཆད་སྣར་ཁྲག་ཟོང་གསུམ་འདྲེས་པའི་དུག་ཞོར་གཙོད་པ་དང་། སྐབས་ལ་སྣར་ཁྲག་ཕྱེད་འདྲེས་བདུན་ཞོར་གཙོད་པའང་འདུག་པ་དེང་སང་ཕྱི་མ་ལྟར་བྱེད། གཡོག་སླ་དགོས་མི་དགོས་ཀྱི་མཚམས་སྤྱ་མའི་ཁ་དན་དང་བདེན་པ་ཆེ་ཆུང་གི་བབ་སོགས་ལ་ཞིབ་བརྟག་བྱེད་ཅིང་། བདེན་པའི་རྗེས་སུ་འབྲང་བ་ཤས་ཆེ་བས་མཐའ་གཅིག་ཏུ་མ་ངེས་ཀྱང་། སྐྱེ་དམན་གྱིས་ཁྱོ་གའི་གོར་བསྡད་རྒྱུན་དང་མག་པ་ཕྱིར་ཡོག་ལྟ་བུ་འདྲ་བར་བདེན་ཡུས་དང་མི་དཔངས་མཐོ་བར་ཉེན་སླ་བྲེ་ལྔ་མ་ནས་བྲེ་དོའི་བར་རྩིས་པར་དངོས་པོར་སྣར་ཁྲག་ཟོང་གསུམ་ཆ་སྙོམས་སུ་སྤྲོད་ལེན་བྱེད་ཅིང་། སྐྱེ་དམན་ནས་ངན་ཁ་ཁྱེར་གྱིས་སྐྱེས་པ་བསྐྱུར་བར་གཡོག་སླའི་བབ་འབྲེལ་མེད། ཡང་ཕྲུ་གུ་དང་འབྲེལ་བ་ཡིན་ན། བུ་ཕས་བདག་པ་དང་བུ་མོ་མས་བདག་པ་སྤྱི་སྲོལ། ནུ་རིན་ཞོ་གྲངས་འགངས་ཆེ་ཆུང་ལ་དཔགས་པའི་གཙོད་པ་དང་། མ་བུ་ལ་སྟོ་སྐལ་ཞེས་ཁྲིམ་པ་བདེན་འཛིན་བདག་འཛོམས་པ་ལྟ་བུའི་བསྐྱོན་མེད་ཡིན་ན་ངོ་ཚའི་རིན་ལ་སྟོ་ཐེབས་འཁྱོངས་ཚད་མི་བབ་ལ་གཞིགས་པ་

སྒྲོད་ཅིང་། བཏགས་པའི་རྒྱན་ལུས་ཆས་འཇགས་པ་སོགས་སྐབས་ཐོབ་དབྱིབས་བལྟས་བྱེད། ཁྲིམས་འདེགས་སྐུ་རྒྱལ་ལེན་བབ་ཁ་མཆུ་འགངས་ཆེ་ཆུང་དང་ངོ་བདག་གི་བབ་ལ་བལྟས་པའི་ཆེ་འབྲིང་ཆུང་གསུམ་སྒོམས་བསྟར་བབ་འབྲེལ་དང་བསྟུན་པ་ལས་འདི་རིགས་མཐའ་གཅིག་ཏུ་འཛིན་པའི་པར་བཀབ་མི་འདུག །

འདི་བཞིན་ཞུ་ཧམ་ཆེ་བའི་རང་བཞིན་དུ་ལགས་ནའང་། འདི་ཕྱོགས་སྔོ་སོན་དུ་སོང་གཉིས་འབྲེལ་མེད་གང་ཤར་ལས་སྒྲོད། འདི་བཞིན་སྤར་སྒྲོལ་ད་འཛགས་ཀྱི་བྱེད་སྒྲོང་ཟ་བྱང་མེད་པ་དང་། གཞན་ལ་དྲིས་ཀྱང་ཁྲུངས་ལྡན་ཞིག་དཀའ་བ་ནས། ཆོས་ཀྱི་གཏུགས་ས་འཕགས་པ་འཇམ་དཔལ་ཞེས་པ་ལྟར། ལུགས་བཟུང་གི་རྗེ་མོའི་ཡང་རྗེར་སོན་པ་ཞབས་པད་རིན་པོ་ཆེ་ལྷ་བུར་ཞུ་བ་སྐལ་པ་བཟང་བར་ཤེས་ནས་གསོལ་བ་ལགས་པས། ཞུ་མ་ཤེས་ཀྱང་རྣམ་མཁྱེན་མཆོག་གིས་གཟིགས་པའི་སློབ་སྟོན་ཞིབ་གསལ་ཐུགས་རྗེ་ཆེ་བ་མཁྱེན་ལགས། །

〔དྲི་བ་དྲུག་པ།〕 ཡང་། སྒྲིར་བཏང་བྱས་ཉེས་ཀྱི་ཚད་པ་མར་གསེར་གྱི་སྲང་གང་ཤུལ་བཅས་ཟེར་བ་དངུལ་ལེན་ན་ཇི་ལྟར་དང་། ཤུལ་ལ་ལེན་ལུགས་ཇི་ལྟར་ལགས། །

〔ལན་དུ།〕 མར་གསེར་ཕྱེད་མ་དང་མར་གསེར་ཟེར་བ་དོན་གཅིག ད་ལྟའི་ལེན་རྒྱུན་དངུལ་འབབ་མེན་པར་གོ། རྒྱལ་ཞབས་མཁྱེན་བློན་ནས་དགོངས་པ་བཞེས་རིགས་རྩ་ཚིག་དང་མི་འགལ་བའི་སྤུས་ཆ་སྙེ་གང་རིགས་པ་

ལེན་ལུགས་བྱེད་ཀྱིན་ཡོད། །

〔དྲི་བ།〕མར་ཚོ་གང་ལ་དངུལ་ལེན་རྒྱུན་ག་ཚམ། མི་དཔུང་གྲ་བསྒྲིབས་སོགས་ཉེས་པ་ཆེ་བར་གསེར་སྲང་ཟེར་བར་བབ་ཁྲིད་ཅི་ཡོད་དང་དངུལ་ལེན་ན་ཇི་འདྲ་ཡོད། །

〔ལན་དུ།〕 ནས་ཁལ་བརྒྱད་ཀྱི་དངུལ་ཐང་རྩིས་པ་བཞེས་ཡོང་། གཞི་ནས་མི་དཔུང་གྲ་བསྒྲིབས་ཀྱི་མི་འཚམས་པར་གསེར་དངུལ་བཞེས་པ་དང་། བྱེད་བང་ལ་གཞིགས་པའི་ཆད་འགྲོས་གཏོང་བ་ལས་བཞེས་དུས་རང་རང་གི་སྤྱི་འགྲོས་ལས་སྐྱེར་གྱིས་གནག་པའི་བཀག་བཀག་རང་བྱེད་ཀྱི་མེད། །

〔དྲི་བ།〕 སྐར་ཁྲག་ཕྱེད་མའི་ཚོ་གང་ལ་ཐང་ཇི་འདྲ། །

〔ལན་དུ།〕 མཁར་ཏུའི་འབྲུ་ཁལ་བདུན་རེའི་རྩིས་ལ་ཁྲམ་ཐང་རྩིས་པའི་བཞེས་རྒྱུན། །

〔དྲི་བ།〕 དཔེར་ན་གྲི་འདོན་རྒྱ་འདྲེའི་རིགས་ལ་ཟུར་རྒྱུན་〔དུ་〕སྔ་མར་ཚོ་དོ་དང་རྗེས་མར་ཚོ་གང་གསལ་བ་དེ་ག་ཤ་སྟག་ཡིན་མིན། འགལ་ཟླས་གྲི་མ་བརྟོན་ཞིང་། འདོན་མིས་རྨས་སྐྱོན་མ་བྱུང་ན་འདོན་མིའི་གཅིག་ཤོས་ལ་རྒྱུན་ཇི་ལྟར་ལགས། །

〔ལན་དུ།〕 གྲི་འདོན་སོགས་སུ་རྟེང་ཁ་དན་པ་ཡོང་གི་མི་འདུག་ཀྱང་ངེས་མེད་ཁ་དན་རིགས་ལ་གང་བྱེད་དེ་ག་ཡིན་ཤས་ཁ། འགལ་ཟླར་གྲི་བརྟོན་པ་ཙམ་ལས་རྨས་སྐྱོན་མ་བྱུང་ན་གྲི་ཆད་འོས

རིགས་ལས་སྤྱོད་འཇལ་དགོས་པའི་དོན་ཐག་མེད་པ་འདྲ། །

〔དྲི་བ།〕 རྒྱན་མ་བརྒྱུས་པ་ངོས་ཟིན་རྗེས། བར་པ་རྣམས་ལ་འཇལ་སྤྱོད་ཇི་ལྟར་ལགས། གཞུང་སར་ཚད་ལས་ཏ་ལམ་ག་ཙམ་དགོས། །

〔ལན་ཏུ།〕 རྒྱན་མ་རྒྱུས་པ་ངོས་ཟིན་རྗེས་དེ་གའི་འཇལ་སྤྱོད་གནང་རྗེས་བར་པ་རྣམས་ལ་འཇལ་སྤྱོད་ཁྲིམས་མཐུན་བབ་གཟིགས་རྒྱན་མ་སོགས་ལ་གཞིགས་ནས་གནང་། །

〔དྲི་བ།〕 མནའ་གོས་ཀྱི་ཉོ་རེ་ཟེར་བ་ག་ཙམ་ཡིན། བཤེར་འཐོད་མི་སྣར་འཕྲུལ་ཚས་རྐང་སླ་ནས་ཉོ་རེ་ཟེར་བ་ལེན་རྒྱུན་ཇི་ལྟར་བཅས་གལ་གནད་བྱུང་བས་གསལ་རྗེན་གྱི་མཆན་བཀོད་མཁྱེན།

〔ལན་ཏུ།〕 ཁྲིམས་ཡིག་ཏུ་གསལ་བ་ཙམ་ལས་ད་ཕན་བཤེར་འཐོད་བཏང་བའི་འཕྲུལ་ཚས་རྐང་སླ་འདི་ཞེས་གསལ་བ་མི་སྣང་། ཡང་ཏིག་དེང་སང་གསེར་སྲང་རེ་ལ་མགུར་ཉོ་བརྒྱད་རེ། མར་གསེར་གྱི་སྲང་རེར་དབུས་ཉོ་བརྒྱད་རེ་ཐོབ་གཞི་གསེར་ཐོག་ལེན་ན་མགུར་ཉོ་རེ་ལ་སེ་བ་ཉི་ཤུ་རྩ་བཞི། དབུས་ཉོ་རེ་ལ་སེ་བ་ཉི་ཤུ་མ་བྱེད་པ་རྩིས་གཞི་ལྟར་དང་། དངུལ་ལེན་ན་མགུར་ཉོ་རེ་ལ་སྲང་གང་ཉོ་དོ། དབུས་ཉོ་རེ་ལ་སྲང་གང་རེ་བཅས་དབུས་གཙང་རྫོང་གཞིས་ཀུན་ལ་ཡིན་འདུག་ཅིང་། བཀའ་ཤག་[ཤོག]ཏུ་ཉན་ལེན་སྐོར་ཚོ་ཐུལ་བར་གོང་ལྟར་ཡིན། བཀྲ་ཤིས། ཞལ་བྲོ།། །།

ཆོས་འབྱུང་ཐོས་པའི་རྒྱ་མཚོ་དད་པའི་ངང་མོ་རྣམ་པར་བརྩེ་བའམ་སྐྱེས་བུ་དམ་པའི་རྣམ་ཐར་ཆོས་འབྱུང་བཀའི་རྒྱལ་པོ་བསྟན་འཛིན་དང་བཅས་པ་ཐུན་ཚུལ་ལམ་རྒྱ་བོད་ཆོས་འབྱུང་རིན་པོ་ཆེ་བཞུགས།

དེ་ནས་ལྷ་རྣམས་འཕྲུ་བ་སྤྱངས་བའི་དབྱར་དེ་ཉིད་ལ་ཀུན་དགའ་བོས་མདོ་སྡེ། ཉེ་བར་འཁོར་གྱིས་འདུལ་བ། འོད་སྲུངས་ཀྱིས་མངོན་པ་བསྡུས་སོ། །དེ་ནས་ལོ་བརྒྱ་དང་བཅུ་ན་རང་མིན་བཅུ་བསལ་བའི་ཕྱིར་བལྡུ་བ་གཉིས་མཛད་དོ། །བསྡུ་བ་གསུམ་པ་ལ་བཤད་ལུགས་མང་ཡང་སྟོན་པ་འདས་ནས་ལོ་སུམ་བརྒྱ་ན་ཁ་ཆེར་གྱེས་པ་བཅོ་བརྒྱད་བཀར་བསྒྲུབ་པའི་ཕྱིར་མཛད་དེ། བཅོ་བརྒྱད་ནི། ཤར་རི། ནུབ་རི། གངས་རི། འཇིག་རྟེན་ལས་འདས་པར་སྨྲ་བ། རྟག་པར་སྨྲ་བའི་སྡེ་ལྷུན་དགེ་འདུན་ཕལ་ཆེན་པོ་སྡེ། འོད་སྲུངས་ཀྱི་མཁན་རྒྱུད། གཞི་ཀུན་པ། འོད་སྲུངས། ས་སྲུངས། ཆོས་སྲུངས། མང་ཐོས། གོས་དམར་བ། རྣམ་པར་ཕྱེ་སྟེ་སྨྲ་བའི་སྡེ་རྣམས་ནི་ཐམས་ཅད་ཡོད་པར་སྨྲ་བའི་སྡེ་པ་སྟེ་སྨྲ་གཙན་འཛིན་གྱི་མཁན་རྒྱུད། རྒྱལ་བྱེད་ཚལ་ནས། འཇིག་བྱེད་གནས། གཙུག་ལག་ཁང་

ན་གནས་པའི་སྡེ་གསུམ་ནི་གནས་བརྟན་པ་སྡེ་ཀ་ཏྱ་ནའི་མཁན་རྒྱུད། ས་སྒྲོགས་རི། བསྲུང་མ་བ། གནས་མ་བུའི་སྡེ་བ་གསུམ་ནི་མང་བཀུར་བ་སྡེ་ཉེ་བར་འཁོར་གྱི་མཁན་རྒྱུད་དོ། །དེ་ནི་རྩ་བའི་སྡེ་བཞི་ཡིན་ལ། གྲུབ་མཐའ་སྨྲ་བ་བཞི་ནི། དབུ་མ་པ། སེམས་ཙམ་པ། མདོ་སྡེ་པ། བྱེ་བྲག་སྨྲ་བ་རྣམས་སོ། །བསྟན་པའི་གཏད་ལུགས་ནི། ཐུབ་དབང་ཉེ་བར་འཁོར་དང་ཀུན་དགའ་བོ། །ཤ་ནའི་གོས་ཅན་ཉེར་སྦས་ཧྲི་ཧྲི་ཀ །ནག་པོ་ལེགས་མཐོང་སློས་མི་འཕེབས་ལ་སོཏ། །ཞེས་པ་ལྟར་བྱོན་ནོ། །དེ་ནི་བསྟན་ཆོས་ཇི་ལྟར་བྱུང་བ་བཤད་པར་བྱ་སྟེ། མངོན་པ་སྡེ་བདུན་ནི། ཆོས་ཀྱི་ཕུང་པོ་ཤཱ་རིའི་བུས། །གདགས་པའི་བསྟན་ཆོས་མཽ་གལ་བུས། །རབ་ཏུ་བྱེད་པ་དབྱིག་བཤེས་ཀྱིས། །ཁམས་ཀྱི་ཚོགས་ནི་གང་པོས་བྱས། །རྣམ་ཤེས་ཚོགས་ནི་ལྷ་སྐྱིད་ཀྱིས། །ཡེ་ཤེས་ལ་འཇུག་ཀ་ཏྱའི་བུ། །ཡང་དག་གྲོལ་བའི་རྣམ་གྲངས་ནི། །གསུམ་པོ་ཆེ་ཡིས་བྱས་ཞེས་གྲགས། །ཞེས་སྟོན་པ་བཞུགས་དུས་སུ་བྱུང་། སྟོན་པ་མྱ་ངན་ལས་འདས་ནས་ལོ་བརྒྱ་ན་དགྲ་བཅོམ་པ་ཉེ་མ་གུང་པ་དང་། ཉེར་སྦས་ལ་སོགས་པས་བྱེ་བྲག་བཤད་མཚོ་བརྩམས། ཆོས་སྐྱོབ་ཀྱིས་ཆེད་དུ་བརྗོད་པའི་ཚོམས་མཛད། སུམ་བརྒྱ་ན་ས་ར་ཧ་བྱོན་ཏེ་དོ་ཧ་སོགས་མཛད། བཞི་བརྒྱ་ན་ཀླུ་སྒྲུབ་བྱོན་ཏེ་ས་ར་ཧ་ལ་གསང་སྔགས་ཞུས། སྒྲ་གཅན་འཛིན་བཟང་པོ་ལ་མཁན་པོ་ཞུས་ཏེ་དགེ་སློང་དཔལ་ལྡན་དུ་བཏགས། གསེར་འགྱུར་གྱི་རྩི་མཛད་ནས་དགེ་འདུན་གྱི་ཞལ་ཏ་བསྒྲུབས། ཀླུའི་ཡུལ་ནས་འབུམ་སྤྱན་

དྲངས། ཀླུས་གྲོགས་བྱས་ཏེ་མཆོད་རྟེན་བྱེ་བ་བཞེངས་པས་ཀླུ་སྒྲུབ་ཏུ་གྲགས། དེས་དབུ་མ་རིགས་ཚོགས། བསྟོད་ཚོགས། གཏམ་ཚོགས། རྒྱུད་ཀུན་ལས་བཏུས་སོགས་རིག་གནས་ཐམས་ཅད་ལ་བསྟན་ཆོས་རེ་མཛད་དོ། །དེའི་སློབ་མ་འཕགས་པ་ལྷ་སེང་ག་གླིང་གི་མེ་ཏོག་ལས་འཁྲུངས་པ་དེས། མུ་སྟེགས་པ་ཕ་ཁོལ་ཞེས་བྱ་ལྷ་དབང་ཕྱུག་གིས་བྱིན་གྱིས་བརླབས་པ་དེ་བཏུལ། ཕྱིས་ནང་པ་ལ་ཞུགས་ཏེ་སློབ་དཔོན་དཔའ་བོར་གྲགས། ཀླུ་བྱང་ནི་རིག་པ་འཛིན་པ་ཐོབ་ནས་ད་ལྟའང་བཞུགས། སངས་རྒྱས་བསྐྱངས་ནི་དབུ་མ་ཐལ་འགྱུར་བ་དང་། ལེགས་ལྡན་འབྱེད་དབུ་མ་རང་རྒྱུད་པའི་ཐོག་མའོ། །དེའི་སློབ་མ་ཡེ་ཤེས་སྙིང་པོ། དཔལ་སྦས། ཞི་བ་འཚོ། པདྨའི་ངང་ཚུལ་སོགས་བྱོན། ཟླ་གྲགས་ནི་རི་མོར་བྲིས་པའི་བ་ལས་འོ་མ་བཞོས་པས་དངོས་པོར་འཛིན་པ་བཟློག་པ་སྟེ། དེའི་སློབ་མ་རིག་པའི་ཁུ་བྱུག །དེས་ཨ་ཝ་དྷཱུ་ཏི། དེས་ཨ་ཏི་ཤའོ། །དེ་ཐམས་ཅད་གྱིས་དབུ་མ་དང་གསང་སྔགས་ཀྱི་བསྟན་ཆོས་མཐའ་ཡས་པ་མཛད་དོ། །

ཤིང་རྟའི་སྲོལ་འབྱེད་གཉིས་པ་བྱོན་ཚུལ་ནི། ཆོས་མངོན་པ་ལ་དགྲ་ལན་གསུམ་བྱུང་བའི་ཚེ། བྲམ་ཟེ་མོ་གསལ་བའི་ཚུལ་ཁྲིམས་ཀྱིས་རྒྱལ་རིགས་ཐོགས་མེད་དང་། བྲམ་ཟེ་དབྱིག་གཉེན་གཉིས་ལུས་ལས་བསྐྲུན་ཏེ། གཅེན་གྱིས་བྱམས་པ་ལ་ཆོས་ལྔ་གསན། ས་སྡེ་སོགས་བརྩམས་ནས་ཐེག་པ་ཆེན་པོ་དར་བར་མཛད། སྐྱེ་བ་ལྔ་བརྒྱར་པཎྜི་ཏར་འཁྲུངས་པ་དབྱིག་གཉེན་གྱིས་ཁ་ཆེ་འདུས་བཟང་བསྟེན། འདུམ་སྡེ་པོ་དགུ་ཐུགས་ལ་མངའ་

བས། བཀའ་དང་པོའི་དགོངས་པ་འགྲེལ་པ་མཛོད་རྩ་འགྲེལ། བར་པ་སེམས་ཙམ་དུ་འགྲེལ་པ་ཡུམ་གྱི་གཞུང་འགྲེལ། ཐ་མ་ངེས་དོན་དུ་བཤད་པ་རབ་བྱེད་སྡེ་བརྒྱད་མཛད། དེའི་སློབ་མ་རང་ལས་མཁས་པར་གྲགས་པ་བཞི་ལ་མངོན་པ་རང་ལས་མཁས་པ་བློ་བརྟན། དེའི་སློབ་མ་གང་བ་སྤེལ་ཡིན། ཚད་མ་རང་ལས་མཁས་པ་ཕྱོགས་གླང་གིས་ཚད་མ་ཀུན་ལས་བཏུས་མཛད་དེ་མུ་སྟེགས་ཐམས་ཅད་བཏུལ། དེའི་སློབ་མ་དབང་ཕྱུག་སྡེ། དེའི་སློབ་མ་ཆོས་གྲགས་ཀྱིས་རྒྱལ་པོ་མི་ཏོག་རྒྱས་པའི་སྒོ་དྲུང་དུ་ཕྱིན་པ་ན། དེས་ད་ལྟ་སུ་མཁས་དྲིས་པས། ཤེས་རབ་ཅན་ནི་ཕྱོགས་ཀྱི་གླང་པོ་སྟེ། །ཙནྡྲ་གོ་མི་བརྗོད་པ་རྣམ་པར་དག །སྟན་དངགས་དཔའ་བོ་ལས་བྱུང་སྡེབ་སྦྱོར་མཁས། །མེ་ཏོག་ཀུན་ཏུ་རྒྱས་པ་ཡོངས་སྤྱོད་ལྡན། །ཕྱོགས་ལས་རྣམ་པར་རྒྱལ་བ་ང་མིན་སུ། །ཞེས་གསུངས་པས་རྒྱལ་པོ་དད་ཅིང་སྤྱན་དྲངས་ཏེ་སྡེ་བདུན་མཛད། དེ་ནས་ལྷ་དབང་བློ། ཤཱཀྱ་བློ་སོགས་བྱུང་། ཕར་ཕྱིན་རང་ལས་མཁས་པ་འཕགས་པ་རྣམ་གྲོལ་སྡེ་ནི་ས་དང་པོ་ཐོབ། སངས་རྒྱས་ལ་དངོས་སུ་ཡུམ་གསན། དེ་ནས་བཙུན་པ་གྲོལ་སྡེ་སོགས་ཕྱིན་ཞིང་། སློབ་དཔོན་སེང་གེ་བཟང་པོའི་ལོ་རྒྱུས་ནི། སྔོན་སེང་ལྡེང་གི་ནགས་སུ་ཤིང་གི་ལྷ་དང་ཕྱུགས་རྫི་མའི་བུ་གོ་བླ་ཞེས་བྱ་བ་རྒྱལ་པོར་གྱུར་ཏེ་ན་ལེནྡྲ་བརྩིགས། དེའི་བཙུན་མོ་ལ་ཀླུའི་བུ་བྱུང་བ་དཔལ་ལྡན་ཆོས་སྐྱོང་གྲགས་པ་དེས་ཨོ་ཏནྟ་པུ་རི་བརྩིགས་ཤིང་། དེ་དང་དེའི་བུས་སྐྱོང་ཡུམ་ཁ་ལྷག་པར་དང་དེ་ཡུམ་འཆད་པ་པོ་འཚོལ་བ་ན། སློབ་དཔོན་སེང་གེ

བཟང་པོ་བྱམས་པ་ལ་མནལ་ལམ་དུ་ཡུམ་གསན་ཞིང་འགྲེལ་པ་རྩོམ་པའི་གནས་ཐོབ་པ་དེ་སྤྱན་དྲངས་ཏེ། ཡུམ་རྣམས་དང་མངོན་རྟོགས་རྒྱན་ལ་འགྲེལ་པ་མཛད། དེའི་སློབ་མ་སངས་རྒྱས་ཡེ་ཤེས་ཞབས་ཡིན་ནོ། །དབྱིག་གཉེན་གྱི་སློབ་མ་འདུལ་བ་རང་ལས་མཁས་པ་ཡོན་ཏན་འོད་ཀྱིས་འདུལ་བ་མདོ་རྩ་དང་། ལས་བརྒྱ་རྩ་གཅིག་སོགས་མཛད། དེའི་སློབ་མ་ཆོས་ཀྱི་བཤེས་གཉེན་ཡིན་ནོ། །བསོད་ནམས་གྲགས་པ་དང་། ཞི་བ་འོད་ཀྱི་སློབ་མ་ཤཱཀྱ་འོད་ཀྱིས་སུམ་བརྒྱ་པ་མཛད། དེའི་སློབ་མ་སེང་གེ་གདོང་ཅན་ཡིན། ཞི་བ་ལྷ་ནི་རྒྱལ་པོ་དགེ་བའི་གོ་ཆའི་སྲས་སུ་འཁྲུངས་ཤིང་མཁན་པོ་རྒྱལ་བའི་ལྷ་ལས་རབ་ཏུ་བྱུང་། ངོ་མཚར་གྱི་གཏམ་བདུན་དང་ལྡན་པ་དེས་བསླབ་པ་ཀུན་ལས་བཏུས་དང་སྤྱོད་འཇུག་མཛད་དོ། །མདོར་ན་གྲུབ་ཐོབ་དང་པཎྜི་ཏ་མང་པོ་བྱོན་ཞིང་། དེ་དག་གིས་བསྟན་བཅོས་མཛད་པ་ནི་མཐའ་ཡས་སོ། །སྒྲའི་བསྟན་ཆོས་ནི། དང་པོ་ལྷ་ཐམས་ཅད་མཁྱེན་པས་མཛད། དེ་ནས་རིམ་པ་ལྷར་བརྒྱ་བྱིན་དང་། པ་ནི་དང་ཀླུ་རྣམས་ཀྱིས་བསྟན་ཆོས་རེ་མཛད། དེ་ནས་རྒྱལ་པོ་བདེ་སྤྱོད་ཀྱི་ཞང་པོ་ཐམས་ཅད་གོ་ཆས་སྐྱིད་དྲུག་ལ་ཀ་ལཱ་པ་ཞུས། གཞན་ཡང་ཙནྡྲ་པ་ལ་སོགས་པ་བྱུང་ངོ་། །སྙན་ངག་ནི་པཎྜི་ཏ་དབྱུག་པ་ཅན་གྱིས་མཛད་པ་མེ་ལོང་མ་ལ་སོགས་པ་དང་། ཙནྡྲ་གོ་མི་དང་དཔའ་བོ་དང་། དགེ་དབང་དང་དགའ་བའི་ལྷས་མཛད་པའི་སྐྱེས་རབས་དང་། འཆི་མེད་མཛོད་ཀྱིས་མཛད་པའི་མིང་གི་བསྟན་ཆོས་དང་། ཤཱནྟི་པས་མཛད་པའི་

སྦེལ་སྦྱོར་རིན་ཆེན་འབྱུང་གནས་དང་། སློབ་དཔོན་ཀླུ་སྒྲུབ་ཀྱིས་མཛད་པ་ཤེས་རབ་སྡོང་བུ་ལ་སོགས་པ་ལུགས་ཀྱི་བསྟན་ཆོས་དང་། གསོ་བ་རིག་པ་ནི་སྨན་པའི་རྒྱལ་པོ་ལ་ནད་པ་དང་། ཕྱི་པ་དང་། ལྷ་དང་དྲང་སྲོང་གི་འཁོར་ཏེ། ལུགས་སྡེ་བཞིར་གྲགས་ཤིང་དཔའ་བོ་དང་། ཟླ་བ་མངོན་དགས་མཛད་པ་དང་། བཟོ་རིག་ལ་ཤྭ་རིའི་བུས་མཛད་པའི་ཐིག་ལ་སོགས་པ་བྱུང་ངོ་། །ཞེས་པ་ནི་རྒྱ་གར་དུ་ཇི་ལྟར་དར་བའི་ལེའུ་སྟེ་གཉིས་པའོ།། །།

ད་ནི་ཁ་བ་ཅན་གྱི་རྒྱུད་འདིར་དམ་པའི་ཆོས་ཇི་ལྟར་བྱུང་བའི་ལོ་རྒྱུས་བཤད་པར་བྱ་སྟེ། བོད་ཀྱི་མི་རྣམས་ནི་བཀའ་ཆེམས་ཀ་བཀོལ་མ་ལས་སྤྲེའུ་བྲག་སྲིན་གྱི་རྒྱུད་དུ་བཤད་དེ། བསྟོད་འགྲེལ་ལས། སྐྱ་སེང་བུ་དང་དམག་བརྒྱ་བུ་རྣམས་མ་མཐུན་པའི་ཚེ་རུ་པ་ཏི་དཔུང་དང་བཅས་པ་ཁ་བ་ཅན་དུ་བྲོས་པའི་རྒྱུད་ཡིན་པར་བཤད་པ་གཉིས་ཀའི་རྒྱུད་དོ། །དེ་ཡང་གཉའ་ཁྲི་བཙན་པོ་ནི། ཁ་ཅིག་ལས་གཟུགས་ཅན་སྙིང་པོའི་རྒྱུད་དུ་བཤད། ཡང་ལུགས་གཅིག་རྒྱལ་པོ་ཤར་པའི་རྒྱུད་དུ་བཤད། བོན་གྱི་ལུགས་ལ་ལྷ་ལས་བབས་པར་འདོད། ཡང་གསང་ཐེ་བྲང་གི་རྒྱུད་ཟེར་ཡང་མི་མ་ཡིན་བསོད་ནམས་ཆེན་པོ་ཞིག་གི་རྒྱུད་ཡིན་པར་གོར་མ་ཆག་སྟེ། ཁྲི་བདུན་པོ་ནམ་མཁའ་ལ་འཕྱུར་ཐུབ་པར་བཤད་པས་སོ། །དེ་ཡང་གཉའ་ཁྲི་བཙན་པོ། མུག་ཁྲི་བཙན་པོ། དིང་ཁྲི་བཙན་པོ། སོ་ཁྲི་བཙན་པོ། མེར་ཁྲི་བཙན་པོ། གདགས་ཁྲི་བཙན་པོ། སྲིབ་ཁྲི་བཙན་པོ་བདུན་གྱི་

སྲུར་ནམ་མཁའ་ལ་ཡལ་བས་གནམ་གྱི་ཁྲི་བདུན་ཞེས་གྲགས་སོ། །སྲིབ་
ཁྲིའི་སྲས་གྲི་གུམ་བཙན་པོས་འབངས་ལོ་ངམ་ལ་ངའི་དགྲ་ཡ་གྱིས་བྱས།
དེ་ནས་རྒྱལ་པོས་ནང་མི་རྣམས་ལ་ལོ་ངམ་ཅི་ཟེར་ཉན་ལ་ཉོག་བྱས་པས།
ལོ་ངམ་ན་རེ། རྒྱལ་པོའི་དམག་སླང་པོའི་སྣ་ལ་རལ་གྲི་བཏགས་པ་ངས་མི་
ཐུབ། དེ་ལ་ཐལ་སྒྲོ་བཀལ་བ་ངས་མི་ཐུབ། རྒྱལ་པོ་སླང་ལ་རལ་གྲི་སྐོར་
ཞིང་བྱུང་ན་ངས་མི་ཐུབ། དཔྲལ་དུ་མེ་ལོང་བཏགས་ན་ངས་མི་ཐུབ་ཟེར།
རྒྱལ་པོས་དེ་བཞིན་དུ་བྱས་པ་དང་། རལ་གྲི་བསྐོར་བས་དམུ་ཐག་ཆད།
ཐལ་སྒྲོ་རལ་བས་ཐལ་རླུང་གིས་ཆོད། སླང་གི་རལ་གྲིས་རང་གི་དམག་མི་
བསད། ལོ་ངམ་གྱིས་མེ་ལོང་ལ་མདའ་བརྒྱབས་པས་གྲི་གུམ་བཙན་པོ་གྲི་
ཏུ་གུམ་མོ། །རྒྱལ་པོའི་སྲས་གསུམ་སྤྱི་བོའི་ཡུལ་དུ་སྤྱུགས། ལོ་ངམ་གྱིས་
རྒྱལ་ས་འཕྲོག་པའི་ཚེ། རྒྱལ་པོའི་བཙུན་མོ་ལ་གླིའུ་ཏུ་ལས་སྐྱེས་བྱུང་ནས།
དེས་བུ་པོ་སྤྱི་དེ་གུང་རྒྱལ་སྤྱན་དྲངས། ལོ་ངམ་བསད། སྐུ་མཁར་
བརྩིགས་པ་ཡིན། གྲི་གུམ་དང་སྤྱི་དེ་གུང་རྒྱལ་ལ་སྟེང་གཉིས་ཟེར། སྤྱི་དེ་
གུང་རྒྱལ་གྱི་སྲས་ཨི་ཤོ་ལེགས། དེ་ནས་དེ་ཤོ་ལེགས། གུ་རུ་ལེགས། དགེ་
ཤོ་ལེགས། འབྲོ་ཞེར་ལེགས། ཐི་ཤོ་ལེགས་རྣམས་ནི་སྲུར་རིའི་རྩེ་ལ་
གཤེགས་པས་ས་ལ་ལེགས་དྲུག་ཟེར། ཐི་ཤོ་ལེགས་ཀྱི་སྲས་ཟ་ནམ་ཟིན་ལྡེ།
དེ་ནས་འཕྲུལ་ནམ་གཞུང་བཙན། སེ་གནམ་ལྡེ། སྣོལ་པོ་ལྡེ། ལྡེ་སྣོལ་
ནམ། ལྡེ་སྣོལ་པོ། ལྡེ་རྒྱལ་སྤེ་སྲིན་བཙན་རྣམས་ཀྱི་སྲུར་ཆུ་ལ་གཤེགས་
པས་ཆུ་ལ་ལྡེ་བརྒྱད་དོ། །ལྡེ་སྲིན་བཙན་གྱི་སྲས་ཐོ་རེ་ལོང་བཙན། དེ་

ནས་ཁྲི་བཙན་ནམ། ཁྲི་སྒྲ་སྤུངས་བཙན། ཐོག་རྗེ་ཐོག་བཙན། ཐོ་ཐོ་རི་གཉན་བཙན་རྣམས་ཀྱི་སྐུར་ངར་ཐང་གི་ལོགས་ན་གཤེགས་པས་ལོགས་ལ་བཙན་ལྔ་ཞེས་གྲགས་སོ། །ཐོ་ཐོ་རིའི་སྲས་ཁྲི་གཉན་གཟུང་བཙན། དེ་ནས་འབྲོ་གཉན་ལྡེ་རུ། སྟག་རི་གཉན་གཟིགས། གནམ་རི་སྲོང་བཙན། སྲོང་བཙན་སྒམ་པོ། གུང་སྲོང་གུང་བཙན། མང་སྲོང་མང་བཙན། འདུས་སྲོང་མང་པོ་རྗེ་རླུང་ནམ་འཕྲུལ་གྱི་རྒྱལ་པོ། ཁྲི་ལྡེ་གཙུག་བརྟན། ཁྲི་སྲོང་ལྡེའུ་བཙན། སད་ན་ལེགས་མཇིང་ཡོན། ཁྲི་རལ་ཏ་བཙུ་གཉིས་ཀྱི་སྐུར་མཆོང་རྒྱས་སུ་བང་སོ་བྱས། སྐྱིད་པའི་རྒྱལ་རབས་ཕྱེད་དང་བཅུ་གསུམ་གྱི་ཕྱེད་མ་དེ་ཁྲི་སྲོང་ལྡེ་བཙན་གྱི་སྲས་ལྷ་སྲས་མུ་ནེ་བཙན་པོས་རྒྱལ་ས་ལོ་གཉིས་བཟུང་བ་དེ་ལ་ཟེར་རོ། །བོད་དུ་ཆོས་བྱུང་ལུགས་ནི་ཐོ་ཐོ་རི་མེ་མོ་ལུག་ལོ་པ་དོན་བརྒྱད་ལོན་པ་ལ་ཞལ་གྱི་མཆོད་རྟེན་སོགས་ཕོ་བྲང་གི་རྩེ་ཁར་བབས་པ་ནི་དམ་པ་ཆོས་ཀྱི་དབུ་བརྙེས་པ་ཡིན། འཇམ་དཔལ་རྩ་རྒྱུད་ལས། གངས་རིའི་ནང་བྱུང་ཕྱོགས་སུ་རྒྱལ་པོ་མིའི་ལྷ་ཞེས་པ་ལོ་བརྒྱད་ཅུ་ཐུབ་པ་འབྱུང་ཞེས་ལུང་བསྟན་པ། སྲོང་བཙན་སྒམ་པོ་མེ་མོ་གླང་ལ་འཁྲུངས། དེས་བལ་པོ་ནས་ཇོ་བོ་མི་བསྐྱོད་རྡོ་རྗེ། བྱམས་པ། ཙནྡན་གྱི་སྒྲོལ་མ། རྒྱ་གར་ནས་ཙནྡན་གྱི་སྤྱན་རས་གཟིགས། རྒྱ་ནག་ནས་ཇོ་བོ་ཤཱཀྱ་སྤྱན་དྲངས། གཙུག་ལག་ཁང་ལྷ་ས་ར་མོ་ཆེ། ཁྲ་འབྲུག །ཀ་ཚལ། གྲོམ་པ་རྒྱང་། གཙང་འགྲམ། ཀོང་པོར་བུ་ཆུ། ལྷོ་བྲག་ཏུ་ཕམ་མཐིང་ལྷ་ཁང་། ཀ་བྲག །པྲ་དུམ་རྩེ། བྱང་ཚལ་གྱི་རླུང་གནོན།

ཁམས་སུ་སློང་ཐང་སྒྲོལ་མ། མང་ཡུལ་དུ་བྱམས་སྤྲིན། མོན་དུ་བུམ་ཐང་། སྤྲ་གྲོར་སྐྱེར་ཆུ་ལ་སོགས་པ་བཞེངས། དེ་ནས་རྒྱལ་པོས་རི་བོ་རྩེ་ལྔར་ལྷ་ཁང་བརྒྱ་རྩ་བཞེངས། དེའི་ཚེ་རྒྱ་གར་ནས་སློབ་དཔོན་ཀུ་ས་ར། བྲམ་ཟེ་ཤང་ཀ་ར། བལ་པོ་ཤཱི་ལ་མཉྫུ། རྒྱ་ནག་མ་ཧཱ་དེ་ཝ་ཚེ། ལོ་ཙཱ་བ་ཐོན་མི་སཾ་བྷོ་ཊ། ཧཤྨ་ཀོ་ཁྲ། ལྷ་ལུང་རྡོ་རྗེ་དཔལ་རྣམས་བྱོན། རྒྱལ་པོ་གྲུ་གཉིས་ལ་ཐེགས། ཁྲི་ལྡེ་གཙུག་བརྟན་གྱིས་འཕང་ཐང་ཀ་མེད་ལ་སོགས་པ་གཙུག་ལག་ཁང་བཅུ་ཙམ་བཞེངས། བྲན་ཀ་མུ་ལ་ཀོ་ཁྲ། གཉགས་ཛྙཱ་ན་ཀུ་མཱ་ར་ལ་སོགས་བྱོན། ཆོས་དང་སྨན་དང་རྩིས་སོགས་བསྒྱུར་རོ། །ཁྲི་སྲོང་ལྡེ་བཙན་ས་ཕོ་རྟ་ལོ་ལ་འཁྲུངས། རྒྱ་གར་ནས་མཁན་པོ་བོ་དྷི་ས་ཏྭ་དང་། སློབ་དཔོན་པདྨ་དང་། ཀ་མ་ལ་ཤཱི་ལ། བི་མ་ལ་མི་ཏྲ། སངས་རྒྱས་གསང་བ། ཞི་བ་སྙིང་པོ། བི་ཤུདྡྷ་སིང་ཧ་སོགས་སྤྱན་དྲངས། དཔལ་བསམ་ཡས་གླིང་ཕྲན་དང་བཅས་པ་བཞེངས། ལོ་ཙཱ་བ་མཉྫུ་ཤྲཱི་ཛངས་དེ་ཝེནྡྲ། བྲན་ཀ་མུ་ཧེ་ཀ །ཆྭངས་ཧ་ཤྭ་ག་ཏ། འཕོན་ན་གེནྡྲ། པ་གོར་བཻ་རོ་ཙ་ན། ཆོས་ཀྱི་སྣང་བ། བན་དེ་ནམ་མཁའ། རིན་ཆེན་སྡེ། རྣམ་པར་མི་རྟོག་པ། ཤཱཀྱ་འོད་ལ་སོགས་པ་བྱོན། ཐུགས་འཆང་ཧཤྨ་ཀེཧྲེ་སྤྱན་དྲངས་ཏེ། ཡི་གེ་རྣམས་བསྒྱུར་རོ། །རྒྱལ་པོ་ང་དྲུག་གམ་ང་དགུ་ལ་ཐེགས། དེའི་སྲས་མུ་ནེ་བཙན་པོས་བསམ་ཡས་སུ་སྣེ་སྟོད་གསུམ་གྱི་མིང་གིས་མཆོད་པ་ཐུབ་པའི་དུས་མཆོད་བཞི་བཙུགས། འབངས་རྣམས་ལྡོགས་ཕྱུག་མཉམ་པས་ཤིན་ཏུ་སྐྱིད་ཀྱང་ལོ་གཉིས་སུ་ཉེ་བ་ན་

གྲོངས། དེའི་གཅུང་པོ་སད་ན་ལེགས་ལོ་བཅུ་བཞི་ལ་རྒྱལ་སར་བཏོན། དེས་སྐར་ཆུང་བཞེངས། པཎྜི་ཏ་ཛི་ན་མི་ཏྲ། སུ་རེནྡྲ་བོ་དྷི། དཱ་ན་ཤཱི་ལ། སོགས་པ་སྤྱན་དྲངས། ལོ་ཙཱ་བ་ཀ་ཅོག་ཞང་གསུམ་སོགས་བྱོན། དེ་ཡང་ཀ་བ་དཔལ་བརྩེགས་ཀྱི་ཡུལ་ནི་འཕན་ཡུལ་རྒྱའུ་གང་ཁ། ཞང་གི་བན་དེ་ཡེ་ཤེས་སྡེ་འཕན་ཡུལ་རྔོག་པོ་ཟམ་ཁ། ཅོག་རོ་ཀླུ་ཡི་རྒྱལ་མཚན་གཡོར་པོ་ཡོན་ཟེར། སྙིང་རྗེ་པད་དཀར་དུ་བྱུང་ཕྱོགས་ཀྱི་རྒྱུད་དུ་གྲོང་ཁྱེར་རྗོ་འཇོག་ཅེས་པར་ཁྲིམ་བདག་རལ་པ་ཅན་འབྱུང་ཞེས་དང་། སངས་རྒྱས་ཀུན་ཏུ་སྣང་བར་འགྱུར་ཞེས་ལུང་བསྟན་པ་ཁྲི་རལ་གྱིས་སྐྱི་སྨད་འུ་ཤང་དོ་བཞེངས། སྔར་གྱི་ལོ་པཎ་དང་། རཏྣ་རཀྵི་ཏ། དྷརྨ་ཏ་ཤཱི་ལ། ཛྙཱ་ན་སེ་ན། ཛ་ཡ་རཀྵི་ཏ་རྣམས་ཀྱིས་སྐད་གསར་བཅད་ཀྱིས་གཏན་ལ་ཕབ། དབུ་རལ་སྟན་དུ་བྱས་ཏེ་དགེ་འདུན་ལ་བཀུར་སྟི་བྱས་པས་ཆོས་རྒྱལ་ཆེན་པོར་གྱུར་ཏོ། །དགུང་ལོ་སོ་དྲུག་ལ་གཅེན་པོ་གླང་དར་མས་བཀྲོངས་ཏེ་དར་མས་རྒྱལ་ས་ལོ་ལྔ་བྱས་ཆོས་བསྣུབས་པས་ལྷ་ལུང་དཔལ་གྱི་རྡོ་རྗེས་བསད་དོ། །གཞན་ཡང་རྒྱལ་རྒྱུད་འདིས་བསྟན་པའི་ཞབས་ཏོག་བྱས་པ་ནི་ལྷ་བླ་མ་ཡེ་ཤེས་འོད་ཀྱིས་པཎྜི་ཏ་པདྨ་ལ་རྣམ་གཉིས་སྤྱན་དྲངས་ནས་སྟོད་འདུལ་དར་བ་དང་། ལོ་ཙཱ་བ་རིན་བཟང་དང་ལོ་ཆུང་ལེགས་ཤེ་རྒྱ་གར་དུ་བཏང་ས། ལྷ་བྱང་ཆུབ་འོད་ཀྱིས་ཇོ་བོ་རྗེ་སྤྱན་དྲངས། མངའ་བདག་རྩེ་ལྡེས་རྔོག་ལོ་རྒྱ་གར་དུ་བཏང་ས་པ་སོགས་མཛད་དོ། །རྒྱལ་པོ་རྣམས་ཀྱི་དྲིན་ལས་བོད་དུ་ཆོས་དར་ལུགས་བཤད་པ་སྟེ་གསུམ་པའོ།། ||

ད་ནི་སྟོད་འདུལ་དང་སྨད་འདུལ་ལས་ཇེ་ལྟར་དར་བའི་ཚུལ་བཤད་པར་བྱ་སྟེ། སྔར་དར་གྱིས་བསྟན་པ་བསྐྱབས་པའི་རྗེས་སུ་ཆོས་འཁོར་རེའི་འཆད་ཉན་དུ་བྱུང་ཞིང་། ཁྱད་པར་མངོན་པ་ནི་ཀ་ཅོག་ཞང་གསུམ་ནས། སྣ་ནམ་ཟླ་བ་རྡོ་རྗེ། དཔལ་གྱི་རྡོ་རྗེ། རྒྱལ་བ་ཡེ་ཤེས། ཅོག་གྲུ། མཆོག་གི་ཡེ་ཤེས། སེ་བཙུན་གཞོན་ནུ། གར་མི་ཡོན་ཏན་གཡུང་དྲུང་། ཁུ་ཤེར་བརྩོན། ར་ཁྲི་བཟང་། རྒྱ་རྒྱལ་བ་ཚུལ་ལོ། བྲང་ཏི་དར་མ་སྙིང་པོའི་བར་དུ་ཡོད་ཀྱང་། འདུལ་བའི་ལག་ལེན་དང་རབ་བྱུང་མེད་པས་བསྟན་པ་ཡང་མེད་པ་ཡིན། དེ་ལ་ལོ་བདུན་ཅུ་ཙམ་བྱུང་གསུངས་སོ། །སྟོད་འདུལ་ནི། མངའ་བདག་སྐྱིད་ངེས། རྒྱ་གར་ནས་པཎྜི་ཏ་དྷརྨ་པཱ་ལ་དང་། ཀྵི་ན་པཱ་ལ་སྤྱན་དྲངས། རབ་བྱུང་མཛད། མཚན་ཡེ་ཤེས་འོད་དུ་བཏགས། གཞན་ཡང་ཞང་ཞུང་རྒྱལ་བ་ཡེ་ཤེས་དང་ལོ་ཆེན་རིན་བཟང་སོགས་རབ་ཏུ་བྱུང་། རྒྱལ་བ་ཡེ་ཤེས་བལ་པོར་འདུལ་འཛིན་པྲེ་ཏ་ཀ་ལ་འདུལ་བ་སློབ་ཏུ་བཏང་། དེ་ནས་དཔལ་ཤེས་རབ། མོན་གྲེ་འདུལ་འཛིན། དེའི་སློབ་མ་ཞིང་མོ་ཆེའི་བྱང་ཆུབ་སེང་གེ་སོགས་ཡིན། བསླབ་པ་ཁྲུངས་བཙུན་པར་བྱེད་ཀྱང་དར་ཆ་ཙུང་ཙམ་ཆུང་། སྟོད་འདུལ་སྨད་འདུལ་གཉིས་བོད་དུ་སླེབས་པ་སྟོད་འདུལ་སྔ་ཙམ་ཡིན་པར་འདུག །ད་ནི་སྨད་འདུལ་གྱི་དར་ལུགས་བཤད་པར་བྱ་སྟེ། བསྟན་པ་ནུབ་ཚེ་གཙང་རབ་གསལ། དམར་ཤཱཀྱ་མུ་ནི། གཡོ་དགེ་འབྱུང་གསུམ་གྱིས་འདུལ་བ་དྲིལ་ཁལ་གཅིག་བཀལ་ནས་ཁམས་དན་ཏིག་ཏུ་ཕྱིན། དགེ་

བ་རབ་གསལ་རབ་ཏུ་ཕྱུང་། ཕྱིས་ཐུགས་རབ་ཆེ་བས་དགོངས་པ་རབ་གསལ་དུ་གྲགས། དེ་ལ་སྤྱང་གོང་ཡེ་ཤེས་གཡུང་དྲུང་། དེ་ལ་གྲུམ་ཡེ་ཤེས་རྒྱལ་མཚན། དེ་ལ་བླ་མེས་ཚུལ་ཁྲིམས་ཤེས་རབ། འབྲིང་ཡེ་ཤེས་ཡོན་ཏན། རག་ཤི་ཚུལ་ཁྲིམས་འབྱུང་གནས། སྦ་ཚུལ་ཁྲིམས་བློ་གྲོས། སུམ་པ་ཡེ་ཤེས་བློ་གྲོས་དང་ལྔ་དབུས་པ་ཡིན། གཙང་ནས་ལོ་སྟོན་རྡོ་རྗེ་དབང་ཕྱུག །ཚོང་གེ་ཤེས་རབ་སེང་གེ །ཀུ་སླ་ར་རྣམས་ཀྱིས་སྡོམ་པ་ལེགས་པར་ཐོབ། ཡེ་ཤེས་གཡུང་དྲུང་དང་། འབྲི་གཞོན་ཚུལ་གྱིས་སྡོམ་པ་ཐོབ་པའི་ལུགས་བྱུས་པར་བསླེབས་པ་ཡིན། བླ་མེས་ཡར་ཀྱོན་དུས་མཁན་པོ་ལ་ཕྱག་འཚལ་བའི་རྗེན་ཞུས་པས་བོད་པོའི་ཞྭ་སྣ་ལེབ་རྒྱབ་ལ་སྒོར་མོར་ཡོད་པ་ཞིག་གནང་ནས་བསམ་ཡས་སུ་ཕེབས་དུས་ཚད་པ་ཚ་བས་རྒྱབ་ཀྱི་དེ་ཡར་བསླངས་པས་སྣ་རིང་བྱུང་ཞེས་གྲགས་སོ། །བླ་མེས་ཀྱིས་ལ་མོ་ཆག་དེའུ་བརྩིགས། དེའི་སློབ་མ་བཞིའི་གྲུ་མེར་ཚུལ་ཁྲིམས་འབྱུང་གནས་ཀྱིས་ཐང་པོ་ཆེ་བརྩིགས། ཞང་སྣ་ནམ་རྡོ་རྗེ་དབང་ཕྱུག་གིས་ར་ཚག་དང་། རྒྱལ་བརྩིགས། རྔོག་བྱང་ཆུབ་འབྱུང་གནས་ཀྱིས་ཡེར་པ། གཞུ་ཀུན་དགའ་ར་བ་སོགས་བརྩིགས། སླན་ཡེ་ཤེས་ཤེས་རབ་ཀྱིས་རྒྱ་སར་གང་བརྩིགས་སོ། །སྦ་རག་གིས་འབྲང་གོང་དང་ལན་པ་སྤྱིལ་བུ་བརྩིགས། དེའི་སློབ་མ་ཤེས་རབ་སེམས་པས་ཚ་ཐོག་བརྩིགས། དེ་ནས་ཐག་མ་བརྩིགས། དེའི་སློབ་མ་སྤྱན་རྡོག་གིས་ཀླུ་ས་བརྩིགས། དེ་ན་ལྷོ་བྲག་གི་སྦ་རག་རྣམས་དར་རོ། །འབྲིང་གིས་ངན་ལམ་སྒྱི་མོ་དང་སྐྱེ་ཐང་བྲག་སྣ་བརྩིགས། དེ་ལས་

འཕྲིང་སྡེ་དར་རོ། །ཐང་པོ་ཆེ་ནས་བཙན་ཐང་དང་རོ་སྐམ་སོགས་ནས་ཐང་སྡེ་དར་རོ། །གཙང་དུ་ལོ་སྟོན་རྡོ་རྗེ་དབང་ཕྱུག་གིས་མཁན་བུ་ཉི་ཤུ་རྩ་གཅིག་ལ་བརྟེན་ཏེ་ལོ་ཚོ་ཤིན་ཏུ་དར་རོ། །ཚོང་གེ་ཤེས་རབ་སེང་གེ་ལས་ཚོང་ཚོ་དགུ་དར་རོ། །ཡང་དགེ་བའི་བཤེས་གཉེན་རིན་ཆེན་ཚུལ་ཁྲིམས་བྱང་ཆུབ་ཀྱིས་ཚོང་གེ་ལ་གཏུགས། མང་བབས་ཏེ་འཕྲུ་ཁྲིང་ལ་སོགས་པ་གཙུག་ལག་ཁང་བརྒྱ་དང་ཞི་བདུན་བརྩིགས། དེའི་དཔོན་པོ་བྱང་ཆུབ་སེམས་དཔའ་སྟོན་གྲགས། དེ་ནས་བགྲ་ཤེས་འོད། པདྨ་འོད། ཉི་འོད་དབང་ཕྱུག །འདིའི་བསླབ་པ་ཅུང་ཟད་འཆལ་བས་མཁན་པོའི་བྱ་བ་རྣམས་མཁན་ཤ་མི་ལ་གཏད་པ་ཡིན་ནོ། །འདུལ་བའི་སློབ་རྒྱུད་ནི། ཞི་བ་འཚོ། དྷ་ན་ཤཱི་ལ ཛི་ན་མི་ཏྲ། སུ་རེནྡྲ། གཡོ་དགེ་འབྱུང་། བླ་ཆེན་དགོངས་པ་རབ་གསལ། སྒྲོ་མཛུ་ཤྲཱི། གྲུམ་ཡེ་ཤེས་རྒྱལ་མཚན། ཀླུ་མེས་ཚུལ་ཁྲིམས་ཤེས་རབ། དེ་ལ་མཁན་རྒྱུད་ཕལ་ཆེར་དར་ལུགས་ནི། དེ་ནས་གྲུ་མེར། ཡམ་ཤུད་རྒྱལ་བ་འོད། འབེ་སེ་གེར་ར། གྲ་པ་མངོན་ཤེས། ཁྲུང་རིན་ཆེན་གྲགས། དེ་ལ་སློབ་མ་བྱ་ཀྱི་ཤ་གསུམ་བྱུང་བ་བྱ་འདུལ་ལས་ཆ་པ། དེ་ནས་རྩིས་པ་གཞོན་སེང་། དཔལ་ལྡན་གྲོ་མོ་ཆེ་ནས་སྨར་ཐང་པ་རྣམས་ལ་བརྒྱུད་པ་དང་། ཡང་ཀླུ་མེས་ལ་སླན་གྱིས་ཞུས། དེ་ནས་ཚུལ་བྱང་། བསོད་གཞོན། འབྱུང་གནས་འབར། ཤཱཀྱ་འོད། ཡེ་ཤེས་གྲགས། ཁམས་པ་གྲགས་ཆེན། སློབ་དཔོན་གྲགས་པ་སོགས་ཉེལ་པའི་མཁན་རྒྱུད་དང་། ཡང་ལོ་སྟོན་ལ། སུ་ཡེ་ཤེས། རྨ་གསལ་བ་ཤེས

རབ། ཀྱི་ཉ་མོ་གླུར་བ། སྤལ་ཏི་སོགས་སྐྱོར་མོ་ལུང་དུ་ཕྱིན་པ་རྣམས་སོ། །གྲ་པ་མཚོན་ཤེས་སུ་གྲགས་པའི་དྭགས་པོ་དབང་ཕྱུག་འབར་ནི་གདུང་ལྷེ་ཡིན། གྲ་ཐང་བཞེངས་སོ། །བཤད་བཀའ་ནི། གྲུ་མེར་ལ་སློབ་མ་ཀླུང་སྐྱོགས་གཟུས་གསུམ་སྐད་ན། གྲ་ཕྱི་བ་ཀླུངས་ལེགས་པའི་ཤེས་རབ། ཡར་ལུང་པ་སྐྱོགས་པ་ཤེས་རབ་འབྱུང་གནས། གཟུས་རྡོ་རྗེ་རྒྱལ་མཚན། གཟུས་ཀྱི་བུ་ཆེན་བཞི་ལ། གཙང་ན་འཇོམས་པ་ཤེར་འོད། སྔེ་པོ་གྲགས་རྒྱལ། སླན་ཚུལ་ཁྲིམས་བྱང་ཆུབ་དང་། སྦ་ཚུལ་ཁྲིམས་འབྱུང་གནས་ཏེ་ཕྱི་མ་གཉིས་དབུས་པ་ཡིན། འཇོམས་པ་ལ་སྙིང་དུ་རྒྱལ་བ་ཤེས་རབ། འཇོམས་སུ་གཞོན་ཚུལ། དབུས་ནས་འགྲོ་སེང་དཀར། ཀོ་ཁྲིམ་པ་ཡེ་ཤེས་བླ་མ་གསུམ་བྱུང་། སྔེ་པོའི་སློབ་མ་སོག་ཚུལ་ཁྲིམས་བླ་མ། སླན་ཚུལ་བྱང་གི་སློབ་མ་རྒྱལ་བ་གཡུང་དྲུང་དབང་ཕྱུག །ཚུལ་ཁྲིམས་འབྱུང་གནས་ཀྱི་སློབ་མ་གྲ་ཕྱི་ཉང་མཚམས་པ་རིན་ཆེན་བླ་མ། དེའི་སློབ་མ་ཀམ་གསལ་བའི་སྙིང་པོ་ཡིན་ནོ། །རྒྱ་འདུལ་བ་འཛིན་པ་དབང་ཕྱུག་ཚུལ་ཁྲིམས་ནི། གཟུས་དང་། སྔེ་པོ་དང་། བླ་མ་རྣམ་གསུམ་དང་། གཙྭ་རྣམས་ལ་འདུལ་བ་གསན། དེ་ལ་སློབ་མ་ཀ་བ་བཞི་གདུང་མ་བཅུ་བྱུང་བའི་ཀ་བ་བཞི་ནི། གཙང་དུ་འདར་འདུལ་འཛིན་དང་། མཐའ་བཞི་བརྩོན་འགྲུས་འབར་གཉིས། དབུས་ནས་ཡར་ཀླུངས་འཚོ་རོང་པ་རྗེ་གདན་ནག་པ་དར་ཚུལ་དང་། རྨ་ཆོས་བྱང་རྡོར་གཉིས། གདུང་མ་བཅུ་ནི། གནར་མ་ཚུལ་ཁྲིམས་ཡོན་ཏན། དྭགས་པོ་འདུལ་འཛིན། གནར་རྒྱ་རིན་

ཚུལ། སྤྲུ་ཐེར་པ་རིན་ཚུལ། ཁ་ཏུ་མེས་སྟོན། འཛོམས་པ་ཨེ་སྟོན། འཛོམས་པ་སློག་སྙིང་། མདོགས་པ་ཡེ་ཤེས་གྲགས། མངའ་རིས་པ་དཔལ་འབྱོར་ཤེས་རབ། གཉལ་པ་དར་མ་འོད་ཟེར་རྣམས་སོ། །བར་ཚར་གྱི་པོ་ཚུལ་འཕགས། ཕྱི་ཚར་ལ་བྲག་དམར་རྡོ་རྗེ་ཕུར་རི། དེ་རྣམས་རྒྱ་ལས་གྲེས་པ་ཡིན། མཐའ་བཞིའི་སློབ་མ་གཙང་དུ་རིན་སྐྱབས། རྫོ་གདན་གྱི་སློབ་མ་ཤ་མི་སྨོན་ལམ་འོད། ཡང་སོར་མཆད་དཀར་ད་ཕྱོན། དེ་ལ་ཀ་བ་དར་སེང་། དེ་ལ་ཐག་མ་དཔལ་ཆེན་རྡོར་གཞོན། དེ་ལ་གཞུ་བ་སྟོན་ཤེས། རྣལ་འབྱོར་བྱང་སེང་། སྲལ་ཧེ་རྫོ་སྲུས་གསུམ། རྣལ་འབྱོར་གྲིས་གྲོས། སྲལ་ཧེ་བརྩོན་འགྲུས་དབང་ཕྱུག་གིས་སྐྱུར་ལུང་བཏབ། བྱང་སེང་གི་སློབ་མ་ཀ་བ་སྟོན་ནམ་གྲིས་བྲག་ཙབ་བཏབ། བྱ་འདུལ་བརྩོན་འགྲུས་འབར་ནི། འབྲེ་ཤེས་རབ་འབར་ལ་རབ་བྱུང་ཞུས། རྒྱ་དང་རྨ་ཆོའི་དྲུང་དུ་འདུལ་བ་བསླབས། སྟོད་ལུང་པ་རིན་ཆེན་སྙིང་པོ་དང་ཕྱུག་སོར་བ་ལ་བཀའ་གདམས་ཞུས། ཟྭུལ་ཕུ་བཏབ། དེའི་སློབ་མ་དབུས་སུ་ཀ་བ་དར་སེང་། རྣལ་འབྱོར་བྱང་སེང་། རྗེ་མོ་ཆོས་སེང་གསུམ། གཙང་དུ་རྫེས་པ་གཞོན་སེང་། ལྷེ་འདུལ་འཛིན། རོག་ཆོས་དབང་། བ་ཕྱུར་སྟོང་ནག་མོ་སྐྱེ་བདུན་ཕྱོན། རོག་ཆོས་དབང་བྱ་འདུལ་གྱི་དཔོན་པོ་ཡིན་པས་ཟྭུལ་ཕུ་བཟུང་། དེ་ནས་ན་བཟའ་འཕྲེང་གསོལ། ཆོས་ཀྱི་བརྩོན་འགྲུས། ཆོས་གྲགས་རིན་ཆེན་དཔལ་སོགས་ཟྭུལ་ཕུའི་མཁན་རྒྱུད་དོ། །རྫེས་པའི་སློབ་མ་གྲོ་མོ་ཆེ་དང་། བ་ཕྱུར་གྱི་སློབ་མ་མཆིམས་ནམ་མཁའ་གྲགས་སོ། །

ཡང་ཞ་མི་ལ་གླུ་དཀར་འདུལ་འཛིན་ཚུལ་ཁྲིམས་གྲགས། དེ་ལ་ར་འདུལ་འཛིན། དགེ་ཡེའི་ཞ་མི་ཚུལ་ཁྲིམས་ཤེས་རབ་ཀྱིས་ཐུག་གོ །འདུལ་བ་ཇི་ལྟར་རྒྱུད་པའི་ལེའུ་སྟེ་བཞི་པའོ།། །།

ད་ནི་ཇོ་བོ་ཆེན་པོ་རྗེ་ནས་ཇི་ལྟར་བརྒྱུད་རྣམས་བཤད་པར་བྱ་སྟེ། ཤིང་མོ་གླང་ལ། གླང་དར་གྱིས་བསྟན་པ་ནུབ་པར་བྱས་པ་དེ་ནས་ལོ་དོན་བརྒྱད་སོང་བ་ཆུ་ཕོ་རྟའི་ལོ་ལ་ཤར་ཕྱོགས་ཟ་ཧོར་གྱི་ཡུལ་དུ་ཕོ་བྲང་གསེར་གྱི་རྒྱལ་མཚན་ཅན་ཞེས་བྱ་བ་དེར། ཡབ་རྒྱལ་པོ་དགེ་བ་དཔལ། ཡུམ་དཔལ་མོ་འོད་ཟེར་ཅན། དེ་ལས་སྲས། པདྨའི་སྙིང་པོ། ཟླ་བའི་སྙིང་པོ། དཔལ་གྱི་སྙིང་པོ་གསུམ་ཡོད་པ་ལས། ཟླ་བའི་སྙིང་པོ་འདི་འཁྲུངས་ནས་དགུང་ལོ་གསུམ་ལོན་པ་ལ་སློབ་མ་ཞལ་གཟིགས། དགུང་ལོ་བཅུའི་བར་དུ་ཡི་གེ་དང་། བཟོ་དང་། གསོ་དཔྱད་དང་། ལུཏ་ཀྱི་བསྟན་ཆོས་རྣམས་ལ་ལེགས་པར་སྦྱངས་སོ། །དགུང་ལོ་ཉེར་གཅིག་གི་བར་དུ། སྒྲ་དང་། ཚད་མ་དང་། སྒྱུ་རྩལ་དྲུག་ཅུ་རྩ་བཞི། བློས་གར་གྱི་བསྟན་ཆོས། སྙན་ངགས། མངོན་བརྗོད། རྩིས་ཀྱི་བསྟན་ཆོས་རྣམས་ལ་ལེགས་པར་སྦྱངས། དེ་ནས་ལོ་རྩ་བརྒྱད་ཀྱི་བར་དུ། བྲམ་ཟེ་ཇོ་ཏ་རི། བྱང་ཆུབ་བཟང་པོ། རིག་པའི་ཁུ་བྱུག །ཨ་ལང་ཏ། རྣལ་འབྱོར་ར་ཧུ་ལ་རྣམས་ལ་ནང་གསང་སྔགས་ཀྱི་ཆོས་མཐའ་དག་ཞུས། ཐོག་མར་ར་ཧུ་ལ་ལ་དགྱེས་རྡོར་ཞུས། མཚན་ཡེ་ཤེས་གསང་བའི་རྡོ་རྗེ་ཞེས་བཏགས། དེ་ལྟར་ལོ་བརྒྱད་རིག་པ་བརྟུལ་ཞུགས་ཀྱི་སྤྱོད་པ་མཛད། དེ་དུས་སུ་ཧཱུྃ་ག་ལའི་

བསྟན་པ་ཕལ་ཆེར་མུ་སྟེགས་པ་ལ་ཨོར་བ་དང་། དེའི་གནས་བརྟན་མྱ་ངན་དུ་གྱུར་བ་ལས་ཇོ་བོ་འདི་སྐྱང་པོའི་ཚུལ་གྱིས་རྒྱ་བའི་ཚེ་སྐུ་ལ་འོད་ཟེར་འཕྲོ་བ་མཐོང་བས་མུ་སྟེཏ་པ་དང་རྩོད་ནུས་སམ་ཞུས་པས། ནུས་གསུང་། དེ་ནས་དུས་བྱས་ཏེ་བརྩད་ནས། ཕྱི་རོལ་པ་ཐམས་ཅད་ཚར་བཅད་དེ་མེད་པར་བྱས་སོ། །དེའི་ཚེ་ཕྱུགས་ལ་མཁས་པའི་ང་རྒྱལ་བྱུང་བ་མཁའ་འགྲོ་མ་རྣམས་ཀྱིས་ཐུགས་རྒྱལ་བཅག་ཀྱང་། རྣལ་འབྱོར་པའི་ཆ་ལུགས་ཀྱིས་བཞུགས་བཞེད་པ་ལ། མནལ་ལམ་དུ་གཙུག་ལག་ཁང་ཆེན་པོ་ན་སྟོན་པ་ཉན་ཐོས་དང་བཅས་པ་བཞུཏ་པའི་གྲལ་གཤམ་ན་ཉིད་བཞུགས་པར་རྨིས་པ་ལ། ཐུབ་པའི་གསུང་གིས་མི་མ་གི་ཅི་ལ་ཆགས་ནས་ཁྱིམ་མི་སྤོང་བ་ཡིན་གསུང་བས་ཐུགས་བསྐུལ་ཏེ། མཁན་པོ་སྦྱིར་ལམ་པ་ཚུལ་ཁྲིམས་བསྲུང་བ་ལས་རབ་ཏུ་བྱུང་ཞིང་བསྙེན་པར་རྫོགས། མཚན་ནི་ཕལ་ཆེན་སྡེ་པའི་མིང་མཐའ། དྷི་པཾ་ཀ་ར་ཤྲཱི་ཛྙཱ་ན་ཞེས་བཏགས་ཏེ། དྷི་པཾ་ནི་མར་མེ། ཀ་ར་མཛད། ཤྲཱི་དཔལ། ཛྙཱ་ན་ཡེ་ཤེས་ལ་འཇུག །ཏི་པ་ཞེས་པ་མ་དག་གོ། །དགུང་ལོ་རྩ་བརྒྱད་དམ་རྩ་དགུ་ལ་རབ་ཏུ་བྱུང་། དེ་ནས་ཨོ་ཏནྟ་པུ་རིར་བླ་མ་རཀྵ་རཀྵི་ཏ་ལ་བྱེ་བྲག་བཤད་མཚོ་སོགས་ཐེག་དམན་གྱི་བསྟན་ཆོས་སྡེ་པ་བཞི་ཀའི་འདུལ་བ་ལག་ལེན་དང་བཅས་པ་གསན་སྦྱོང་མཛད་དོ། །གསང་སྔགས་ནི། འཇམ་དཔལ། སངས་རྒྱས་ཡེ་ཤེས། མར་མེ་མཛད་བཟང་པོ། ཡི་གེ་པ་ཊི་ཀུཎྜ་པ། ཛྙཱ་ན་ཤྲཱི་མི་ཏྲ་རྣམས་ནི་ཐེག་པ་ཐུན་མོང་བའི་བརྒྱུད་པའོ། །ཀླུ་སྒྲུབ། ཨརྻ་དེ་བ། མ་ཏི་ཙིཏྲ། ཏི་ལ་ཛོ་

གི །ཙ་ཧི་ལ། མཉྫུ་ཤྲཱི་ཛྙཱ་ན། བོ་དྷི་ཛྙཱ་ན། ཤན་ཏི་པ་རྣམས་ནི་གསང་སྔགས་མཐའ་དག་གི་བརྒྱུད་པའོ། །གཞན་ཡང་སངས་རྒྱས་ཡེ་ཤེས། སངས་རྒྱས་ཞི་བ། སངས་རྒྱས་གསང་བ། ཀུ་ས་ལི་ཆེ་བ། ཀུ་ས་ལི་ཆུང་བ་རྣམས་ཀྱང་མཐའ་དག་གིའོ། །ཨིནྡྲ་བྷཱུ་ཏི། ཀླུ་མོ་རྣལ་འབྱོར་མ། ས་ར་ཧ། ཀླུ་སྒྲུབ། ཙནྡྲ་ཀཱིརྟི། འབིར་ཡེ་ཨིནྡྲ། ཙ་བོ་པ་ལ་ཧ། རོལ་པའི་རྡོ་རྗེ། ས་འགེབས་པའི་ཞབས། ཤན་ཏི་བ་ནི་གསང་བ་འདུས་པའི་བརྒྱུད་པའོ། །ཀླུ་སྒྲུབ། ཟླ་གྲགས། རིག་པའི་ཁུ་བྱུག །ཀུ་ས་ལི་ཆུང་བ་རྣམས་ཀྱང་གསང་འདུས་སོ། །སངས་རྒྱས་ཡེ་ཤེས་ཞབས། པདྨ་བ། ཨིནྡྲ་བྷཱུ་ཏི། ལྭམ་ལེགས་སྨིན་དཀར། སྒྲོ་བོ་ཞེས། འཇམ་དཔལ་བཤེས་གཉེན། སངས་རྒྱས་ཡེ་ཤེས། ཀམ་པི་ལི། རོལ་པའི་རྡོ་རྗེ། ས་འགེབས་པ། ཤན་ཏི་པ་རྣམས་ཀྱང་གསང་འདུས་སོ། །ལུ་ཨི་པ། དྲིང་གིར་པ། ཧ་རི་པ། ཛོ་ཏ་རི་རྣམས་བདེ་མཆོག་གི་བརྒྱུད་པའོ། །སངས་རྒྱས་ཡེ་ཤེས། སངས་རྒྱས་ཞི་བ། ཀུ་ས་ལི་ཆེ་བ། ཀུ་ས་ལི་ཆུང་བ་རྣམས་ཀྱི་ཡོག་གི་བརྒྱུད་པའོ། །ཀམ་ལ་རཀྵི་ཏ། ནག་པོ་ཞབས་གཉིས་ནི་གཤིན་རྗེ་གཤེད་ཀྱི་བརྒྱུད་པའོ། །ཕྱི་མཚན་ཉིད་ཐེག་པ་ལ་ཀླུ་སྒྲུབ། ཟླ་གྲགས། རིག་པའི་ཁུ་བྱུག་ཆེ་ཆུང་། ཤཱ་བ་རྡྷ་ཏི་པ་རྣམས་ཟབ་མོ་ལྟ་བའི་བརྒྱུད་པའོ། །བྱམས་པ། ཐོགས་མེད། དབྱིག་གཉེན། འཕགས་པ་རྣམ་གྲོལ་སྡེ། སོ་སྐྱེ་རྣམ་གྲོལ་སྡེ། མཆོག་གི་སྡེ། དུལ་བའི་སྡེ། མཁན་པོ་རྣམ་སྣང་མཛད། སེང་གེ་བཟང་པོ། ཀུ་ས་ལི་ཆེ་བ། ཀུ་ས་ལི་ཆུང་བ།

གསེར་གླིང་པ་རྣམས་ནི་རྒྱ་ཆེན་སྤྱོད་པའི་བརྒྱུད་གཅིག་གོ །རྣམ་སྣང་མཛད་ནི་ཞི་བ་འཚོ་སྟེ། གྲགས་པའི་དཔལ་ལྡན་གཅིག་གོ །ཀུ་སུ་ལུ་ནི་མ་དག་ཅིང་ཀུ་ས་ལི་དགེ་བ་ཅན་ཟེར། ཆེ་བ་ལ་རིན་ཆེན་བཟང་པོ། ཆུང་བ་ལ་རིན་ཆེན་མདོ་ཟེར། ཡང་འཇམ་དཔལ། བློ་གྲོས་མི་ཟད་པ། དགེ་སློང་ཨེ་ལ་ཧྲ། དཔའ་བོ་རྡོ་རྗེ། ཞི་བ་ལྷ། གསེར་གླིང་པ་སེམས་བསྐྱེད་སོགས་སྤྱོད་པའི་བརྒྱུད་པའོ། །བྱིན་གྱིས་བརླབས་པ་ནི། ཏེ་ལློ་པ། ན་རོ་པ། ཌོཾ་བི་བ་རྣམས་སོ། །མདོར་ན་ལྷ་བ་ལུང་བསྟན་པའི་བླ་མ་ན་རོ་པ། བརྟུལ་ཞུགས་བྱིན་གྱིས་བརླབས་པ་ཌོཾ་བི་བ། ལས་ཚོགས་བྱིན་རླབས་སྟེར་བ་བ་ལིང་ཏ་ཨཱ་ཙཱརྻ། རྫུ་འཕྲུལ་བྱིན་རླབས་སྟེར་བ་མི་ཆེན་པོ། ཕག་མོའི་བྱིན་རླབས་སྟེར་བ་ཌཱུ་ཏ་ཀོ་ཏི། ཀླུ་སྒྲུབ་ཀྱི་གདམས་པ་སྟེར་བ་མཁས་པ་ཏ་མཆོག །བྱང་ཆུབ་ཀྱི་སེམས་སྟེར་བ་ཤེས་རབ་བཟང་པོ། ཚིག་དོན་རྒྱས་པར་བྱེད་པ་ཤན་ཏི་བ། བསྟན་པའི་རྩ་བ་བློ་སྦྱོང་གི་སྐོར་འཇུག་པ་གསེར་གླིང་པ་ཆོས་གྲགས་སོ། །ཤན་ཏི་པ་འདི་སྐྱེགས་དུས་ཀྱི་ཐམས་ཅད་མཁྱེན་པ་རཏྣཱ་ཀ་ར་ཤན་ཏི་ཞེས་པ་ནི་བོད་སྐད་རིན་ཆེན་འབྱུང་ལྡན་ཞི་བ་ཞེས་བྱ་བ་ཡིན་ནོ། །གསེར་གླིང་པ་ནི་གླིང་ཕྲན་ཞིག་ན་ཡོད་པ་ཡིན་ཏེ། དེར་རྗོ་བོས་ལོ་བཅུ་གཉིས་བཞུགས་ཞེས་གྲགས་སོ། །དེའི་ཚེ་རྗོ་བོས་ཐུགས་མཚན་ཉིད་ཐམས་ཅད་ལ་ནི་མཁས། ཡི་དམ་གྱི་ལྷ་མང་པོ་ནི་ཞལ་གཟིགས། ཕྱིར་དུ་སངས་རྒྱས་པར་བྱའོ་དགོངས་ཏེ། རྗོ་རྗེ་གདན་ན་བཞུགས་པའི་ཚེ་ཕྱར་གྱི་བླ་མ་ར་ཧུ་ལ་དང་། རྗོ་རྗེ་གདན་གྱི་ལྷེར་སོ་དང་།

མཁའ་འགྲོ་མ་བུ་མོའི་གཟུགས་ཅན་དང་། བྱ་འདབ་འོག་གི་དེ་བཞིན་གཤེགས་པའི་སྐུ་དང་། བ་སོའི་ཐུབ་པ་དང་། ཅི་གེ་རའི་གླིང་གི་རྣལ་འབྱོར་པ་དང་། གཞན་ཡང་ཡི་དམ་གྱི་ལྷ་དང་། བླ་མ་སོགས་དུ་མས་མངོན་སུམ་དང་རྨི་ལམ་དུ་མྱུར་དུ་སངས་རྒྱས་པར་འདོད་ན་བྱང་ཆུབ་ཀྱི་སེམས་བསྒོམ་པ་ལ་བསླབ་པར་བྱའོ་གསུང་བས། བྱང་ཆུབ་ཀྱི་ཐུགས་སྐྱུངས། ཐུགས་རྗེ་ཆེན་པོ་བསྐྱུབས་པས་ཞལ་གཟིགས། བྱང་ཕྱོགས་སུ་སོང་ལ་གཞན་གྱི་དོན་གྱིས་གསུང་། གཞན་ཡང་དེའི་ཚེ་ཇོ་བོ་ཉིད་ཀྱིས་བྱང་ཆུབ་ཀྱི་ཐུགས་སྦྱོང་བ་དང་། གཞན་ཡང་དེ་ལ་སྦྱར་བས་གྲུབ་པ་ཐོབ་པའི་ལོ་རྒྱུས་མང་སྟེ་ཡི་གེ་ལ་འཇིགས་སོ། །དེའི་ཚེ་མ་ག་ཏའི་གནས་གཞི་དང་། ཨོ་ཏནྟ་པུ་རི་དང་། སོ་མ་པུ་རི་དང་། ན་ལེནྡྲ་དང་། བི་ཀ་མ་ཤཱི་ལ་རྣམས་ན་པཎྜི་ཏ་གྲུབ་ཐོབ་ཤིན་ཏུ་མང་ཡང་། ཐམས་ཅད་ཀྱི་གཙུག་གི་ནོར་བུ་ལྟ་བུར་བཞུགས་པ་ཡིན། དེ་ཡང་རྒྱལ་པོ་མ་ཧཱ་པཱ་ལ་བྱ་བས་ཇོ་བོ་ཇོ་རྗེ་གདན་ནས་བི་ཀ་མ་ཤཱི་ལར་སྤྱན་དྲངས་བསྟན་པའི་བདག་པོ་མཛད་དོ། །བཙུན་པའི་ཡོན་ཏན་ནི། སོ་ཐར་དང་འགལ་བའི་ཉེས་པ་འོང་མ་མྱོང་། བྱང་སེམས་དང་འགལ་བ་ཆེར་མ་བྱུང་། གསང་སྔགས་ཀྱི་སྡོམ་པ་ལ་ཉེས་པ་འགའ་རེ་བྱུང་ཡང་བཤགས་སྡོམ་སོགས་ཀྱིས་སྐྱུངས་ཏེ་ཉེས་པ་དང་མཚན་ཞིག་ཏུ་འགྲོགས་མ་མྱོང་གསུང་། གྲུབ་པ་བརྙེས་ཤིང་ཡི་དམ་གྱི་ཞལ་གཟིགས་པ། ཏིང་ངེ་འཛིན་མངའ་བ། བྱང་ཆུབ་ཀྱི་ཐུགས་འབྱོངས་པ་དང་ལྡན་པ་དེ་བོད་དུ་སྤྱན་དྲངས་ཚུལ་ནི། བོད་ཀྱིས་སྦྱོར་སྒྲོལ་དང་།

བམ་སྒྲུབ་དང་། སྨན་སྒྲུབ་དར་བས། ལྷ་བླ་མ་ཡེ་ཤེས་འོད་ཆོས་ལ་ཐུགས་མ་ཆེས་པར་ཁྲིའུ་ཀློ་རྡེ་བ་ཞེར་གཅིག་རྒྱ་གར་དུ་བརྫངས་པས། ལོ་ཆེན་རིན་བཟང་དང་། ལེགས་ཤེར་མཁས་པར་བྱུང་། རིན་བཟང་ཇོ་བོ་ལས་ལོ་ཞེར་ལྔས་བགྲེས་པ་ཡིན་ཞིང་། དགུང་ལོ་གོ་བརྒྱད་བཞུགས་སོ། །སླར་ཡང་རྒྱ་གར་གྱི་མཁས་པ་བོད་ལ་ཕན་ཐོགས་པ་རྩད་བཅད་པས་ཇོ་བོ་རྩད་ཆོད་ནས་རྒྱ་བརྩོན་སེང་བཏང་ཡང་སྤྱན་མ་དྲངས། ལྷ་ཡེ་ཤེས་འོད་གར་ལོག་གིས་བཟུང་བའི་དུས་སུ། དེའི་དཔོན་པོ་བྱང་ཆུབ་འོད་ཀྱིས་བླུ་བ་ལ་ཕྱིན་པས་ཁོན་རེ། བོད་དུ་སངས་རྒྱས་པ་མེད་པར་བྱེད་ན་གཏོང་། ཡང་ན་གསེར་ལུས་ལྡིད་དང་མཉམ་པ་དགོས་ཟེར་བས་གསེར་བཙལ་བའི་བར་ལ་ཁུ་བོ་གྲོངས། དེ་ནས་ནག་ཚོ་ཚུལ་ཁྲིམས་རྒྱལ་བ་རྒྱ་གར་དུ་བརྫངས་ཤིང་ཇོ་བོ་ལ་ཡི་དམ་གྱི་ལྷ་དང་མཁའ་འགྲོ་མ་མང་པོས་བསྐུལ་ཏེ་ཇོ་བོ་དགུང་ལོ་རེ་གཅིག་ལ་བོད་དུ་ཕེབས། ལྷ་བླ་མ་ལ་ལམ་སྒྲོན་རྩ་འགྲེལ་སོགས་གསུངས་ཏེ་བོད་ལོག་པར་ལྟ་བ་ལུང་རིགས་ཀྱིས་ཆར་བཅད། ཐེ་ཚོམ་ཟ་བ་སྤང་བླང་གིས་མིག་ཕྱེས་ནས། ལྷ་བཙུན་ལ་བརྟེན་ཏེ་བསམ་ཡས། ཁུ་ལ་བརྟེན་ཏེ་ཐང་ཆེན། རྔོག་ལ་བརྟེན་ཏེ་ཡེར་པ། འབྲོམ་སྟོན་ལ་བརྟེན་ཏེ་སྙེ་ཐང་རྣམས་སུ་བཞུགས། ལོ་དྲུག་ནི་གྲུབ་མཐའ་དང་། སྒྲུབ་ཐབས་མན་ངག་སོགས་གང་ལ་གང་འདུལ་གྱི་ཆོས་གསུང་། ལོ་བཞི་ནི་ཇོ་རྗེའི་སླུ་རྣམས་གསུངས་སོ། །དེ་ལྟ་བུའི་བླ་མ་དགུང་ལོ་དོན་གསུམ་ཕག་གི་ཟླ་བའི་ཚེས་ཉི་ཤུ་པ་ལ་དགའ་ལྡན་དུ་ཕྱིན་ཏེ་ལྷའི་བུ་ནམ་མཁའ་དྲི

མ་མེད་པ་ཞེས་བྱ་བར་གྱུར་ཏོ། །བླ་མ་དེ་ལ་སློབ་མའི་མཆོག་ཙི་ལྷ་བུ་བྱུང་ན། རྒྱ་བལ་ན་བི་ཧོ་པ། རྡྷརྨ་ཀ་ར་མ་ཏི། བཤེས་གཉེན་གསང་བ། དབུ་མ་སེང་གེ །སའི་སྙིང་པོའི་སྟེ་ལྔ། བོད་ཀྱི་སྐྱེ་བན་ཕལ་ཆེ་བས་ཆོས་མ་ཞུས་པ་དང་རྟོགས་པ་མ་སྐྱེས་པ་མེད་ཀྱང་མཆོག་ཏུ་གྱུར་པ་ལྷ་བྱང་ཆུབ་འོད། ལོ་ཆེན་རིན་བཟང་། རྒྱ་བརྩོན་སེང་། ནག་ཚོ་ཚུལ་རྒྱལ། གནས་བརྟན་གསེར་པ། སྟོན་པ་ཡང་རབ། མགར་དགེ་བ། འགོས་ལྷས་བཙས། ཡོལ་ཆོས་དབང་། ལྷོ་བྲག་པ་ཕྱག་ཁྲི་མཆོག །དགེ་བ་སྐྱོང་། ཁམས་ནས་རྣལ་འབྱོར་པ་ཆེན་པོ། དགོན་པ་བ། ཕྱག་དར་སྟོན་པ། ཤེས་རབ་རྡོ་རྗེ། དབུས་ན་ཁུ་རྟོག་འབྲོམ་གསུམ། རྟོག་སློམ་ཡོན་ཏན་རྒྱལ་པོ། སློམ་ཆེན་གཞོན་ཚུལ། རྣལ་འབྱོར་པ་གཡུང་དྲུང་རྒྱལ་མཚན། ཞང་དྲི་མ་མེད་པ། འ་སྟོན་ལ་སོགས་པ་བྱོན། གཞན་ཡང་མར་པ་ལ་དབང་རིན་ཆེན་འཕྲེང་བ་གནང་། ཁྱུང་པོ་རྣལ་འབྱོར་ལ་སེམས་བསྐྱེད་བྱམས་ཆོས་གསང་འདུས་གཤེད་སྐོར་དང་བཅས་པ་གནང་། བ་རི་ལོ་ཙྪ་བ་ལ་སྒྲུའི་སྐོར་རྣམས་གནང་བ་ཡིན་ནོ། །སློབ་མ་དེ་རྣམས་ཀྱི་ནང་ནས་བརྒྱུད་པ་ཟིན་པ་འབྲོམ་སྟོན་པ། རྔོག་ལེགས་ཤེས། ནག་ཚོ། དཔལ་ལྡན་དགོན་པ་བ་ནས་བརྒྱུད་པ་བཞི་ལས་དགེ་བའི་བཤེས་གཉེན་འབྲོམ་སྟོན་པ་དེ། འབྲུངས་ཡུལ་བྱང་། ཡབ་སྟག་གསུམ་ཤུ་བཞར། ཡུམ་ཁུ་རྗེ་བཟའ་གཉིས་ཀྱི་སྲས་སུ་ཤིང་ཕོ་འབྲུག་ལ་འཁྲུངས། དགུང་ལོ་བཅུ་བདུན་ལ་སེ་བཙུན་ཁམས་ནས་ཡར་ཕེབས་པ་མཇལ། ཁྲིད་པར་ཞུས་པས་སང་རེ་

ཞིག་གསུང་ནས་མང་རེ་ཕྱིན། ཁམས་སུ་ལོ་བཅོ་བརྒྱད་སེ་བཙུན་པ་ལ་ཆོས་ཞུས་དང་ཧ་རྫི་ཡོས་ཐག་ཐམས་ཅད་བྱུས། མཁས་པར་གྱུར་པས་ཆོས་འཕེལ་དུ་བྲགས། སྙིང་རྗེ་པད་དཀར་དུ། བྱང་ཕྱོགས་སུ་བསྟན་པ་དང་ལྷར་སྐྱེ་ཞིང་རབ་བྱུང་ཆོས་བཞིན་མི་སྤྱོད་པ་ལོག་པར་ལྷང་། དེར་དགེ་བསྙེན་ཆོས་འཕེལ་ཞེས་པ་རྫུ་འཕྲུལ་དང་ལྡན་པ་འབྱུང་ཞེས་འབྲོམ་སྟོན་ལུང་བསྟན། དགེ་སློང་འཚོ་བྱེད་ཅེས་བྱ་བ་ཐེག་ཆེན་པ་འབྱུང་ཞེས་དྭགས་པོ་ལྷ་རྗེ་ལུང་བསྟན། ས་དམ་ཕལ་མོ་ཆེར། བྱང་ཕྱོགས་སུ་དགེ་བསྙེན་ཆོས་འཕེལ་བྱ་བ་འབྱུང་གསུང་བ་དེ་འདི་ལ་ཟེར་གསུངས། པཎྜི་ཏ་སྨྲའི་ཚེར་མ་བྱ་བ་ལ་སྨྲ་བསླབས། དེ་ནས་ལོ་གཅིག་བཞུགས་པས། སེ་བཙུན་གྱི་གསུང་ནས་ཕ་དང་ཕྲད་པར་སོང་གསུང་ནས་དགུང་ལོ་སོ་བརྒྱད་འགྲོ་བ་ཡར་ཕྱིན། བྱང་འཕྲང་ཁོ་སྟོག་མཁར་ཕེབས། འཕྲེང་ཁ་བེར་ཆུང་གིས་རྣ་སྙིང་དགོན་ས་ཕུལ། དེའི་ཚེ་མངའ་རིས་ན་པཎྜི་ཏ་ཞིག་ཕེབས་འདུག་ཟེར་བས་དད་པ་ལྷག་པར་སྐྱེས་ཏེ་ཡར་ཕྱིན། ཇོ་བོ་དཔོན་སློབ་ཕུ་ཧྲང་རྒྱ་ཞིང་བྱ་བ་ན་བཞུགས་པས། ཇོ་མོ་སྒྲོལ་མའི་གསུང་ནས་ད་ནས་ཞག་གསུམ་ན་དང་བཞི་ན་བོད་ཀྱི་ཨུ་པཱ་ཀ་འཁྱོན་པས་བྱིན་གྱིས་རློབས་ཤིག་གསུང་། ཨ་བ་ཉེ་བ། ཨཱ་ས་ཀ །གནས་པ་སྟེ་མཚམས་སྦྱར་བས་ཨ་པཱ་ས་ཀ་ཉེ་བར་གནས་པའམ་དགེ་བསྙེན་ལ་འཇུག་པ་ཡིན། བླའི་རིང་ཆ་ཆད་པ་དང་སེ་ཀ་ཟེར་བ་ནོར་རོ། །དེས་ན་ཧའི་ལོ་ལ་ཇོ་བོ་དེར་མཇལ། དེའི་ཚེ་ཇོ་བོ་ཡང་རྒྱ་གར་དུ་ལོག་བཞེད་ལོ་ཙཱ་བ་ཡང་སྤུར་གྱི་ཆད་དོ་ཡོད་པས་ཕར་སྐྱེལ་

བཞེད་པ་ལ། སྟོན་པས་དབུས་ན་རྒྱལ་བློན་གྱི་གཙུག་ལག་ཁང་དང་དགེ་འདུན་འདི་ཙམ་བཞུགས་ཐམས་ཅད་ཇོ་བོ་ཕེབས་པར་འདོད་ཞུས་པས་ཞལ་གྱིས་བཞེས་པ་དང་། སྤྱན་དྲངས་ཏེ་ལོ་བཅུ་གཉིས་བསྟེན་པས་ཇོ་བོའི་ཆོས་ཐམས་ཅད་ཐུགས་ལ་མངའ། ཇོ་བོ་གཤེགས་ནས་སྙེ་ཐང་ན་ལོ་གཅིག་ལུས། སང་རེ་ར་སྒྲེང་དུ་ཕེབས་ནས་ས་ཆོག་མཛད། བྱའི་ལོ་ས་ག་ཟླ་བའི་ཚེས་གཉིས་ལ་ཀ་གཉིས་མའི་རྨང་བཏིང་། ཚོགས་པ་དྲུག་ཅུ་ཙམ་བྱུང་། དགུང་ལོ་དྲུག་ཅུ་ལ་གཤེགས། ཁ་ཅིག་རེ་གཅིག་ཡིན་ཟེར་བ་ཡང་ཡོད་དོ། །དེ་ལ་རྒྱལ་འབྱོར་པ་ཆེན་པོ་གདུང་རུས་ལུང་། དགུང་སྐྱིང་ཡོས། མཚན་ཨ་མེས་བྱང་ཆུབ་རིན་ཆེན། དགུང་ལོ་རེ་གཉིས་བཞུགས། དགོན་པ་བ་གདུང་འཛིང་། དགུང་སྐྱིང་འབྲུག །མཚན་དབང་ཕྱུག་རྒྱལ་མཚན། རེ་བདུན་ལ་གཤེགས། ཕྱག་ཁྲི་མཆོག །ཞེ་གཉིས་ལ་ཐེགས། ཤེས་རབ་རྡོ་རྗེ་ཞེ་དགུ་ལ་གསང་ཕུར་ཐེགས། ལྷུགས་པག་ལོ་ནག་ཚོ་ཆེ་བ་དང་ཁུ་སྟོན་འཁྲུངས། ལོ་ཙྪ་བས་ཉེར་བདུན་ལ་ཇོ་བོ་སྤྱན་འདྲེན་དུ་ཕྱིན། ཞེ་བཞི་པ་ཇོ་བོ་མ་ཐེགས་ཙམ་ལ་མངའ་རིས་ལ་ཕྱིན། ཇོ་བོའི་ཐང་སྐུ་བཞེངས། བསྟོད་པ་བརྒྱ་ལྔ་བཅུ་པ་བརྩམས། བསྟོད་པ་འདིའི་མགོ་ན་པཎྜི་ཏ་སའི་སྙིང་པོས་མཛད་པ་ཤྲཱ་ལོ་ཀ་བཅུ་གཅིག་ཡོད་པ་ལོ་ཙྪ་བས་མཛད་པར་མི་བཟུང་ངོ་། །ར་སྒྲེང་དུ་འབྲོམ། རྣལ་འབྱོར་པ། དགོན་པ་བ། དེ་ནས་དགོན་འོག་མར་པོ་ཏོ་བ། ཤེས་རྡོར། འོད་འཇོ་བ། ཚུལ་སྟོན། རྨའི་སྟོན། ཤེས་རྡོར། འདུལ་འཛིན། འཛམ་དབྱངས་པ་

སོགས་ཕྱོན་ཏེ་བར་སྐོར་འགའ་རེ་བྱུང་ངོ་། །ད་ནི་འབྲོམ་ཇི་ལྟར་བརྒྱུད་བཤད་པར་བྱ་སྟེ། དེ་ལ་སློབ་མ་སྤྱན་སྔ། པོ་ཏོ་བ། ཕུ་ཆུང་བ་གསུམ་ལ་སྐུ་མཆེད་གསུམ་དུ་གྲགས། ཁམས་ལུང་པ་སྣང་ཤཱཀྱ་ཡོན་ཏན་གླང་ལོ་ལ་འཁྲུངས། པོ་ཏོ་བ་ལས་གཉིས་ཀྱིས་བགྲེས། རྟེན་དགེ་བསྙེན་ཡིན། གོ་གཅིག་ལ་ཐེགས། འདི་རྣམས་ལ་བཀའ་གདམས་ཀྱི་ཞལ་བཞིར་གྲགས། ཕུ་ཆུང་བ་གཞོན་ནུ་རྒྱལ་མཚན་ནི་ཡུལ་ཕུ་ཆུང་། དགུང་སྙིང་ས་མོ་ལུག །གདུང་བྲུར་ཚངས། དོན་དྲུག་ལ་ངོ་བོ་དགོན་པར་ཐེགས། སྤྱན་སྔ་ཚུལ་འབར་ནི་ཞན་སྣང་ར་སྣང་དུ། ཡབ་དྲབས་ཤཱཀྱ་རྡོ་རྗེ། ཡུམ་ལེ་མ་ཡེ་ཤེས་སྒྲོན་གྱི་སྲས་སུ་ས་བྱ་ལ་འཁྲུངས། སྐུ་མིང་སྟག་ཚབ་འབར་ཟེར། དགུང་ལོ་བཅོ་བརྒྱད་ལ་མལ་ཤེས་རབ་སེམས་པ་ལ་རབ་བྱུང་ཞུས། ཉེར་བརྒྱད་ལ་འབྲོམ་དང་མཇལ། འབྲོམ་གཤེགས་ནས་ཕྱུག་དར་སྟོན་པ། ཤེས་རོར། གསང་ཕུ་བ་རྣམས་བསྟེན། དགུང་ལོ་དྲུག་ཅུ་ལ་ཉན་དུ་ཕེབས། ལོ་དགོན་པ་བཏབ། དོན་གཅིག་ལ་ཐེགས། དེའི་སློབ་མ་དགེ་བཤེས་སྟོད་ལུང་བ། སྤྱིལ་སྐུ་བྱ་ཡུལ་བ། མཁར་བུ་བ། རོང་པོ་རྡོ་རྗེ། ཨེ་པ་སྦྲེ་སྒོམ་རྣམས་དང་། མང་ར་སྒོམ་པས་ཐང་སྐྱའི་མཆོད་ཁང་བཞེངས། སྤྱན་སྔའི་སྒོམ་བཞི་སྐད་ན། དགག་དབྱེ་ཤེས་རིན་གྱིས་ཆེར་སྐྱེས་ཀྱི་མཆོད་ཁང་། ཕག་སྒོམ་རྡོ་རྗེ་ཡེ་ཤེས་ཀྱིས་མལ་གྲོ་ཟུར་གྱི་མཆོད་ཁང་། ཙུག་པ་སྟོན་སྒོམ་གྱིས་ཀླུང་ཤོད་ཙུག་པ། རལ་པ་སངས་སྒོམ་གྱིས་དར་གྱི་ལྷ་ཁང་བཞེངས་སོ། །མདོར་ན་གྲྭ་པ་བདུན་བརྒྱ་ཙམ་བྱུང་ངོ་། །སྟོད་ལུངས་པ་ཡུལ་སྟོད

ལུངས། གདུང་རྟུག །མཚན་རིན་ཆེན་སྙིང་པོ། དགུང་སྙིང་ལྕགས་སྤྲེ་གྱི་ལོ་བཞུགས། དེའི་སློབ་མ་རྟོགས་ལྡན་སྡིངས་ཤུ་བ་ཆོས་འབར། དགེ་བཤེས་ལྷ་བཟོ། ཁྲུང་ཁམ་པོ་ཆེ་སོགས་བྱུང་། སྡིངས་ཤུ་པས་ལོའི་གདན་ས་མཛད། དེའི་སློབ་མ་ལྷ་གབ་པ་དང་། ལྷ་ཆུང་བ། དེའི་སློབ་མ་སྤྱིན་པོ་བ་རྣམས་ལྷོ་བྲག་ཏུ་བྱུང་། སྤྲུལ་སྐུ་ཡུལ་པ་ནི་འཁྲུངས་ཡུལ་སྟོད་ལུངས་གོལ་གོ་ལུང་། གདུང་གཉོས། ཡབ་གཡུང་དྲུང་འབར། ཡུམ་གྱི་ལྡོང་བཟའ་ལྕམ་འབུམ། ཡོས་ལོ་ལ་འཁྲུངས། དགུང་ལོ་བཅུ་གཉིས་ལ་དགེ་ཚུལ་ཞུས་པ། མཁན་པོ་སྒོམ་པ་བྱང་གྲགས་ཏེ། སློབ་དཔོན་ཡེ་ཤེས་རྒྱལ་མཚན་བྱ་བ་ཡིན། དགུང་ལོ་བཅུ་དྲུག་ལ་སྟོད་ལུངས་པའི་ཞབས་ལ་བཏུགས། ཞབས་ཏོག་ལོ་ལྔ་བྱས། དེ་ནས་སྤྱན་སྔ་ལ་ཐུག །ལོ་དགུ་སྤྱན་སྔའི་ཞབས་ཏོག་བྱས། དེ་རྗེས་སྐུ་མཚམས་ལོ་བཞི་མཛད། དེ་ནས་ཚོགས་བསྡུས། བྱ་ཡུལ་བཞེངས། མཁན་པོ་ཆེ་པས་མཛད། མང་ར་སྒོམ་པས་ལས་སློབ་མཛད། རྒྱ་ཤེས་རབ་འབར་གྱིས་གསང་སྟོན་མཛད་དེ་བསྙེན་པར་རྫོགས། དགུང་ལོ་རེ་བཞི་ལ་ཐེགས། དེའི་སློབ་མ་ཕྱིའི་ཆེན་པོ་བརྒྱད། ནང་གི་ཆེན་པོ་བརྒྱད། ཐུགས་ཀྱི་སྲས་བཞི་ལ་སོགས་པ་གྲྭ་པ་སྟོང་ཙམ་བྱུང་། ཕྱིའི་ཆེན་པོ་ནི་རབ་སྒང་པ་ཆེན་པོ། དྭགས་པོར་ཤ་བ་གླིང་པ་དང་། ལྷོ་ཕྱོགས་སུ་ལྷ་རྒྱ་རི་བ་དང་། དགེ་གེ་བ། སྟོད་ལུངས་སུ་རྣམ་པར་བ་དང་། ཏ་ཀ་མོ་པེ། གཙང་དུ་ཆུ་མིག་པ་དང་། མུས་སྨན་པ་བརྒྱད་དོ། །ནང་གི་ཆེན་པོ་བརྒྱད་ལ། གམ་གམ་ཆེན་པོ། སྟག་ཏུམ་པ་

ཕྱི་མ། མལ་གྲོར་བུལ་བ་དང་། ཀུན་འཛོམ་བ། བར་དར་བ། འཕན་ཡུལ་དུ་ཡོན་ཆེན་པོ། ཧྥ་ཆེན་པོ། འཁྲིམ་དུ་བཀྲ་ཤིས་སྣང་པ་ཆེན་པོ། ཐུགས་ཀྱི་སྲས་ནི། དཀྱིར་སྒོམ་ཆེན་པོ། རྒྱ་ཆེན་པོ། གཉུབས་མཆོད་གནས། གཙང་པ་རཏྣ། མཁར་བུ་བ་ཕྱི་མ་རྣམས་སོ། །བུལ་བས་ནི་རྒྱ་སྟེངས་བཞེངས། མཚན་དབང་རིན། གདུང་སློག་རྒྱ། དགུང་སྟེང་ཡོས། དོན་དྲུག་ལ་ཐེགས། ཀམ་ཀམ་པ་རིན་ཆེན་འོད་ནི་འབྲུག་ལོ་པ། དོན་གཅིག་ལ་ཐེགས། དགེ་བཤེས་སྟང་དབང་ཡེ་ཤེས། འབྲུག་ལོ་གྱ་གཉིས་ལ་ཐེགས། གྲྭ་པ་བརྒྱ་ཙམ་བྱུང་། བཀྲ་ཤིས་སྣང་□□□པོ། དགེ་བཤེས་རྒྱ་ནི། རྒྱས་ར་སྣང་དུ་སྤྲེལ་ལོ་ལ་འཁྲུངས། རེ་བཞི་ལ་ཐེགས། མཆོད་གནས་གཞོན་ནུ་ཚུལ་ཁྲིམས་ཁྱི་ལོ་ལ་འཁྲུངས། གྱ་དྲུག་ལ་ཐེགས། དཀྱིར་སྒོམ་ཆེན་པོ་གཞོན་ནུ་གྲགས་ལྕགས་རྟ་ལ་འཁྲུངས། རྒྱ་མ་རིན་ཆེན་སྣང་བདབ། གྲྭ་པ་བརྒྱད་བརྒྱ་ཙམ་བྱུང་། གྱ་གཉིས་ལ་ཐེགས། དཀྱིར་སྒོམ་གྱི་སློབ་མ། ཉིད་ཀྱི་དཔོན་པོ་གཞོན་ནུ་སངས་རྒྱས་ས་ཕོ་རྟ་ལ་འཁྲུངས། རྒྱ་མ་གནས་བཞེངས། བོད་ཀྱི་གཙུག་ལག་ཁང་ཕལ་ཆེ་བ་ལ་དཔོན་གྱི་རབ་གནས་བཞུགས་སོ། །དོན་གསུམ་ལ་ཐེགས། དེའི་བུ་ཆེན་བརྒྱད་ནི། རྟོགས་ལྡན་བཟང་མོ་བ། སྒོ་བྲག་ཏུ་དང་རོའི་དབུ་མ་པ། གནས་གཞི་དགེ་བ་འོད་པ། དེལ་པ་མཆེ་བ་ཅན། གྲབ་ཏུ་ཐོང་དགོན་པ་བ། ཞིགས་སུ་ཆོམ། གཙང་པ་སྟོན་ཉེ། སློབ་དཔོན་ལ་མོ་བ་བརྒྱད་དོ། །བཟང་མོ་བའི་བུ་བཞི་ནི། ལྷ་འཕྲུད་པོ་བ། ཇོ་གདན་ལྷས་ཕུ་བ།

པ་ལམ་གད་དམར་བ། རག་ཤ་དགེ་འདུན་སྣང་བ་རྣམས་སོ། །གཙང་པ་རཱ་ནི། འཁྲུངས་ཡུལ་གཙང་གི་རྟབས་ཡུལ་རོང་བྱ་བ་ཡིན། གདུང་རུས་རྟབས། ཡབ་རྟབས་ཨ་ལས་ལ་བྱ་བ་ཡིན། ཡུམ་རལ་ཚགས་བཟང་ལྷུམ་གཉིས་ཀྱི་སྲས་སུ་འབྲུག་ལོ་ལ་འཁྲུངས། རྟེན་དགེ་བསྙེན་ཡིན། ལོ་བྱ་ཡུལ་གྱི་གདན་ས་མཛད། འདིའི་མཚན་ལ་ལར་ནམ་མཁའ་རྡོ་རྗེ། ལ་ལར་རྡོ་རྗེ་རྒྱལ་པོ། ལ་ལར་རྡོ་རྗེ་སྐྱབས་ཟེར་བ་འདུག དགུང་ལོ་གྱ་ལྔ་བཞུགས་པར་བྱེད། དེའི་སློབ་མ་མཉམ་མེད་སྣང་ལུང་པ། འཁྲུངས་ཡུལ་སྟོད་ལུངས་མཚུར། ཡབ་གཉུབས་རྡོ་རྗེ་གྲགས། ཡུམ་ཧོར་བཟའ་མོའི་སྲས་སུ་ཡོས་ལོ་ལ་འཁྲུངས། པ་ཚབ་ལོ་ཙཱ་བ་ལ་མཁན་པོ་ཞུས། སྟོན་པ་པདྨས་སློབ་དཔོན་མཛད། དགེ་ཚུལ་དང་དགེ་སློང་ཞུས། དོན་ལྔ་ལ་ཐེགས། སེ་རྒྱལ་འབྱོར་པ་ནི་འཁྲུངས་ཡུལ་གཞུང་། ཡབ་ཡེ་ཤེས་རྡོ་རྗེ། ཡུམ་འོད་ཟེར་གྱི་སྲས་སུ་འཁྲུངས། སངས་རྒྱས་སྒོམ་པ་ནི། ཡུལ་གཞུང་། ཡབ་འཁེ་སྤྱན་རས་གཟིགས། ཡུམ་རྒྱས་ཆུང་། འབྲུག་ལོ་ལ་འཁྲུངས། དགུང་ལོ་བཅུ་བཞི་ལ་སྤྲུལ་ཏིའི་སར་རབ་བྱུང་མཛད། མཚན་རྡོ་རྗེ་གཞོན་ནུ། དེ་ནས་བསྙེན་རྫོགས་ཀྱང་སྤྲུལ་ཏི་ལ་ཞུས། བདུན་ཅུ་ལ་ཐེགས། ཟེམ་རིན་པོ་ཆེ་ནི། ཡུལ་རྟམ་མདོའི་དེའུ་གོང་སུ་ཕག་ལོ་ལ་འཁྲུངས། ཡབ་པ་ཡགས་རྗེ་ལོ། ཡུམ་བཀྲ་ཤིས་སྐྱིད་ཀྱི་སྲས་ཡིན། རྣལ་འབྱོར་བྱང་སེང་ལས་རབ་ཏུ་བྱུང་བ་ཞུས། སྣར་ཡང་བསྙེན་རྫོགས་མཛད། རེ་དྲུག་ལ་ཐེགས། འདི་ལ་རི་མེར་པ། དོན་སྟེངས་པ། འབྲི་སངས་པ་ལ་སོགས་

པ་སྐྱབ་མ་ཕྲིན་ལས་ཅན་དྲུག་སྒྲོན། ཁམ་ལུང་པ་འཁྲུངས་ཡུལ་ཉན་ཀ་ཀས། ཡབ་རྗེ་བོ་རྣལ་འབྱོར་མགོན། ཡུམ་ཞང་མོ་དཀར་ཡལ་གྱི་སྲས་སུ་འབྲུག་ལོ་ལ་འཁྲུངས། མཁན་པོ་ཞིག་པོ་ལ་རབ་བྱུང་བསྙེན་རྫོགས་ཞུས། ང་གཅིག་ལ་ཐེགས། ལྷ་རིན་པོ་ཆེའི་སྤྲུལ་ལོ་ལ་འཁྲུངས། མཚན་དབང་ཕྱུག་གཞོན་ནུ། དོན་བདུན་ལ་ཐེགས། སངས་རྒྱས་སུམ་སྟོན་འཁྲུངས་ཡུལ་གྲུ་ཤུལ་སྒོ། ཡབ་སུམ་པ་བཀྲ་ཤིས་མགོན། ཡུམ་ལེ་མོ་ཁྲིམ་རྒྱན་གྱི་སྲས་སུ། བྱི་བ་ལ་འཁྲུངས། མཁན་པོ་དགེ་ཡེ་བ་ལ་རབ་བྱུང་དང་དགེ་སློང་ཞུས། རེ་གཉིས་ལ་ཐེགས། སངས་རྒྱས་སྒོམ་པ་འཁྲུངས་ཡུལ་ལོ་རོ་གྲུ་ཤུལ། ཡབ་སུམ་པ་བརྒྱུད་སྟོང་དཔལ། ཡུམ་ལྷ་མོ་སྐྱིད་ཀྱི་སྲས་སུ་འབྲུག་ལོ་ལ་འཁྲུངས། མཚོ་སྣ་པ་ལ་རབ་བྱུང་དགེ་ཚུལ་ཞུས། ཡོར་སངས་རྒྱས་རྗེ་བོ་ལ་དགེ་སློང་ཞུས། ང་དགུ་ལ་ཐེགས། སངས་རྒྱས་དབོན་གཞོན་ནུ་སྨོན་ལམ་ཕྱེའུ་ལ་འཁྲུངས། རེ་བརྒྱད་ལ་ཐེགས། རྒྱལ་སྲས་ཚུལ་མགོན་པ་རོང་ཤོ་ནག་ཐང་དུ། ཡབ་སེང་གེ་ཡུམ་དཀོན་མཆོག་ལྕམ་གྱི་སྲས་སུ་ཡོས་ལོ་ལ་འཁྲུངས། གདུང་རུས་རྩེ་ཡིན། སངས་རྒྱས་རྗེ་བོ་ལ་རབ་བྱུང་ཞུས། དོན་གཅིག་ལ་ཐེགས། རིན་པོ་ཆེ་གནམ་གང་བ་འཁྲུངས་ཡུལ་འོལ་ཁ། ཡབ་ཆོས་སྐྱོང་བསམ་མེ། ཡུམ་རྟོག་མང་སྐྱིད། ཆུ་ཕོ་ཁྱི་ལ་འཁྲུངས། མཁན་པོ་ཡེ་གཞོན་ལ་རབ་བྱུང་ཞུས། རྒྱལ་སྲས་ཚུལ་མགོན་པ་ལ་དགེ་སློང་ཞུས། དོན་གསུམ་ལ་ཐེགས། ཆོས་བཙུ་པ་འཁྲུངས་ཡུལ་འོལ་ཁ། གདུང་ལྡོང་། ཡབ་དཔོན་དཀར་བ། ཡུམ་རྒྱ

གར་གྱི་སྲས་སུ་འབྲུག་ལ་འཁྲུངས། གསེར་ལྡིང་པ་ལ་རབ་བྱུང་ཞུས། གནམ་གང་བ་ལ་དགེ་སློང་ཞུས། དོན་གསུམ་ལ་ཐེགས། རིན་པོ་ཆེ་འོད་གསལ། ཞོགས་སུ་འཁྲུངས། དགུང་སྙིང་ཡོས་ཡིན། ཞི་དྲུག་ལ་ཐེགས། རིན་པོ་ཆེ་རིན་རྒྱལ་བ་ལྷས་སུ་འཁྲུངས། དགུང་སྙིང་བྱི་བ། ང་བདུན་ལ་ཐེགས། རིན་པོ་ཆེ་ཚུལ་དར་བ། མི་སྡེ་སང་བར་ཡབ་བསམ་གྲུབ་དར། ཡུམ་སོག་མོ་རྡོ་རྗེ་སྒྲོན་གྱི་སྲས་སུ་ཤིང་ཕོ་སྟག་ལ་འཁྲུངས། སློབ་དཔོན་ཚུལ་རྒྱལ་བ་ལ་རབ་ཏུ་བྱུང་། མཚུངས་མེད་ཆོས་རྗེར་བ་ལ་དགེ་སློང་ཞུས། མཁན་ཆེན་གཡག་པ་སོགས་ལ་བསྟེན། བྱམས་ཆོས་ཚད་མ་འདུལ་མཛོད་དབུ་མ་སོགས་གསུང་རབ་མཐའ་དག་ལ་ཐུགས་སྦྱངས། མཁས་པའི་གྲགས་པས་ཁྱབ། ཆོས་གསུང་བའི་ཚེ་ལྷས་དངོས་སུ་མེ་ཏོག་ཐབ་པས་ངོ་མཚར་དུ་མ་དང་ལྡན་པ་དེས་ལྕགས་ཕོ་ཁྱི་ལོ་ལ་ལོའི་གདན་སར་ཕེབས། ལོ་བཅུ་དྲུག་གདན་སར་བཞུགས། དོན་དྲུག་ལ་དག་པའི་ཞིང་དུ་ཐེགས། རིན་པོ་ཆེ་བསོད་ནམས་ལྷ་དབང་བ། ཡབ་བྱས་ལ་སྟོང་དཔོན་ཆོས་དཔལ་རྒྱལ་མཚན། ཡུམ་བྱམས་མའི་སྲས་སུ་ཆུ་མོ་ཡོས་ལ་འཁྲུངས། རིན་པོ་ཆེ་ཚུལ་དར་བ་ལ་རབ་བྱུང་བསྙེན་རྫོགས་ཞུས། བླ་མ་མང་པོ་བསྟེན། མཁྱེན་རབ་དང་གསན་རྒྱའི་ཕ་རོལ་ཏུ་ཕྱིན་པའི་ཡོན་ཏན་དུ་མ་དང་ལྡན་པར་བཞུགས་ཤིང་། སྣང་ལོ་ནས་ལོའི་གདན་སར་བཞུགས་པ་སྐུ་ཚེ་བརྟན་པར་གྱུར་ཅིག །དེ་དག་ནི་ལོ་བྲ་ཡུལ་དུ་ཇི་ལྟར་བྱོན་པའོ། །ད་ནི་པོ་ཏོ་བ་ནས་བརྒྱུད་ལུགས་བཤད་པར་བྱ་སྟེ། འཁྲུངས་ཡུལ་སྣམས་བྲ་སྣང་། གདུང་

རུས་གཉིས། ཡབ་སྐུ་གཤེན་སྲིད་ལ་བང་ཕྱུག །ཡུམ་སེ་མོ་བྱ་བའི་སྲས་སུ་མི་མོ་ཡོས་ལ་འཁྲུངས། སྟེག་དང་གླན་ལ་བརྟེན་ཏེ་ཡེར་པར་རབ་བྱུང་ཞུས། མཚན་རིན་ཆེན་གསལ་བྱ་བར་བཏགས། རྗེ་བོ་ལ་སྒོམ་རིམ་ཚར་གཅིག་གསན། འབྲོམ་ལ་བརྟེན་ནས་གཞུང་བཤད་ལ་ཤིན་ཏུ་རྒྱ་ཆེ་བར་གྱུར། དང་པོ་ནས་བྱང་ཆུབ་ཀྱི་ཐུགས་འབྱོངས་ཤིང་གཞན་ཕན་ཆེ་བས་གྲྭ་པ་ཉིས་སྟོང་ཙམ་བྱུང་། དེའི་ཚེ་རམ་སྡིང་མ་བ་ཚུང་ཟད་དབུལ་སེལ་ཟེར་གྱིས་གནང་བས། འདི་འདྲ་ཡེ་མི་གནང་བ་ཞུ། བདག་གི་བློ་ཆུད་ཟེར་ནས་འདི་ཟད་པ་དང་བླམས་གནང་དུ་ཡོང་སྐམ་བརྩབ་སེམས་སྐྱེ་རུ་ཡོང་ཞུས་པས། པོ་ཏོ་བའི་གསུང་ནས་དེ་འདྲའི་ཚང་བ་མི་དགོས། ང་ཡན་ལག་འབྱུང་བྱ་བ་དེ་ཡིན། ཐྲག་དཀར་བ་ཧྲ་ར་ཧྭ་ཛ་ཡིན་གསུང་། པོ་ཏོ་བ་དེ་ཞལ་དཀྱུས་ཐུང་ངེ་བ་དམར་ཉག་ལ་དཀར་མདངས་ཆགས་པ་ཞིག་ཡོད་གསུང་། ཟང་ཟིང་བྲེ་ཡང་ཚགས་མི་མཛད་སྐད། དགུང་ལོ་དོན་དགུ། ཟླ་བ་ལྔ་པའི་ཉེར་དགུ་ལ་ཐེགས་སོ། །པོ་ཏོ་བའི་ཉེ་གནས་ཀྱི་མིང་ལ་ལྷུང་སྟེན་ཟེར། པོ་ཏོ་བའི་སློབ་མའི་མཆོག །དབུས་ན་ཉེ་ཟླ་ཟུང་གཅིག །སྟོད་ན་གླང་རི་ཐང་པ་དང་ཤར་པ། གཉལ་ན་གླང་བྱ་རབ་པ་དང་། གཉོས་བྲ་འོར་པ་ཆོས་འབར། གཙང་ནས་རམ་སྡིང་མ་ཤ་དང་། གནག་ཊེའུ་ལྷས་པ་གཉིས། གཡོན་པོར་འབྲེ་རོག་གཉིས་སྐད་པ་འབྲེ་སེ་གེར་དང་། རོག་དམར་ཞུར་གཉིས། མངའ་རིས་ན་བྱང་འདུལ་དང་། ཕག་སྐུ་རུ་བ་གཉིས་ཏེ་ཀ་ཆེན་བརྒྱད་དུ་གྲགས་སོ། །དེ་ལ་གླང་རི་ཐང་པ

ཉེ་གདུང་ཞུ་ཚངས། མཚན་རྡོ་རྗེ་སེང་གེ །རྟ་ལོ་ལ་འཁྲུངས། བདུན་ཅུ་ལ་ཐེགས། གྲྭ་པ་ཉིས་སྟོང་ཙམ་བྱུང་། དེའི་སློབ་མ་ཤ་བོ་སྒང་པ་དང་ལྷུགས་རི་གོང་ཁ་བ་སོགས་གྲགས་ཆེ། ཤ་བོ་སྒང་པ་པདྨ་བྱང་ཆུབ་ནི་ལུག་ལོ་ལ་འཁྲུངས། གྲྭ་པ་སྟོང་ཙམ་བྱུང་། རེ་ལྔ་ལ་ཐེགས། གདན་ས་ནི་ཤ་བོ་བ། སྒང་ཐང་ཞད། དགེ་བཤེས་གཉེན། སློབ་དཔོན་སྒོམ་པ། དགེ་བཤེས་བཙན་རྣམས་བྱུང་། དེ་རྗེས་སྒང་ཐང་རྒྱ་མ་བ་ལ་ཕུལ། གཉོས་ཆོས་འབར་གྱིས་བྲ་འོར་བཏབ། དེའི་ཆོས་དུང་གྲོ་ལུང་པ་བློ་གྲོས་འབྱུང་གནས་ལ་གནང་། དེས་དྲིན་ལས་བཞེངས། དེས་གྲུ་གུ་བསོད་ནམས་སེང་གེ་ལ་གཏད། དེས་ཟངས་ཆེན་བཏབ། དེས་བསོད་ནམས་འབྱུང་གནས་ལ་གཏད། དེས་ཟངས་ཆེན་པ། དེས་མཚོ་སྣ་པ་ལ་གནང་བ་ཡིན་ཞེས་མཁན་ཆེན་ཆོས་རྗེ་བ་གསུངས། རོག་དོལ་ཤེས་རབ་རྒྱ་མཚོ་ནི་ཇོ་བོ་དོལ་དུ་ཕེབས་དུས་འདིར་བྱང་ཆུབ་སེམས་དཔའ་ཤ་མཚན་ཅན་འབྱུང་ཞེས་ལུང་བསྟན། ཡ་གད་ཀྱི་གཙུག་ལག་ཁང་བཞེངས། གྲྭ་པ་ཉིས་སྟོང་ཙམ་བྱུང་། བདེ་གཤེགས་ཁམས་པ་རྡོ་རྒྱལ་ལ་སོགས་པ་བྱུང་ཡང་། དངོས་ཀྱི་རྒྱུད་ཟིན་པ་མ་བྱུང་། འདིས་ལམ་རིམ་བེ་བུམ་སྔོན་པོ་མཛད་དེ་ཡིག་ཆ་གཙང་ཞིང་ལེགས་པ་ཞིག་འདུག་གོ །འབེ་སོ་གེར་རས་གཞུ་མང་ར་གྲགས་ཀྱི་གཙུག་ལག་ཁང་བཏབ། མཁན་རྒྱུད་ཤིན་ཏུ་འཕེལ་བ་བྱུང་ཞིང་། ཙམ་སྔིང་མ་བ་འབྱུང་གནས་རྡོ་རྗེ་འདི་པོ་ཏོ་བ་དང་སྤྱན་སྔ་གཉིས་ཀའི་སློབ་མ་ཡིན། གཙང་དུ་སྙིང་མ་བྱ་བའི་སྡེ་བཏབ། གྲྭ་པ་སྟོང་ཙམ་བྱུང་།

དེའི་སློབ་མ་གཅིག་ལ་ཁྲོད་ལྷོ་བྲག་ཏུ་སོང་། འདི་ཁོ་ན་འདྲ་བའི་ས་ཆ་ཡོད། དེར་དགོན་པ་ཐོབ། བླ་མ་དང་དགོན་པའི་མིང་ཡང་གཅིག་པ་ཐོགས་གསུང་ནས་ལྷོ་བྲག་སྡིང་མེ་དེ་ལས་རྒྱུད་ཅེས་ཐོས་སོ། །གཞན་ཡང་པོ་ཏོ་བའི་སློབ་མ་བྲག་དཀར་བ་ནི་སྤྲེལ་ལོ་པ་ཡིན། བརྒྱད་ཅུ་བཞུགས། གྲྭ་པ་བཞི་བརྒྱ་ཙམ་བྱུང་། པོ་ཏོ་བ་དང་དེའི་སློབ་མ་གྲབ་པ་ལ་བསྟེན། པོ་ཏོ་བའི་དཔེ་ཆོས་སྤྲིག་མཁན་ཡིན། ཕོ་བྲང་སྡིངས་པ་གཞོན་ནུ་འོད་གདུང་གཉིས། རེ་ལྔ་ལ་གཤེགས། གྲྭ་པ་བཞི་བརྒྱ་ཙམ་བྱུང་། སྡིངས་པ་ཤེས་རབ་རྒྱ་མཚོ་བྱ་ལོ་ལ་འཁྲུངས། གདུང་པ་ཚབ། གྲྭ་པ་སྟོང་ཙམ་བྱུང་། རེ་བརྒྱད་ལ་ཐེཏ། ཕ་བོང་ཁ་པ་བྱ་ལོ་ལ་འཁྲུངས། གྱ་གཉིས་ལ་ཐེཏ། གྲྭ་པ་བཞི་བརྒྱ་ཙམ་བྱུང་། མདོར་ན་ཕྲིན་ལས་པོ་ཏོ་བ་ཉིད་ཆེ་བ་ཡིན། དགེ་བཤེས་ཤ་ར་བ་དེ་པ་ཚབ་རོམ་པའི་རྒྱུད་དུ་ལྕགས་ཕོ་ཁྱི་ལོ་ལ་སྐུ་འཁྲུངས། དགུང་ལོ་བཅོ་བརྒྱད་ལ་རབ་བྱུང་མཛད། སྤྱན་སྔ་དང་མཇལ། ཕྱི་དེ་ལོ་པོ་ཏོ་བ་ལ་ཐུག །ལོ་བཅོ་བརྒྱད་བསྟེན། གྲྭ་པ་སུམ་སྟོང་ཙམ་ལ་རྒྱུན་ཆད་མེད་པར་ཆོས་བཤད། གཙང་པ་རྒྱ་ནག ཁ་མོ་ཟེ་སྟོན། ཙང་ཁ། གཉོས་སྟོན། རྩེད་པ་ཆེན་པོ། ཐོ་དོང་ཤེ་ལ། བྱ་འཕྲང་པ་སོགས་ཕྲིན་ལས་ཅན་མང་པོ་བྱོན་ཡང་། མཆོག་ཏུ་གྱུར་པ་བཀའ་བབས་དྲུག་སྐད་ན། ལོངས་སྤྱོད་ཀྱི་བཀའ་བབས་རྣལ་འབྱོར་ཤེས་ངོར། བྱང་སེམས་ཀྱི་བཀའ་བབས་བྱ་འཆད། གཞུང་བཤད་ཀྱི་བཀའ་བབས་དམ་པ་གཏབ་ཁ་བ། རྣམ་ཐར་གྱི་བཀའ་བབས་ཉི་མ་འདུལ་འཛིན། རྟོགས་པའི་བཀའ་

བབས་རོང་སྟོན་བྱང་ཆུབ་འོད། ཕྲིན་ལས་ཀྱི་བཀའ་བབས་གཏུམ་སྟོན་བློ་གྲོས་གྲགས་རྣམས་ལས། གཏུམ་སྟོན་བློ་གྲོས་གྲགས་ཀྱིས་སྣར་ཐང་ལྷུགས་མོ་བྱ་ལོ་ལ་བཏབ། དེ་ནས་རྗེ་སྟོན་ཤེས་རབ་གྲགས་དང་། རྗེ་རྡེ་འོད། དཔལ་ལྡན་གྲོ་མོ་ཆེ་བདུད་རྩི་གྲགས། ཆོས་ཀྱི་བླ་མ། སེང་གེ་སྐྱབས། མཆིམས་ནམ་མཁའ་གྲགས། སྐྱོ་སྟོན་སྨོན་ལམ་ཚུལ་ཁྲིམས། ཐར་ལོ་ཉི་མ་རྒྱལ་མཚན། ཟེའུ་བརྩོན་འགྲུས་གྲགས། གྲགས་ཤེས། མཆིམས་བློ་བཟང་གྲགས་པ། ཀུན་རྒྱལ་བ། གྲུབ་ཤེ་བ། བསོད་ནམས་མཆོག་གྲུབ་པ། གྲགས་དོན་པ་ད་ལྟ་བཞུགས། འདི་རྣམས་གནས་བརྟན་ཆེན་པོ་བཅུ་དྲུག་གི་སྤྲུལ་པར་གྲགས་ཤིང་། གྲོ་མོ་ཆེ་དང་ནམ་མཁའ་གྲགས་གཉིས་ཀྱང་ཕྲིན་ལས་ཤིན་ཏུ་ཆེའོ། །བྱ་འཆད་ཁ་པ་ནི། ཡབ་དེ་གྲུ་ཤུལ་གྱི་བུ་ཡིན། ཧ་གཏོར་བའི་རྗེས་ལ་ཕྱིན་པས། ལས་འཕྲོ་ལ་རྟེན་ལོ་རོར་ཆགས། དེའི་ཕྲུས་སུ་སྤྲུལ་ལོ་ལ་འཁྲུངས་པ་ཡིན། སློབ་དཔོན་སེར་པོ་ཆེན་པོ་བྱ་བ་ལ་ཆོས་ཞུས་རབ་ཏུ་བྱུང་། མཚན་ཡེ་ཤེས་རྡོ་རྗེ། དེས་སྣང་རི་ཐང་པ་དང་དེའི་ཆོས་ཀྱི་བསྟན་པ་ལ་རྟེན་ཏེ་ཕྱིན་ཡང་སྣང་ཐང་པ་གཤེགས་འདུག་པ་དང་། ཐང་ཀ་ལ་ཆོས་མཐའ་དག་ཞུས། ཁྱད་པར་བློ་སྦྱོང་ལ་རྩལ་ཐོན། འཆད་ཁ་བཏབ། དོན་ལྡི་ལ་ཐེགས། དེ་ལ་ལུགས་སྣང་བ་དང་སྤྱིལ་བུ་བ་སོགས་མཐའ་ཡས་པ་བྱུང་། □□□སྣད་པ་འདི་ཤར་པ་དང་བྱ་ཡུལ་བ་སོགས་བསྟེན་ཡང་ཕྱིས་བྱ་འཆད་ལ་ལྷག་པར་མོས་པས་འདིར་བགྲངས་པ་ཡིན། འདི་འབྲུག་གི་ལོ་ལ་འཁྲུངས། མཚན་དབང་ཕྱུག་ཡེ་ཤེས་ཟེར།

དོན་བདུན་ལ་ཐེགས། སེ་སྤྲེལ་བུ་པ་ནི། གཉལ་སྟེང་དར་མ་སྣང་དུ་འབྲངས། མཚན་ཆོས་ཀྱི་རྒྱལ་མཚན། འཆད་ཁའི་གདན་ས་མཛད་དགུང་སྐྱིང་སླང་ཡིན། ཞེ་དགུ་ལ་ཐེགས། དེས་འཆད་ཁའི་གདན་ས་མཛད་དུས་སྤྲེལ་བུ་བཏབ། ལྷ་ལུང་གི་དབང་ཕྱུག་ནི་ས་སྨད་དུ་འབྲངས། མཚན་འོད་ཟེར་བླ་མ་སྟག་ལོ། རེ་གསུམ་ལ་ཐེགས། ལྷ་འགྲོ་མགོན་ས་ཕོ་རྟ་ལ་འབྲངས། ཆོས་མཚན་དབང་ཕྱུག་འོད། དོན་བཞི་ལ་ཐེགས། སྟོ་བྲག་ཁ་བ་ཡེ་ཤེས་བློ་གྲོས། ཁྱི་ལོ་ལ་འབྲངས། སོ་བདུན་ལ་ཐེགས། ཟུར་འབབ་དབང་ཡེ། འབྲུག་ལོ་འབྲངས། དྲུག་ཅུ་ལ་ཐེགས། ལྷ་བློ་གྲོས་འོད། ཤིང་བྱ་ལ་འབྲངས། རེ་དྲུག་ལ་ཐེགས། ལྷ་རིན་ཆེན་སེང་གེ །ཕག་ལོ་ལ་འབྲངས། རེ་གསུམ་ལ་ཐེགས། དེ་དག་ནི་འཆད་ཁར་བྱོན་པ་རྣམས་སོ། །བློ་སྦྱོང་གི་བརྒྱུད་པ་ནི། ལྷ་ལུང་གི་དབང་ཕྱུག་ལ་ལྷའི་སྟེངས་པས་གསན། དེ་ནས་བདེ་བ་དཔལ། བཀའ་བཞི་བ། བསོད་གྲགས། དེ་ལས་རྒྱལ་སྲས་པས་གསན། དེ་ནི་འབྲངས་ཡུལ་ལ་སྐྱིང་བྲག་སྐྱ། ཡབ་དཀོན་མཆོག་དཔལ། ཡུམ་འབུམ་སྒྲོན་གྱི་སྲས་སུ་ཤིང་མོ་ལུག་ལ་འབྲངས། དགུང་ལོ་བཅུ་བཞི་པ་ལ་མཁན་པོ་དཔལ་འབར་བ་དང་སློབ་དཔོན་རིན་ཆེན་སེང་གེ་ལ་རབ་བྱུང་མཛད། བཅོ་བརྒྱད་ལ་རིན་ཆེན་མགོན་ལ་བསྙེན་རྫོགས་ཞུས། བོ་དོང་ཨེའི་ཆོས་གྲྭར་ཞུགས། དོན་ལྔ་ལ་ཐེགས། དེ་ནས་རྒྱ་ཆེར་འཕེལ་ཞིང་། མཁན་ཆེན་རྒྱལ་དབང་པ། མཁན་ཆེན་ཡོན་རིན་པ། སློབ་དཔོན་བླ་མ་རིན་ཆེན་པ། དེ་ལ་བདག

གིས་ཞུས་ཤིང་། ལོ་པའི་བླ་མ་རྣམས་ལ་རིམ་པར་བརྒྱུད་པ་ཡང་ཞུས་སོ། །དུས་ཕྱིས་གཙང་དུ་མཁན་ཆེན་གཞོན་ནུ་རྒྱལ་མཆོག་པ་དང་། དབུས་སྟོད་དུ་བྱང་སེམས་རཱ་སྐྱེང་བ་ནས་བརྒྱུད་པ་རྣམས་ཕྲིན་ལས་ཆེ། ད་ལྟ་སྔོ་གཉལ་ཕྱོགས་ན། སེམས་དཔའ་རྒྱལ་མཆོག་པའི་སློབ་མ་རྗེ་བཙུན་མི་གཡོ་བ་གཞན་དོན་ཆེ་བར་སྣང་ངོ་། །ལྷག་མཚན་ཉིད་མན་ངག་སོགས་ཆོས་ཀྱི་བྱེད་ལུགས་མང་པོ་སྣང་ཡང་། འདི་དང་མ་འབྲེལ་ཆོས་གང་ཡང་ལམ་དུ་འགྲོ་ཡས་དཀའ་བས། དཔལ་མགོན་ཀླུ་སྒྲུབ་ཀྱིས། ཁྱོད་ཀྱིས་ཐུགས་དུལ་མཛོད་ཅིག་བཅོམ་ལྡན་གྱིས། །སེམས་ནི་ཆོས་ཀྱི་རྩ་བ་ལགས་པར་གསུངས། ཞེས་གསུངས་པ་སོགས་ཤིན་ཏུ་མང་ཞིང་། སློས་དཔྱད་ཀྱང་འདི་དག་གལ་ཆེ་བས་ཐུགས་ཉམས་སུ་བཞེས་པར་ཞུའོ། ། ཡང་ལྷ་འགྲོ་མགོན་གྱི་སློབ་མ་ཟངས་ཆེན་པ་དར་མ་བསོད་ནམས། དེ་ནས་མཁན་ཁྲི་སྲུགས་པ་སོགས་བྱ་བ་ནང་སོས་མཛད་དེ་ད་ལྟ་དྲུང་ཤཱཀྱ་བ་བཞུགས། དར་མ་བསོད་ནམས་ཀྱི་སློབ་མ་མཆོ་སྣ་བ་ཤེས་རབ་བཟང་པོ། དེ་ལ་མོན་ཁྲབ་པ་དང་། རི་སྟེང་པ་གཉིས་བྱུང་བའི་མོན་ཁྲབ་པ་ཚུལ་ཁྲིམས་བཀྲ་ཤིས་ཀྱིས་བྲ་འོར་གདན་ས་མཛད། དེ་ནས་ཆོས་སྐྱབས་བཟང་པོ། སེ་པ་སངས་ཤེ །ཇོར་བཟང་པ་ཆོས་དཔལ་རྒྱལ། བསོད་ནམས་དཔལ་ལྡན་པ། ཡོན་རིན་པ། ཆོས་རྗེ་དཔལ་བཟང་བ། ཆོས་རྒྱལ་བཟང་པོ། བརྩོན་འགྲུས་རྒྱལ་པོ། ད་ལྟ་ལྷ་རིག་པའི་བཤེས་གཉེན་ཡོན་ཏན་འོད་ཟེར་བ་བཞུགས། རི་སྟེངས་པ་རྒྱལ་མཚན་བཟང་པོ། ཆོས་རྗེ་

རིན་ཆེན། ཀོང་པོ་ཤེ་རྫོར། ཤེས་རབ་འོད་ཟེར། ཆོས་རྒྱལ་རིན་ཆེན། སྐུ་འབུམ་རིན་ཆེན། ཆོས་རྗེ་དཔལ་བཟང་། ད་ལྟ་སྒོ་གཅིག་པ་བཞུགས་ཏེ། སེང་གེ་རྫོང་གསེར་ཕྲེ་གསུམ་གྱི་བླ་རབས་ཡིན་ནོ། །གཏབ་ཁ་བ་དར་མ་གྲགས་ལུག་ལོ་ལ་འཁྲུངས། ཁྲ་སྦུ། འོད་འཛོ། བཏབ་ཁ་གསུམ་བཏབ། དེ་ཡང་ཁྲ་སྦུ་ལོངས་སྤྱོད་ཀྱི་སྣང་། བཏབ་ཁ་གྲྭ་པའི་སྣང་། འོད་འཛོ་ཆོས་ཀྱི་སྣང་རྣམས་ལ་བཏབ་ཁའི་སྣང་གསུམ་ཟེར། འོད་འཛོར་ཞང་སྟོན་དར་བྱང་ཁྱི་ལོ་པ་ཡིན། དགེ་བཤེས་འོད་འཛོ་བར་གྲགས། དེའི་སློབ་མ་བཀའ་གདམས་པ་ནམ་མཁའ་འབུམ་ཡིན། གྲགས་པ་བ་ཤེར་འབྱུང་ཁྱི་ལོ་ལ་འཁྲུངས། གདུང་ཕྱིས་སྦུ་ཡིན། བྲག་སབ་བཏབ། དོན་བརྒྱུད་ལ་ཐེགས། དགེ་བཤེས་རིན་ཤེར་འབུམ་སྟག་ལོ་ལ་འཁྲུངས། ལྷ་སྡིངས་སུ་བཞུགས། གྱུ་གཉིས་ལ་ཐེགས། འདི་གཉིས་བཀའ་གདམས་པའི་བླམ་བཟང་རིམ་མང་པོ་ལ་ཐུག་གདའ། རྒྱལ་འབྱོར་ཤེས་རྫོར་གྱིས་ཤར་པ་གཤེགས་རྗེས་གྲྭ་ས་བསྐྱངས་སོ། །རོང་སྟོན་བྱང་ཆུབ་འོད་ནི་གྲུ་ཤུལ་རོང་པ་སར་འཁྲུངས། འབྲུ་ཁྲིད་དུ་བྱང་ཆུབ་སེམས་དཔའ་སྟོན་གྲགས་ལ་རབ་བྱུང་ཞུས། གྲོ་ལུང་པ་ཆེན་པོ་བསྟེན། དེ་ནས་ཤར་པ་དང་བྱ་ཡུལ་བའི་ཞབས་ལ་གཏུགས། སྤྱངས་རྟོགས་ཀྱི་ཡོན་ཏན་མཐའ་ཡས་པ་མངའ་བ་ཡིན། དེས་དགེ་ཡེའི་ཆོས་སྡེ་བཞེངས། དགུང་ལོ་དོན་བརྒྱད་ཕྱིའུའི་ལོ་ལ་ཐེགས། དེའི་དཔོན་པོ་དར་ཤེ་དང་། སྟོན་གཞོན་གཉིས་རིམ་པར་བྱོན། དེ་ནས་གྲུ་ཤུལ་ཆོས་གྲགས་ནི་རོང་པ་སར་འཁྲུངས།

བོད་དབུས་གཙང་གི་དགེ་བའི་བཤེས་གཉེན་གྲགས་དགུ་ཙོག་བསྟེན་ནས་གསན་པ་དང་གྲུབ་པ་རྒྱ་ཆེར་མཛད་པས་མཆོག་གི་དངོས་གྲུབ་བརྙེས་ཏེ་མཁའ་སྤྱོད་དུ་གཤེགས་སོ། །དེའི་སློབ་མ་སེལ་ཤེས་རབ་འབྱུང་གནས་ནི། གཉལ་སྟོད་སེ་ཁུན་དུ་འཁྲུངས། གུ་རུ་ཆོས་གྲགས་ལ་ཆོས་མང་པོ་ཐོབ་ཀྱང་མཉམ་མེད་སྟོད་ལུངས་པ་ལ་དད་པའི་སྟོབས་ཀྱིས་དེའི་སློབ་བརྒྱུད་ལྷག་ཆུང་བ་ལ་བདེན་གཉིས་གསན་པས་རྟོགས་པ་ལྷག་པར་འཁྲུངས་པ་ཡིན། དེའི་སློབ་མ་སློབ་དཔོན་གཉོས་པ་ཚུལ་ཁྲིམས་འབར། གཉལ་སྟོད་ཇ་བའི་སར་འཁྲུངས། དེའི་སློབ་མ་མཁན་ཆེན་ཤ་མི་ནི་གྲུ་ཤུལ་སྨད་དུ་འཁྲུངས། མཁྱེན་རབ་ཕུལ་དུ་ཕྱིན་པ་མངའ། མཚན་ཚུལ་ཁྲིམས་ཤེས་རབ་ཡིན། དེ་ནས་དེའི་དཔོན་པོ་དར་མ་ཚུལ་ཁྲིམས། དེ་ནས་མཁན་ཆེན་དར་རྒྱས་དཔལ། འདི་པས་འགྲོ་མགོན་འཕགས་པའི་ཞབས་ལ་གཏུགས། ས་ལུགས་ཀྱང་རྒྱ་ཆེར་མཁྱེན། ས་སྐྱ་ནས་རྫོང་པ་བཙད་པ་ཡིན། དེའི་སློབ་མ་ཕག་ཚང་བ་རྡོ་རྗེ་ཚུལ་ཁྲིམས། དེའི་སློབ་མ་སློབ་དཔོན་རིན་པོ་ཆེ། དེའི་རྗེས་སུ་ལོ་པའི་སྤྱན་སྔ་དཔོན་གཞོན་ནུ་སྨོན་ལམ་གྱི་སློབ་མ་གཞོན་ནུ་བཟང་པོ་དེས་མཚན་ཉིད་དང་བཀའ་གདམས་ལེགས་པར་སྦྱངས་ནས་ཐུགས་དམ་ལ་བཞུགས་པའི་ཚེ། མནལ་ལམ་དུ་ཡུལ་ལྷོ་ཕྱོགས་དགོན་པ་ཁ་སྐོར་ལྷ་བ་ཆོས་དུང་མོ་དུང་འབུད་པ་ཞིག་ན་ཁྱོད་དང་ལས་འཕྲོ་ཡོད་པའི་བླ་མ་དང་དགོན་པ་ཡོད་གསུང་བ་བྱུང་ནས་ཕེབས་ཏེ་དགེ་ཡེར་བཞུགས་ཕྲིན་ལས་ཆེ་བར་བྱུང་། དེའི་སློབ་མ་ཏུང་ཆོར་འཁྲུངས

པ་ཅངས་ཚུལ་ཁྲིམས་ཤེས་རབ། དེའི་སློབ་མ་བསམ་གྲུབ་བཟང་པོ། གཉལ་སྟོད་གྲོ་ལུང་དུ་འཁྲུངས་པ་ཡིན། དེའི་རྗེས་ལ་མཁན་ཆེན་དོ་རྗེ་ཚུལ་ཁྲིམས་ནི། གཉལ་སྟོད་ཤིང་རྡོར་འཁྲུངས། ཚུལ་ཤེས་པའི་དཔོན་པོ་ཡིན། མཚུངས་མེད་ཆོས་ཀྱི་དོ་རྗེ་སོགས་བསྙེན་པ་བཀའ་གདམས་ཀྱི་གསན་པ་རྒྱ་ཆེན་མཛད། སྒྲུབ་པ་མཛད་པས་ཡི་དམ་གྱི་ལྷ་དང་ཆོས་སྐྱོང་གི་ཞལ་གཟིགས། དགུང་ལོ་དོན་བདུན་འབྲུག་ལོ་ལ་གཤེགས་པ་ཡིན། མཁན་ཆེན་ཡེ་ཤེས་རྒྱལ་མཚན་པ་དབུར་སྟོད་ཉན་དུ་འཁྲུངས། ཡོའི་སྐྱུན་སྤ་གཞོན་ཡེས་པ་ལ་རབ་བྱུང་དང་བསྙེན་རྫོགས་ཞུས། གསང་ཕུ་ཐང་ཕག ། བྲག་ཚབ་རྣམས་སུ་བྱམས་ཆོས་དབུ་མ་འདུལ་མཛོད་རྣམས་ལ་མཁས་པར་སྦྱངས་ཏེ་དགེ་ཡེར་གདན་ས་མཛད། དགུང་ལོ་རེ་དགུ་ཁྱི་ལོ་ཐེགས། ཆོས་རྗེ་དགའ་བ་ལྷུན་གྲུབ་ནི་གྲུ་ཤུལ་རྗེན་བུ་ཁུངས། མཁན་ཆེན་དོ་རྗེ་ཚུལ་ཁྲིམས་ལ་རབ་ཏུ་བྱུང་། དབུས་གཙང་དུ་དྭགས་པོ་འོད་ཟེར་སེང་གེ་སོགས་བླ་མ་དཔག་ཏུ་མེད་པ་བསྟེན། ཕྱགས་མཚན་ཉིད་བཀའ་གདམས་ཐམས་ཅད་ལ་མཁས་ཤིང་གྲུབ་པ་བརྙེས་པར་གྱུར། དགུང་ལོ་བདུན་ཙུ་ཁྲི་བའི་ལོ་ལ་ཐེགས། །མཁན་ཆེན་མགོན་པོ་དོ་རྗེ་སྨྲ་བསྟུས་འབྲོག་ཏུ་འཁྲུངས། མཁན་ཆེན་རྡོ་ཚུལ་པ་ལས་རབ་ཏུ་བྱུང་། མཁྱེན་རབ་ཕུལ་དུ་ཕྱིན་པ་མངའ། དགུང་ལོ་རེ་ལྔ་ལ་ཐེགས། མཁན་ཆེན་རྒྱལ་མཚན་བཟང་པོ་དབུ་སྟོད་ཉན་དུ་འཁྲུངས། སྤྱན་སྔ་རིན་རྒྱལ་བ་ལས་རབ་བྱུང་བསྙེན་རྫོགས་ཞུས། རྩེ་ཐང་དུ་དྭགས་པོ་ནས་

རྫོག་ལེགས་ཤེས་ནས་རྒྱུད་ལུགས་བཤད་པར་བྱ་སྟེ། དེ་ནི་ཡར་འབྲོག་རྫོག་རྡོ་རྗེ་གཞོན་ནུ་ལ་སྲས་ལེགས་པའི་ཤེས་རབ། ཀླུ་ཁྲི། ཀླུ་བྱང་། ཆོས་སྐྱབས། ཐུབ་པ་སྟེ་སྐུ་མཆེད་ལྔ་བྱོན། ལེགས་ཤེས་གསང་ཐུ་བཏབ། ཆོས་སྐྱབས་སྲས་པོ་བློ་ལྡན་ཤེས་རབ་ནི། ཆུ་ཕག་ལོ་པ་ཡིན། བཅུ་བདུན་བར་དུ་ཁུ་བོའི་ཞབས་ལ་གཏུགས། དེའི་ཚེ་མངའ་བདག་རྩེ་ལྡེའི་ཆོས་འཁོར་ལ་བྱོན་པས་ཐུགས་སྤྲོ་བ་སྐྱེས་ཏེ། རྒྱ་གར་དུ་བྱོན། པཎྜི་ཏ་སཛྫན་དང་། པ་ར་ཧ་ཏེ་དང་། མ་ཧཱ་ཛ་ན་དང་། སུ་མ་ཏི་ཀིརྟི་དང་། སྐལ་ལྡན་རྒྱལ་པོ་དང་། འབུམ་ཕྲག་གསུམ་པ་རྣམས་བསྟེན། མཁས་པའི་མཆོག་ཏུ་གྱུར་ཏེ་ལོ་བཅུ་བདུན་བཞུགས། དེ་ནས་བོད་དུ་ཕེབས། མཁར་བུ་བ་ལ་བཀའ་གདམས་གསན། གྲྭ་པ་དཔེ་འགྲེམས་ཁྲི་ཚོ་གཉིས་དང་སུམ་སྟོང་ཙམ་བྱུང་། དགུང་ལོ་ང་གཅིག་ལ་ཐེགས། དེའི་སློབ་མ་ཞང་ཚེ་སྤོང་ཆོས་ཀྱི་བླ་མ། ཞང་གྲོ་ལུང་བ་བློ་གྲོས་འབྱུང་གནས། འདི་གཉིས་གཉལ་པ་ཡིན། ཁྱུང་རིན་ཆེན་གྲགས། འབྲེ་ཤེས་རབ་འབར། འདི་བཞི་ལ་སྲས་ཀྱི་ཐུ་བོ་བཞི་ཟེར། གཞན་ཡང་གངས་བཞི་འོ། སོང་བུར་ཙན། གེའུ་ཡིད་འབྱུང་། ཤམ་པོ་མི་རིག ། མི་ལྷ་ཚེར། དམར་དགའ་བྱང་། སློག་སྐྱུ་ལ་སོགས་པ་བྱོན། གདན་སའི་རིམ་པ་ནི། ཞང་ཚེ་སྤོང་བ། གཉལ་བའི་རིལ་ལུ། རྣམ་འབར་བ། ཕྱྭ་པ་ཆོས་སེང་། དབང་ཕྱུག་སེང་གེ གཉལ་པ་དད་པ་བཟང་པོ། འཛམ་ཙེ་ནི། དེ་ནས་གླིང་སྟོད་སྨད་དུ་གྱེས་སོ། །དེ་ཡང་ཕྱྭ་

པའི་སློབ་མ་སེང་ཆེན་བརྒྱད་ནི། གཙང་པ་འཇམ་དཔལ་སེང་གེ གཙང་ནག་བརྩོན་འགྲུས་སེང་གེ རྟོགས་པ་དབང་ཕྱུག་སེང་གེ དབུས་ནས་དན་འབག་སྨྲ་སེང་། རྨ་བྱ་རྩོད་པའི་སེང་གེ གཉལ་པ་ཡོན་ཏན་སེང་གེ ལྷོ་པ་གྲུབ་པའི་སེང་གེ འདན་མ་དཀོན་སེང་རྣམས་སོ། །ཡིག་ཆ་ཁག་ཅིག་ཏུ་འཇམ་དཔལ་སེང་གེ་དང་། གྲུབ་སེང་མི་འདྲེན་པར་ཞང་བྲན་ཆོས་སེང་དང་། འབྲུམ་ནག་བསོད་སེང་འདྲེན་པ་ཡོད་དོ། །ཇོ་སྲས་བཞི་ནི། འཁོན་སྲས་རྗེ་མ། ཇོག་སྲས་རྒྱལ་ཚར་མི། ཁུ་སྲས་ནེ་ཙོ། གཉོས་སྲས་དཔལ་ལེའོ། །ཤེས་རབ་ཅན་གྱི་བུ་བཞི་ནི། པར་བུ་བློ་སེང་། ཀོང་པོ་འཇག་ཆུང་། ལྷོ་པ་སྒོམ་ནག འགར་དབང་གྲུབ་པོ། །གྲུབ་ཐོབ་བཞི་ནི། ཞང་ཚལ་པ་འགྲོ་མགོན་རིན་པོ་ཆེ། འཇམ་རྗེ་ནེ་ནས་གླིང་སྟོད་དུ། འཇམ་སེང་། འཛིན་སྟོན། ཞུ་སྟོན། བློ་གྲོས་འབར། གཉལ་ཞིག །རྒྱལ་བ་སོ་སྟོན། རྒྱ་འཕྲེང་། ཆུ་མིག་པ། ལྷན་པ་རིན་ཆེན། ལྷོ་པ་ཡེ་ཤེས་མགོན། བཙན་དགོན་པ། གླ་བྲང་པ། གཞོན་རིན་པ། ལྷ་ས་བ། ཡ་ཚེ་བ། ལྷ་ཡུལ་བ། ཤེར་བཟང་། རིན་ཆེན་གྲགས། ཡོན་རྒྱལ་ལ་སོགས་པ་བྱོན་ནོ། །དེ་ཡང་གཉལ་ཞིག་ནི། འབྲུངས་ཡུལ་སེ་ཁུན་པ་ཡིན། དེའི་སློབ་མ་ཐུགས་སྲས་དགུ་ནི། གཟད་རིང་། དར་དཀོན། གཙང་པ་གྲུ་གུ ། ཨུ་ཡུག་པ་བསོད་ནམས་སེང་གེ །པོ་དོང་བ། ཇོན་མ། རྒྱ་འཕྲེང་། འཇམ་གསར། སྐྱིལ་ནག་རྣམས་སོ། །དེ་

རྣམས་ཀྱིས་གྲྭ་ས་གང་དུ་བསྐྱངས་ན། ཨུ་ཡུག་པས་ས་སྐྱ། གཙང་པ་གྲུ་གུས་ཞ་ལུ། གཟད་རིང་གིས་ཁྲི་ཕུ། ཐོ་རྡིང་བས་བྲག་རམ། སྐྱིལ་ནག་གིས་སྣར་ཐང་དུ་འཆད་ཉན་མཛད་དོ། །སྐྱིལ་ནག་གི་སློབ་མ་སྐྱི་སྟོན་གྲགས་འབུམ། དེའི་སློབ་མ་བཅོམ་ལྡན་རིགས་རལ། ཀྱུ་འཆིང་གིས་བདེ་བ་ཅན་བཏབ། དེའི་བླ་རབས་ནི། སངས་རྒྱས་དཔལ། གྲགས་ཚུལ། བསོད་རིན། དགེ་བྲག་པ། བཀྲ་ཤིས་སེང་གེ །བློ་རིན། བཀྲས་སེང་། འཇམ་རིན། སངས་གྲགས། དར་མ་སེངྒེ་སོགས་བྱོན་ནོ། །གླིང་སྨད་དུ་གཟད་པ་དར་མ་འོད། དོན་གྲུབ། འོད་ཟེར་མགོན་པོ། ཤཱཀྱ་གཞོན་ནུ། བཀྲ་ཤིས་རྒྱལ་མཚན། ཕྱོགས་ལས་རྣམ་རྒྱལ། གཞོན་རྒྱལ། གཞོན་སེང་། གཙང་དཀར་བློ་སེང་། དར་དབང་། བླ་མ་ཡེ་ཤེས་སོགས་བྱོན། འོད་ཟེར་མགོན་པོའི་སློབ་མ། ཤཱཀྱ་གཞོན་གྱིས་གུང་ཐང་ཆོས་འཁོར་གླིང་དུ་བཤད་གྲྭ་བཙུགས། དེ་ནས་དོན་གྲུབ་དཔལ། ཤེས་རབ་རྒྱལ་མཚན། བློ་བཟང་། བསོད་དཔལ། བྱམས་པ་དཔལ། ཀུན་བཟང་སོགས་བྱོན། གཞན་ཡང་རྫོག་པོའི་སློབ་མ་འབྲེ་ཁྱུང་གཉིས་ཀྱིས། ཉང་སྟོད་གནས་གསར་གནས་རྙིང་གཉིས་སུ་འཆད་ཉན་མཛད། འབྲེའི་སློབ་མ་ལས་སྟོད་དགོན་མཆོག་མཁར་ཡིན། དེའི་རྒྱུད་པས་ད་རུང་གནས་རྙིང་འཛིན་ནོ། །ཁྱུང་གི་སློབ་མ་སྟོད་ལུངས་རྒྱ་དམར་བ་དང་ཏག་པ་འཆེའོ། །ཨར་བྱང་ཡེས་ཀྱིས་ཀྱང་གཞུ་ཀུན་དགའ་ར་བ་དང་གནམ་རྩེ་ལྡིང་

བཤད་གྲྭ་བསྐྱངས་སོ། །ད་ནི་ནག་ཚོ་ནས་བརྒྱུད་ལུགས་ནི། དེའི་སློབ་མ་རོང་པ་ཕྱུག་སོར་བ། དེའི་བུ་བཞི་ནི། ཞུ་ལྷན་པ། རོག་འཆིང་ཕུ་བ། བྱ་འདུལ། རྣམ་འབར་བ་རྣམས་སོ། ། རོག་འཆིང་ཕུ་བའི་སློབ་མ་རྗེ་གདན་པར་ཚུལ་གྱིས་གྲྭ་ཡང་དབེན་བཏབ། དེའི་སློབ་མ་འཇོལ་མོ་བྱང་བརྩོན་གྱིས་སར་དགེ་བཏབ་པ་སོགས་ཡིན་ནོ། །དཔལ་དགོན་པ་བས་ར་སྒྲེང་གི་དགོན་གོང་མ་བཏབ། འདི་ལ་སློབ་མ་སྣེའུ་ཟུར་པ། ཞང་ཀ་མ་པ། འབྲིང་ཀོ་དེ་ལུང་པ། སྣན་སྣེ་མོ་བ། དར་སྒོམ་གཞོན་ནུ་སྙིང་པོ། མཚུར་ཡེས་རྒྱལ། མགར་འདུལ་འཛིན་དང་བདུན་ནོ། །སྣེའུ་ཟུར་པ་ཡེ་ཤེས་འབར་ནི། གདུང་གསོས་པོ། དགུང་སྙིང་བྱ། འཁོར་བདུན་བརྒྱ་ཙམ་བྱུང་། དགོན་གོང་མའི་གདན་ས་མཛད། ངོན་དྲུག་ལ་ཐེགས། ཀ་མ་བ་ཤེར་འོད་ཀྱི་གདུང་པ་ཚབ་ཡིན་ཟེར་བ་འདུག །དགུང་སྙིང་བྱ། གྲྭ་པ་ཉིས་སྟོང་ཙམ་བྱུང་། ངོན་ལྔ་ལ་ཐེགས། སྣེའུ་ཟུར་པའི་སློབ་མ་བཞི་ནི། ལྷ་བཀའ་གདམས་པ། ཐག་མ་བ། བྱང་སེམས་ཟླ་རྒྱལ། དགུན་པ་ལྷ་རྗེ་ཐུགས་རྗེ་རྒྱལ་མཚན་རྣམས་སོ། །ཐག་མ་བའི་སློབ་མ་ནམ་མཁའ་སེང་གེ དེ་ནས་ནམ་མཁའ་རྒྱལ་པོ། སེང་གེ་བཟང་པོ། རྒྱལ་སྲས་བཟང་པོ། ནམ་མཁའ་རྒྱལ་མཚན། བློ་གྲོས་རྒྱལ་ལ་སོགས་པ་ལྟོ་བྲག་ཐེག་ཕྱིར་ཕྱོན་ནོ། །བཀའ་གདམས་པ་ལས་ཇི་ལྟར་བརྒྱུད་པ་སྟེ་ལེའུ་ལྔ་པའོ།། །།

ད་ནི་དཔལ་ལྡན་ས་སྐྱ་པ་ནས་ཇི་ལྟར་བརྒྱུད་པ་བཤད་པར་བྱ་སྟེ། དཔལ་བིར་ཝ་པ་དེ་ཉིད་དང་པོར་རྒྱལ་སྲིད་སྤངས་ཏེ་ན་ལེནྡྲར་ཧཀྵ་མི་ཏྲ་ལ་རབ་བྱུང་ཞུས། དཔལ་ལྡན་ཆོས་སྐྱོང་དུ་བཏགས། མཁས་པར་གྱུར། ན་ལེནྡྲའི་གདན་ས་མཛད། སྒོམ་པའི་སྟོབས་ཀྱིས་བདག་མེད་མ་མཇལ། དེའི་གསང་བའི་རྫས་བླངས་པ་དང་། ནང་ན་བུད་མེད་བཅོ་ལྔའམ་བརྒྱད་ཀྱིས་བསྐོར་བ་མཐོང་ནས། དགེ་འདུན་རྣམས་ཅུང་ཟད་སླེང་བ་གསན་པ་ན། བདག་ཉིད་ཀྱིས་ངན་པར་ཞལ་གྱིས་བཞེས་ཏེ། ཡོ་བྱད་ཐམས་ཅད་དཀོན་མཆོག་ལ་ཕུལ། གཅེར་བུར་བྱོན། ཨེ་བིར་བ་གསུང་། དེ་ནས་ཁྲང་ན་སེར་བྱོན་པའི་ལམ་ན་གངྒཱ་ཡོད་པས་ངན་པ་ཆུ་ལ་རེག་ཏུ་མི་རུང་གསུང་ནས་ཆུས་ལམ་ཕྱེ་མུ་སྟེགས་ཀྱི་རྒྱལ་པོ་དང་། མུ་སྟེགས་ཀྱི་སྟོན་པ་དང་དབང་ཕྱུག་གི་ལིངྒ་ཐམས་ཅད་བཏུལ། ད་ལྟ་ཕྱོགས་ལ་ཇ་ན་ཀ་པ་ཏར་ཆང་ལ་ཉི་མ་གཏོལ་བར་བཟུང་། ལར་ནི་གྲུབ་པ་མཆོག་བརྙེས་ཤིང་སྐྱེ་འཆི་སྤངས་པ་ཡིན། དེའི་སློབ་མ་ཀ་མཁན་ཕྱི་ལ་འབྲངས་པ་ཌོཾ་བྷི་ཧེ་རུ་ཀ་ཡིན་ཏེ། རང་དང་མཉམ་སྐད། རལ་པ་ཅན་ཕྱི་ལ་འབྲངས་པ་ཀར་ཙ་པའམ་ནག་པོ་པ་ཆུང་བ་ཡིན། དེ་ལ་ལམ་རྡོ་རྗེ་ཚིག་རྐང་གནང་། དེས་དཔུས་ཀྱི་རྣལ་འབྱོར་པ། ཌཱ་མ་རུ་པ་ལ་གནང་། དེས་ཨ་ཝ་དྷཱུ་ཏི་པ་ལ་གནང་། དེས་ཡིག་མཁན་གྱི་རིགས་པ་ཎ་ཆེན་གྱ་ཡ་དྷ་ར་ལ་གནང་། དེ་ལ་བླ་ཆེན་འབྲོག་མི་ཐུག་སྟེ། ཡུལ་དྲིལ་ཆེན་ཆུ་སྟེ། མཚན་ཤཱཀྱ་ཡེ་

ཞེས། གདུང་འཁྲིག་ཡིན། མཁན་སློབ་རྒྱ་གར་དུ་བརྫངས། བསྟན་པའི་རྩ་བ་ཡིན་པས་འདུལ་བ། སྙིང་པོ་ཡིན་པས་ཕར་ཕྱིན། ཉིང་ཁུ་ཡིན་པས་གསང་སྔགས་སྐྱོངས་གསུང་། འདི་བསྟན་པའི་བབས་གོ་བ་ཡིན་གསུང་། བི་ཀ་མ་ཤྲཱི་ལ་ན་མཁས་པ་སྒོ་དྲུག[①] བཞུགས་པ་ནི། ཤར་ན་རཏྣ་ཀ་ར་ཤཱནྟི། ལྷོ་ན་ངག་གི་དབང་ཕྱུག །ནུབ་ན་ཤེར་འབྱུང་བློ་གྲོས། བྱང་ན་ན་རོ་པ། དབུས་ན་རིན་ཆེན་རྡོ་རྗེ་དང་ཛྙཱ་ན་ཤྲཱི། དེ་ཐམས་ཅད་ལ་བསྟེན། བོད་□ □□ ལྷ་རྗེར་སྤྲ་ཡ་ཧྲ་ར་ཕེབས་པ་ལ་གསུང་ངག་རིན་པོ་ཆེ་གསན། པཎ་ཆེན་ལ་གསེར་སྲང་ལྔ་བརྒྱ་ཕུལ། མང་མཁར་མུ་གུ་ལུང་དུ་བཞུགས་སོ། །དེ་ལ་སློབ་མ་འབྲོམ་དེ་ལ་སྟེང་ཆུང་། ལྷ་བཙུན་ཀ་ལི། སེ་མཁར་ཆུང་པ་གསུམ་མན་ངག་ཚང་བ་ཡིན། ལྷ་རྗེའི་གྱི་ལྷུང་དབུ་དཀར། ཤངས་ཀྱི་བྲག་རྩེ་སོ་ནག །དབྱང་དཀོན་མཆོག་རྒྱལ་པོ། འཁོན་དཀོན་མཆོག་རྒྱལ་པོ། མངའ་རིས་པ་གསལ་བའི་སྙིང་པོ་དང་ལྷ་གཞུང་ཚར་བ་ཡིན། དགྱེར་སེའོ། བཞེན་རོག་པོ། དབུས་པ་གྲོང་པོ་ཆེ་སྟེ་ཕོ་གསུམ། སྟོད་མོ་རྡོ་རྗེ་འཚོ་དབྱངས། སྒོམ་མ་དགོན་ནེ། ཤངས་མོ་ལྕམ་གཅིག །མཆེད་མོ་ནམ་མཁའ། དེ་ལྟར་གྲུབ་ཐོབ་ཕོ་མོ་བདུན་བྱུང་། འཁོན་དཀོན་མཆོག་རྒྱལ་པོ་གཡའ་ལུང་འཛག་གཞོང་དུ་ཞེང་ཕོ་ཁྲི་ལ་འབྲུངས། ས་སྐྱའི་དགོན་པ་བཏབ། དགུང་ལོ་རེ་དགུ་ལ་ཐེགས། སེ་སྟོན་ཀུན་རིག་ནི། ཡལ་མདག་སྨད། གདུང་སེ་ཡིན། དེ་ལ་གདམས་

ངག་རབ་ཐོབ་པ། ཞང་སྟོན་ཆོས་འབར་དང་གཟི་བརྗིད་འབར་གཉིས། འབྲིང་ཐོབ་པ་ཞམ་ལྷུམ་སྲིང་། ཐ་མ་ཐོབ་པ་སེ་སྒོམ་བྱང་ཡེས། ཞང་སྟོན་ཆོས་འབར་གྱི་སློབ་མ་ས་ཆེན་ཀུན་སྙིང་ཡིན་ཏེ། དེ་ཡང་ཡབ་ང་དགུ་བཞེས་པ་ཆུ་ཕོ་སྤྲེའུ་ལོ་ལ་ཇོ་མོ་ཞང་མོ་ལ་འཁྲུངས། བྱིས་པ་ནས་ཡིག་རྩིས་གསོ་རིག་ལུགས་ཀྱི་བསྟན་ཆོས་སྒྲ་སྙན་ངག་ལ་མཁས་པར་བཞུགས། དགུང་ལོ་བཅུ་གཅིག་ལ་ཡབ་གཤེགས། ཡུམ་མ་ཡར་མོ་ཇོ་རྗེ་མྱུག་མོའི་གསུང་ནས་བུ་ཆུང་བས་གདན་ས་མི་ཐེན། གདན་ས་བ་རི་བ་ལ་བསྐོས། ཉིད་ཀྱི་ཡབ་ཀྱང་ལོ་ཙཱ་བ་དང་འབྲེལ་བས་ཆོས་འདི་ཐུན་ཆུང་གསུང་བས་གསར་མ་སློབ། དེ་ལ་མངོན་པ་འདི་སྟགས་དང་འབྲེལ་ཆེ་གསུང་ནས་སྐུ་འདབ་དང་ནང་རྟེན་ཚར་པ་དང་རོང་ཏུར་སྐྱིག་ཏུ་བྲང་ཏི་དར་མ་སྙིང་པོ་ལ་མངོན་པ་གསན། གཞན་ཡང་འཁོན་བགྱི་ཆུ་བ། བ་རི་བ། གནང་ཁུ་བ། མལ་ལོ་ཙཱ་བློ་གྲོས་གྲགས་པ་སོགས་ལ་སྟགས་མཚན་ཉིད་མཐའ་དག་གསན། གསུང་ངག་ཞང་སྟོན་ལ་གསན། དེ་ལ་སློབ་མ་ནི་སེང་ག་གླིང་གི་ཨ་ཙ་ར། བྱང་ཆུབ་སེམས་དཔའ་སྟག །སྒོམ་པ་ཀྱི་འབར་དང་གསུམ་གྱིས་མཐོང་ལམ་ཐོབ། རྗེ་བཙུན་གྲགས་པ། ཞུ་བྱས། སྒ་སྟོན། ནགས་སྒོམ། ཚར་ཁའི་རྣལ་འབྱོར་པ། འོད་གྲགས། མར་ཆུང་པ་རྣམས་ཀྱིས་སྦྱོར་ལམ་བཟོད་པ་ཐོབ། གཞན་ནི་གྲངས་ལས་འདས་པ་བྱུང་། བདེ་གཤེགས་ལ་མཁས་པ་ཇོ་རྗེ་རྒྱལ་པོས་ཀྱང་ལམ་ཐོབ་འབྲས་གསན་

ཏེ་ཡིག་ཆ་མཛད་དོ། །ས་ཆེན་ཀུན་སྙིང་རེ་བདུན་ལ་ཐེགས། དེའི་སྲས་ཆེ་བ་ཀུན་དགའ་འབར་རྒྱ་གར་དུ་གཤེགས། དེ་ནས་བསོད་ནམས་རྩེ་མོ། གྲགས་པ་རྒྱལ་མཚན། དཔལ་ཆེན་འོད་པོ་རྣམས་མ་ཅིག་འོད་སྒྲོན་ལ་འཁྲུངས། སློབ་དཔོན་བསོད་རྩེ་ཆུ་ཕོ་ཁྱི་ལ་འཁྲུངས། ཞེ་གཅིག་ལ་ཐེགས། རྗེ་བཙུན་གྲགས་པ་མེ་ཡོས་ལ་འཁྲུངས། བདུན་ཅུ་ལ་ཐེགས། དཔལ་ཆེན་འོད་པོ་ལྕགས་ཕོ་རྟ་ལ་འཁྲུངས། ང་བཞི་ལ་ཐེགས། རྗེ་བཙུན་གྲགས་པ་ནི་རིག་པའི་གནས་ལྔ་ལ་མཁས། ཐེག་པ་ཆེན་པོ་གསང་སྔགས་ལ་རྡོ་རྗེ་འཆང་དངོས་ཡིན་ནོ། །དཔལ་ཆེན་མ་ཅིག་ཉེན་རེ་ལྕམ་གྱི་སྲས་ཆོས་རྗེ་ས་པཎ་ཆུ་ཕོ་སྟག་ལ་འཁྲུངས། ཟངས་ཚ་བསོད་རྒྱལ་ཤིང་འབྲུག་ལ་འཁྲུངས། དེ་ལ་ཆོས་རྗེ་པ་ནི། མཚན་ཀུན་དགའ་རྒྱལ་མཚན་དགུང་ལོ་ཉེར་བདུན་གྱི་བར་དུ་ཧེན་དགེ་བསྙེན་ཡིན། རྒྱ་གར་གྱི་མཁས་པ་བདེ་བར་གཤེགས་པའི་དཔལ། ཤཱཀྱ་ཤྲཱི། སང་ཀྷ་ཤྲཱི་ལ། ཧྲ་ན་ཤྲཱི་ལ་རྣམས་ལ་སྒྲ་ཚད་སྙན་ངག་ཟློས་གར། སྡེབ་སྦྱོར། བཟོ་དང་གསོ་བ་ནང་རིག་པའི་བསྟན་ཆོས་སྡེ་སྣོད་གསུམ་དང་། ཐེག་ཆེན་གསང་སྔགས། ཁྱད་པར་དུས་ཀྱི་འཁོར་ལོ་སོགས་གསན། བླ་མ་པཎ་ཆེན་ལ་རབ་བྱུང་དང་བསྙེན་རྫོགས་ཞུས། སྤྲི་ཏུ་ལྷག་པས་ལས་སློབ་མཛད། དུམ་བུ་རི་པས་གསང་སྟོན་མཛད། དད་པའི་དགེ་འདུན་ཉེར་ལྔ་བཞུགས། ཆོས་རྗེ་ས་པཎ་ལ་བོད་ཀྱི་བླ་མ་ཐོག་མ་ནས་རྗེ་བཙུན་གྲགས་པ། རྩེགས་པ་དབང་ཕྱུག་སེང་གེ །

མཚུར་སྟོན་གཞོན་ནུ་སེང་གེ་སོགས་ལ་ཆོས་ཐམས་ཅད་གསན། མུ་སྟེགས་འཕྲོག་བྱེད་དང་རྩོད་པའི་དུས་བཏབ་དགུང་ལོ་རེ་ལྔ་ལ་ཧོར་གྱི་ཡུལ་དུ་ཕེབས། ཧོར་དང་ཡུ་གུར་རྒྱ་ནག་ཐམས་ཅད་སངས་རྒྱས་ཀྱི་བསྟན་པ་ལ་བཀོད། བདུན་ཅུ་ལ་ཐེགས། ཟངས་ཚང་དྲུག་ལ་ཐེགས། ཆོས་རྗེ་པའི་སློབ་མ་ཞུ་ཡུག་པ་བསོད་ནམས་སེང་གེ །ཁང་གཉན་ཞང་གསུམ་ལ་སོགས་པས་བཤད་བཀའ་བཟུང་། མན་ངག་གི་རྒྱུད་འཛིན་དམར་ཆོས་ཀྱི་རྒྱལ་པོ། ལྷེ་བ་ཀུན་མཁྱེན་རིན་པོ་ཆེ། རྟོགས་པའི་རྒྱུད་འཛིན་ཚོགས་སྒོམ་ཡོན་དཔལ་ལ་སོགས་པ་བྱོན། ཀུན་གྱི་སྙིང་པོ་འགྲོ་མགོན་འཕགས་པ་ནི། ཟངས་ཚ་དང་འོད་ཟེར་འབུམ་གྱི་སྲས་འཕགས་པ་ཤིང་མོ་ལུག་ལ་འཁྲུངས། ཆོས་རྗེ་པ་ལོ་བཅུ་དྲུག་བསྙེན། གཞན་ཡང་མཆིམས་ནམ་མཁའ་གྲགས། ཤར་པ་རྡོ་རྗེ་འོད་ཟེར། སྣ་ལོ། སེང་གེ་ཟིལ་གནོན། སློ་བོ་ལོ་ཙྪ་བ་སོགས་ལ་ཆོས་མཐའ་དག་གསན། ཆུ་མིག་ཆོས་འཁོར་བཙུགས། ཞེ་དྲུག་ལ་ཐེགས། དེའི་སློབ་མ་ཁང་གསར་བ་གྲགས་པ་འོད་ཟེར། གུང་པ་བཀྲ་ཤིས་བཟང་པོ་སོགས་དང་། མན་ངག་རྒྱུད་འཛིན་ཞང་དཀོན་མཆོག་དཔལ། ཀུན་སློ། ཞང་མདོ་སྡེ་དཔལ་སོགས་བྱོན། དེ་ལ་འཇམ་སྐྱུ་ནམ་མཁའ་དཔལ། དེ་ལ་དཔལ་ལྡན་སེང་གེ་གསན། དེའི་སློབ་མ་དཔལ་ལྡན་བླ་མ་དམ་པ་བསོད་ནམས་རྒྱལ་མཚན་ནི། ཟངས་ཚ་ལ་སྲས་འགྲོ་མགོན་འཕགས་པ། ཕྱག་ན་རྡོ་རྗེ། སློབ་དཔོན་ཡེ་འབྱུང་། རིན་ཆེན་རྒྱལ་

མཚན་དང་བཞི་ཡོད་པའི་ཡེས་འབྱུང་གི་སྲས་བདག་ཉིད་ཆེན་པོ་བཟང་
པོ་དཔལ། དེ་དང་མ་ཅིག་གཞོན་ནུ་འབུམ་གྱི་སྲས་སུ་ཞ་ལུ་ཁང་
གསར་ཆེན་མོར་ཆུ་ཕོ་བྱི་བ་ལ་འཁྲུངས། དགུང་ལོ་རེ་བཞི་བཞུགས།
བདག་ཉིད་ཆེན་པོ་ལ་སྲས་བཅུ་གཅིག་ཡོད་པ་ནི། སློབ་དཔོན་བསོད་
ནམས་བཟང་པོ། ཏི་ཤྲི་ཀུན་ལོ། མཁས་བཙུན་ནམ་ལེགས། མཁས་
བཙུན་ཀུན་རྒྱལ། ནམ་མཁའ་རྒྱལ་མཚན། ཀུན་དགའ་ལེགས་
འབྱུང་། ཀུན་དགའ་ལེགས་པ། ཀུན་དགའ་ཉི་མ། དོན་ཡོད་རྒྱལ་
མཚན། བླ་མ་དམ་པ་རྣམས་སོ། །མཁས་བཙུན་ཆེན་པོའི་སྲས།
ཀུན་དགའ་རིན་ཆེན། ཀུན་རྒྱལ་གྱི་སྲས་ཆོས་རྒྱལ་ཏྣ་ཤེན། དེའི་སྲས་
ཐེག་ཆེན་ཆོས་རྗེ། ཀུན་དགའ་རིན་ཆེན་གྱི་སྲས་བློ་གྲོས་རྒྱལ་མཚན།
དབང་ཀུན་ལེགས་ཀྱི་སྲས་བླ་ཆེན་བསོད་བློ་སོགས་བྱོན་ནོ། །ཐེག་
ཆེན་ཆོས་རྗེའི་སློབ་མ་རྗེ་ཐང་གི་རྗེ་དྭགས་པོ་ཐམས་ཅད་མཁྱེན་པ་
དང་། བྲག་ཐོག་པ་དང་། ལྷུང་གླིང་ཆོས་རྗེ་སོགས་བྱོན་ནོ། །ཡང་
དཀོན་མཆོག་དཔལ་ལ། བསོད་ནམས་དཔལ། དཔལ་ལྡན་བླ་མ།
དེ་ནས་དཔལ་ལྡན་ཚུལ་ཁྲིམས། ཤངས་པ་ཡེས་རྒྱལ། བུད་རྣ་ཤྲཱི།
དེ་གཉིས་ལ་ཆོས་རྗེ་ངོར་པ་ཀུན་བཟང་པ། དེ་ནས་མུས་པ་དཀོན་
རྒྱལ་བ་སོགས་བྱོན་ནོ། །ས་སྐྱ་པ་ལ་བཤད་པའི་རྒྱུད་འཛིན་ནི། རེད་
མདའ་བ་གཞོན་ནུ་བློ་གྲོས། མཁན་ཆེན་གཡག་པ་སངས་རྒྱས་དཔལ་
གཉིས། གཡག་པའི་སློབ་མ་རོང་སྟོན་ཤཱཀྱ་རྒྱལ་མཚན། དེ་ལ་སློབ་མ་

ཕར་ཕྱིན་རང་དང་མཉམ་པ་ལོ་པ་ཚུལ་དར། ཚད་མ་རང་དང་མཉམ་པ་གཞོན་རྒྱལ་མཆོག །འདུལ་བ་རང་དང་མཉམ་པ་དམར་སྟོན་རྒྱལ་རིན། མངོན་པ་རང་དང་མཉམ་པ་བཟང་པ་བློ་རྒྱམ། གཞན་ཡང་དྒགས་པོ་བཀྲ་ཤིས་རྣམ་རྒྱལ། དགེ་བ་རྒྱལ་མཚན། སློབ་དཔོན་བཟོད་ཆེན་པ། གཞུ་པ་བསོད་རིན། ཀུན་མཁྱེན་དགའ་བ་གདོང་པ། རབ་འབྱམས་པ་སངས་རྒྱས་འཕེལ་ལ་སོགས་པ་བྱོན་ནོ། ། ས་སྐྱ་བླ་བྲང་ཤར་དུ་ཞང་ཞུང་རྫོ་འབུམ་ལ་སྤྲུལ་ལ་སྤྲུལ་ཤེས་རབ་འབུམ། འོད་ཟེར་ཕན། རྡོ་རྗེ་འོད་ཟེར་གསུམ་བྱུང་། ཤེར་འབུམ་གྱིས་བླ་བྲང་ཤར་བཟུང་། དེའི་སྟག་དཔོན་ཡེ་ཤེས་ཆེན་པོས་ཤར་གྱི་གདན་ས་མཛད། ཤེར་འབུམ་གྱི་སྲས་ཡེ་ཤེས་རིན་ཆེན། ཀུན་དགའ་སེང་གེ །འཇམ་དབྱངས་རིན་རྒྱལ། དམ་པ་ཀུན་བསོད་རྣམས་སོ། །ཟུབ་པའི་ཐོག་མ་ཨུ་ཡུག་པ། དེའི་དཔོན་རྒྱུད་ཀུན་དགའ་སྨོན་ལམ། ཡོན་དཔལ་སོགས་བྱོན། བླ་བྲང་གུང་པ་ལ་སྐྱོ་སྟོན་དྲི་མེད། ཛྙཱ་ཡེ་ཤེས་དཔལ་རྒྱལ། ཤེར་རྒྱལ། བཀྲ་ཤིས་བཟང་པོ་སོགས་བྱོན་པས་སྐྱ་ཁབ་གསར་པ་ནི། སུམ་པ་གྲགས་རྒྱལ་གྱི་སྲས་གྲགས་པ་འོད་ཟེར་གྱིས་འགྲོ་མགོན་འཕགས་པའི་དཀོན་གཉེར་བྱས། དེའི་དཔོན་ཚང་ཀུན་དགའ་སྨོན་ལམ། དེའི་དཔོན་པོ་སངས་རྒྱས་དཔལ། དེ་ནས་གྲགས་པ་རྒྱལ་མཚན། ཉི་མ་རྒྱལ་མཚན། བདེ་ལེགས་རྒྱལ་མཚན་སོགས་བྱོན། ས་སྐྱར་གདན་ས་མཛད་པའི་གོ་རིམ་ནི། དཀོན་མཆོག་རྒྱལ་པོ། བ་རི་

བ། ཀུན་སེང་། སློབ་དཔོན་རིན་པོ་ཆེ། རྗེ་བཙུན་པ་ས་པཎ། དཀར་ཤཱཀྱ་གྲགས། འཕགས་པ། ཕྱག་ནའི་སྲས་དྷརྨ་པ་ལ། འཇམ་དབྱངས་རིན་རྒྱལ། བདག་ཉིད་བཟང་པོ་དཔལ། མཁས་བཙུན་ཆེན་པོ། དོན་ཡོད་རྒྱལ་མཚན། བླ་མ་དམ་པ། བློ་གྲོས་རྒྱལ་མཚན། ཀུན་དགའ་རིན་ཆེན་སོགས་བྱོན་ནོ། །ཧོར་གྱི་བླ་མ་མཛད་པའི་རིམ་ནི། ས་པཎ། འཕགས་པ། ཤར་པ་ཡེས་རིན། གྲགས་པ་འོད་ཟེར། འཇམ་དབྱངས་རིན་རྒྱལ། སངས་རྒྱས་དཔལ། བླ་ཆེན་ཀུན་བློ། ཀུན་དགའ་ལེགས་འབྱུང་། རིན་ཆེན་གྲགས། ཀུན་དགའ་རྒྱལ་མཚན་རྣམས་སོ། །ཆོས་རྗེ་ས་པཎ་གཉལ་དུ་ཐེབས་པའི་སློབ་མ་མཆོག་དགྲ་བཅོམ་པ་གཏེའུ་ར་པ་རྣམས་བྱོན་ཏེ། དེ་གཉིས་ཀྱི་སློབ་མ་ཞང་སྐྱུལ་བ་ཡིན། གཏེའུ་ར་དང་སྐྱུལ་གྱི་བླ་མ་རྩད་བཅད་དེ་འདིར་གཞུག་གོ །དཔལ་ལྡན་ས་སྐྱ་ནས་བརྒྱུད་པར་ཆོས་སྡེ་འབྱུང་བ་ནི། ཏའི་སི་ཏུས་རྩེ་ཐང་དུ་ས་སྐྱ་ནས་འཆད་ཉན་པ་སྤྱན་དྲངས་ཏེ་ཆོས་སྡེ་བཞེངས། དེའི་གདན་སར་འཇམ་དབྱངས་ཤཱཀྱ་རྒྱལ་མཚན། ཐགས་རིན་པ། འཇམ་སྟོན་པ། བསོད་གྲགས་པ། གྲགས་རྒྱལ་བ། བྱང་ཆུབ་རྡོ་རྗེ། གྲགས་པ་འབྱུང་གནས་རྣམས་བྱོན། ཆེན་པོ་ཀྵོ་མ་བ་ལ། ཆོས་སེང་། རྡོར་ཐོགས་པ། བྱང་རིན། མཁར་ཐོག་པ། རྒྱལ་བཟང་། ཚུལ་བློ་བ། རིན་ཆེན་དཔལ། བཟང་རྒྱལ། དྭགས་པོ་ཐམས་ཅད་མཁྱེན་པ་འོད་ཟེར་སེང་གེ །བློ་རྒྱལ་བ། དཔལ་འབྱོར་བ།

ད་ལྷ་བཀྲས་བཟང་པ་བཞུགས། དེ་ལ་ཆོས་རྗེ་དྭགས་པོ་ནི་དྭགས་པོ་ཤ་པ་གླིང་དུ་ས་ཕོ་རྟ་ལོ་ལ་འཁྲུངས། ཁྲབ་ལ་ཁར་རབ་བྱུང་མཛད། མཁན་ཆེན་རྒྱལ་དབང་པ་ལ་བསྙེན་རྫོགས་ཞུས། རྗེ་ཐང་དུ་ཆེན་པོ་རིན་ཆེན་དཔལ། སློབ་དཔོན་ཆོས་འཕེལ་བཟང་པོ། སྐྱོར་ལུང་མཁན་ཆེན་བློ་གསལ། སློབ་དཔོན་བསམ་གཏན་དོན་གྲུབ། ཐང་སག་གི་གཞོན་རྒྱལ་རྣམ་གཉིས་རྣམས་ལས་བཤད་པ་རྒྱ་ཆེར་གསན་ཏེ། དབུས་གཙང་དུ་དཀའ་བཅུའི་གྲྭ་སྐོར་མཛད། མཁས་པའི་གྲགས་པས་གནམ་ས་ཁྱབ་པ་བྱུང་། ཆོས་རྗེ་དེ་བཞིན་གཤེགས་པ། ཐེག་ཆེན་པ། སྟག་ཕུ་པ། བྱང་ཆུབ་རྒྱལ་དབང་པ། ཞ་ལུ་གྲགས་རྒྱལ། ཉི་མ་པ། ཤཱཀྱ་དཔལ་སོགས་ལ་རྒྱུད་ལུང་མན་ངག་རྒྱ་ཆེར་གསན་ཏེ་དོན་བརྒྱུད་ལ་དག་པའི་ཞིང་དུ་ཐེགས། བྱང་མ་བ་ལ། ཆེན་པོ་པད་རྒྱལ། གྲགས་རྒྱམ། ཡོན་རིན། བློ་འཕེལ། གྲགས་བཟང་བ། དཔལ་བཟང་བ། ཆོས་འཕེལ། ཀོ་མལ་པ་ད་ལྷ་བཞུགས། གཞན་ཡང་ཡར་འབྲོག་པས་མངོན་དགའ་བཏབ། ཉང་སྟོད་དུ་ཆོས་རྒྱལ་རབ་བརྟན་འཕགས་ཀྱིས་དཔལ་འཁོར་བདེ་ཆེན་བཞེངས། དེར་གདན་ས་བ་དགེ་ལེགས་དཔལ་བཟང་། བཟད་པ་བློ་རྒྱམ། ད་ལྷ་དཀོན་མཆོག་བཟང་པོ་བཞུགས། ཆོས་རྗེ་རོང་ཆེན་པས་ནཱ་ལེནྡྲ་བཏབ། དེའི་གདན་སར་ཆོས་རྗེ་བཀྲས་རྣམ་པ། དགེ་རྒྱལ་བ། བདག་པོ་རྒྱ་གར་བ། ཀུན་རྫོར་བ། ཀུ་རུ་ཤེར་བཟང་བ་ད་ལྷ་བཞུགས། ཆོས་རྗེ་ངོར་པ་ནི། ས་

སྐྱུར་དཔོན་ཆེན་པོ་ཐུབ་པ་ཡོན་ཏན་གྱི་སྲས་སུ་ཆུ་ཕོ་ཁྱི་ལ་འཁྲུངས། ས་སྐྱ་པའི་ཐུགས་ཕྱོགས་ཞེན་ཏུ་དར་བར་མཛད། ངོར་དགོན་པ་བཏབ། བརྩུན་པའི་མཆོག་ཏུ་གྱུར། དོན་ལྷ་ལ་ཐེགས་སོ། །བྲག་ཐོག་པ་བསོད་ནམས་བཟང་པོའི་སློབ་མ་ཆོས་རྗེ་ཀུན་དགའ་རྣམ་རྒྱལ་བས་གོང་དཀར་དུ་རྡོ་རྗེ་གདན་བཞེངས་སོ། །

ད་ནི་ས་སྐྱ་པ་དང་ཉེ་ཆེ་བར་བླ་མ་པཎ་ཆེན་ཤཱཀྱ་ཤྲཱི་ལས་བརྒྱུད་ལུགས་བཤད་པར་བྱ་སྟེ། འཁྲུངས་ཡུལ་ཁྲི་བརྟན། ཡབ་ཆོང་དཔོན་སྲིད་བརྟན་དང་ཡུམ་དགེ་ལེགས་མའི་སྲས་སུ་ས་ཕོ་སྤྲེའུའི་ལོ་ལ་སྐྱུ་འཁྲུངས། རིག་པའི་གནས་ལྔ་ལ་མཁས་ཞིང་རྡོ་རྗེ་འཛིན་པར་གྱུར་པ་དེ། ཤིང་ཕོ་བྱི་བ་རེ་བཞི་ལོན་པ་ལ་བི་བྷུ་ཏི་ཙནྡྲ། དཱ་ན་ཤཱི་ལ་ལ་སོགས་པ་པཎ་ཆུང་ཉི་ཤུ་རྩ་ལྔ་དང་བཅས་པ་ཁྲོ་ཕུར་ཆགས་ཕེབས། ས་ཁྲོ་སྤྱིལ་གསུམ་ལ་སོགས་པ་དང་། ལྷོ་བྲག་ཏུ་མངའ་བདག་འགྲོ་མགོན། ཐུག་རལ་དུ་ཁེར་གད་ཡོན་ཏན་དཔལ་ལ་སོགས་པ་སློབ་མ་བསམ་གྱིས་མི་ཁྱབ་པ་སྨིན་པར་མཛད། གཙང་དུ་ལོ་ལྔ་དབུས་སུ་ལོ་བཞི་མངའ་རིས་སུ་ལོ་གཅིག་བཞུགས་ནས་རྒྱ་གར་དུ་ཐེགས། དེའི་རྒྱུད་འཛིན་གཙང་སྨད་པ་རྡོ་རྗེ་དཔལ་དང་། གྲུབ་ཤུལ་པ་ཁེར་གད་བྱང་ཆུབ་དཔལ་གཉིས་ཀྱི་སྟན་གཅིག་གི་ཙལ་ཤུགས་འཛིན་པ་མཛད་དེ། དེ་ཡང་རྡོ་རྗེ་དཔལ། འོད་ཟེར་དཔལ། སངས་རྒྱས་དཔལ། ཆོས་ཀྱི་རྒྱལ་མཚན། བསོད་ནམས་དཔལ། ཤེར་མགོན། སེང་གེ་

རྒྱལ་མཚན། བྱང་འོད། གཞོན་ནུ་འབུམ། བསོད་ནམས་དབང་ཕྱུག། བཀྲས་ཚུལ་བ། ཚུལ་རིན་པ། སངས་བློ་བ། རྒྱལ་དབང་བ། བཀྲས་སེང་བ། ཡོན་རིན་བ། བྱང་བཟང་པ། བློ་རྒྱལ་བ། དོན་དཔལ་བ། བྱང་ཆུབ་གྲགས་པ། བཀྲས་བྱང་པ། ད་ལྟ་ཆོས་རྗེ་སྤྱན་ཚོགས་པ་བཞུགས་ཏེ་ཚོགས་ཆེན་པའི་མཁན་བརྒྱུད་དོ། །ཁྲ་རྫིང་བའི་བླ་རབས་ནི། ཚོགས་ཆེན་པའི་མཁན་པོ་སངས་རྒྱས་དཔལ་ལ་གཞུ་པ་དཀོན་མཆོག་རྒྱལ་མཚན་ཕྱུག །དེ་ནས་ཕྱུགས་རྗེ་དཔལ། དར་མ་དཔལ། ཀུན་དགའ་དཔལ། ཚུལ་ཁྲིམས་དཔལ། སངས་གཞོན། དར་བཟང་། ཚུལ་ཁྲིམས་མགོན། བསོད་ནམས་འོད་ཟེར། རིན་ཚུལ། བསོད་ཤ་བ། ཤེར་མགོན་པ་སོགས་བྱོན། མཁན་པོ་བྱང་ཆུབ་དཔལ་གྱིས་ཐོག་མའི་འཁོར་རྣམས་གཙང་པ་དབང་ཕྱུག་གྲགས་ལ་གཏད། ཕྱིས་བསྐྱངས་པ་ལ་ཆོས་ལུང་པ་བྱུང་སྟེ། བདེ་བ་དཔལ། གྲགས་གཞོན། བསོད་གྲགས་པ། བསོད་ནམས་བཟང་པོ། གཞོན་ནུ་མགོན། གྲགས་པ་རྒྱལ་མཚན། གྲགས་པ་བཤེས་གཉེན་ལ་སོགས་པ་བྱོན། གཙང་པ་དབང་ཕྱུག་གྲགས་ཀྱི་རྗེས་སུ་བྱུང་བ་དགེ་འདུན་སྐྱང་པ་སྟེ། གཞོན་བྱང་། འདུལ་ཚང་བ། དོན་གྲུབ་དཔལ། ཡོན་ཏན་རྒྱལ་མཚན། དཔལ་གྲུབ་ལ་སོགས་པ་བྱོན། དགེ་འདུན་སྐྱང་པའི་མཁན་ཆེན་མཚན་མིན་པ་བསོད་ནམས་བཟང་པོ། དེའི་སློབ་མ་ཡར་རྒྱབ་ཏུ་འབྲུངས་པ་འཕགས་ཆེན་བསོད་ནམས་དང་། དེའི་དཔོན་པོ་

དང་། དབུ་མཛད་ནས་གྱིས་སོ། །མཁན་རྒྱུད་ནི། སངས་རྒྱས། ཤཱ་རིའི་བུ། སྒྲ་གཅན་ཟིན། ཀླུ་སྒྲུབ། ཡོན་ཏན་བློ་གྲོས། རིན་ཆེན་བཤེས་གཉེན། ཆོས་ཀྱི་བཟང་པོ། ཡོན་རྒྱམ། ཆོས་ཀྱི་ཕྲེང་བ། འབྱུང་གནས་སྦས་པ། དེ་ལ་པཎ་ཆེན་ནོ། །ས་སྐྱ་པ་ནས་བརྒྱུད་པ་རྣམས་བཤད་པའི་ལེའུ་སྟེ་དྲུག་པའོ།། །།

ད་ནི་དྭགས་པོ་དཀར་བརྒྱུད་ཀྱི་ཁུངས་དང་བྱོན་ཚུལ་བཤད་པར་བྱ་སྟེ། དེ་ཡང་རྒྱུད་པ་བཀའ་བབས་བཞི་ནི། ས་ར་ཧ། ལུ་ཨི་པ། ཊེང་གི་པ། ཏེ་ལོ་པ་རྣམས་ཕྱག་ཆེན་གྱི་བཀའ་བབས་སོ། །བྱང་ཆུབ་སེམས་དཔའ་བློ་གྲོས་རིན་ཆེན། ཀླུ་སྒྲུབ། མ་ཏང་གི་པ། ཏེ་ལོ་པ་རྣམས་ནི་ཕ་རྒྱུད་ཀྱི་བཀའ་བབས་སོ། །སུ་མ་ཏི་ཐར་ལོ། སློ་ཀར་རི་པ། ཏེ་ལོ་པ་རྣམས་མ་རྒྱུད་ཀྱི་བཀའ་བབས་སོ། །ཙིར་ཡ་པ། ཏཾ་ཧྲི་པ། ཕི་ན་ས། ལྭ་བ་པ། ཨིནྡྲ་བྷུ་ཏི། ཏེ་ལོ་པ་རྣམས་གསང་སྔགས་ཕལ་ཆེ་བའི་བཀའ་བབས་ཏེ། དེ་ཐམས་ཅད་ཏེ་ལོ་པ་ལ་མངའ། དེའི་སློབ་མ་དཔལ་ན་རོ་པ་ནི་ཆོས་རྗེ་ས་པཎ་གྱི་ཞལ་ནས་བྲམ་ཟེའི་རིགས་ཡིན་གསུང་། དཀར་བརྒྱུད་རྒྱལ་རིགས་ཡིན་གསུང་། ཤངས་པའི་ལོ་རྒྱུས་ལས་ནི་གུ་མ་རྒྱལ་རིགས་སུ་བཤད་ལ། དེ་ན་རོ་པ་དང་ལྷམ་སྲིང་དུ་བཤད་པས་རྒྱལ་རིགས་ཡིན་པ་བདེན་ནམ་སྙམས། ན་རོ་པ་ལ་མཚན་བརྒྱད་ཡོད་དེ། ནམ་མཁའི་སྙིང་པོ། སངས་རྒྱས་ཡེ་ཤེས། ཆོས་ཀྱི་བླ་མ། ཛྙཱ་ན་སིདྡྷི། སྙན་གྲགས་བཟང་པོ། འཇིགས་མེད་

གྲགས་པ། བསྟན་པ་འཛིན་པ་རྣམས་སོ། །ན་རོ་པ་ལ་སློབ་མ་མཻ་ཏྲི་པ། ཞི་བ་བཟང་པོ། ཊཾ་ཀྵི་བ། ཤཱནྟི་པ་སོགས་བྱོན། མཻ་ཏྲི་བ། རྒྱ་གར་ཕྱག་ན། དེས་བལ་པོ་སྐྱེ་མེད། དེས་བྲའོ་ལོ་ཙཱ་སོགས་བྱོན་ཏེ་ཕྱག་རྒྱ་ཆེན་པོ་དོ་ཧ་རྣམས་དར་རོ། །མར་པ་ལོ་ཙཱ་ནི། ཡུལ་ལྷོ་བྲག་ཆུ་ཁྱེར་དྲ། ཡབ་མར་པ་དབང་ཕྱུག་འོད་ཟེར་གྱི་སྲས་སུ་འཁྲུངས། དགུང་སྙིང་ཆུ་ཕོ་བྱི་བ་ཡིན། དེས་འབྲོག་མི་ལ་དང་པོར་མཇལ། དེ་ནས་རྒྱ་གར་དུ་ལན་གསུམ་བྱོན་ཏེ། དེ་ཡང་ཤར་མེ་ལྷར་འབར་བའི་རི་རབ་ལ་མཻ་ཏྲི་པ་ལ་ཕྱག་ཆེན་ཞུས། ལྷོར་དུག་མཚོ་ཁོལ་མར་ཞི་བ་བཟང་པོ་ལ་སྒོམ་ལམ་རྒྱུད་ཞུས། ནུབ་ཏུ་ཁེ་དྲར་ཡེ་ཤེས་སྙིང་པོ་ལ་སྒྱུ་ལུས་འོད་གསལ་ཞུས། བྱང་བུས་པ་ག་རིར་དཔལ་ན་རོ་པ་ལ་བསྲེ་འཕོ་སྐོར་གསུམ་ཞུས། ཁྱད་པར་ན་རོ་པས་བྱིན་གྱིས་བརླབས་ཏེ། དགུང་ལོ་གྱ་བཞི་བཞུགས་སོ། །དེ་ལ་སློབ་མ་བྱོན་ཚུལ་ནི། སྲས་དར་མ་མདོ་སྡེ་ནི་ཆོས་མ་ཟིན། དེ་ལས་གཞན་པ་མཚུར་དབང་གི་རྡོ་རྗེ། རྔོག་ཆོས་རྡོར། གཙང་རོང་དུ་བ་འོབ་མེས་སྟོན་ཆེན་པོ་བསོད་ནམས་རྒྱལ་མཚན། མི་ལ་རས་པ་བཞི་ལ་མཉེས་པའི་བུ་བཞི་ཟེར། ཀ་ཆེན་བཞི་ཡང་ཟེར་རོ། །རྗེའི་མེའུ་ཆུང་། ཚུ་གོང་དཔལ་ལེ། རྡོལ་པ་གགས་སྟོན། ཁེར་གད་པ་བཞི་ལ་བཀའ་བབས་བཞིར་གྲགས། ལས་ཅན་གྱི་སློབ་མ་བཞི་ནི། འདམ་གྱི་མར་པ་མགོ་ལེགས། འཕན་ཡུལ་གྱི་ཉ་མ་དཔལ་མོ། ཀློག་སྐྱ་རྗེ་སྲས། རྒྱང་རོའི་ཁང་སྟོན་རྣམས་སོ། །

མར་ལོའི་སློབ་མ། མར་དོ་ཆོས་དབང་ནི་ཡར་འབྲོག་སྣ་དོའི་རྒྱུགས་སུ་འབྲུངས། གུ་རུ་བ་ལོ་ཙྪའི་སློབ་མ་ཡིན། དེ་ནས་རྒྱ་གར་དུ་ཕྱིན། པཎྜི་ཏ་མང་པོ་ལ་ཆོས་གསན། འགྱུར་མང་པོ་མཛད། དེའི་སློབ་མ་གཙང་གི་རྒྱ་ནས། དོའི་ཟླ་བ། ཁམས་ཀྱི་ཅོག་གྲུ་སོགས་བྱོན། མར་དོའི་སྲས་ནམ་མཁའ་འདིའི་སློབ་མ་བརྒྱུད་ཡར་ལུངས་ལྷག་རུ་བ་ཡིན་ནོ། །མར་ལོའི་སློབ་མ་བརྒྱུད་པ་ཟིན་པ་རྔོག་དང་། མཚུར་དང་། མི་ལ་གསུམ་གྱི་དང་པོ་ནི། གཞུང་སྤྲེ་ཞིང་དུ་རྔོག་བན་ཆེན་པོའི་སྲས་རྔོག་ཆོས་རྡོར་ནི། ཞིང་ཕག་ལ་འབྲུངས། རྔོག་པའི་དཀྱིལ་འཁོར་བདུན་ལས་གསང་ལྡན་མ་གཏོགས་མར་པ་ལས་བྱུང་བ་ཡིན། རེ་བརྒྱུད་ལ་ཐེབས། དེའི་སྲས་ཞེ་སྡང་རྡོ་རྗེ་ལྟུགས་རྟ་ལ་འབྲུངས། ཡབ་ལ་ཆོས་གསན་ལོང་ཆེར་མ་བྱུང་བས། རྔོག་དང་། རྣ་ལོ། པ་ཚབ། གཉོས་ལོ། བྱ་ལོ། གྱི་ཇོ། ཟངས་དཀར། བ་རི་བ་སོགས་ལ་གསན། དོན་བདུན་ལ་ཐེབས། དེའི་སྲས་ཇོ་ཚུལ་ཞིང་ལུག་ལ་འབྲུངས། ཞེ་བཞི་ལ་ཐེབས། དེའི་སྲས་ཀུན་དགའ་རྡོ་རྗེ་མེ་སྣང་ལ་འབྲུངས། དོན་བརྒྱུད་ལ་ཐེབས། དེའི་སྲས་གཟི་བརྗིད་ཆུ་ཁྲི་ལ་འབྲུངས། རྒྱལ་པོ་དགའ་ཞིང་སྣང་ལ་འབྲུངས། གཉིས་ཀས་བརྒྱུད་ཚུ་རེ་བཞུགས། དེ་ལ་སྲས་གསུམ་སྟེ་སེང་གེ་སྒྲ། རིན་བཟང་། ཆོས་རྡོར་རྣམས་སོ། །ཆོས་རྡོར་ལ་སྲས་ཆོས་ཀྱི་རྒྱལ་མཚན་དང་སེང་གེ་འབུམ། ཕྱི་མའི་སྲས་དོན་གྲུབ་དཔལ། དེའི་སྲས་བྱང་ཆུབ་དཔལ་ལོ། །རྔོག་ཞེ་སྡང་རྡོ་

རྗེ་ལ་མར་པས་མིང་མདོའི་སྡེ་ཞེས་བཏགས་ཏེ། དོན་ལ་མར་པའི་སྲས་སུ་བྱེད་དོ། །མཚུར་སྟོན་དབང་གི་རྡོ་རྗེ་དོལ་དུ་བྱོན་པ་ཡིན། མར་པ་ལས་དཔལ་གསང་བ་འདུས་པ་སོགས་ཞུས། དེ་ནས་འཕོན་གད་པ་འགེར་ཏེ་བྲ་ཁང་བ་བསོད་རིན། ཐུར་ལ་བ་ཚུལ་ཁྲིམས་སྐྱབས། ཐང་པེ་བ་འཕགས་པ་སྐྱབས། གསེར་སྡིངས་པ་གཞོན་ནུ་འོད། དགེ་སྡིངས་པ་ཆོས་སྐུ་འོད་ཟེར། འཕགས་འོད་པ། བུ་སྟོན་ཐམས་ཅད་མཁྱེན་པ། ལོ་ཙཱ་བ་རིན་ཆེན་རྣམ་རྒྱལ། མཁྱེན་བྱང་ཆུབ་རྒྱལ་དབང་། དྲགས་པོ་འོད་ཟེར་སེང་གེ །དེ་ལ་བདག་གིས་ཞུས་ཤིང་། གསང་འདུས་དགེ་འདུན་པ་ལ་ཤིན་ཏུ་དར་བ་ནི། བུ་སྟོན་པ་ནས་ཁྲུང་པོ་ལྷས་པ། དེ་ལ་རྗེ་རིན་པོ་ཆེས་གསན་པ་ནས་རྒྱ་ཆེར་འཕེལ་བ་ལགས་སོ། །མི་ལ་ནི། ཡུལ་ཁ་བ་གུང་ཐང་། ཡབ་མི་ལ་ཤེར་རྒྱལ་དང་ཡུམ་མྱང་བཟའ་དཀར་རྒྱན་གྱི་སྲས་སུ་ལྕགས་འབྲུག་ལ་འཁྲུངས། མཚན་ཐོས་པ་དགའ་ཞེས་བཏགས། གདུང་རུས་ཁྲུང་པོ་ཡིན་ཟེར་བ་དང་། གཞན་ཡིན་ཟེར་བ་གཉིས་འདུག ཡབ་སྤྱི་མོར་འདས་ཏེ། ཨ་ཁུ་དང་ཨ་ནེས་དགྲ་བྱས་པས་ཡུལ་སྤྱངས་ཏེ་དགེར་སྟོན་དབང་ངེ་ལ་སོགས་བླ་མ་བཅུ་ཙམ་ལ་རེས་ཆོས་ཞུས། རེས་མཐུ་སེར་སོགས་ཞུས་ཀྱང་ཐུགས་མ་ཆེམ་པར་མར་པའི་མཚན་ཐོས་པ་ཙམ་གྱིས་དད་ནས་ཞབས་ཏོག་ཚུལ་བཞིན་བྱས། རྗེ་མར་པ་དང་རྔོག་ཆོས་རྡོར་ལ་ཆོས་རྣམས་གསན། མཚན་རྡོ་རྗེ་རྒྱལ་མཚན་དུ་བཏགས། ལ་ཕྱི་གཞུང་

ནང་སོགས་ལ་སྒྲུབ་པ་ལ་བརྩོན། ཀྱུ་བཞི་ལ་ཐེགས། དེའི་སློབ་མ་སེ་བན་རས་པ། ར་ཛྙ་རས་པ། ཁྲི་ར་རས་པ། བདེ་བ་སྐྱོང་། ཞི་བ་འོད། འབྲི་སྒོམ་རས་པ། རས་ཆུང་བ། དྭགས་པོ་ལྷ་རྗེ་རྣམས་ལ་སྙིང་ཚོལ་བརྒྱུད་ཟེར། དེ་ལ་བརྒྱུད་པ་ཟེན་པ། རས་ཆུང་བ་དང་དྭགས་པོ་གཉིས་ཀྱི་དང་པོ་ནི། ཡུལ་ལས་སྟོད་གུང་ཐང་། གདུང་རུས་གཉན་ཡིན། ཁྲི་བ་ལོ་ལ་འཁྲུངས། དེ་ལ་སློབ་མ་ལོ་གཙང་ར་གསུམ་བྱུ་བ་བྱུང་། ལོ་རས་དེ་གཉལ་སྟོད་ཅབ་ཡིན། གཙང་པས་སྲིན་ལག་ལ་མེ་སྤར་ཏེ་ཕུལ། ར་དེ་བྱུར་པོ་ཡིན། རས་ཆུང་པའི་སྲས་དམ་པ་མ་ཕོབ་རྟུལ་ས་མོ་སླང་ལ་འཁྲུངས། རས་ཆུང་སྙན་རྒྱུད་ནི། ཁྲུང་ཚང་པ། རྟ་སྒོམ། ཞང་ལོ་ཆེ། རྒྱ་ར་ཤྲཱི། རྒྱལ་བ་སྨོན་མཁར་བ་རྣམས་ལ་བརྒྱུད་དོ། །གཉིས་པ་དྭགས་པོ་ལྷ་རྗེ་ནི། གཉལ་ཐོང་གཉེར་གཉིས་པ་དབུ་རྩེ་རྒྱལ་འབར་དང་ཤེ་རོམ་ཆེ་ལུས་ཀྱི་སྲས་སུ་ས་ལུག་ལ་འཁྲུངས། སྐྱུ་མིང་བསོད་ནམས་རིན་ཆེན་ཟེར། དགུང་ལོ་ཉི་ཤུ་རྩ་ལྔ་ལ་དྭགས་པོར་མར་ཡུལ་བློ་ལྡན་དང་ཤ་བ་གླིང་པ་ལ་རབ་བྱུང་བསྙེན་རྫོགས་ཞུས། ཆོས་ མཚན་ དགེ་ སློང་ བློ་ གྲོས་ གྲགས་ པར་བཏགས། དཀར་ རྒྱུད་ གསེར་ ཕྲེང་ དུ་ སྐྱུ་ མིང་ དར་ མ་ གྲགས་ ཟེར། ཆོས་མཚན་བསོད་རིན་ཟེར་བ་ཡོད། དེ་ནས་སྤྱན་སྔ་ཚུལ་འབར། རྒྱ་ཡོན་བདག དགེ་བཤེས་སྒྲེ་པ། སྒྱུག་རུམ་པ། སྙེའུ་ཟུར་པ། ལྕགས་རུ་སོང་ཁ་བ་རྣམས་ལ་བཀའ་གདམས་གསན། དེ་ནས་མི་ལའི་དྲུང་དུ་

འགྲོ་བར་ཞུས་པས་སྤྱན་སྔའི་གསུང་ནས། ཟངས་ངས་བརྡུངས་ཟངས་སྐད་གཞན་གྱིས་འདོན་པར་འདུག་རྩ། ངའི་བསྔོ་བ་ཞྭ་ཐབས་མ་བོར་གསུང་། དེ་ནས་མི་ལ་དང་མཇལ། གདམས་ངག་གིས་ཐུགས་ཚིམས་ཏེ་དྭགས་ལྷ་སྒམ་པོར་བཞུགས། དོན་ལྔ་ལ་ཐེགས། དེ་ལ་སློབ་མ་རྒྱུད་འཛིན་གྱི་བུ་བཞི་ནི། འགྲོ་མགོན་རིན་པོ་ཆེ། དྭགས་པོ་སྒོམ་ཚུལ། གྲུབ་ཐོབ་དབུ་སེ། བླ་མ་འབབ་རོམ་པའོ། །ཡོངས་གྲགས་ཀྱི་བུ་བཞི་ནི། ཤ་རོམ་འཕགས་པ། གསེར་སྒོམ་ཡེ་ཤེས་སྙིང་པོ། རམ་གཉེ་ཆོས་འབྱུང་། ཟིམ་ཤེ་ཡེ་ཤེས་སྙིང་པོའོ། ། ཐུགས་ཀྱི་སྲས་བཞི་ནི། དྭགས་པོ་སྒོམ་ཚུང་། བླ་མ་སྒོག་ལྕོག་པ། གསལ་སྟོང་སྒོམ་ཤོར། བླ་མ་འོལ་ཁ་པ་རྣམས་སོ། །ཉེ་བའི་སྲས་བཞི་ནི། དྭགས་པོ་འདུལ་འཛིན། ཛོ་སྲས་ལ་ཡག་པ། སྐྱེས་བུ་ཡེ་ཤེས་རྡོ་རྗེ། མགར་སྒོམ་དཀར་པོའོ། །ཉེ་གནས་ལེགས་མཛེས་གསལ་བྱང་། བྱང་ལེ་རྣམས་སོ། །བླ་མ་འབབ་རོམ་པ་ལ་ཁམས་སུ་གདུལ་བྱ་ཆེ་བར་བྱུང་། དྭགས་པོ་སྒོམ་ཚུང་ནི་ཤེས་རབ་བྱང་ཆུབ་ཅེས་བྱ་སྟེ། ཉིད་ཀྱི་དཔོན་པོ་ཡིན། སྒོག་ལྕོག་པ་ནི་ཁྱུང་པོའི་སློབ་མ་རིན་ཆེན་བརྩོན་འགྲུས་དེ་ཉིད་ཡིན། འོལ་ཀ་ཆོས་གཡུང་ནི་གླང་ཤོད་རོང་ངལ་མདར་ཡོ་མི་གླུ་ཕྱུག་བྱ་བའི་སྲས་སུ་འཁྲུངས། དགུང་སྙིང་ལྷགས་འབྲུག་ཡིན། བྱ་ཡུལ་བ་ལ་རབ་བྱུང་ཞུས། སྒམ་པོ་བ་དང་མཇལ། དོན་བརྒྱད་ལ་ཐེགས། དེ་ནས་རི་ཁྲོད་གཞོན་ནུ་རྒྱལ་མཚན་ནོ། །སྐྱེས་བུ་ཡེ་རྡོར་གྱིས་ཙ་རིའི་གནས་

སྒོ་ཕྱེས་པ་ཡིན། བརྒྱུད་པ་ཟིན་པ། ཕག་གྲུ་བ་དང་དབུ་སེ་དང་སྒོམ་ཚུལ་གསུམ་ལས། དང་པོ་ནི། ཡུལ་རྩེ་ཤོད། ཡབ་འཕན་རྟོག་ཨ་དར་དང་ཁུ་འཛུམ་ཨ་ལྷམ་གྱི་སྲས་སུ་ལྕགས་སྟག་ལ་འཁྲུངས། གདུང་རུས་དབའས་ཡིན། ལ་ལར་དབལ་ཟེར་བའང་འདུག །ཡོན་ཐབ་བུ་ཚུལ་ཁྲིམས་དང་སྟོད་ལུངས་རྒྱ་དམར་བ་དང་བྱ་འདུལ་རྣམས་ལས་རབ་ཏུ་བྱུང་ཞིང་བསྙེན་པར་རྫོགས་པ་མཛད། དྭགས་པོ་ལྷ་རྗེ། སློབ་དཔོན་སྦྱུ་པ། ས་ཆེན། རོང་པ་ཤེར་རྒྱམ་རྣམས་ལ་གསན་སྦྱོང་མཛད། གདན་ས་ཐིལ་བཏབ། དྲུག་ཅུ་རེ་གཅིག་ལ་ཐེགས། དེ་ལ་སློབ་མའི་མཆོག་མཐར་ཐུག་གི་བུ་བཞི་ནི། སྟག་ལུང་པ། གླིང་རས་སྣར་ཐུ་པ། མཚན་འབྲུ་རྒྱ་རས། གདམས་པའི་བུ་བཞི་ནི། སྐལ་ལྡན་ཡེ་ཤེས་སེང་གེ །མི་ཉག་སེ་སྒོམ་རིང་། ཀུན་ལྡན་རས་པ། ཉག་རེ་སེ་བོའོ། །རོ་གཅིག་རྟོགས་པ་ཕྱེད་དང་བཞི་ནི། ཆོས་རྗེ་འཇིག་རྟེན་མགོན་པོ། བན་ཧ྄་ཕུག་པ། ཆོས་རྗེ་འདུམ། ཆོས་རྗེ་གདུམ་རྣམས་སོ། །ཕྱེད་མ་ནི་བན་ཧ྄་ཕུག་པ་ལ་ཛོ་མོ་ཡོད་པས་དེ་ལྟར་བྱས་སོ། །ཐུགས་སྲས་བཞི་ནི། གཉེན་དགོན་དཀར་བ། ཉང་གཉེན་གྲོང་པ། སྟོམ་སེང་གེ་ཁ་པ། ཅི་ལུང་པའོ། ། ཡི་གེ་མའི་བུ་བཞི་ནི། རིན་པོ་ཆེ་ཤུག་ཆེར་བ། ལྷ་ས་བ་དགེ་སྐྱབས། གྲུ་གུ་རློ་སེང་། རྒྱ་ཐང་བ་རྣམས་སོ། །ཉེ་བའི་སྲས་བཞི་ནི། ཟླ་མ་དམར་བ། སྤེ་ཕུག་པ། དགྱེར་སྒོམ། སེང་གེ་དཔལ་ལོ། །ཞང་སུམ་ཐོགས་པ་དང་། རྒྱལ་ཚ་རིན་ཆེན་མགོན་འདི་

གཉིས་ནི་འགྲོ་མགོན་རིན་པོ་ཆེའི་གྲོགས་མཆེད་ཡིན་ཡང་ཕྱིས་སློབ་མར་གྱུར་པ་ཡིན། །དེ་ལ་མི་ཉག་སྒོམ་རིངས་ཀྱིས་འབྲི་གུང་བཏབ། སྤར་ཕུ་བློ་སེང་གེས་སྤར་ཕུ་བཏབ། དགྱེར་སྒོམ་གྱིས་སྐྱེ་ཕུ་ཤུག་གསེབ་བཏབ། རྒྱ་མཐིང་པས་ཨེ་རྒྱ་ཐང་བཏབ། ཨ་མ་ཡིན་པར་འདི་བྱུང་བ་གི་ན་ཡོད་ཟེར་ཡང་ཡོད། སྨར་བས་ཁམས་སུ་ཤོ་དགོན་བཏབ། འཕོམ་པས་སྐམ་དགོས་ལུང་བཏབ། ཡེལ་པ་ཡེ་ཤེས་བརྩེགས་ཀྱིས་ཡེལ་ཕུག་བཏབ། ཞང་སུམ་ཐོག་པས་སེ་བ་ལུང་བཏབ་བོ། །བརྒྱུད་པ་མས་པ་ནི་སྐྱུར་དང་། སྟག་ལུང་པ་དང་། ཟྭ་ར་བ་དང་། རྒྱལ་ཚ་དང་གླིང་རས་དང་ལྷོ་བྱུང་བའི་དང་པོ་ནི། སྐྱུ་ར་རིན་ཆེན་དཔལ་གྱི་ཡུལ་ན་མའི་ས། ཡབ་རྣལ་འབྱོར་རྡོ་རྗེ། ཡུམ་རྗེ་བཙུན་མགོ །གདུང་རུས་འདན་མའི་ནང་ནས་སྐྱུ་ར་ཡིན། ཆུ་མོ་ཕག་ལ་འཁྲུངས། ཞང་གསུམ་ཐེག་པ་ལ་རབ་བྱུང་བསྙེན་རྫོགས་ཞུས། འབྲི་གུང་དང་ཐེལ་གྱི་གདན་ས་མཛད། དོན་ལྷོ་པ་ལ་ཐེགས། སློབ་མའི་མཆོག་རྗེ་སྤྱན་སྔ། དཔོན་རིན་པོ་ཆེ། གཙང་རིན་པོ་ཆེ། གཉོས་ལྷ་ནང་པ། མགར་ཆོས་སྡིངས། དཔལ་ཆོས་ཡེ། དཔོན་ཤེར་འབྱུང་། འདིས་དགོངས་གཅིག་མཛད་པ་ཡིན། བསོད་ནམས་གླིང་པ། ཏི་ཕྲི་རས་པ། ཀླྀ་ཕུག་པ། པོ་པོ་བཀྲ་ཤིས། ཉི་མ་བྱང་ཆུབ། གང་པ་བཞི་སོགས་བྱོན། གཉོས་ལྷ་ནང་པའི་དཔོན་པོ་ལྷ་རིན་པོ་ཆེས་གྱེ་རེ་བཞེངས། མགར་དམ་ཆོས་སྡིངས་ཀྱིས་པོ་འོར་ཕོ་ལུང་བཏབ། རྗེ་སྤྱན་སྔ་ནི་ཡུལ་

ལྷ་གཟིགས་གནས་དྲུག་བྱ་བར་ཡབ་ལྷ་གཟིགས་ཡོན་ཆེན་སྐྱབས་དང་ཡུམ་ཁྱེ་བྱུག་སྨན་གྱི་སྲས་སུ་ལུག་ལོ་ལ་འཁྲུངས། འབྲི་གདན་གྱི་གདན་ས་མཛད། གྱ་གཅིག་ལ་ཐེགས། རྒྱལ་བ་རིན་པོ་ཆེ་གྲགས་པ་བརྩོན་འགྲུས་ནི། རྗེ་སྤྱན་སྔའི་མཆེད་ཟླ་སངས་རྒྱས་སྐྱབས་དང་། མཚོ་རྒྱལ་སྲས་སུ་ཕག་ལོ་ལ་འཁྲུངས། ཐིལ་གྱི་གདན་ས་མཛད། རེ་ལྔ་ལ་ཐེགས། དེ་ནས་བཅུ་གཉིས་པ། གྲགས་ཡེ་བ། གཉིས་མཆོད་པ། ཆོས་བཞི་བ། བཅུ་གཉིས་གསར་མ་བ། ཆོས་བཞི་གསར་མ་བ། ཀུན་སྤངས་པ། སྤྱན་སྔ་དཔལ་བ། སྤྱན་སྔ་བསོད་བཟང་པ། སྤྱན་སྔ་བསོད་ནམས་རྒྱལ་མཚན་བ། འདི་གསུམ་སྐུ་མཆེད་ཡིན། ད་ལྟ་ཐིལ་གྱི་སྤྱན་སྔ་ངག་དབང་པ་བཞུགས་ཤིང་། ཆོས་སྟོན་པ་པོ་བང་རིམས་པ་དཔལ་གྲགས་རྣམ་པར་རྒྱལ་བ་བཞུགས། འབྲི་གུང་དུ་སྐྱུ་རའི་རྗེས་སུ་དཔོན་རིན་པོ་ཆེ། དེ་ནས་རྗེ་སྤྱན་སྔ། དེ་ནས་གཙུང་རིན་པོ་ཆེ། ཐོག་ཁ་བ། ཟླ་རྫམས་པ། གཉུབས་པ། བཅུ་གཉིས། ཇོར་རྒྱལ་བ། ཆོས་རྒྱལ་བ་སོགས་བྱུང་སྟེ། མི་ཉག་སྒོམ་རིན་དང་རྗེ་སྤྱན་སྔ་མ་གཏོགས་སྐྱུ་ར་ཡིན་ནོ། །གཉིས་པ་སྟག་ལུང་ཐང་པ་ནི་གདུང་ཀ་ཟི་ཡིན། ཚུ་ཕོ་ཁྲི་ལ་འཁྲུངས། འགྲོ་མགོན་ལོ་དྲུག་བསྟེན། ལྕགས་ཕོ་བྱི་བ་ལ་སྟག་ལུང་བཏབ། རེ་དགུ་ལ་ཐེགས། དེའི་དཔོན་པོ་རིན་ཆེན་མགོན་ཕག་ལོ་པ་ཞེ་བདུན་ལ་ཐེགས། སངས་རྒྱས་ཡར་བྱོན་ནི་ཕག་ལོ་པ་བདུན་ཅུ་ལ་ཐེགས། དེའི་སློབ་མ་སངས་རྒྱས་དཔོན་

ལྷགས་ཕག་ལ་འཁྲུངས། མེ་ཕོ་བྱི་བ་ལ་ཁམས་རི་བོ་ཆེ་བཏབ། ཞེ་དྲུག་ལ་ཐེགས། ད་པ་དར་གེ །ས་ཕོ་བྱི་བ་ལ་འཁྲུངས། ཀོང་དགོན་པ་བཏབ། གྱ་གསུམ་ལ་ཐེགས། རི་བོ་ཆེར་མཆན་ལ་རང་ན། མཉམ་མེད་གྲགས་པ་རྒྱལ་པོ། ནམ་མཁའི་སྙིང་པོ། དཔལ་བརྩེགས་རྒྱལ་པོ། དཔལ་བརྩེགས་བཟང་པོ་རྣམས་སོ། །སྟག་ལུང་དུ། སངས་རྒྱས་ཡར་བྱོན་གྱི་རྗེས་སུ་མཆན་ལ་གུ་རུ་ཡོས་ལོ་པ་རེ་བདུན་ལ་ཐེགས། སངས་རྒྱས་དཔལ་བཟང་པོ་སྤྲུལ་ལོ་པ་ང་གསུམ་ལ་ཐེགས། རཏྣ་གུ་རུ་བྱི་བ་ལ་འཁྲུངས་པ་ང་གཉིས་ལ་ཐེགས། རཏྣ་ཀ་ར་བྱི་བ་ལོ་པ་རེ་གཉིས་ལ་ཐེགས། ནམ་མཁའི་དཔལ་བཟང་བྱ་ལོ་ལ་འཁྲུངས། ཞེ་བདུན་ལ་ཐེགས། བཀྲ་ཤིས་དཔལ་བརྩེགས་ཕག་ལོ་ལ་འཁྲུངས། རེ་དྲུག་ལ་ཐེགས། དེ་ནས་བྱང་ཆུབ་རྒྱ་མཚོ། དེ་ནས་བཀྲ་ཤིས་དཔལ་འོད། དེ་ནས་ཆོས་རྗེ་ངག་དབང་གྲགས་པ། ས་ཕོ་ཁྱི་ལ་འཁྲུངས་ཏེ། ད་ལྟ་ང་བདུན་བཞེས་པ་བཞུགས་སོ། །གསུམ་པ་ནི་སྐལ་ལྡན་ཡེ་ཤེས་སེང་གེས་གྲྭ་རབས་སུ་ཐྭ་ར་བཏབ། དེའི་སློབ་མ་ཆོས་སྨོན་ལམ་འོད་ནི་ཡར་སྟོད་ཤར་དུ་འཁྲུངས། གདུང་གཙུབས་ཡིན། ཡབ་མགོན་ནེ། ཡུམ་འབུམ་སྐྱིད་ཀྱི་སྲས་སུ་ཡོས་ལོ་【ས་སླང་】③ ལོ་ལ་འཁྲུངས། མཁན་པོ་ཀླུ་དཀར་ལ་ཐུགས། གཡའ་བཟང་བཏབ་སྟེ་རེ་ལྔ་ལ་ཐེགས། དེ་ནས་ཉེ་གནས་ཇོ་སྲས། རྟོགས་ལྡན་རྒྱལ་པོ། འཁར་བཙུ་བ། ཐྭ་ར་བ། གདུང་བརྒྱུད་པ་ལ་སོགས་པ་བྱོན་ཞིང་། བར་སྐབས་སུ་གང་

སྔངས་བྱུང་བ་ལ་བླམ་ས་སྐྱ་བ་རིན་ཆེན་དཔལ་གྱིས་བདག་རྐྱེན་མཛད་དེ་ལྷ་གྲགས་པ་འོད་ཟེར་སོགས་བུམ་པ་ཅན་པས་གང་ནས་མཛད་དོ། །ཟླ་ར་བས་གཡའ་བཟང་གདུང་བརྒྱུད་པ་ལ་གཏད་ནས་གཞལ་སྔོད་ཐར་གླིང་བཏབ་པ་ཡིན། རྗོགས་ལྡན་རྒྱལ་པོའི་བུ་བཞི་ནི། གཞལ་སྨད་དཔལ་རིར་སངས་རྒྱས་བྱ་སྒོམ་ཨེ་གོར་གདོང་དུ་ལྷ་སྒོམ། གཞལ་སྟོད་གསེར་ལྡིར་ལེ་སྒོམ། ཚན་གསུམ་དགོན་གསར་དུ་རྒྱ་སྒོམ་དང་བཞི་བྱོན། བཞི་པ་རྒྱལ་ཚ་རིན་ཆེན་མགོན་ནི་གདུང་རུས་གནུབས། ས་ཕོ་ཁྱི་ལ་འཁྲུངས། ཞབ་ཐབ་ཏུ་ཁྲི་ཐུ་བཞེས། དོན་བརྒྱུད་ལ་ཐེགས། དེའི་གཅུང་པོ་ཀུན་ལྡན་རས་པ། ས་ཕོ་འབྲུག་ལོ་བདུན་ཅུ་ལ་ཐེགས། དེའི་དཔོན་པོ་ཁྲི་ཐུ་སོ་ནྲ་བ་བྱམས་པ་དཔལ། མཚན་དངོས་ཚུལ་ཁྲིམས་ཤེས་རབ་ནི། འཁྲུངས་ཡུལ་ཤབ། ཡབ་རྗེ་འཕན་དང་། ཡུམ་གསལ་བྱེད་མའི་སྲས་སུ་འབྲུག་ལོ་ལ་འཁྲུངས། ཁྲུ་བོ་སྐྱ་མཆེད་ལ་རབ་བྱུང་བསྙེན་རྫོགས་དང་ཆོས་ཕལ་ཆེར་ཞུས། རེ་གཅིག་ལ་ཐེགས། དེའི་དཔོན་པོ་ཁྲི་ཐུ་རིན་པོ་ཆེ། ཡང་རྩ་བ་རིན་སེང་། དེ་ལ་བུ་སྟོན་བ་ཐུག་གོ །ལྷ་པ་གླིང་རས་ནས་བརྒྱུད་པ་ནི། ཡུལ་མྱང་སྟོད་གདུང་གླིང་། ཡབ་རྒྱལ་པོ་སྐྱབས་བེ། ཡུམ་དར་ཆུང་མ་ལ་ས་ཕོ་སྤྲེའུ་ལ་འཁྲུངས། མཚན་པདྨ་རྡོ་རྗེ་ཡིན་ནོ། །འགྲོ་མགོན་རིན་པོ་ཆེ་བསྙེན། སྐུ་ཚེའི་སྟོད་ལ་རྣལ་འབྱོར་པ་རྗེ་མོ་ཅན་མཛད། ཐ་མར་དགེ་སློང་རྣམ་དག་མཛད་དོ། །རུས་ཀྱང་རབ་བྱུང་བྱས་པ་

འདི། །སངས་རྒྱས་བསྟན་པའི་རྣམ་བཞག་ཡིན། །ཆོས་མགོ་གཞུག་ལོག་པར་མི་དགོངས་འཚལ། །གསུང་བའི་མགུར་ཡོད། འདི་དང་བན་ཧྭ་ཤུག་པ་ཅམ་མ་གཏོགས་དྭགས་པོ་དཀར་རྒྱུད་པའི་བླ་མ་ཐམས་ཅད་དགེ་སློང་རྣམ་དག་ཁོ་ན་ཡིན་ནོ། །སྣ་ཕུ་ཆོས་ལུང་དུ་བཞུགས། རེ་གཅིག་ལ་ཐེགས། དེའི་སློབ་མ་གཙང་པ་རྒྱ་རས་ནི། ཡུལ་ཉང་སྟོད། གདུང་རྒྱ། ཡབ་བེ་དང་། ཡུམ་དར་སྐྱིད་ཀྱི་སྲས་སུ་སྤྲུལ་ལོ་ལ་འཁྲུངས། བླ་མ་ཞང་ལ་རབ་བྱུང་དགེ་སློང་ཞུས། ས་མོ་བྱ་ལ་རོ་སྙོམས་གདན་དྲངས། ར་ལུང་བཏབ། ང་གཅིག་ལ་ཐེགས། དེ་ལ་སློབ་མ། དང་པོར་ཆེ་བ་སྤྲ་ཀྱང་གཉིས། བར་དུ་ཆེ་བ་རྒྱ་འབྲས་གཉིས། ཐམར་ཆེ་བ་ལོ་རྒོད་གཉིས། གཞན་ཡང་ཀོ་བྲག་ལ་སོགས་པར་བྱོན། དེ་ལ་གཙང་སྟོད་དུ་སྤྲ་རི་བྱང་ཆུབ་གླིང་གོང་། བར་དུ་ཀྱང་བུ་ཁ་པ། ཉང་སྟོད་དུ་འབྲས་མེ་བ། གྲ་ཟུར་པོར་རྒྱ་ཡགས། ཉང་སྟོད་དུ་ཀོ་བྲག་པ་བྱོན། ཕྲིན་ལས་ལོ་རྒོད་གཉིས་ཆེ་སྟེ། དང་པོ་ནི་གཞུང་གྲགས་ཆེན་དུ་ཤེར་རྒྱལ་གྱི་སྲས་སུ་འཁྲུངས། གདུང་རུས་ལོ་ཡིན། སྤྲལ་ཧེ་ལ་རབ་བྱུང་དགེ་སློང་ཞུས། མཚན་དབང་ཕྱུག་བརྩོན་འགྲུས་ཡིན། བྱང་དབུ་རི་གཙང་རོང་དུ་དཀར་པོ་ཆོས་ལུང་། མོན་ཁ་སེང་གེ་རི་རྣམས་བཏབ། དེའི་སློབ་མ་ཙ་རི་བ། དེའི་སློབ་མ་གྲུབ་ཐོབ་མགོན་ཡེས་ཡིན། མདོར་ན་ལོ་རས་ནས་བརྒྱུད་པ་སྨད་འབྲུག་ས་ཡི་དྲེག་པ་ཅམ་བྱུང་། གཉིས་པ་རྒོད་ཚང་བ་ནི། ཡུལ་ལྷོ་ངོ་ལོ་ཆུང་།

གདུང་གཉིས་ཡིན་ནམ་ཟེར། ཡབ་ཆུ་ཆལ་མོན་གྲགས་ཀྱི་སྲས་སུ་ས་མོ་བྱ་ལ་འཁྲུངས། རྒྱ་རས་ལ་རབ་བྱུང་དགེ་སློང་ཞུས། ལས་སྟོད་རྒྱལ་གྱི་ཁྲིར་སྒྲུབ་པ་མཛད། བདུན་ཅུ་ལ་ཐེགས། དེའི་སློབ་མ་ཨོ་རྒྱན་པ་དང་ཡང་དགོན་པ་གཉིས་ཀྱི་དང་པོ་ནི། ཡུལ་ལྷ་སྟོད། ཡབ་རྗེ་འགན། གདུང་རུས་རུ། མཚན་རིན་ཆེན་དཔལ། ལྕགས་སྟག་ལ་འཁྲུངས། བརྒྱད་ཅུ་ལ་ཐེགས། དེའི་སློབ་མ་སྣེ་མདོ་བ་ཀུན་དོན་སོགས་བྱུང་། ཡང་དགོན་པ་ནི་ལས་སྟོད་སྟོར་ཆུ་བྱ་ལ་འཁྲུངས། ཞི་དྲུག་ལ་ཐེགས། དེའི་སློབ་མ་སྤྱན་སྔ་རིན་ཆེན་ལྡན་དང་ཡོ་རས་ཆོས་སྐྱོང་དཔལ་གཉིས་བྱུང་། དེ་ནས་ཟུར་ཕུག་པ་རིན་ཆེན་དཔལ་བཟང་། དེ་ནས་འབའ་ར་བ་རྒྱལ་མཚན་དཔལ་བཟང་རྣམས་ལ་སྟོད་འབྲུག་ཏུ་གྲགས་སོ། །ར་ལུང་དུ་སྐུའི་དབོན་པོ་ཆོས་ལས་སྐྱེས་པའི་སྲས་དར་མ་སེང་གེ །གཞོན་ནུ་སེང་གེ །ཉི་མ་སེང་གེ །སེང་གེ་རིན་ཆེན། སེང་གེ་རྒྱལ་པོ། ཀུན་སེང་། ཐོ་ཐོས་སེང་གེ །ཤེས་རབ་སེང་གེ །ཡེ་ཤེས་རིན་ཆེན། ནམ་མཁའ་དཔལ་བཟང་། ཀུན་དགའ་དཔལ་འབྱོར་ས་སྤྲེ་ལ་འཁྲུངས་པ་ད་ལྟ་བཞུགས་སོ། །ད་ནི་དྭགས་པོ་ལྷ་རྗེའི་སློབ་མ་གཉིས་པ་དབུ་སེ་ནས་རྒྱུད་ལུགས་བཤད་པར་བྱ་སྟེ། ཡུལ་ཏེ་ཤོད། ཡབ་དབུ་རྡོ་རྗེ་མགོན། ཡུམ་མེང་འདྲེན་གྱི་སྲས་སུ་ལྕགས་སྟག་ལ་འཁྲུངས། མཆོག་ཟླ་ལ་རབ་བྱུང་དང་དགེ་སློང་མཛད། མཚན་ཆོས་གྲགས་སུ་བཏགས། དབུས་སུ་མཚུར་ཕུ་བཏབ། ཁམས་སུ་ཀམ་ཚང་

བཏབ། གྱ་བཞི་ལ་ཐེགས། དེའི་རྒྱུད་འཛིན་ཞྭ་ནག་པ་དང་ཞྭ་དམར་བ་གཉིས་སོ། །དང་པོ་ནི་འགྲོ་མགོན་རས་ཆེན། དེའི་སློབ་མ་སྤོམ་བྲག་པ་ཡིན། དབུ་སེའི་སྐུ་སྐྱེ་ཀརྨ་པཀྴི། སྤོམ་འབོར་གྱི་སར་ཡབ་ཨུ་སྒང་དང་ཡུམ་མང་སྐྱིད་ཀྱི་སྲས་སུ་ཤིང་ཕོ་བྱི་བ་ལ་འཁྲུངས། ཆོས་མཚན་དར་མ་བླ་མ་བྱ་བ་ཡིན། བརྒྱད་ཅུ་ལ་ཐེགས། དུས་གསུམ་མཁྱེན་པ་གཤེགས་ནས་ལོ་བཅུ་གཅིག་ན་ཀརྨ་པཀྴི་འཁྲུངས་པ་ཡིན། དེའི་སློབ་མ་ཨོ་རྒྱན་པ་རིན་ཆེན་དཔལ་དང་། གཞན་རས་དགེ་འདུན་འབུམ། དེ་གཉིས་ཀྱི་སློབ་མ་སྤྲུལ་སྐུ་རང་བྱུང་རྡོ་རྗེ་ནི། ཡུལ་ལས་སྟོད་ཙ་ཕུར་ཤིང་སྤྲེལ་ལ་འཁྲུངས། ང་བདུན་ལ་ཐེགས། དེའི་སློབ་མ་གཡུང་སྟོན་དང་མགོན་རྒྱལ་གཉིས། དེའི་སློབ་མ་སྤྲུལ་སྐུ་རོལ་པའི་རྡོ་རྗེ་ཆོས་ཀྱི་གྲགས་པ་ནི། སྟོབ་ཏུ་ཡབ་བསོད་ནམས་དོན་གྲུབ་དང་ཡུམ་བརྩོན་འགྲུས་རྒྱན་གྱི་སྲས་སུ་ལྕགས་འབྲུག་ལ་འཁྲུངས། ཞེ་བཞི་ལ་ཐེགས། དེའི་སློབ་མ་ཞྭ་དམར་བ་མཁའ་སྤྱོད་དབང་པོ། དེའི་སློབ་མ་སྤྲུལ་སྐུ་དེ་བཞིན་གཤེགས་པ་ནི། ཤིང་ཕོ་བྱི་བ་ལ་འཁྲུངས། ཆོས་མཚན་ཆོས་ཀྱི་དཔལ་བཟང་པོ་རིག་མཚམས་མེད་པ་ཁང་བཟང་དང་ཡོན་བློ་བ་ལ་བསྙེན་རྫོགས་ཞུས། སོ་གཉིས་ལ་ཐེགས། དེའི་སློབ་མ་ཀ་བཞི་བ། མཐོང་བ་དོན་ལྡན་མེ་སྤྲེ་ལ་འཁྲུངས། སོ་བརྒྱད་ལ་ཐེགས། དེའི་སྐུ་སྐྱེ་མི་ཕམ་ཆོས་མགོན་ཤིང་ཕོ་ཁྱི་ལ་འཁྲུངས་ཏེ། ད་ལྟ་ཙ་གཅིག་བཞེས་སོ། །གཉིས་པ་ཞྭ་དམར་བ་ནི། དུས་གསུམ་

མཁྱེན་པའི་སློབ་མ་དགེ་སློང་ཚུལ་ཁྲིམས་དཔལ། མེ་ཕོ་བྱི་བ་ལ་འཁྲུངས། སོ་བདུན་ལ་ཐེགས། དེ་ནས་སྤྲུ་སྐྱེ་རིམ་པ་ལྟར། ནམ་མཁའ་འོད་ཆུང་སྣང་ལ་འཁྲུངས། རེ་བདུན་ལ་ཐེགས། བཀྲ་ཤིས་གྲགས་ལྷུགས་སྤྲེལ་ལ་འཁྲུངས། གྱ་གསུམ་ལ་ཐེགས། ཤ་གྲགས་སེང་ཆུ་ལུག་ལ་འཁྲུངས། རེ་བདུན་ལ་ཐེགས། མཁའ་སྤྱོད་པ་དྲི་མེད་དཔལ་ཡེ་ཤེས་ལྷུགས་ཕོ་སྟག་ལ་འཁྲུངས། ང་དྲུག་ལ་ཐེགས། རྫོགས་ལྡན་མེ་ཕོ་བྱི་བ་ལ་འཁྲུངས། ཞེ་བདུན་ལ་ཐེགས། ད་ནི་དྭགས་པོ་ལྷ་རྗེའི་མཆེད་རྡོ་རྗེ་འབར་གྱི་སྲས་སྣམ་པོ་ཚུལ་ཁྲིམས་སྙིང་པོ་ང་བཞི་ལ་ཐེགས། དེའི་སློབ་མ་ཞང་ནི། ཡུལ་ཚ་བགྲུ། ཡབ་རྡོ་རྗེ་སེམས་དཔའ། ཡུམ་མཛེ་ཡག་མའི་སྲས་སུ་ཆུ་ཡོས་ལ་འཁྲུངས། ང་གསུམ་ལོན་པ་ལ་ཚལ་བཏབ། རེ་ལྔ་ལ་གུང་ཐང་བཏབ། དོན་གཅིག་ལ་ཐེགས། དེ་ནས་གུང་ཐང་དུ་ཤཱཀྱ་ཡེ་ཤེས། སོབ་དཔོན་བྱང་དེ། ལྷ་ཕྱུག་མཁར་བ། སངས་རྒྱས་གདན་ས་འབུམ་མེ། སངས་རྒྱས་སྙིང་པོ། སངས་རྒྱས་གཞོན་ནུ། ཀུན་རྒྱལ་བ། ཤཱཀྱ་འབུམ། བྱང་ཆུབ་དཔལ། གྲགས་ཤེ་བ་རྣམས་སོ། །ཞང་གི་སློབ་མ་ལ་ནམ་མཁའ་འོད་ཀྱིས་ལྷ་དེ་ཁ་དང་། ཡང་སྟེང་བཏབ། ཉི་ཟླ་འོད་ཀྱིས་ལྷ་དྲུག །འདུ་བ་འོད་ཀྱིས་ཁ་རག་པོན་དྲུག །ཤཱཀྱ་འོད་ཀྱིས་བྱང་ཁམས་སུ་ཕྱིན། དེ་ལ་ཞང་གི་འོད་བཞིར་གྲགས་སོ། །དཔལ་དྭགས་པོ་དཀར་རྒྱུད་ལས་འཕེལ་བ་སྟེ་ལེའུ་བདུན་པའོ།། །།

ད་ནི་དཔལ་དུས་ཀྱི་འཁོར་ལོ་ཇི་ལྟར་བྱོན་ཚུལ་བཤད་པར་བྱ་སྟེ། སྔོན་སྟོན་པ་བཞུགས་དུས། གསལ་རྒྱལ་གྱི་བུ་འཕགས་སྐྱེས་པོ་དང་། ཤཱཀྱ་རྣམས་འཁོན་ཞུགས་ནས་འཕགས་སྐྱེས་པོའི་དཔུང་གིས་སེར་སྐྱ་བསྐོར་བ། ཤཱཀྱ་རྣམས་ཀྱིས་ཕྱིར་མཚོན་མི་རྒྱག་པའི་ཁྲིམས་བྱས་པའི་ཚེ། ཤཱཀྱ་ཤམྦྷ་ཀ་ཁྲིམས་ལ་མ་ཐེ་བར་མདའ་འཕོག་པས། ཤཱཀྱ་ཁྲིམས་བྱས་པ་ཆོས་ཤམྦྷ་ཀ་ཕྱུང་བ་དང་། སྟོན་པའི་ཚེམས་དང་ཕྱག་སེན་དང་དབུ་སྐྲ་ཞུས་ཏེ། ཡུལ་འབའ་གུ་ཏར་ཆས་སོ། །འབའ་གུ་ཏ་བས་རྗེ་འོང་བ་ཐོས་ཚེ་འཚོགས་པ་ན། ཤམྦྷ་ཀས་བང་ཆེན་གྱི་ཆས་སུ་ཞུགས་ཏེ་དེར་ཕྱིན་ནས་ཡི་གེ་བསྟན་པས། དེ་རྣམས་ན་རེ། ཡི་གེའི་སྟན་མེད་ཟེར། དེར་ཤམྦྷ་ཀས་རལ་གྲི་ཐོ་འོད་བཅང་ནས་བསྟད་པས། འབའ་གུ་ཏ་བྲེད་དེ་སྤྱན་དྲངས་ནས་རྒྱལ་པོར་བསྐོས། དེ་ནི་རྒྱལ་པོ་ཉི་མའི་འོད་ཀྱང་བྱ་བ་བགེགས་མཐར་བྱེད་ཀྱི་སྤྲུལ་པ་ཡིན་ནོ། །དེའི་སྲས་རྒྱལ་པོ་ཟླ་བ་བཟང་པོ་ནི་ཕྱག་རོར་ཡིན་ནོ། །ཡུལ་དེ་ལ་ཤམྦྷ་ལ་ཞེས་གྲགས་ཏེ། ལ་འཛིན་པ་ལ་འཇུག་པས་ཤམྦྷ་བཟུང་བ་ཞེས་བྱའོ། །གཏམ་རྒྱུད་འདི་འདུལ་བ་ལུང་ཕྲན་ཚེགས་ན་ཡོད་དོ། དེ་ལ་སྔོན་གྱི་མཁས་པ་རྣམས་དུས་འཁོར་སྟོན་པ་སངས་རྒྱས་པའི་ཕྱི་ལོ་གསུངས་པར་འདོད་པ་མི་འཐད་དེ། འགྲེལ་ཆེན་ལས། འཇམ་དཔལ་དབྱངས་ཀྱང་ང་མྱ་ངན་ལས་འདས་ནས་ལོ་དྲུག་བརྒྱ་ན་འབྱུང་ཞེས་སངས་རྒྱས་མྱ་ངན་ལས་འདས་ནས་ལོ་དྲུག་བརྒྱ་ན་འཇམ་

དཔལ་གྲགས་པ་ཤཱཀྱ་ལར་བྱོན་པ་ལུང་བསྟན། བསྡུས་རྒྱུད་དུ་ལོ་འདི་ནས་ནི་དྲུག་བརྒྱའི་ལོ་ལ་མི་བདག་གྲགས་པ་ཤཱཀྱ་ལ་ཞེས་བྱ་བ་འབྱུང་ཞེས་ཆོས་གསུངས་པའི་ལོ་དེ་ནས་ལོ་དྲུག་བརྒྱ་ན། འཇམ་དཔལ་གྲགས་པ་ཤཱཀྱ་ལར་འབྱུང་བ་དངོས་སུ་འགྲིག་པས་སོ། །དེ་ལ་ཁོ་ན་རེ། སངས་རྒྱས་པ་དེ་ཉིད་སྔར་མྱ་ངན་ལས་འདས་པ་ལ་ཟེར་ཞིང་། མི་འཐད་དེ་གཞན་དག་ལས་སངས་རྒྱས་པ་ལ་མྱ་ངན་ལས་འདས་པའི་མིང་བྱས་པ་ཡོད་ཀྱང་། འགྲེལ་མཆན་འདིར་སངས་རྒྱས་ཀྱི་མཛད་པ་སྤྱི་ཕྱིར་བགྲངས་པ་མང་པོ་ཞིག་ཏུ་སངས་རྒྱས་པ་དང་མྱ་ངན་ལས་འདས་པ་ཐ་དད་དུ་བགྲངས་ཤིང་། སངས་རྒྱས་པ་དང་མྱ་ངན་ལས་འདས་པ་དོན་གཅིག་ཏུ་བྱས་པ་ཡེ་མེད་པ་གཟིགས་ཤིག གཞན་ཡང་འགྲེལ་ཆེན་ལས་སངས་རྒྱས་ཏེ། དེ་ནས་ཆོས་ཀྱི་འཁོར་ལོ་བསྐོར་ཞིང་ཐེག་པ་གསུམ་བསྟན་ནས། ཟླ་བ་བཅུ་གཉིས་པ་སྟག་ལོའི་ཉ་ལ་ཤྲཱི་དྷ་ན་ཀ་ཏ་ཀར་རྩ་རྒྱུད་གསུངས། ཞེས་དང་། རྩ་རྒྱུད་ལས། སྟོན་པས་བྱ་རྒོད་ཕུང་པོ་རུ། །ཤེས་རབ་ཕ་རོལ་ཕྱིན་ཚུལ་བཞིན། །ཆོས་བསྟན་དཔལ་ལྡན་འབྲས་སྤུངས་སུ། །ཞེས་དང་། དེ་ནས་གཅིག་ཏུ་མཆོད་རྟེན་ཆེར། །ཞེས་སོགས་གསུངས་པས། སངས་རྒྱས་པའི་ལོ་ལ་དུས་འཁོར་མ་གསུངས་པ་དང་། མྱ་ངན་ལས་འདའ་ཁར་གསུངས་སོ་གྲུབ་བོ། །དེ་ན་ཤྲཱི་ནི་དཔལ། དྷ་ན་ཀ་ཏ་ཀ་འབྲས་སྤུངས་ཏེ། འབྲས་སྤུངས་ཀྱི་མཆོད་རྟེན་དུ་ཆུ་མོ་ལུག་གི་ལོ་ནག་པའི་ཉ་ལ། གསུང་བ་པོ་ཤཱཀྱ་ཐུབ་

པ། ཞུ་བ་པོ་ཆོས་རྒྱལ་ཟླ་བཟང་གིས་མཛད་ནས། དུས་ཀྱི་འཁོར་ལོའི་དབང་བསྐུར། རྩ་རྒྱུད་སྟོང་ཕྲག་བཅུ་གཉིས་པ་གསུངས། དེ་ནས་ཟླ་བ་བཟང་པོས་ཤམྦྷ་ལའི་ཡུལ་གྱི་དབུས་སུ་དཔལ་དུས་ཀྱི་འཁོར་ལོའི་དཀྱིལ་འཁོར་བློས་བསླངས་མ་བཞེངས། འགྲེལ་པར་ཟླ་བ་བཟང་པོའི་ལོ་གཉིས་ཞེས་པ་ནི་ཆོས་གསན་པའི་ལོ་དང་། སྲས་ལ་ཆོས་བསྟན་ཏེ་རྒྱལ་སར་བསྐོས་པའི་ལོ་གཉིས་པོ་འདི་ལོགས་སུ་བགྲང་རྒྱུ་མེད་དོ། །ཟླ་བཟང་གི་སྲས་ལྷ་དབང་། ཤིང་སྤྲེལ་ལོར་ཆོས་སྟོན་པ་པོར་བསྐོས། དེས་ལོ་བརྒྱ། དེ་ནས་ཤིང་ཕོ་བྱི་བ་ལ་གཟི་བརྗིད་ཅན་ཆོས་སྟོན་པ་པོར་བསྐོས། དེས་ལོ་བརྒྱ་ཆོས་བསྟན་ནས། ཤིང་འབྲུག་ལོ་ཟླ་བས་བྱིན་ཆོས་སྟོན་པ་པོར་བསྐོས། དེ་བཞིན་དུ་ཤམྦྷ་ལའི་རྒྱལ་པོ་རྣམས་སྤྲེལ་བྱི་འབྲུག་སྟེ་གསུམ་གྱི་ལོ་པ་ཡིན་པར་ངེས་སོ། །དེ་བཞིན་དུ་ལྷའི་དབང་ཕྱུག སྣ་ཚོགས་གཟུགས། ལྷའི་དབང་ལྡན་དྲུག་པོ་དང་། ཤམྦྷ་ཀ་ཟླ་བཟང་རྣམས་ནི། ཤཱཀྱའི་རིགས་ཀྱི་རྒྱལ་པོའོ། །དེ་ནས་འཇམ་དཔལ་གྲགས་པས་ཆོས་བསྟན་ནས་མི་ལོ་གོ་དགུ་སོང་བའི་ཚེ། ཤམྦྷ་ལའི་བྲམ་ཟེ་རྣམས་ལ། དུས་འཁོར་ཉན་དགོས་གསུངས་པས། ཤམྦྷ་ལའི་དྲང་སྲོང་གྲངས་ཅན་གྱི་གྲུབ་མཐའ་འཛིན་པ་རྣམས་འཇུག་ཏུ་མ་ཉན་པར་ཡུལ་ཐོན་ནས་ཞག་བཅུ་སོང་བའི་ཚེ་དྲང་སྲོང་དེ་རྣམས་ཁོ་ན་སྔགས་ཀྱི་གདུལ་བྱར་དགོངས་ཏེ་རྫུ་འཕྲུལ་གྱིས་སླར་ཡང་ཕོ་བྲང་ཀ་ལཱ་པའི་སྒོ་གདོང་དུ་བཀུག་གོ །དེར་སློབ་

པར་ཤེས་ནས་དྲང་སྲོང་ཉི་མའི་ཤིང་རྟས་གྲགས་པ་ལ་ཞུས་པ། ཙ་རྒྱུད་ལས་བསྡུས་པའི་རྒྱུད་མཛོད་པར་གསོལ་ཏོ། གྲགས་པས་བསྡུས་པའི་རྒྱུད་མཛོད་པ་ཡིན། དེའི་ཚེ་རྒྱལ་རིགས། བྲམ་ཟེ། གདོལ་པ། གཡུང་པོ་ཐམས་ཅད་རིགས་གཅིག་ཏུ་མཛད་པས་རིགས་ལྡན་ཞེས་བྱ་སྟེ། དེ་ནས་རིགས་ལ་བཟང་ངན་མེད་པས་རིགས་ལྡན་ཐོག་མའོ། །དེའི་སྲས་པདྨ་དཀར་པོས་འགྲེལ་པ་འདི་མཛད་དོ། །དེ་ནས་བཟང་པོ། རྣམ་རྒྱལ་བཤེས་གཉེན་བཟང་པོ། ཕྱུག་དམར། ཁྱབ་འཇུག་སྲས་པ། ཉི་མ་གྲགས། ཤིན་ཏུ་བཟང་པོ། དེ་ཐམས་ཅད་ཀྱིས་ཀྱང་ལོ་བརྒྱ་བརྒྱར་ཆོས་སྟོན། དེ་ནས་རྒྱ་མཚོ་རྣམ་རྒྱལ་དང་། མ་ཁའི་ཡུལ་དུ་ཀླ་ཀློ་འཇུག་པ་དུས་མཉམ་མོ། །དེའི་སྲས་རྒྱལ་དཀས་བྱེད་རྩེས་མཛད་དེ། དེ་ནས་ཉི་མ། སྣ་ཚོགས་གཟུགས། ཟླ་བའི་འོད། མཐའ་ཡས། ས་སྐྱོང་། དཔལ་སྐྱོང་། སེང་གེ །གནམ་གནོན། སྟོབས་པོ་ཆེ། མ་འགགས་པ། མིའི་སེང་གེ ། དབང་ཕྱུག་ཆེན་པོ། མཐའ་ཡས། རྣམ་རྒྱལ། དྲག་པོ་འཁོར་ལོ་ཅན་འདིས་ལོ་ཉིས་བརྒྱ་བཞུགས་ནས་ཀླ་ཀློའི་ཆོས་མེད་པར་བྱེད་དོ། །ད་ལྟ་རིགས་ལྡན་སེང་གེས་ཆོས་བསྟན་ནས་ལོ་ང་གཅིག་པ་ཡིན། རྒྱ་གར་དུ་ཐེབས་པའི་ལུགས་ལ་བཞེངས་ཚུལ་གསུམ་ལས། ཙ་མིའི་ལུགས་ཀྱིས་དགེ་སློང་བསོད་སྙོམས་པས་ཤཱཀྱ་ལར་བྱང་ཆུབ་སེམས་དཔའི་སྤྲུལ་པ་ཞིག་ལ་ཞུས་ཞེས་གྲགས། རྣ་པའི་ལུགས་ལ་ཙ་ལུ་ཨ་ཙནྡྲས་ཤཱཀྱ་ལའི་ཕྱོགས་སུ་

ཕྱིན་པས་པདྨ་དཀར་པོའི་སྤྲུལ་པ་ལ་ཞུས་གསུང་། འབྲི་པ་ནི། དུས་ཞབས་པས་ཤཱཀྱ་ལར་འགྲོ་བའི་ལམ་དུ་རིགས་ལྡན་དཔལ་སྐྱོང་གི་སྤྲུལ་པ་ལ་ཞུས་པར་བཞེད། བོད་དུ་ཕེབས་ལུགས་ལ། བསྟན་པ་བར་དར་ཆ་དགེ་སློ། གྱི་ཛོ་ཟླ་བའི་འོད་ཟེར། འ་ཞ་རྒྱ་གར་བརྩེགས། འགོས་རྣམས་ཀྱིས་རྒྱུད་འགྲེལ་བསྒྱུར་ཡང་དབང་དང་སྒྲུབ་རྒྱུད་མ་བྱུང་། ཕྱི་དར་ལ་རྩ་མི་སངས་རྒྱས་གྲགས། རྭ་ཆོས་རབ། འབྲོ་ཤེས་རབ་གྲགས་གསུམ་བྱུང་བ་ལ། རྩ་མི་ལ་སློབ་མ་དཔལ་སྣ་ལོ་གཞོན་ནུ་དཔལ། རོང་ཟིང་ལོ་ཙྪ་སོགས་བྱུང་ཡང་བཤད་བཀའ་མ་ཟིན། བཤད་བཀའ་ཟིན་པ་སེ་ལོ་ཙྪ། དེ་ནས་གཉོས་འོད་མ། བགྲ་ཤེས་རིན་ཆེན། ཨོ་རྒྱན་པ། སྐེ་མདོ་བ་ཀུན་དོན་གྱི་བར་བྱུང་ངོ་། །རྭ་ལུགས་ནི། རྩེ་ལུ་པ། པཎྜི་ཏ་ཨ་ཙནྟྲ། དུས་ཞབས་པ་ཆེ་བ། དུས་ཞབས་པ་ཆུང་བ། མཉྫུ་ཀཱིརྟི། ས་མན་ཏ་ཤྲཱི །རྭ་ཆོས་རབ། རྭ་འབུམ་སེང་། རྗེ་བཙུན་སྣ་ལོའོ། །འབྲོ་ལུགས་ནི། དུས་ཞབས་པ་ཆེ་ཆུང་། པཎ་ཆེན་ཟླ་བ་མགོན་པོ། དེ་དང་འབྲོ་ལོས་བསྒྱུར་བ་འབྲོ་ལུགས་ཟེར་ཡང་། དབང་མན་ངག་ནི་ཟླ་བ་མགོན་པོ་ལ་སྙོམ་པ་དཀོན་མཆོག་བསྲུངས་ཀྱིས་དར་ཡུག་སྐྱེ་ལ་བཏགས་རང་དང་ཅི་ཡོད་ཕུལ་བས་གནང་། དེས་སྒྲོ་སྟོན་གནམ་ལ་བརྩེགས་ལ་གནང་བ་ཡིན་ཏེ། སྒྲོ་སྟོན་ལོ་རོ་བ་ལ་བསྙེན་དུས་ལོ་རོ་བའི་གསུང་ནས། ང་ལོ་འབྲོག་འགོས་གསུམ་ལ་ཐུག་པ་ཡིན། ང་རྡོ་རྗེ་འཛིན་པ་དང་འདྲ། གཞན་ཚོ་བ་སླང་དང་འདྲ། ངས་དུས་

འཁོར་ཤེས་པ་【འདྲ་】གཅིག་མ་བྱུང་། མང་ཡང་བ་སླང་དང་འདྲ། གསུངས་པའི་རྐྱེན་བྱས་ཏེ་དུས་འཁོར་ལ་རང་ནས་དཀོན་མཆོག་སྲུངས་ལ་ཞུས་པ་ཡིན། དེ་ལ་གངས་ཏི་སེའི་རྩར་འཁྲུངས་པ་ཇམ་ཁྲི་བོ་དད་པ་རྒྱལ་པོའི་སྲས། ཡུ་མོ་མི་བསྐྱོད་རྡོ་རྗེས་གསན། ལོ་བརྒྱད་ཅུ་བཞུགས། དེའི་སྲས་དྷརྨེ་ཤྭ་ར། བོད་སྐད་ཆོས་ཀྱི་དབང་ཕྱུག་གིས་གསན། དེ་ལ་ནམ་མཁའ་འོད་ཀྱིས་གསན། དེ་ལ་ཕ་ལ་དྷརྨེ་ཤྭ་རའི་སྲས་སེ་མོ་ཆེ་ནམ་མཁའ་རྒྱལ་མཚན་གྱིས་གསན། དེ་ལ་འཛམ་སར་གྱིས་གསན། འཛམ་སར་ལ་སྨ་ལོ་དང་། ཆོས་སྐྱུ་འོད་ཟེར་གཉིས་ཀྱིས་ཐུག་སྟེ། སྨ་ལོ་ནི་རོང་དབེན་དམར་དུ་དབང་ཕྱུག་ཆོས་ཀྱི་འོད་ཟེར་བྱ་བའི་སྲས་སུ་འཁྲུངས། ཡུམ་ལ་རྨི་ལམ་དུ་དཔལ་སྨ་ལོ་གནས་གཡར་ཟེར་བས་སྨ་ལོ་【རྣམ་རྒྱལ་རྡོ་རྗེ་】མཚན་ཆགས་པ་ཡིན། ཆུ་མོ་ཕག་ལ་འཁྲུངས། རྣ་འབུམ་སེང་། སླ་མ་འཛམ་གསར། ས་པཎ། ཁྲི་ལོ། དཔྱལ་ལོ་རྣམས་བསྟེན། བརྒྱད་ཅུ་ལ་ཐེགས། དེ་ལ་སློབ་མ་མན་ལུང་གུ་རུ་བསོད་ནམས་དཔལ། ཞྭ་པ་གྲུབ་སེང་། དབུས་པ་ཚུལ་དར། ཐང་སྟོན་ལོ་ཙྪ། དུས་འཁོར་བ་ཀུན་ཤེ། འགྲོ་མགོན་འཕགས་པ་དང་དཔྱལ་པཎྜི་ཙན་དང་། ཁྲོ་ཕུ་རིན་པོ་ཆེ་པ་སོགས་ཀྱིན། སྨ་ལོའི་སྲས་ཤེར་སེང་། ལྕགས་ཕག་ལ་འཁྲུངས། ཡབ་སྟག་སྟེ་དང་སེང་རྒྱལ་སོགས་བསྟེན། ཡར་ཐར་སྤྱང་གསུམ་ལ་སོགས་པའི་སློབ་མ་མང་པོ་བྱུང་། ང་གསུམ་ལ་ཐེགས། སྨ་ལོའི་སྲས་ཨཱ་ར་སིདྡྷི།

དེའི་སྲས་རྡོ་རྗེ་རྒྱལ་མཚན་ཆུ་ལུག་ལ་འཁྲུངས། ཞི་གསུམ་ལ་ཐེགས། དེ་ལ་བུ་སྟོན་པས་གསན། ཀུན་མཁྱེན་ཆོས་སྐུ་འོད་ཟེར་ནི་ཤིང་ཕོ་བྱི་བ་ལ་འཁྲུངས། ཉང་སྟོད་ཀྱི་མག་དགེ་སྡིངས་སུ་བཞུགས། དོན་དགུ་ལ་ཐེགས། དེའི་སློབ་མ་ཀུན་སྤངས་ཐུགས་རྗེ་བརྩོན་འགྲུས་ཆུ་ཡོས་ལ་འཁྲུངས། ཇོ་ནང་གི་གདན་ས་མཛད། དོན་གཅིག་ལ་ཐེགས། དེ་ལ་སློབ་མ་བྱང་སེམས་རྒྱལ་བ་ཡེ་ཤེས་དང་། འཕགས་འོད་ཡོན་ཏན་རྒྱ་མཚོ་གཉིས། རྒྱལ་བ་ཡེ་ཤེས་མེ་སྦྲུལ་ལ་འཁྲུངས། ཇོ་ནང་གི་གདན་ས་ལོ་བརྒྱད། རེ་བཞི་ལ་ཐེགས། འཕགས་འོད་པ་ལྕགས་སྤྲེ་ལ་འཁྲུངས། གདན་ས་ལོ་བདུན་མཛད། ཀུན་མཁྱེན་དོལ་པོ་བ་ཤེས་རབ་རྒྱལ་མཚན་ནི། ཆུ་ཕོ་འབྲུག་ལ་འཁྲུངས། རྒྱལ་བ་ཡེ་ཤེས་ལ་དུས་འཁོར་གསན། ཇོ་ནང་གི་གདན་ས་ལོ་སོ་ལྔ་མཛད། བདུན་ཅུ་ལ་ཐེགས། ཇོ་ནང་ལོ་ཙཱ་བློ་གྲོས་དཔལ། ལྕགས་ཕོ་བྱི་བ་ལ་འཁྲུངས། སོ་ལྔ་ལ་དུས་འཁོར་བསྒྱུར། ང་ལྔ་ལ་ཐེགས། མང་འ་རིས་པ་ཕྱོགས་ལས་རྣམ་རྒྱལ་མེ་ཕོ་རྟ་ལ་འཁྲུངས། དགུ་གཅིག་ལ་ཐེགས། དེའི་སློབ་མ་མཚལ་མིན་བསོད་བཟང་པ། ལྕགས་སྦྲུལ་ལ་འཁྲུངས། གོ་གསུམ་ལ་ཐེགས། གཞན་ཡང་། རྟོགས་ལྡན་ཡེ་ཤེས་རྒྱལ་མཚན། རི་སྟོན་བློ་ཆེན། འཇམ་དབྱངས་ཆོས་མགོན། ལྷ་ཁང་སྡིངས་པ་སང་རིན། སྨན་ཆུ་བ་སངས་རྒྱས་བློ་གྲོས། དེའི་སློབ་མ་ཆོས་རྗེ་སྨི་རི་བ་གཞོན་ནུ་འོད་ནི། ཨེ་ལྷུང་མཁར་དུ་པདྨ་རྒྱལ་པོའི་སྲས་སུ་སྤྲེལ་ལོ་ལ་འཁྲུངས།

སྨི་རིའི་ཆོས་སྡེ་བཏབ། དོན་བདུན་བཞུགས། ཤིང་ཕྱི་ལ་ཐེགས། དེ་ནས་ནློ་གྲོས་དབང་ཕྱུག་བསྟན་པ་རྒྱལ་མཚན། ད་ལྟ་འཕགས་རིན་པ་བཞུགས། ཡང་འཕགས་འོད་པ་ནས་བརྒྱུད་པ་ནི། ཆོས་རྗེ་བུ་སྟོན་རིན་ཆེན་གྲུབ། འབྲུངས་ཡུལ་གཙང་གི་ཁྲི་ཐུ་ཡབ་བླ་མ་རྒྱལ་མཚན། ཡུམ་སློབ་དཔོན་བསོད་ནམས་འབུམ་གྱི་སྲས་སུ་ལྕགས་ཕོ་སྟག་ལ་འབྲུངས། དགུང་ལོ་བཅོ་བརྒྱད་ལ་ཡང་རྗེ་བ་རིན་ཆེན་སེང་གེ་དང་། ཚད་མའི་སྐྱེས་བུ་བསོད་ནམས་མགོན་ལ་དགེ་ཚུལ་ཞུས། ཉེར་གསུམ་ལ་གྲགས་གཞོན་པ། བསོད་གྲགས་པ། བསོད་བཟང་གསུམ་སོགས་ལ་དགེ་སློང་ཞུས། ཞ་ལུའི་གདན་ས་མཛད། དོན་ལྔ་ལ་ཐེགས། ཞ་ལུའི་གདན་སར་ལོ་ཙྪ་བ་རིན་རྣམ། དེ་ནས་གྲགས་རྒྱལ་བ་སོགས་བྱོན། བུ་སྟོན་པ་ལ། སློབ་མ་ལོ་ཙྪ་བ་རིན་རྣམ། མཁན་ཆེན་ རྣམ་ཤྭི །རྗེ་གདན་ག་བཞི་བ། ཁྱུང་པོ་ལྷས་པ། བདེ་ཆེན་ཆོས་ཀྱི་དཔལ་སོགས་བྱོན། རྣམ་ཤྭིའི་སློབ་མ་རྒྱལ་བ་དགེ་འདུན་བཟང་། དེའི་སློབ་མ་དཔལ་ལེགས་པ། དེའི་སློབ་མ་བདག་ཅག་གི་ཡོངས་སུ་འཛིན་པ་ཆེན་པོ་དཔལ་དོན་གྲུབ་ཀུན་དགའ་ལྕགས་མོ་ལུག་ལ་འབྲུངས། དཔལ་དུས་ཀྱི་འཁོར་ལོའི་གདུལ་བྱ་མཐའ་ཡས་པ་བསྐྱངས། གྱ་བཞི་ལ་ཐེགས། གཞན་ཡང་དཔལ་དོན་གྲུབ་ཀུན་དགས་རྗེ་ནང་ལུགས་ཀྱང་ཀུན་མཁྱེན་པའི་སློབ་མ་རྗེ་ཆེན་ཆོས་རྗེ་དང་། ས་བཟང་པ་ལས་བརྒྱུད་པ་རྣམས་ཀྱང་གསན་ནོ། །ཡང་རི་ཁྲོད་དབང་ཕྱུག །ནགས་

ཀྱི་རིན་ཆེན་ནས་ཉེ་རྒྱུད་དང་། རིང་རྒྱུད་ནི་དང་པོའི་སངས་རྒྱས། འཇིག་རྟེན་དབང་པོ། དཔེ་མེད་སྲུང་བ། དཔལ་འཛིན། འོད་མཛད་ལྷ། ཆོས་འབྱུང་བཞི་པ། ཉི་མ་ཡེ་ཤེས། རིན་ཆེན་འཚོ། མི་དབང་བློ། ཕྱོགས་སུ་གྲོལ་བ། ཤཱཀྱ་སྲུངས་བ། ལེགས་སྐྱེས། སངས་རྒྱས་དབྱངས། ནགས་ཀྱི་རིན་ཆེན་ཏེ། པཎ་ཆེན་འདི་ལ་བོད་དུ་སློབ་མའི་མཆོག་ཐམས་ཅད་མཁྱེན་པ་བསོད་ནམས་རྣམ་རྒྱལ། འགོས་ལོ་གཞོན་ནུ་དཔལ་བ། ཆོས་གྲགས་པ་སོགས་བྱོན་ནོ། །རྗེ་བསོད་ནམས་རྣམ་རྒྱལ་བ་ལྷུགས་འབྲུག་ལ་ཡར་རྒྱབ་ཏུ་དཔོན་ཆེན་གྱི་སྲས་སུ་འཁྲུངས། མཐའ་ཡས་པའི་མཁྱེན་རབ་ཀྱིས་གདུལ་བྱའི་དོན་མཛད་པོ། ཚ་སྤྲུལ་གྱི་ལོ་བྱམས་གླིང་དུ་བཀྲ་ཤིས་སྒོ་མང་བཞེངས། ད་ལྟ་དོན་ལྡཱ་བཞེས་པ་བཞུགས་སོ། །དེ་དག་ནི་དཔལ་དུས་ཀྱི་འཁོར་ལོའི་བླ་མ་བརྒྱུད་པ་བྱོན་ཚུལ་ཏེ་ལེའུ་བརྒྱད་པའོ།། །།

ད་ནི་རྒྱལ་བའི་བསྟན་པ་གསལ་བར་མཛད་པ་དགེ་ལྡན་པ་གང་ལས་བརྒྱུད་པ་སོགས་བཤད་པར་བྱ་སྟེ། རྗེ་རིན་པོ་ཆེ་འཁྲུངས་པའི་ཡུལ་ཤར་ཙོང་ཁ། གདུང་རུས་མལ་ཡིན། ཡབ་ཁ་ཆེ་ཀླུ་འབུམ་དགེ། ཡུམ་ཤིང་མོ་ལ་ཆོས་ཀྱི་སྲས་སུ་མེ་མོ་བྱ་ལ་འཁྲུངས། དགུང་ལོ་བདུན་པ་དོན་གྲུབ་རིན་ཆེན་པ་དང་གཞོན་བྱང་ལས་རབ་ཏུ་བྱུང་དགེ་ཚུལ་ཞུས། མཚན་བློ་བཟང་གྲགས་པ་བྱ་བར་བཏགས། དབུས་སུ་ཕེབས། ཐོས་པ་རྒྱ་ཆེར་མཛད། ཚོགས་ཆེན་པ་ཚུལ་རིན། བྱེ་རྡིང་ཤར་མགོན།

བསོད་ནོར་པ་རྣམས་ཀྱིས་མཁན་པོ། ལས་སློབ། གསང་སྟོན་མཛད་དེ་བསྙེན་པར་རྫོགས། རེད་མདའ་པ་སོགས་ལས་མདོ་རྒྱུད་མཐའ་ཡས་པ་གསན། ཁྱད་པར་སྐྱེས་བུ་གསུམ་གྱི་ལམ་རིམ་ལ་དད་དེ། བྲ་འོར་གྱི་མཁན་ཆེན་ཆོས་སྐྱབས་པ་ལ་པོ་ཏོ་བ་ནས་བརྒྱུད་པ་དང་སྣེ་བྲག་ཕུག་ནོར་བ་ལ་སྤྱན་སྔ་ཚུལ་ཁྲིམས་བར་དང་། དཔལ་ལྡན་དགོན་པ་བ་ནས་བརྒྱུད་པ་གསན། ས་མོ་གླང་གི་མགོ་ལ་ལྷ་སར་སྨོན་ལམ་བཙུགས། ལོ་ཞབས་ལ་དགའ་ལྡན་རྣམ་པར་རྒྱལ་བའི་གླིང་བཏབ། ཁྱད་པར་དམ་པའི་ཆོས་འདུལ་བ་གཞིར་བཞག་པའི་བསླབ་པ་ལ་སྤྱོལ་བཟང་པོ་ཁྱད་པར་ཅན་མཛད་པས་བསྟན་པ་གསལ་བར་གྱུར་ཏོ། །

དགུང་ལོ་རེ་གསུམ་ས་མོ་ཕག་ལོ་ཟླ་བ་བཅུ་པའི་ཉེར་ལྔ་ལ་ཤེགས། དེ་ལ་སློབ་མ་བསམ་གྱིས་མི་ཁྱབ་ཀྱང་། ཆོས་ཀྱི་རྗེ་རྒྱབ་ཚབ་དར་མ་རིན་ཆེན་ནི། ཤིང་འབྲུག་ལ་འཁྲུངས། ང་དྲུག་དགའ་ལྡན་གྱི་གདན་སར་ཕེབས། རེ་བརྒྱད་ལ་ཀུན་སྤངས་མཛད་དེ་རེ་དགུ་ལ་ཤེགས། དེ་རྗེས་མཁས་གྲུབ་པས་ལོ་བརྒྱད་མཛད། ས་ཕོ་རྟ་ལ་ཤེགས། ལེགས་པ་རྒྱལ་མཚན་པས་ལོ་བཅུ་གཅིག་གདན་ས་མཛད་དེ་དོན་དྲུག་པ་ལྕགས་ཕོ་རྟ་ལ་ཤེགས། དྲུང་བློ་གྲོས་པ་ས་སྤྲུལ་ལ་འཁྲུངས། གདན་ས་ལོ་བཅུ་གསུམ་མཛད། བ་སོ་བ་དོན་གསུམ་ཤིང་རྟ་ལ་ཤེགས། དེ་ལོ་བྱང་རྩེ་བློ་བརྟན་པ་གདན་སར་ཕེབས། རྗེའི་སློབ་མ་སེམས་དཔའ་ཆེན་པོ་ཀུན་བཟང་པ་རྗེ་རིན་པོ་ཆེ་དགུང་ལོ་བཅུ་བཞེས་པ་མེ་ཕོ་རྟ་ལ་

འབྲུངས། མདོ་སྔགས་གླིང་བཏབ། དོན་དགུ་ལ་ཐེགས། འབྲས་སྤུངས་ཆོས་རྗེ་བཀྲ་ཤིས་དཔལ་ལྡན་པ་བསམ་ཡས་སུ་འཁྲུངས། འབྲས་སྤུངས་ཀྱི་གདན་ས་ཐོག་མ་མཛད། དེ་རྗེས་ཆོས་རྗེ་པང་སེང་པ། རིན་ཆེན་བྱང་ཆུབ་པ། རྗེ་དཔོན་པ། རོང་པོ་བློ་བཟང་པས་རིམ་པ་ལྟར་འབྲས་སྤུངས་ཀྱི་གདན་ས་མཛད། ད་ལྟ་གཙང་བཀྲ་ཤིས་ལྷུན་པོ་ན་རྗེའི་སློབ་མ་ཐམས་ཅད་མཁྱེན་པ་དགེ་འདུན་གྲུབ་ཕྱིན་ལས་ཆེའོ། །འཁྲུངས་རྒྱུས་སུ་རི་བོ་བདེ་ཆེན་ས་མོ་ཡོས་ལ་བཞེངས་ཏེ། གདན་ས་ན་ཆོས་རྗེ་ཉི་ཁྲི་བ་བཞུགས། གཞན་ཡང་རྗེའི་སློབ་མ་ཆོས་རྗེ་མགོན་བྱང་པས་སྟོ་ཤར་དུ་བཀྲ་ཤིས་ཆོས་གླིང་བཏབ། དེ་ནས་ཆོས་རྗེ་བསོད་གྲགས་པ། དྲུང་བརྟན་རིན་པོ་ཆེ། ད་ལྟ་དོན་གྲུབ་དཔལ་བཞུགས་སོ། །མདོར་ན་རྗེའི་སློབ་རྒྱུད་ཀྱིས་དབུས་གཙང་ཁམས་གསུམ་མངའ་རིས་དང་རྒྱ་ནག་གི་བར་དུ་རྒྱས་པར་བྱུང་ངོ༎ ༎

ད་ནི་དཔལ་མི་ཕམ་མགོན་པོ་དམ་པ་སངས་རྒྱས་ནས་བརྒྱུད་པ་འདི་ནི། ཐུགས་དམ་བདེ་བར་གཤེགས་པའི་ལྷ་བཅུ་གཉིས་ཐུབ་མོང་མིའི་བླ་མ་ལྔ་བཅུ་རྩ་བཞི། ང་མཚར་མཁའ་སྤྱོད་ཀྱི་བླ་མ་དཔལ་ལྡན་སུམ་ཅུ་རྩ་དྲུག་ལ་ཆོས་གསན་པ་དམ་པ་སངས་རྒྱས་ཏེ། རྒྱ་གར་ལྷོ་ཕྱོགས་བེ་ཏྲའི་ཡུལ་དུ་ཡབ་བྲམ་ཟེ་ས་ར་ཏ་ཏེ། ཡུམ་ཏིང་འཛིན་བཟང་མོའི་སྲས་སུ་ལྷགས་མོ་བྱ་ལ་འཁྲུངས། ཁ་ཆེ་ནས་མངའ་རིས་ལ་བརྒྱུད་དེ་དབུས་སུ་ཕེབས། བོད་པོ་ཁྲ་ཚང་འབྲུག་ལྷ། ཀྵྨ་ན་གུ་ཏྲ་

སོགས་ལ་ཆོས་བསྟན། གཉིས་པ་བལ་པོ་ནས་བརྒྱུད་དེ་དབུས་སུ་ཕྱིན། གྲ་ལྷེ་ལྡིང་གསུམ་སོགས་ལ་ཆོས་བསྟན། གསུམ་པ་ཤ་འུག་སྟག་སྒོ་ལ་བྱས་གཉལ་ཕུར་ཕེབས། ཚུ་བར་གྱི་གནས་བརྟན་བྱུང་གྲགས་སོགས་ལ་ཆོས་གསུངས། དབུས་སུ་རྨ་སོ་ཀམ་གསུམ་ལ་ཆོས་བསྟན། དེ་ནས་རྒྱ་ནག་ཧུ་ཟོ་བཙུ་གཉིས་བཞུགས། དེ་ནས་དིང་རིར་ཕེབས་ནས་འཕྲུལ་ཞིག་ཉེ་ཤུ་རྩ་གཅིག །རྣལ་འབྱོར་གྱི་སྒོ་བ་བཞི། སྐྱེ་མེད་བྱང་སེམས་ཀུན་དགའ་སོགས་སྨིན་པར་མཛད། དགུང་ལོ་ལྔ་བརྒྱ་དང་བཙུ་བདུན་མེ་མོ་བྱ་ལ་དིང་རིར་གཤེགས།② ཀུན་དགའ་ནི་དིང་རི་ཚ་གུང་དུ་ཡབ་ཁྲི་བཟང་གི་སྲས་སུ་ཆུ་ཕོ་སྟག་ལ་འཁྲུངས། རེ་གསུམ་ལ་ཐེར། པ་ཚབ་སྒོམ་པ་འཕན་ཡུལ་དུ་ཡབ་འབུམ་གྲར། ཡུམ་གཡས་མོ་དཔལ་འདྲེན་གྱིས་སྲས་སུ་མེ་སྦྲུལ་ལ་འཁྲུངས། པོ་ཏོ་བ་ལ་རབ་བྱུང་ཞུས། མཚན་ཉིད་དང་བཀའ་གདམས་ལ་ལེགས་པར་སྦྱངས། སློན་ལམ་གྱི་འབྲེལ་བས་དིང་རིར་ཕྱིན། ཀུན་དགའ་ལ་ཞི་བྱེད་གསན། གྱུ་གཉིས་ལ་ཐེགས། རྒྱལ་བ་རྟེན་ནེ་ནི། ཡར་ལུངས་རྩེ་ཐང་དུ་ཡབ་རྗེ་སྲས་སྐྱབ་པེ་ཡུམ་མཚུར་མོ་གངས་སྐྱིད་ཀྱི་སྲས་སུ་མེ་མོ་ལུག་ལ་འཁྲུངས། གོ་ལྔ་ལ་ཐེགས། དེའི་སློབ་མ་རོག་ཤེས་རབ་འོད་ལྷགས་སོ་ཅན་དུ་གྲགས་པ་དང་། ཞིག་པ་ཉེ་སེང་། མཁས་པ་བརྩོན་སེང་གསུམ་སྐུ་མཆེད་ཡིན། ཤེས་རབ་འོད་ལ་སྲས་སངས་རིན། དཔལ་ཆེན། དུས་གསུམ་མཁྱེན་པ། སྤྱན་སྔ་ཚལ་པ། ཚུལ་རྒྱལ་བ་ལྷ་བྱུང་། དཔལ་

ཆེན་གྱི་སྲས་ཀུན་རྒྱལ་ཡོན་རྒྱལ་དྲིན་ཆེན་པ་གསུམ་བྱུང་། སྤྱན་སྔ་ཚལ་པའི་སྲས་བྱ་བྲལ་ཆོས་རྗེ། དེའི་སྲས་མོ་སློབ་དཔོན་མ་ཨཱརྻ། དྲིན་ཆེན་པའི་སྲས་ཡེ་ཤེས་བཟང་པོ་དང་། གཙུག་རྒྱན་ཀུན་དགའ་དོན་གྲུབ་གཉིས། ཕྱི་མ་ལ་སྲས་དོན་རྒྱལ་དང་ཆོས་རྒྱལ་གཉིས་བྱུང་བའི་ཆོས་རྒྱལ་ལ་སྲས་བདུན་བྱུང་། ཐ་ཆུང་ནི་ཆོས་རྗེ་སྨན་གཅིག་པ་ཤེས་རབ་བཟང་པོ་ཡིན། ཡང་མཁས་པ་བརྩོན་སེང་གི་སྲས་སྐྱེ་མདོ་ཐམས་ཅད་མཁྱེན་པ་བསོད་དཔལ། དེའི་སྲས་གསུམ་གྱི་ཆུང་བ་ཀུན་དགའ་དོན་གྲུབ་ཡིན་ནོ། །རོག་འདི་རྣམས་གྲ་རི་ཁྲིད་དུ་ཕྱིན་པའོ། །ཡང་དམ་པའི་སློབ་མ་སོ་དགེ་འདུན་འབར་བཟང་པོ་ཡིན་ལ་ཤ་མིས་གསན། དེས་འཐིང་གད་པ་ཤེར་ཚུལ། དེས་པ་རི་སྒོམ་ཆེན། དེས་འཕྲང་པོ་རྗེ་བརྩོན། དེས་ཉན་པོ་ཆོས་རྗེ་འབྱུང་གནས་ཡེ་ཤེས། དེས་སྒོམ་བྱང་རྗེར། དེས་རྒྱ་བྲག་ཆོས་རྗེ་ཡེ་ཤེས་གཞོན་ནུ། དེའི་སློབ་མ་སྐྱེས་མཆོག་བསམ་གཏན་དཔལ་ནི་ཡར་འབྲོག་བྲང་མདར། གདུང་གཉགས་སོ། ཡབ་མགོན་གཞོན། ཡུམ་བརྩོན་མའི་སྲས་སུ་ལྕགས་ཡོས་ལ་འཁྲུངས། རྗེ་གདན་ཚོགས་པ་ལས་རབ་ཏུ་བྱུང་། དོན་དྲུག་ལ་ཐེགས། དེས་འཕེལ་གཡག་བསམ་གཏན་ལྷུན་གྲུབ་ལ་གནང་། འདི་རྣམས་ཞི་བྱེད་པར་བསྟན། ཕྱི་མ་རྣམས་སྒོ་ཡབ་ཏུ་ཕྱིན་པ་ཡིན་ནོ། །ཐང་སག་པའི་བརྒྱུད་པ་ནི། ཐུབ་དབང་སྨྲ་གཅན་ཟིན་དང་ཀླུ་སྒྲུབ་ཟླ་བ་གྲགས། །འཇམ་གྲགས་ལྷ་དང་རིན་ཆེན་རྡོ་རྗེ་དང་། །པ་

ར་ཧ་ཏ་ཧ་སུ་མ་ཏི་དང་། །པ་ལོ་ཞིང་ཐང་འཕོམ་སྟོན་དབང་ཕྱུག་གྲགས། །གཉེ་རྗོར་ལྷ་དོན་ཚུལ་སུ་དེ་བ་དང་། །རྗེ་བཙུན་དབུ་ར་ཉེད་དཔལ་དར་ཉེས་དང་། །ཐང་སྟོན་བསོད་སེང་ཕག་སྟོན་གཞོན་བསམ་པ། །ཐང་ནག་བཀྲས་སེང་རྟ་པ་ཆོས་ཀྱི་གྲགས། །བསོད་རྒྱལ་ཀུན་དགའ་གཞོན་ནུ་ཤཱཀ་གཞོན་དང་། །ཞིག་པོ་གཞོན་རྒྱལ་དམར་སྟོན་གཞོན་རྒྱལ་སོགས། །དབུ་མའི་དོན་རྟོགས་རྣམས་ལ་ཕྱག་འཚལ་ལོ། །པ་ཚབ་ལོ་ཙཱ་ཉི་མ་གྲགས་པ་ལ་སློབ་མ་བཞི་བྱུང་བའི་པོ་དོང་དབུ་མ་ཉེར་འབྱུང་། ཞང་ཐང་སག་པ་འབྱུང་གནས་ཡེ་ཤེས། རྨ་བྱ་བྱང་བརྩོན་གསུམ་ཡིན་ཞིང་། གཅིག་བརྗེད་འདུག་པས་རྩད་ཆོད་ཅིག །བདག་གིས་དབུ་མའི་སྐོར་རྣམས་གཞོན་རྒྱལ་རྣམ་གཉིས་ཀྱི་སློབ་མ་རྩེ་ཐང་གི་དྭགས་པོ་ཐམས་ཅད་མཁྱེན་པ་ལ་ཞུས་སོ།། ||

ད་ནི་ཤངས་པ་དཀར་བརྒྱུད་ཇི་ལྟར་བྱོན་པ་བཤད་པར་བྱ་སྟེ། རྒྱ་གར་ཤར་ཕྱོགས་ནཱ་ག་རའི་གྲོང་ཁྱེར་དུ། རྒྱལ་པོ་དགེ་བའི་གོ་ཆ་དང་དཔལ་གྱི་བློ་གྲོས་ཀྱི་སྲས་སུ་འཁྲུངས་པ་མཁའ་འགྲོ་མ་ནི་གུ་མས། རྡོ་རྗེ་འཆང་ལ་དངོས་སུ་ཆོས་གསན། དེའི་སློབ་མ་ཁྱུང་པོ་རྣལ་འབྱོར་ནི། སྐྱེ་མོ་ར་མངས་སུ་ཡབ་ཁྱུང་པོ་སྟག་སྐྱེས། ཡུམ་བཀྲ་ཤིས་སྐྱིད་ཀྱི་སྲས་སུ་སྟག་གི་ལོ་ལ་འཁྲུངས། དང་པོར་བོན་ལ་ཞུགས། དེ་ནས་རྫོགས་ཆེན་ལ་ཞུགས་ཏེ་གྲྭ་པ་མང་པོ་བསྐྱངས་ཀྱང་། ཆོས་དེ་ལ་ཡིད་མ་ཆེས་པར་རྒྱ་གར་དུ་བྱོན། རྡོ་རྗེ་གདན་པ་ལ་རབ་ཏུ་བྱུང་བའི་

མཚན་ཚུལ་ཁྲིམས་མགོན། དེ་ནས་ར་ཧུ་ལ་དང་ནི་གུ་མ་ལ་ཆོས་གསན། མདོར་ན་རྒྱ་གར་ན་བླ་མ་བརྒྱ་དང་ལྔ་བཅུ་བསྟེན། མཐོ་ལྡིང་དུ་ཇོ་བོ་ཨ་ཏི་ཤ་དང་མཇལ། བྱམས་ཆོས། གསང་འདུས། སེམས་བསྐྱེད་སོགས་ཞུས། རྡོ་རྗེ་གདན་པའི་ལུང་བསྟན་བཞིན། གླང་རི་ཐང་པ་ལ་བསྙེན་རྫོགས་ཞུས། ཞང་ཞང་དུ་ཚོགས་པ་བརྒྱད་ཁྲི་ཙམ་བསྐྱངས། བརྒྱ་དང་ལྔ་བཅུ་ལ་ཐེགས། དེའི་སློབ་མ་སྤྱ་བུ་ལྔ་དང་། ཁྱི་བུ་གཅིག་བྱུང་བ་ནི་མིའུ་སྟོན་པ། སྟག་རིན་དབང་། རྒྱ་མོ་ཆེ། ལས་སྟོན་དཀོན་མཆོག་མཁར། ཞང་སྒོམ་ཆོས་སེང་། ཁྱི་བུ་རྫོག་ཕྱོག་པ་རྣམས་སོ། །རྫོག་ཕྱོག་པ་ནི་ལྷ་བུ་སྤང་ཚར་ཡབ་ཤེའུ་སྣན་ཆུང་དང་ཡུམ་པདྨ་སྒྲོན་གྱི་སྲས་སུ་འཁྲུངས། དབུས་སུ་བུར་སྒོམ། ཨ་སེང་། ཉག་མོ་བ་རྣམས་ལ་ཆོས་གསན། ཁྱུང་པོ་ལ་མཁའ་འགྲོ་མའི་ཆོས་རྣམས་གསན་ཏེ་རི་དྲུག་ཐེགས། སྐྱེར་སྒོམ་པ་ན་ནམས་ཀྱི་ནང་ཁོངས་སུ་འབལ་ཚང་ལ་བའི་དགོན་པར་འཁྲུངས། སངས་རྒྱས་གཉན་སྟོན་ཡོལ་དུ་འཁྲུངས། སངས་རྒྱས་སྟོན་པ་ཁ་རག་སིལ་མར་འཁྲུངས། དོན་གཉིས་ལ་ཐེགས། ཤངས་སྟོན་ཆོས་རྗེ་སྤང་མང་དུ་འཁྲུངས། དོན་དྲུག་བཞི་ལོ་ལ་ཐེགས། མཁས་བཙུན་ཡོན་ཏན་རྒྱ་མཚོ་ཁྲི་ལོ་ལ་འཁྲུངས། དོན་གསུམ་ལ་ཐེགས། དེ་ནས་རྒྱ་ཆེར་འཕེལ་ལོ། །ཡང་པོ་དོང་སྐོར་དྲུག །སྤུག་སྟེ་སེང་རྒྱལ་ཆུ་སྤྲེ་ལ་འཁྲུངས། གྱ་གསུམ་ལ་ཐེགས། དཔང་ལོ་ཙཱ་བློ་བརྟན་ས་བྱི་ལ་འཁྲུངས། རེ་བདུན་ལ་ཐེགས།

དེའི་སློབ་མ་ལོ་ཆེན་བྱང་རྗེ་ཆུ་ཡོས་ལ་འཁྲུངས། དོན་བརྒྱད་ལ་ཐེགས། པོ་དོང་ཕྱོགས་རྒྱལ་བ་ཤིང་ཡོས་ལ་འཁྲུངས། དོན་བདུན་ལ་ཐེགས། ཆུ་སླང་ཡིན་ཟེར་བ་ཡང་འདུག །ལོ་ཙཱ་བ་ནན་བཟངས་ཀྱང་བསྟན་པ་ལ་ཕན་པ་ཤིན་ཏུ་ཆེའོ། །པོ་དོང་ཆོས་རྗེ་ནི་པཎ་ཆེན་འབུམ་ཕྲག་གསུམ་པས་བཏབ་པར་ཐོས་སོ། །ཁ་རག་སྐོར་གསུམ་གྱི་བླ་རྒྱུད་ནི། རྡོ་རྗེ་འཆང་། ཕྱག་རྡོར། མཁའ་འགྲོ་མ། ཡེ་ཤེས་བཟང་པོ། སྨྲི་ཏི་ཛྙཱ་ན་ཀཱིརྟི། སྣན་ཚུལ་ཁྲིམས་སྙིང་པོ། སྦ་བསོད་ཡེས། ཁ་རག་སྒོམ་ཆུང་། སྟོ་པ། ཉང་སྒོམ། ཕག་གྲུ་བ། ཉང་སྨྱོན་གྲོང་པ་སོགས་ནས་བརྒྱུད་པའོ། །སྣན་ལུངས་འཕྲུལ་གྱི་ལྷ་ཁང་ཐར་པ་གླིང་དུ་སྤྲུལ་པ་ཀྱིན་ཚུལ་ནི། སེ་ཚ་འབྱུང་གནས། སེ་ཚ་མ་ཏྲ། བསོད་ནམས་རྒྱལ་མཚན། ལོ་ཙཱ་བ་ཀུན་རྡོར། ལོ་ཙཱ་བ་ཆོས་བཟང་། དོན་ཡོད་དཔལ་བཟང་། ཆོས་རྒྱལ་ཉི་མ། རིན་བཟང་། རྗེ་བཙུན་པ། སྨྲ་བའི་ཟླ་བ། ཀུན་དགའ་ཉི་མ། ཤེས་རབ་དཔལ་བཟང་། ཆོས་འབྱོར། ཀུན་རྒྱལ། ད་ལྟ་ཐར་པ་རྒྱལ་མཚན་བཞུགས་སོ། །བརྒྱུད་པ་སྣ་ཚོགས་ཀྱི་ལོ་རྒྱུས་བཤད་པ་སྟེ་དགུ་པའོ། །གཞན་ཡང་བླ་མ་བརྒྱུད་པ་ཐམས་ཅད་འདིར་འཛུག་འདོད་ཀྱང་ཡིག་ཆ་ཁུངས་མ་དང་། ལོ་རྒྱུས་ངེས་པ་ཅན་མ་རྙེད་དོ། །མདོར་ན་སྐྱེས་བུ་དམ་པ་རེ་རེའི་མཚན་ཐོས་པས་ཀྱང་འཁོར་བ་ཐོག་མེད་ནས་བསགས་པའི་སྡིག་སྒྲིབ་འཛད་ཅིང་། ཚོགས་རྫོགས་པར་གསུང་བས་འདིར་སྨོས་པའི་བླ་མ་དམ་པ་རྣམས་ཀྱི་མཚན་

ཚར་རེ་བསླགས་པས་ཀྱང་མྱུར་དུ་འཚང་རྒྱ་བ་དང་། གནས་སྐབས་སུ་འགལ་རྐྱེན་ཞི་ཞིང་། ཚེ་རིང་བ་དང་། ནད་མེད་པ་ལ་སོགས་པའི་མཐུན་རྐྱེན་འགྲུབ་པར་འགྱུར་ཞེས་པ་ནི་འཇུག་བསྡུ་བའོ།། །།

སྭསྟི། བསྐལ་པ་བཟང་འདིར་གཉིས་མེད་གསུང་བ་ཛཻ་སླེད་ཙྪན་ཡང་སྨོན་ལམ་སྟོབས་ཅན་ཐུབ་པའི་དབང་པོ་དེས། །བཅུ་གཉིས་མཛད་པས་གདུལ་བྱའི་ཚོགས་རྣམས་སྨིན་གྲོལ་མཛད་ཀྱང་བཀའ་ཡི་བསྡུ་བ་རིམ་པ་གསུམ་པ་དང་། །ཀླུ་སྒྲུབ་དང་ནི་ཐོགས་མེད་ལ་སོགས་འཕགས་པའི་ཡུལ་དུ་ཤིང་རྟ་སྲོལ་འབྱེད་རྣམས་ཀྱི་ཙྪན་པའི་ཚུལ། །གངས་རིའི་ཁྲོད་འདིར་ཆོས་རྒྱལ་ཡབ་ཐྰ་འདུལ་འཛིན་རྣམས་ཀྱིས་གཙུག་ལག་ཁང་དང་དགེ་འདུན་སྤེལ་བ་དང་། །ཁྱད་པར་རྗེ་བོའི་བཀའ་རྒྱུད་རིན་ཆེན་འཁོར་བའི་འཇིགས་སྐྱོབ་ཐར་པའི་ལམ་སྟོན་གང་གི་རྒྱུད་རིམ་དང་། །གཞན་ཡང་དཔལ་ལྡན་ས་སྐྱ་པ་དང་དྭགས་པོ་དཀར་རྒྱུད་དེ་དག་རྣམས་ཀྱི་རིམ་པར་བྱོན་པའི་ཚུལ། །དང་པོའི་སངས་རྒྱས་དུས་ཀྱི་འཁོར་ལོ་དང་ནི་ཟབ་དང་རྒྱ་ཆེའི་རྒྱུད་རིམ་དུ་མ་ཕྱེ་བ་དང་། །སོ་སོའི་ཡུལ་དང་གདུང་དང་ཡབ་ཡུམ་དགུང་སྐྱེང་སློབ་རྒྱུད་གྲྭ་ས་འདིར་མཛད་དགུང་ལོ་འདི་བཞུགས་རྣམས། །སྟོན་གྱི་སློབ་དཔོན་མཁས་པ་རྣམས་ཀྱི་ཆོས་འབྱུང་དང་ནི་རང་རང་སོ་སོའི་རྣམ་ཐར་གྱི། །ཡི་གེར་བཀོད་དང་གཞན་ཡང་བཤེས་གཉེན་མཁས་པ་དུ་མའི་གསུང་རྒྱུན་ཁུངས་མ་ཅི་རིགས་པ། །དེ་དག་རྣམས་ཀྱིས་གཅིག་

གིས་གཅིག་ལ་ཞུ་དག་བགྱིས་ཤིང་རྗེས་ཀྱིས་དག་པར་བྱས་པ་འདི། །
མཁྱེན་བརྩེའི་མངའ་བདག་ཡོངས་འཛིན་དུ་མས་རྗེས་སུ་བཟུང་བའི་
དགེ་སློང་ཚུལ་ཁྲིམས་སེང་གེས་སྦྱར། །འདི་ན་ལ་ལ་རང་གི་བླ་མ་སྙིང་
དུ་བསྟོད་ཕྱིར་གཞན་དག་འབེབས་ལ་བསྟེན་པ་དང་། །ལ་ལ་ཆཏ་
སྣང་དྲག་པོས་སྨྲས་ཏེ་ལྷ་དང་བླ་མ་ཆོས་ལ་དམོད་པར་བྱེད་པ་གང་། །
དེ་དག་རྣམས་ཀྱི་ངན་འགྲོའི་ལམ་འགོག་མངོན་པར་མཐོ་དང་ངེས་
ལེགས་ལམ་དུ་འཁྲིད་བྱེད་པ། །བླ་མ་ཀུན་གྱི་རྣམ་པར་ཐར་པ་དད
པའི་ལྗོན་ཤིང་གསར་དུ་བསྐྱེད་བྱེད་འདི་བྱས་སོ། །དེ་ལ་རྣམ་ཐར་
ནོར་བུའི་འཕྲེང་། །ཕྱོངས་པའི་དབུལ་བ་སེལ་བྱེད་འདིས། །དད་
ལྡན་རྣམས་ཀྱི་མིག་ལ་ནི། །བདེ་བའི་དངོས་པོ་ཅིས་མི་སྟེར། །འདི་
ན་བློ་གསལ་གཞོན་ནུ་རྣམས། །གང་ཚེ་སླ་བ་འདོད་པ་དེའི། །ལྟེ་ནི་
སེལ་བུས་རིག་པ་ཡི། །བ་དན་བཞིན་དུ་ཅིས་མི་འགྱུར། ། གལ་ཏེ་
ཐར་པ་མངོན་བཞེད་ལ། །དམ་པ་རེས་ཀྱང་བགྲི་ནུས་ན། །དཔལ་
ལྡན་བླ་མའི་ཚོགས་འདི་ཡིས། །མྱུར་དུ་བྱང་ཆུབ་ཅིས་མི་སྟེར། །དེ་
ཕྱིར་རྣམ་ཐར་རྒྱ་མཚོ་ལ། །དད་པའི་ངང་མོ་གཞོན་ནུ་ཡིས། །བྱིན་
རླབས་འོ་མ་ལེན་ཤེས་ན། །མྱུར་དུ་སངས་རྒྱས་ཅིས་མི་ཐོབ། །དེ་ཡི་
དགེ་བས་རྒྱལ་བའི་བསྟན་པ་སྲིད་མཐའི་བར་དུ་འཕེལ་ཞིང་རབ་ཏུ་
རྒྱས་པ་དང་། །བསྟན་འཛིན་རྣམས་ཀྱང་ཚུལ་ཁྲིམས་ལ་གནས་ཐོས་
བསམ་སྒོམ་ལ་གཡེལ་བ་མེད་པར་བསྟེན་པ་དང་། །འགྲོ་བ་ཀུན་ཀྱང་

འཁོར་བའི་སྡུག་བསྔལ་མཐའ་དག་སྤངས་ཏེ་མྱུར་དུ་སངས་རྒྱས་ཐོབ་པ་དང་། །གནས་སྐབས་སུ་ཡང་ལྷ་མིའི་བདེ་ལ་ཆགས་པ་མེད་པར་སྤྱོད་པས་ས་ཁམས་མྱུར་བགྲོད་ཤོག །ཅེས་སྐྱེས་བུ་དམ་པའི་རྣམ་ཐར་ཐོས་པ་རྒྱ་མཚོར་ངང་པའི་དད་མོ་རྣམ་པར་བརྩེ་བ་ཞེས་བྱ་བ་འདི་ནི་ཡོངས་འཛིན་དམ་པ་ལྔ་དང་བཅས་པའི་བཅུ་ཕྲག་གཉིས་ཀྱི་ཞབས་ལ་གཏུགས་ཤིང་། ཁྱད་པར་དུ་ཡང་དོན་གྱི་སྣོད་དུ་མཚན་ནས་སྨོས་ཏེ་བདག་གི་མཁན་པོ་ཤར་དྭགས་པོའི་པཎྜི་ཏ་འོད་ཟེར་སེང་གེ་དང་། དཔལ་དོན་གྲུབ་ཀུན་དགའི་ཞལ་སྔ་ནས་ཀྱི་བཀའ་དྲིན་ལ་བརྟེན་ཏེ་ནང་རིག་པའི་བསྟན་ཆོས་སྡེ་སྣོད་གསུམ་དང་། བཟོ་དང་། གསོ་བ་དང་། སྒྲ་དང་། སྙན་ངག་དང་། སྡེབ་སྦྱོར་དང་། མིང་གི་རྣམ་གྲངས་ལ་སོགས་པ་མཐའ་དག་ལ་མི་འཇིགས་པར་སྨྲ་བའི་དགེ་སློང་ཚུལ་ཁྲིམས་སེང་གེ1428 – –ཡིས། སྤྲུལ་པའི་གནས་བྱུང་ཤམྦྷ་ལ་ན་རིགས་ལྡན་གྱི་རྒྱལ་པོ་སེང་གེས་ཆོས་བསྟན་ནས་ལོ་ལྔ་བཅུ་འདས་ཤིང་ང་གཅིག་རྒྱལ་བ་ཞེས་པ་ཤིང་ཕོ་རྟའི་ （ 1474 ） ལོ། དབྱར་ར་བ་སྟོན་གྱི་ཟླ་བའི་དཀར་པོའི་ཕྱོགས་རྒྱལ་བ་གསུམ་པ་ལ། དཔལ་དགེ་ཡིའི་ཆོས་སྡེར་སྦྱར་བ་འདིས་ཀྱང་བསྟན་པ་དང་སེམས་ཅན་ལ་ཕན་པ་རྒྱ་ཆེན་པོ་འབྱུང་བར་གྱུར་ཅིག། ||

ན་མོ་གུ་རུ་ཞེ། ཤིང་ཕོ་རྟ་ （ 1474 ） ལོ་འདིའི་སྟོན་དུ། ཇོ་བོ་ཨ་ཏི་ཤ་འཁྲུངས་ནས་ལོ་བཞི་བརྒྱ་དང་གོ་གཉིས་འདས། འབྲོམ་

སྟོན་འབྲིངས་ནས་བཞི་བརྒྱ་དང་བདུན་ཅུ་སོང་། མར་པ་འབྲིངས་ནས་བཞི་བརྒྱ་དང་དྲུག་ཅུ་རེ་གཉིས་སོང་། པོ་ཏོ་བ་འབྲིངས་ནས་བཞི་བརྒྱ་དང་ཞེ་བདུན་སོང་། འཁོན་དཀོན་མཆོག་རྒྱལ་པོ་འབྲིངས་ནས་བཞི་བརྒྱ་དང་ཞེ་བདུན་སོང་། མི་ལ་འབྲིངས་ནས་བཞི་བརྒྱ་དང་སོ་བཞི་སོང་། རྔོག་ལོ་འབྲིངས་ནས་བཞི་བརྒྱ་བཅོ་ལྔ་སོང་། ཁ་ཆེ་པཎ་ཆེན་འབྲིངས་ནས་སུམ་བརྒྱ་དང་སོ་བཞི་སོང་། ཆོས་རྗེ་ས་པཎ་འབྲིངས་ནས་ཉིས་བརྒྱ་དང་གོ་གཉིས་སོང་། བུ་སྟོན་འབྲིངས་ནས་བརྒྱ་དང་གྱ་བཞི་སོང་། རྭ་སྒྲེང་བཞེངས་ནས་བཞི་བརྒྱ་དང་བཅུ་བདུན་སོང་། ས་སྐྱ་བཞེངས་ནས་བཞི་བརྒྱ་གཅིག་སོང་། ལོ་དགོན་པ་བཞེངས་ནས་ལོ་སུམ་བརྒྱ་གཅིག་སོང་། སྣར་ཐང་བཏབ་ནས་སུམ་བརྒྱ་སོ་གསུམ་སོང་། ཐེལ་བཏབ་ནས་སུམ་བརྒྱ་བཅུ་དྲུག་སོང་། སྟག་ལུང་བཏབ་ནས་ཉིས་བརྒྱ་གོ་བཞི་སོང་། གུང་ཐང་བཏབ་ནས་ཉིས་བརྒྱ་གྱ་བདུན་སོང་། གཡའ་བཟང་དགོན་བཏབ་ནས་ཉིས་བརྒྱ་རེ་བརྒྱད་སོང་། རྩེ་ཐང་བཏབ་ནས་བརྒྱ་དང་ཉེར་གཉིས་སོང་། མི་ལུག་གི་ལོ་ཤར་ནས་ལོ་རེ་རེ་བཞིན་ཐམས་ཅད་ལ་བསྣན་པར་བྱའོ། །འདི་རྣམས་རྒྱས་པར་བལྟ་འདོད་ན། དཔེ་ཆུང་འཕྲུལ་གྱི་མེ་ལོང་ན་ཇོ་བོ་རྗེ་ཚུར་བཅད་ཀྱི་བླ་མ་ཞལ་ཆེ་བའི་དགུང་སྐྱེད་ལོ་དུས་གསལ་བར་ཡོད་དེར་བལྟའོ། །སངས་རྒྱས་མྱ་ངན་ལས་འདས་ནས་ལོ་ཉིས་སྟོང་སུམ་བརྒྱ་ལྔ་བཅུ་འདས་པ་ཤིང་རྟ་ལ་མཛད་དོ།། །།བཀྲ་ཤིས། །

མཆན།

①མཁས་པ་སྒོ་དྲུག་ནི་ཡོངས་གྲགས་སུ་དཔལ་ནཱ་ལེནྡྲའི་ཡིན་པར་གསུང་རུང་འདིར་བི་ཀ་མ་ཤྲཱི་ལའི་ཡིན་གསུང་པ་སླར་བརྟག་གོ །

②ཕ་དམ་པ་སངས་རྒྱས་ལྷུགས་བྱ་ལ་འཁྲུངས། མི་བྱ་ལོར་འདས། དགུང་ལོ་ལྔ་བརྒྱ་བཅུ་བདུན་བཞུགས་ཟེར་བ་ལྟར་ན་འདིའི་སློབ་མ་ཀུན་དགའ་ཆུ་ཕོ་སྟག ༡༠༨༢ལོར་འཁྲུངས། དེའི་སློབ་མ་པ་ཚབ་སྒོམ་པ། （ མི་སྤྱིལ་༡༠༧༧ས་སྟག་༡༡༥༨ ） ཕོ་ཏོ་བའི་སློབ་མ་ཡིན་པས་ཕ་དམ་པ་འདས་ལོའི་མི་བྱ་དེ་༡༡༡༧ལོར་མིན་ནམ། དེ་ནས་ཡར་ལོ་ལྔ་བརྒྱ་བཅུ་བདུན་དེད་ན་སྤྱི་ལོ་དྲུག་བརྒྱ་ཐམ་པའི་ལྷུགས་བྱ་ལོར་བབས་པས་དམ་པ་འདི་ཀ་མ་ལ་ཤྲཱི་ལ་གྲོང་འཇུག་གནང་བ་འམ་རྒྱ་ནག་གི་བསམ་གཏན་པའི་སློབ་དཔོན་པོ་ཧྭེ་ཧྭོཏ་ཡིན་ཚུལ་བཤད་པར་གནོད་པ་མི་འབབ་སྙམ་མོ། །

③གཡའ་བཟང་ཆོས་རྗེ་ཆོས་སྨོན་ལམ་འདིའི་འཁྲུངས་ལོ་ཡོས་ལོ་མིན་པར་ས་མོ་གླང་ལོ་ཡིན་ཚུལ་ཆོས་འབྱུང་མང་པོར་གསལ་རུང་ཀཿཐོག་རིག་འཛིན་ཚེ་དབང་ནོར་བུས་མཛད་པའི་རྒྱལ་རབས་ཡིད་ཀྱི་མེ་ལོང་ལས། གཡའ་བཟང་ཆོས་རྗེ་སྨོན་ལམ་ཚོགས་པ་བསྐྱངས་སྐབས་ཤིག་ཏུ་རང་ཉིད་སྲོང་བཙན་སྒམ་པོ་ཡིན་པ་དང་། ཁྲ་འབྲུག་བརྩིགས་ལུགས། ནོར་དང་ཆོས་ཀྱི་གཏེར་སྦས་ལུགས་ལ་སོགས་པ་མང་པོ་ཡང་གསུངས་ཚུལ་དེབ་སྟོན་དུ་གསལ། ལུང་བསྟན་བཀའ་ཆེམས་ཐོ་ཤིང་མར་ཡོད་པ་ནི་དེབ་སྟོན་དུ་བྲིས་པ་དང་ལོ་ཚིགས་མི་མཐུན་ཏེ། འདི་སྐད་དུ། གསོན་ཅིག་མགར་གྱིས་སྣ་དྲངས་ནང་བློན་

བདུན། ། བདག་ནི་ལྷུགས་ཕོ་ཁྱི་ཡི་ལོ་ལ་འདས་གྱུར་ནས། །གཅིག་ནས་གཉིས་སུ་བགྲང་པའི་ལྔ་བརྒྱ་ཉི་ཤུ་ན། །གཡོར་པོའི་རྒྱལ་ཁམས་གངས་ཀྱི་རི་རྒྱུད་དུ། །དགེ་སློང་རྣམ་པྲ་ཧི་ཞེས་བྱ་བ། །སྣང་ཆེན་གསེར་གྱི་ལོ་ལ་སྐྱ་འབྲུངས་ནས་ཞེས་པའི་ལྔ་བརྒྱ་ཉི་ཤུ་ནི་ལྷུགས་ཁྱི་ནས་ས་སྣང་(༤༥༠ – ༡༡༤༨)དང་འགྲིག་པར་མ་ཟད་བདག་གིས་འདིར་བཀོད་ལོ་གྲངས་དང་ཆེད་དུ་མ་བསྒྲིགས་བཞིན་རང་བཞིན་གྱིས་ཤིན་ཏུ་འགྲིག་པས་ཡ་མཚན་ནོ། །ཞེས་གསུངས་པ་འདི་ཆེས་ཡིད་རྟོན་དུ་རུང་ངོ་། །

ཆོས་འབྱུང་འདི་ཉིད་ལ་དཔྱད་གཞི་རྩ་ཆེན་ཡིག་ཆ་གཞན་དུ་མི་གསལ་བ་མང་དུ་འདུག་པ་དཔེར་ན་ཞང་ཡེ་ཤེས་སྡེ་འབྲུངས་ཡུལ་འཕན་པོ་རྫོག་པོ་ཟམ་ཁ་ནས་ཡིན་ཚུལ་དང་། ཕ་དམ་པ་སངས་རྒྱས་ཀྱི་འབྲུངས་འདས་སོགས་གསལ་འདུག་པས་ཁྱད་ཆོས་དམིགས་བསལ་དང་ལྡན་པ་འགའ་འདུག་པར་གྱུས་ནས་མཆན་བཏབ་ཅིང་ཞུ་དག་གང་གཟབ་བྱས་ཁུལ་ཡིན། དེ་ལྟར་ཆོས་འབྱུང་འདི་ཉིད་རབ་བྱུང་བརྒྱད་པའི་ཤིང་ཕོ་རྟ་༡༩༧༩ནས་ལོ་གྲངས་ལྔ་བརྒྱ་ཞེ་བཞི་ཐིམ་པོ་སོང་བའི་རབ་བྱུང་བཅུ་བདུན་ཤིང་ཕོ་རྟ་༢༠༡༩ལོར་ལོ་མང་དཔེ་མཛོད་ཀྱི་བྱ་བར་གཞོལ་བའི་རབ་འབྱམས་པའི་མིང་དུ་བཏགས་པ་ཁམས་སྤྲུལ་བསོད་ནམས་དོན་གྲུབ་ཀྱིས་སྦྱར་བའོ།། །།

མཇུག་གི་གཏམ།

གངས་ཅན་རིག་མཛོད་དེབ་ཕྲེང་༤༠༽ཞེས་པར་དང་པོ་གཙང་སྟོད་རྒྱལ་པོ་ཀརྨ་བསྟན་སྐྱོང་དབང་པོའི་རྟོགས་བརྗོད་འབྲུག་པ་མཁས་དབང་སངས་རྒྱས་རྡོ་རྗེས་སྙན་ངག་གི་ལམ་ནས་བྲིས་པ་ཞིག་དང་། གཉིས་པ། གཙང་རྒྱལ་གྱི་རྟོགས་བརྗོད་རགས་ཙམ་དང་། གཙང་པ་སྡེ་སྲིད་ཀྱི་ཁྲིམས་ཡིག་ཞལ་ལྕེ་བཅུ་དྲུག་དང་དེའི་ཁ་སྐོན། གསུམ་པ། དགའ་ལྡན་ཕོ་བྲང་གི་ཁྲིམས་ཡིག་ཞལ་ལྕེ་བཅུ་གསུམ། བཞི་པ། 《དགེ་ཡེ་ཆོས་འབྱུང་》བཅས་མཉམ་དུ་བསྡེབས་པ་འདི་ལགས། ད་ཐེངས་བསྐྱར་སྐྲུན་ཞུས་པར་སྔར་ཐེངས་དང་པོར་མ་གསལ་བའི་མཁས་དབང་སངས་རྒྱས་རྡོ་རྗེའི་རྣམ་ཐར་མདོར་བསྡུས་ཞིག་བཀོད་ཡོད་ཅིང་། དགའ་ལྡན་ཕོ་བྲང་གི་ཁྲིམས་ཡིག་ཞལ་ལྕེ་བཅུ་གསུམ་གྱི་མགོ་དེར་གཙང་པ་སྡེ་སྲིད་ཀྱི་སྐོར་དུམ་ཙམ་ཞིག་འདྲེས་འདུག་པ་འདི་གང་ཡིན་མི་ཤེས་འདུག་པས་འདྲེས་པའི་དུམ་བུ་དེ་ཕྱིར་བླངས་པ་ཡིན། གཞན་རྣམས་མ་དཔེ་ཁ་ཤས་དང་བསྡུར་ནས་ཞིབ་ཆ་གང་ལེགས་ཞུས་ཁུལ་ལགས། ད་དུང་ཡིག་ནོར་རེ་ཟུང་ཡོད་སྲིད་པ་

མཁྱེན་ལྡན་རྣམས་ལ་བཟོད་པར་གསོལ་ལོ། །ཞེས་དེབ་འདིའི་ཐ་མའི་ཞུས་དག་པ་ཁམས་སྤྲུལ་བསོད་ནམས་དོན་གྲུབ་ཀྱིས་སྦྱར་བ་དགེའོ།། །།

གཙང་སྟོད་རྒྱལ་པོའི་རྣམ་ཐར་དང་རྒྱལ་རབས།

རྩོམ་པ་པོ།	འབྲུག་པ་མཁས་དབང་སངས་རྒྱས་རྡོ་རྗེ་སོགས།
དཔེ་སྒྲིག་འགན་འཁུར་བ།	གཞོན་ནུ་ནོར་བཟང་།
མཐའ་ཞུས།	ཁམས་སྤྲུལ་བསོད་ནམས་དོན་གྲུབ།
དཔེ་སྐྲུན་འགྲེམས་སྤེལ།	བོད་ལྗོངས་བོད་ཡིག་དཔེ་རྙིང་དཔེ་སྐྲུན་ཁང་།
པར་འདེབས་ཚན་པ།	སི་ཁྲོན་འཇའ་ཚོན་པར་འདེབས་འགན་འཁྲི་ཚད་ཡོད་ཀུང་སི།
དེབ་ཚད།	850 × 1168 1/32
པར་ཤོག	8.75
པར་གྲངས།	2,001 – 4,000
པར་གཞི།	2013ལོའི་ཟླ6པར་པར་གཞི་དང་པོ་བསྒྲིགས།
པར་ཐེངས།	2024ལོའི་ཟླ1པོར་པར་ཐེངས་གཉིས་པ་བཏབ།
དཔེ་རྟགས།	ISBN 978 – 7 – 80589 – 194 – 1མི་ཡིག(བོད)
རིན་གོར།	21.00